国家出版基金项目
“十四五”时期国家重点出版物出版专项规划项目

国家出版基金项目
NATIONAL PLBLICATION FOUNDATION

高速铁路基础研究与技术创新丛书

通信与列控系列

# 高速铁路宽带无线信道测量与建模技术


本丛书编委会　总主编
周　涛　何睿斯　艾　渤　编　著
钟章队　主　审



中国铁道出版社有限公司

2022年·北　京

## 内 容 简 介

本书是“高速铁路基础研究与技术创新丛书”之分册，主要包括无线信道测量与建模理论、高铁宽带无线信道测量方法、高铁宽带无线信道测量系统、高铁宽带无线信道特征、高铁宽带无线信道模型、机器学习在高铁无线信道研究中的应用等内容。

本书可作为从事铁路通信领域研究的科研人员和技术人员的参考书，也可供高等院校通信及相关专业的研究生学习使用。

**图书在版编目(CIP)数据**

高速铁路宽带无线信道测量与建模技术/周涛，何睿斯，艾渤编著．—北京：中国铁道出版社有限公司，2022.4
(高速铁路基础研究与技术创新丛书．通信与列控系列)
“十四五”时期国家重点出版物出版专项规划项目
ISBN 978-7-113-28930-0

Ⅰ.①高…　Ⅱ.①周…　②何…　③艾…　Ⅲ.①高速铁路-铁路信号-无线电信道-测量技术②高速铁路-铁路信号-无线电信道-信道模型-系统建模　Ⅳ.①U284

中国版本图书馆CIP数据核字(2022)第035448号

**书　　名：** 高速铁路宽带无线信道测量与建模技术
**作　　者：** 周　涛　何睿斯　艾　渤

**策　　划：** 亢嘉豪
**责任编辑：** 亢嘉豪　　**编辑部电话：** (010)51873134　　**电子邮箱：** tdkangjh@163.com
**封面设计：** 高博越　崔丽芳　　**封面摄影：** 王明柱　　**丛书标识设计：** 崔丽芳
**责任校对：** 孙　玫
**责任印制：** 高春晓

**出版发行：** 中国铁道出版社有限公司(100054，北京市西城区右安门西街8号)
**网　　址：** http://www.tdpress.com
**印　　刷：** 北京联兴盛业印刷股份有限公司
**版　　次：** 2022年4月第1版　2022年4月第1次印刷
**开　　本：** 787 mm×1 092 mm　1/16　**印张：** 14.75　**字数：** 290千
**书　　号：** ISBN 978-7-113-28930-0
**定　　价：** 98.00元

高速铁路基础研究与技术创新丛书

# 编 辑 组

**组　长：** 王　滨

**副组长：** 杨新阳

**策　划：**（以姓氏笔画为序）

王　健　王风雨　王明容　亢嘉豪　田　甜　朱敏洁　刘　霞
江新锡　李小军　李润华　李嘉懿　杨　哲　时　博　邱金帅
张　婕　陈小刚　金　锋　徐　艳　徐　清　黄　璐　曹艳芳
崔忠文　傅希刚　曾露平　熊安春　黎　琳　薛丽娜

**编　辑：**（第一期，以姓氏笔画为序）

王风雨　亢嘉豪　田　甜　白小玉　冯海燕　朱荣荣　朱敏洁
刘　霞　李小军　李润华　邱金帅　张　瑜　赵昱萌　赵雅敏
黄　璐　鹿金炜　曾丽辰　薛丽娜　魏　娟

**统　筹：** 李小军　刘　霞

# 序

我国高速铁路起步晚、发展快、后劲足，经过几代人的不懈努力，通过原始创新、集成创新、引进消化吸收再创新，成功地走出了一条符合中国国情路情、具有中国特色的自主创新之路。我国已系统掌握各种复杂地质和气候条件下高速铁路建造成套技术；在工务工程、列车运行控制、牵引供电、动车组等高速铁路核心技术方面实现自主化；形成了复杂路网条件下处理跨线运行的运营管理成套技术，构建了人防、物防、技防三位一体的主动安全保障机制。我国已成为全球高速铁路运营里程最长、在建规模最大、运营速度最快、技术体系最全、运营和管理经验最丰富的国家。我国高速铁路技术已走在世界前列，成为推动世界高速铁路发展的重要力量。

为贯彻落实中共中央、国务院《交通强国建设纲要》，推进国铁集团《新时代交通强国铁路先行规划纲要》的落地，系统总结、梳理我国高速铁路各领域前沿理论和技术，向我国乃至世界高速铁路科研工作者和工程技术人员提供一套前沿性的参考书，中国国家铁路集团有限公司铁道出版社公司特组织编著出版“高速铁路基础研究与技术创新丛书”。

丛书以习近平新时代中国特色社会主义思想为指导，以国家自然科学基金课题、国家基金委-国铁集团高铁联合基金课题、国家“973”课题、国家重点研发计划课题等科研成果为支撑，从高速铁路前沿研究、补短板技术、核心技术、技术发展趋势等方向组织选题，涵盖动车组、供电、通信与信号、列控与检测、工程勘察与设计、智能建造、运营与管理、现代信息技术、安全和维护等领域，规模为100册，是全面系统论述我国高速铁路基础研究与技术创新成就的大型系列原创性科技著作。

丛书力求突出制高点、原创性、权威性、全覆盖特色。丛书各册内容以作者团队长期从事高速铁路科学研究的成果为依托，多数成果居于国内领先水平甚至世界先进水平，多种成果荣获国家科学技术奖一等奖、二等奖，国家技术发明奖一等奖、二等奖，茅以升科学技术奖，詹天佑铁道科学技术奖，铁道科技进步奖等奖项，丛书内容体现了我国当今最新、最前沿以及展现未来发展趋势的高速铁路相关研究成果和应用技术。丛书包括动车组、供电、工程施工与组织等十个系列，基本实现高速铁路各领域全覆盖。

丛书由编委会总负责。编委会阵容强大，认真负责。编委会各成员都是长期从事我国高速铁路科研、技术、生产和管理的一流专家学者，是所从事领域的翘楚，其中包括高速铁路及其相关领域的四位院士。编委会多次开会商讨丛书的体系、内容特色、作者条件及质量保障机制；分工负责，精心审订和修改各册编写提纲；多次遴选选题，先从 150 多个选题意向中遴选出 100 个选题，后又剔除了内容特色不太鲜明的 8 个选题，还对 10 多个选题提出了较大的改进意见，补充了 8 个关键技术和弥补技术空白的选题；最后邀请专人对各册内容进行审定，从而保证了各册内容的正确性和先进性。

2021 年年底，国家新闻出版署经过严格评审，“高速铁路基础研究与技术创新丛书”(100 册)成功入选“‘十四五’时期国家重点出版物出版专项规划——重大出版工程”。这是对本丛书项目的认可，也是对编委会、作者和编辑等人员前期工作的认可，更是一种鞭策。我们相信，本丛书的出版，将助力于《交通强国建设纲要》的贯彻落实，推动我国乃至世界高速铁路事业的发展，也将为铁路领域的科研工作者、工程技术人员、管理人员，以及高校相关专业师生提供一套高水平、原创性、权威性、全覆盖的大型高铁科技精品著作。

中国工程院院士
“高速铁路基础研究与技术创新丛书”编委会主任

2022 年 2 月

# 前　言

本书为“高速铁路基础研究与技术创新丛书”之分册，按丛书要求，力图体现高速铁路宽带无线信道测量与建模技术方面的制高点、前沿性、原创性特色。

随着高速铁路向数字化、智能化发展，高速铁路移动通信系统也将从窄带向宽带演进。下一代高速铁路宽带移动通信系统对高速铁路的运营安全与旅客服务质量提升起着至关重要的作用。无线信道是移动通信系统的基础，无线信道测量与建模是任何移动通信系统研发与无线通信传输技术应用必须解决的问题。与传统的陆地蜂窝移动通信不同，高速铁路车地移动通信具有场景复杂多样、高移动性、受列车车体影响、带状覆盖等特点，这些特殊性给无线信道测量与建模带来了巨大挑战。对于无线信道测量，已有时域信道探测、频域信道探测、多天线信道探测等技术，但这些传统技术直接应用于高速铁路场景时，存在实施难度大、测试效率低、适用性差等弊端，导致现有高速铁路宽带无线信道实地测试数据极其匮乏。本书从下一代高速铁路宽带移动通信系统的设计与优化需求出发，以无线信道测量与建模基础理论为指导，提出了高效率的高速铁路宽带无线信道测量方法，全面解析了真实的高速铁路复杂场景宽带无线信道特征，多角度构建了可信的高速铁路宽带无线信道模型，并探索了机器学习在高速铁路无线信道研究中的创新应用。

当前国内外关于无线信道的著作较多，但专门针对高速铁路宽带无线信道的著作非常稀缺，本书凝练了笔者十年来积累的关于高速铁路宽带无线信道测量与建模研究的经验和研究成果，其特色主要体现在以下两个方面：一是论述了当今高速铁路无线信道的最新研究成果。本书阐释了高速铁路宽带无线信道测量的创新方法及其系统设计过程，深入分析了高速铁路单天线、多天线和多链路信道的新特征，全面论述了基于当前最先进的建模方法的高速铁路宽带无线信道模型。二是论述了将机器学习应用于高速铁路无线信道场景识别、多径分簇和特性预测的学科交叉研究方法。

本书由周涛、何睿斯、艾渤编著，钟章队主审。笔者所在研究团队是国内最早开展高速铁路宽带无线信道测试的研究团队，目前已积累国内多条高速铁路线路的宽带信道测量数据，获得了多种高速铁路场景的宽带信道测量结果，其中高架桥和路堑场景下的信道特征参数结果被相关国际电信联盟建议书收录，填补了该建议书在高多普勒环境传播特性方面的空白。

本书内容基于国家自然科学基金(62071031)和北京市自然科学基金-海淀原始创新联合基金(L212030)的课题成果。在编著过程中，得到了陶成、刘留、赵运海、孙方坤、高耀辉、张文良、张海童、林亦腾、黄文隽、宋佳月、杨家田的支持和帮助。在此一并表示最诚挚的感谢！

鉴于水平有限，书中难免存在不当之处，敬请各位同行指正！

编著者

2022 年 1 月

# 目　　录

第 1 章　绪　　论 …… 1
1.1　高铁宽带移动通信系统发展趋势 …… 1
1.2　高铁宽带移动通信传输新技术 …… 4
1.2.1　移动中继 …… 4
1.2.2　DAS …… 5
1.2.3　MIMO/mMIMO …… 7
1.2.4　CoMP …… 8
1.2.5　毫 米 波 …… 8
1.3　高铁宽带无线信道研究意义与挑战 …… 10
1.4　高铁宽带无线信道测量与建模研究现状 …… 12
1.4.1　高铁宽带无线信道测量研究现状 …… 12
1.4.2　高铁宽带无线信道建模研究现状 …… 14
1.5　高铁宽带无线信道模型标准化进展 …… 15
第 2 章　无线信道测量与建模理论 …… 20
2.1　电波传播机制 …… 20
2.1.1　自由空间传播 …… 20
2.1.2　反射和透射 …… 21
2.1.3　绕　　射 …… 22
2.1.4　散　　射 …… 23
2.2　信道衰落特性 …… 24
2.2.1　大尺度衰落特性 …… 24
2.2.2　小尺度衰落特性 …… 26
2.3　信道测量技术 …… 29
2.3.1　时域信道探测 …… 29
2.3.2　频域信道探测 …… 32
2.3.3　多天线信道探测 …… 35
2.4　信道建模方法 …… 36
2.4.1　统计建模 …… 37
2.4.2　确定性建模 …… 39
2.4.3　基于几何的随机建模 …… 41
2.4.4　基于传播图的随机建模 …… 43
第 3 章　高铁宽带无线信道测量方法 …… 48
3.1　高铁宽带无线信道测量的指标要求 …… 48

3.2 基于 WCDMA 信号的高铁宽带无线信道测量方法 …… 49
3.2.1 WCDMA 信号 …… 49
3.2.2 信道冲激响应提取 …… 50
3.2.3 信道可辨识性分析 …… 51
3.2.4 半实物仿真验证 …… 52
3.3 基于 LTE 信号的高铁宽带无线信道测量方法 …… 56
3.3.1 LTE 信号 …… 56
3.3.2 信道冲激响应提取 …… 58
3.3.3 信道冲激响应性能分析 …… 59
3.3.4 定时偏差补偿 …… 62
3.3.5 MATLAB 仿真验证 …… 63
3.4 基于移动虚拟天线阵列的高铁多天线信道测量方法 …… 67
3.4.1 基本原理 …… 67
3.4.2 理论验证 …… 68
第 4 章 高铁宽带无线信道测量系统 …… 69
4.1 基于标准信道探测器的高铁宽带无线信道测量系统 …… 69
4.1.1 Propsound 信道探测器 …… 69
4.1.2 系统搭建 …… 70
4.1.3 时钟同步方案 …… 71
4.2 基于 LTE 网络的高铁宽带无线信道测量系统 …… 73
4.2.1 系统架构 …… 73
4.2.2 硬件设计 …… 74
4.2.3 软件设计 …… 78
4.2.4 实验室校准与验证 …… 82
4.3 高铁场景下宽带无线信道测试 …… 86
4.3.1 郑西高铁信道测试 …… 86
4.3.2 京津高铁信道测试 …… 88
4.4 高铁宽带无线信道测量数据处理 …… 93
4.4.1 测量设备系统响应消除 …… 93
4.4.2 噪声门限选取 …… 95
4.4.3 多径搜索 …… 96
4.4.4 大尺度和小尺度数据获取 …… 97
4.4.5 虚拟多天线数据获取 …… 100
4.4.6 多链路数据获取 …… 100
第 5 章 高铁宽带无线信道特征 …… 103
5.1 高铁信道大尺度衰落特征 …… 103
5.1.1 路径损耗 …… 103
5.1.2 阴影衰落 …… 105

5.2 高铁信道小尺度衰落特征 …… 107
5.2.1 莱斯 $K$ 因子 …… 107
5.2.2 多径特征 …… 116
5.2.3 多普勒特征 …… 120
5.2.4 角度特征 …… 122
5.3 高铁信道非平稳特征 …… 128
5.3.1 游程检验 …… 128
5.3.2 平稳间隔 …… 129
5.3.3 生灭过程 …… 130
5.4 高铁多天线信道特征 …… 133
5.4.1 空间相关性 …… 133
5.4.2 信道容量 …… 135
5.5 高铁多链路信道特征 …… 135
5.5.1 相关矩阵共线性 …… 135
5.5.2 和速率容量 …… 136
第 6 章 高铁宽带无线信道模型 …… 139
6.1 基于 CDL 的高架桥场景信道建模 …… 139
6.1.1 多径簇提取 …… 139
6.1.2 多径簇模型 …… 140
6.1.3 模型验证 …… 142
6.2 基于射线跟踪的隧道场景信道建模 …… 143
6.2.1 仿真与验证 …… 143
6.2.2 扩展仿真 …… 144
6.2.3 大尺度衰落分析 …… 146
6.2.4 小尺度衰落分析 …… 149
6.3 基于传播图的路堑场景信道建模 …… 152
6.3.1 传播图模型 …… 152
6.3.2 信道冲激响应生成 …… 154
6.3.3 模型验证 …… 154
6.3.4 仿真结果与分析 …… 158
6.4 基于几何的高铁 MIMO 信道建模 …… 159
6.4.1 参考模型 …… 160
6.4.2 相关函数与多普勒功率谱 …… 161
6.4.3 半经验 MIMO 信道模型 …… 162
6.4.4 仿真模型 …… 165
6.4.5 仿真结果与分析 …… 165
6.5 基于几何的高铁多链路 MIMO 信道建模 …… 168
6.5.1 几何模型 …… 168

6.5.2 信道冲激响应 …… 169
6.5.3 多链路互相关函数 …… 170
6.5.4 数值结果与分析 …… 171
6.6 基于几何的高铁动态多链路 mMIMO 信道建模 …… 173
6.6.1 3D 几何模型 …… 173
6.6.2 宽带信道冲激响应 …… 175
6.6.3 簇时空演化 …… 178
6.6.4 多链路空间互相关函数 …… 179
6.6.5 仿真模型 …… 180
6.6.6 仿真结果与分析 …… 182
6.6.7 模型验证 …… 186
第 7 章 机器学习在高铁无线信道研究中的应用 …… 189
7.1 高铁信道场景识别 …… 189
7.1.1 概　述 …… 189
7.1.2 数据集生成 …… 190
7.1.3 特征融合方式 …… 190
7.1.4 深度神经网络 …… 191
7.1.5 新型场景识别模型 …… 191
7.1.6 模型设置 …… 193
7.1.7 性能评估 …… 194
7.1.8 场景相关性分析 …… 197
7.2 高铁信道多径分簇 …… 199
7.2.1 概　述 …… 199
7.2.2 GMM 聚类算法 …… 200
7.2.3 基于 VB-GMM 的多径分簇算法 …… 201
7.2.4 S_Dbw 指数 …… 203
7.2.5 基于密度的多径分簇评价指标 …… 203
7.2.6 合成数据验证 …… 204
7.2.7 实测数据验证 …… 205
7.3 高铁信道特性预测 …… 207
7.3.1 概　述 …… 207
7.3.2 数据集生成 …… 208
7.3.3 空时信道预测模型 …… 210
7.3.4 超参数确定 …… 212
7.3.5 预测精度评估 …… 215
7.3.6 计算复杂度评估 …… 216
参考文献 …… 218

# 第1章　绪　　论

## 1.1　高铁宽带移动通信系统发展趋势

铁路是国家重要的基础设施、国民经济大动脉和大众化的交通工具，是综合交通运输体系的骨干，在推动我国经济社会发展中发挥着重要作用。我国高速铁路（简称高铁）坚持原始创新、集成创新和引进消化吸收再创新相结合，构建了具有自主知识产权和世界先进水平的技术体系。目前，我国已经成为世界上高速铁路发展最快、技术体系最全、集成能力最强、运营里程最长、商业运行速度最高、在建规模最大的国家。

近年来，世界各国铁路都面临着客货运输需求增长快速化、运输服务定制化、运输安全泛在化等挑战。在铁路运输基础设施供应能力相对固定的前提下，通过采用新一代信息技术大幅提升铁路运输组织效率效益、优化客货运输服务品质、提高铁路运输安全水平已成为各国铁路发展的必由之路，数字化、智能化已成为全球铁路未来发展的重要方向。法国、德国、瑞士、英国、澳大利亚、美国、加拿大、日本、韩国等国家铁路相继提出了数字化与智能化发展的战略规划，并制定了实施路线图和重点任务。我国已启动了智能高铁战略研究，明确了智能高铁的内涵和总体构成，制定了智能高铁发展战略，首条智能高铁——京张高铁已于2019年开通运营。智能高铁是通过新一代信息技术（包括云计算、物联网、大数据、卫星定位、下一代移动通信、人工智能等）与高铁技术进行集成融合，使高速铁路运营更加安全可靠、更加经济高效、更加温馨舒适、更加方便快捷、更加节能环保。

高速铁路移动通信系统是智能高铁系统的重要组成部分，其作用是承载高速铁路无线通信业务，保证高速铁路列车运营和旅客服务信息的有效且可靠传输。铁路数字移动通信系统（Global System for Mobile Communications-Railway，GSM-R）是国际铁路联盟（International Union of Railways，UIC）确定的首个铁路移动通信系统标准。GSM-R在面向公众的全球移动通信系统（Global System for Mobile Communications，GSM）的基础上，增加了铁路专用功能。具体来说，GSM-R网络比GSM网络增加了三个主要功能，即语音组呼业务（Voice Group Call Service，VGCS）、语音广播业务（Voice Broadcast Service，VBS）和增强的多优先级和强拆业务（Enhanced Multilevel Precedence and Preemption，eMLPP），也被总称为高级话音呼叫项目（Advanced Speech Call Items，ASCIs）。GSM-R可以提供列车控制信息传送、调度通信、调度命令信息无线传送、列车无线车次号校核信息传送等应用业务。尽管 GSM-R 成功实现了最初的设计目标，但是仍然存在一些显著的局限性：

(1)干扰问题：由于缺乏联合的网络规划，GSM-R 专网与 GSM 公网之间会因为覆盖问题存在相互干扰。理论上，公网运营商可以在靠近铁轨的区域使用与 GSM-R 不同的频段以避免干扰，然而这在实际应用中很难实施。随着未来 GSM-R 专网和 GSM 公网部署的增加，干扰会越来越严重。

(2)系统容量受限：GSM-R 系统的典型工作频段是上行 876～880 MHz、下行 921～925 MHz(欧洲)或者上行 885～889 MHz、下行 930～934 MHz(中国)，仅具有 4 MHz 的可用带宽，可支持 19 个传输信道，每个信道的带宽为 0.2 MHz。虽然这些频谱资源可以满足话音业务的通信需求，但是无法适应铁路通信的快速发展。对于 GSM-R 系统来说，很难进一步提升系统容量，因为相邻的频谱资源已经被占用。

(3)传输能力不足：作为一个窄带系统，GSM-R 的最高传输速率为 9.6 kbit/s，只能够支持低速率的话音业务，无法提供图像和视频业务。此外，GSM-R 的时延在 400 ms 范围内，无法支持实时的业务。GSM-R 的连接建立时间在 7 s 范围内，不适于需要快速建立连接的应急服务。

智能高铁系统是一个高度自动化、信息化、智能化的平台，对无线通信提出了更高的业务需求。未来的铁路移动通信系统需要支持一些新兴的铁路无线通信业务，主要体现在以下方面：

(1)在途监测：为了保证列车运行的安全性，需要将列车在运行过程中关键部件的监测数据(包括高清视频监控数据)实时传送到地面运管中心，通过大量数据的分析、融合，对列车、轨道、供电弓网的健康状态做出诊断。这样不仅可以避免恶性事故的发生，还可以在保障运行安全的前提下，提高列车的维修效率。

(2)列车多媒体调度：当前的列车调度通信系统仅支持数据和话音信息的传输，调度员可能无法掌握具体的列车状态，这将导致调度效率低下。为了提高列车的调度效率，未来的列车调度通信系统应提供尽可能全面的调度信息，不仅应提供话音和数据信息，还应提供文本、图像和视频信息。这些多媒体调度业务需要高带宽的列车多媒体调度通信系统来承载。

(3)铁路应急通信：当自然灾害、事故或者其他紧急情况出现时，有必要提供铁路应急通信。目前，一种铁路应急通信的方式是列车到列车(Train to Train，T2T)通信。T2T 通信是列车和列车之间进行通信，不同于传统的列车和地面基站通信方式。当地面基站由于自然灾害等原因无法正常工作时，可以快速地建立 T2T 通信，不同的列车之间传输话音、图像、视频等预警信息，实现铁路应急通信。

(4)铁路物联网：是实现智能铁路的重要支撑。大部分的铁路基础设施都在偏远地区，不便于进行现场检查和维护。铁路物联网可以很好地解决这个问题。在桥梁、高架、隧道等铁路基础设施安装相应的传感器，将感知到的状态信息通过自组织网络传回铁路控制中心，一些例行的安全检查即可在控制中心自动完成，大大降低铁路维护成本。除了用于状态传感，铁路物联网还可以用于标识识别、定位导航和控制反馈。

(5)旅客信息服务：为了满足旅客在乘坐高铁时的用户体验，需要提供高质量的旅客信息服务，例如在线高清电视、因特网接入、移动业务等。这些旅客信息服务可以让乘客享受到与在地面一样的服务质量（Quality of Service，QoS）。

未来的铁路移动通信系统将支持在途监测、列车多媒体调度、旅客信息服务等高数据速率的无线通信业务，因此窄带 GSM-R 系统必须向铁路宽带移动通信系统演进。

近年来，得益于第四代（Fourth Generation，4G）移动通信系统长期演进（Long Term Evolution，LTE）的成功商用，铁路专用 LTE（LTE-Railway，LTE-R）系统获得了国内外广泛关注。2011 年，西班牙 TECRAIL 项目开展了 LTE 技术在高速铁路场景下应用的可行性研究与性能评估工作。2014 年，UIC 宣布现有 GSM-R 系统向未来 LTE-R 系统平滑演进，并于 2016 年发布了未来铁路移动通信系统——用户需求规范 FRMCS-URS（Future Railway Mobile Communication System-User Requirements Specification）。2017 年，韩国推出了世界首个高铁 LTE-R 网络，可支持多媒体群组通话/短信服务以及控制中心、车站人员和列车工程师之间的一对一语音通话服务，还可在发生事故的情况下实现事故现场与控制中心之间的实时视频传输。2014 年，我国科技部、中国铁路总公司、华为和中兴等政府部门或企业均立项支持开展了 GSM-R 向 LTE-R 演进的前期研究工作，首次将 LTE-R 系统用于朔黄铁路，即用于承载列车机车同步操控数据等列车控制业务传输。2018 年，中国铁路总公司在京沈高铁辽宁段全面启动高速铁路智能关键技术综合试验，其中包括了铁路 LTE-R 宽带移动通信系统试验。由于采用了先进的物理层技术，例如正交频分复用（Orthogonal Frequency Division Multiplexing，OFDM）和多入多出（Multiple Input Multiple Output，MIMO）以及全 IP 的分组交换和扁平的网络架构，LTE-R 网络可以实现高速移动条件下 100 Mbit/s 的传输速率（采用 20 MHz 带宽）和 100 ms 的系统时延，因此 LTE-R 系统能够提供比 GSM-R 更全面的铁路无线通信业务。

目前，随着第五代（Fifth Generation，5G）移动通信技术的成熟，全球 5G 商用网络正在加速建设。2019 年 4 月，韩国成为世界上第一个成功商业化 5G 电信的国家。2019 年 6 月，我国正式发放 5G 商用牌照。国际电信联盟（International Telecommunication Union，ITU）提出了未来 5G 网络将实现数十 Gbit/s 的峰值速率、1 ms 的系统时延、1 000 倍的容量提升（与现有网络相比）和 500 km/h 以上的移动性，并定义了 5G 的三大应用场景，即增强移动宽带（Enhanced Mobile Broadband，eMBB）、超高可靠超低时延通信（Ultra-Reliable Low Latency Communications，URLLC）和大连接物联网（massive Machine Type of Communications，mMTC）。从上述特点来看，5G 系统十分切合高速率、大容量、低时延、高移动性、高可靠性、大连接的高速铁路无线通信业务需求。当前，5G 网络在高速铁路场景的部署已经开始了相关试验，同时 5G 在铁路专网中的应用，即铁路专用 5G 系统（5G for Railway，5G-R），也进入了研究探索阶段。与 LTE-R 相比，5G-R 能够提供更为出色的铁路无线通信业务，将成为实现高铁智能化的重要支撑。

随着高速铁路的快速发展，高速铁路移动通信系统也将从窄带向宽带演进。下一代高速铁路宽带移动通信技术，对高速铁路的运营安全与旅客服务质量提升起着至关重要的作用。

## 1.2 高铁宽带移动通信传输新技术

为了满足未来高速铁路宽带无线通信的高可靠性、高速率、大容量的业务需求，下一代高速铁路宽带移动通信系统势必需要采用高性能的无线传输技术。本节介绍可应用于高速铁路宽带移动通信的无线传输新技术，包括移动中继（Mobile Relay，MR）、分布式天线系统（Distributed Antenna System，DAS）、多天线（Multiple Input Multiple Output，MIMO）/大规模 MIMO（massive MIMO，mMIMO）、协作多点传输或接收（Coordinated Multiple Points Transmission/Reception，CoMP）和毫米波通信。

### 1.2.1 移动中继

当地面基站（Base Station，BS）与高速列车上的旅客进行通信时，首先面临的问题是高速列车车体的穿透损耗。不同的列车由于材质以及速度的差异，其对于无线信号的穿透损耗差别很大。表 1-1 列出了不同车型的车体损耗参考值，普通列车的损耗为 12 dB，而 CRH3 型列车的损耗高达 29 dB。另外，不同的入射角对应的穿透损耗不同，当信号垂直入射时的穿透损耗最小。当 BS 的垂直位置距离铁道较近时，覆盖区边缘信号进入车厢的入射角小，穿透损耗大。国内高铁列车以 CRH 为主，因此车体损耗大。对京津高铁列车穿透损耗进行了实测，发现 D 频段的高铁穿透损耗估计值为 27 dB，F 频段的高铁穿透损耗估计值为 24 dB。

表 1-1　不同车型的车体损耗参考值

| 车型 | 列车材质 | 损耗/dB |
|---|---|---|
| 普通列车 | 铁质 | 12 |
| CRH1（庞巴迪列车） | 不锈钢 | 24 |
| CRH2（部分动车） | 中空铝合金车体 | 14 |
| CRH3（京津城际） | 铝合金车体 | 29 |
| CRH5（阿尔斯通） | 中空铝合金车体 | 22 |

中继技术可以很好地解决高速铁路通信中穿透损耗大的问题。在高铁列车上部署车载

中继站(Relay Station,RS),车载 RS 通过车顶天线接收来自 BS 的无线信号,再通过车内天线在车厢内进行信号转发,这种中继方式有效避免了列车车体穿透损耗的影响。与传统的固定中继不同,车载 RS 是随列车移动的,因此这种中继方式称为移动中继。

采用移动中继的高速铁路无线通信实际上是被分成了“两跳”通信,如图 1-1 所示。第一跳通信是指 BS 到车载 RS 的车地通信,第二跳通信是指车载 RS 到乘客或车内无线设备的车内通信。如果这两跳通信采用相同的频率,那么车地通信可能会对车内通信造成信号干扰。为了解决同频干扰问题,可以采用“高低双频”方式进行高速铁路无线通信组网,即第一跳通信工作在 6 GHz 以下的中低频段,第二跳通信工作在 6 GHz 以上的高频段。在这种方式下,两跳通信之间不会发生干扰,而且车地通信采用中低频段保证了覆盖质量,车内通信采用高频段提高了传输带宽。也有文献提出,第二跳通信采用基于 Wi-Fi 的列车旅客无线通信系统方案。车内建设基于 802.11 的车厢无线局域网,俗称车厢 Wi-Fi,一般车厢覆盖采用 IEEE 802.11g/n/ac 标准,车厢之间的连接采用不同频率或信道的 IEEE 802.11a/n/ac 标准。

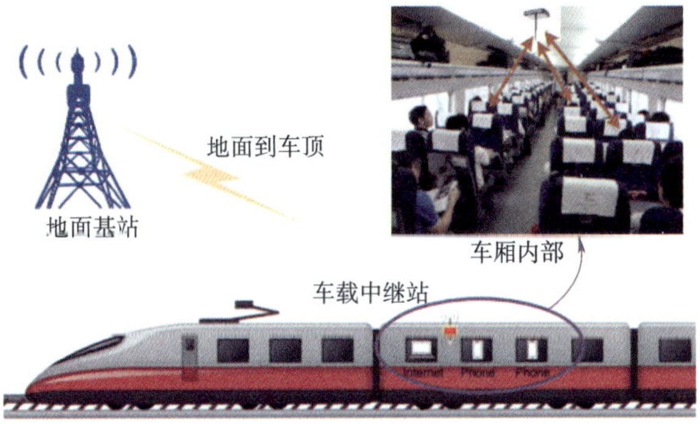


图 1-1　基于“两跳”通信架构的系统模型

## 1.2.2　DAS

列车运行所经历的区域是呈狭长的带状或线状分布,不符合公众移动通信网络的六边形蜂窝结构,因此高速铁路通信不适合采用传统的集中式天线系统,而更适合采用分布式的天线系统,即 DAS(Distributed Antenna System)。近年来,已有一些文献研究了将 DAS 技术应用于高速铁路宽带移动通信,特别是将 DAS 与射频光纤传输技术(Radio over Fiber, RoF)结合应用。在高速铁路 DAS 中,采用基带处理单元(Building Baseband Unit,BBU)+远端射频单元(Remote Radio Unit,RRU)的架构,BBU 与多个分布式的 RRU 通过 RoF 实现互连,RRU 采用背靠背的定向天线向铁路两侧收发信号,如图 1-2 所示。根据华为公司部署的高速铁路 TD-LTE 网络的测试结果,上述覆盖方式可以显著提升高速铁路宽带移动通信的覆盖质量和传输可靠性。

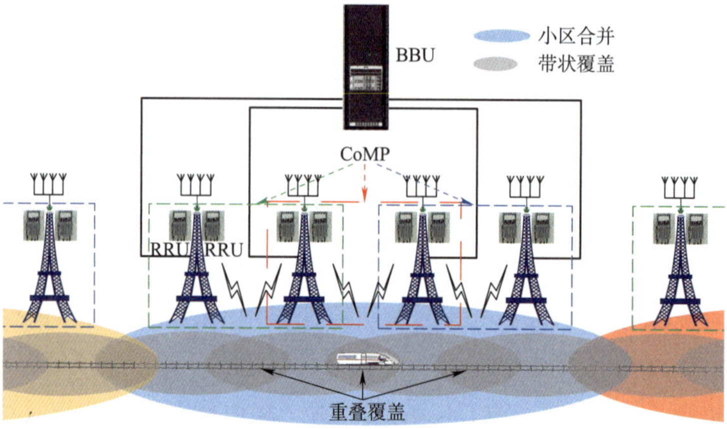


图 1-2　未来高速铁路无线通信系统架构

在高速铁路移动通信网络中，由于列车运行速度快，业务切换频繁，会造成大量的信令开销甚至是信令风暴。提升高速铁路网络性能最有效的手段就是扩大单个小区的覆盖能力，降低小区变更的频率，将改善小区选择、小区重选、呼叫建立、切换、寻呼等各项指标。因此，出现了小区合并(Cell Combination)技术。小区合并是将 DAS 中多个 RRU 覆盖的物理小区合并形成一个大的虚拟小区，以扩展单个物理小区的覆盖半径。可合并的 RRU 数量要根据实际的系统承载能力来确定。华为公司在所部署的高速铁路 TD-LTE 网络中最多采用了 12 个 RRU 进行小区合并。

尽管上述高速铁路 DAS 很好地解决了高速铁路宽带移动通信网络的带状覆盖和小区频繁切换问题，但是也引入了新的问题，即回波信道效应(Echo Channel Effect)。所谓回波信道效应可以认为是一种“多径干扰”，这种“多径干扰”并非来自实际的传播环境而是相邻的 RRU。在带状覆盖的重叠区域，接收机将同时收到来自相邻 RRU 的同频同小区信号，次 RRU 发射的信号相对于主 RRU 来说是干扰，因此接收机的解调性能将受到影响，进而恶化系统的吞吐量。回波信道效应带来的影响与相邻 RRU 的间距有关，相邻 RRU 的间距越大，“多径”的时延越大，则“多径干扰”越严重。

从现有高速铁路 TD-LTE 网络的部署来看，上述回波信道效应已经得到一定程度的关注。运营商在部署 LTE 站点时，将其间距设定为小于 LTE 信号的循环前缀(Cyclic Prefix，CP)持续时间所对应的传播距离。例如，对于 20 MHz 带宽的 LTE 系统，CP 持续时间为 4.69 μs，则现有 LTE 专用网络的站点间距均小于 1.41 km。在这种配置下，回波信道效应带来的“多径干扰”可以在接收端通过信道估计与均衡进行补偿。然而，为了对抗回波信道效应，LTE 站点间距受到了限制，相比 GSM-R 网络(站点间距一般为 3 km)，现有 LTE 专用网络的站点部署更密集，成本更高。

### 1.2.3 MIMO/mMIMO

MIMO是4G的关键传输技术，可有效地提高系统的频谱效率。通过在通信的发射端和接收端使用多根发射天线和接收天线，提高空间分集增益，降低误码率，并提高接收端信噪比，增加信号的覆盖范围。另外，MIMO技术还可以在不增加带宽和发射功率的情况下，提供空间复用增益，成倍地提高系统的传输速率和信道容量。MIMO空间分集和空间复用均依赖于天线之间的不相关性，天线相关性越弱，MIMO系统的性能越好；天线相关性越强，则MIMO系统的性能会降低。天线相关性受多种因素影响，包括具体的传播环境、天线的间距、极化方式等。通常，在反射或散射较为丰富的传播环境以及天线间距较大的情况下，天线相关性较弱，MIMO系统具有较好的性能。

对于高速铁路车地通信来说，高速列车主要经历以直射为主的传播环境，在这种情况下，似乎无法把MIMO技术的优势充分地发挥出来。然而，由于高速列车的车顶空间较大，可以放置间距较大的车载RS天线，从而降低天线间的相关性，提升高速铁路车地MIMO通信系统的性能。

在4G通信中，MIMO天线数量较少，多为4个或者8个，天线数量少就限制了4G系统的性能。5G在4G研究的基础上，提出了mMIMO的概念，MIMO天线数量可以是16个、32个、64个或者128个，甚至是更大的规模，如图1-3所示。

(a)传统天线阵列系统 (b)大规模天线阵列系统

图1-3 传统MIMO与mMIMO结构比较

相比传统的MIMO，mMIMO具有如下优势：

(1)通信容量的提升。由于采用了更多的天线，mMIMO可实现更为精确的波束控制，通过波束域的空间复用，使得在相同的时频资源上同时服务更多的用户，极大地提升了系统的频谱效率。

(2)覆盖范围与功耗的改善。一般来说，通信设备的功耗与覆盖范围成正比，对于MIMO系统，由于天线数量少，增益小，为了满足一定的小区覆盖范围，通常需要功率非常高的射频组件，因此功耗是极大的。然而，mMIMO系统中的天线数量多，增益大，仅需要低功率的射频组件，因此功耗大大降低。

(3)抗干扰能力的增强。mMIMO可形成更窄的定向波束，将目标信号集中在基站与用户之间的方向,实现能量的汇聚,同时降低因能量扩散而对周围用户造成的干扰,增强接收信噪比,提高传输可靠性。

第三代合作伙伴项目(Third Generation Partnership Project,3GPP)在 3GPP TR 38.913 标准中定义了 mMIMO 系统在高速列车场景下的部署方式。mMIMO 系统可采用车载中继的方式进行高速列车场景的覆盖,在 BS 和车载 RS 端,均可采用多达 256 根天线的配置。由此可见,作为 5G 的核心传输技术,mMIMO 势必将在未来高速铁路宽带移动通信中发挥重要作用。

### 1.2.4 CoMP

CoMP 是一种用于提高传输效率的新技术,可以通过协作发射或接收的方式将来自其他小区的干扰信号转化为有用信号。在 4G 移动通信网络中,引入 CoMP 技术是为了对抗小区间干扰(Inter-Cell Interference,ICI),改善小区平均频谱效率和小区边缘用户频谱效率。但是,CoMP 是一种较为复杂的传输技术,由于必须传输更多的反馈,因此需要设计更为复杂的控制信令,会大大增加系统的复杂度。

在高速铁路 DAS 中,CoMP 技术也可以用于对抗 RRU 间干扰,解决回波信道效应带来的不利影响。虚拟小区内的 RRU 组成一个协作簇,通过 BBU 完成数据、控制、信道状态等信息的交换,实现 RRU 间的协同通信。在这种情况下,相当于形成了一个分布式的 MIMO 系统,因此 RRU 间干扰不再存在,相邻 RRU 发射的信号均为有用信号。此外,CoMP 技术可以充分挖掘系统的分集增益,包括宏分集增益和微分集增益,还可以利用不同链路信道的统计独立性进一步提高系统的容量。

链路之间的相关性决定了 CoMP 系统的分集增益和信道容量。当链路间大尺度衰落的相关性越弱,CoMP 系统的宏分集增益越大;当链路间小尺度衰落的相关性越弱,CoMP 系统的微分集增益和信道容量越大;当不同链路之间为正交时,CoMP 系统具有最理想的性能。然而,在实际的传播环境中,链路间的正交性很难保证,这是因为不同的链路都可能存在稳定的直射路径,且由于传播环境的对称性,不同的链路可能存在共同的散射体或反射体,产生的传播路径具有相似性。

### 1.2.5 毫米波

目前无线通信广泛使用的是 6 GHz 以下的中、低频段,但此类频段上的无线电业务越来越繁多,可用的频谱资源日益匮乏。此外,静态的频谱划分规则又导致可用频谱呈现严重的碎片化和零散化,使得通信带宽严重受限。为了增加通信带宽,提高无线传输速率,5G 采用了毫米波通信技术。毫米波通常指波长在 1～10 mm 之间的无线电波,也就是频率在 30～300 GHz 之间的无线电波。相比传统的厘米波通信,毫米波通信具有如下优势:

(1)超高的频谱带宽。毫米波频段具有超高的频谱带宽,毫米波频段的5G网络可用带宽为400 MHz,数据传输速率最高可达到10 Gbit/s甚至更多。

(2)波束窄。毫米波的波束很窄,具有良好的方向性和较高的空间分辨力,可显著提高对特定地区相同频谱的可重复使用量。

(3)可靠性高。较高的频率使其受干扰很少,电磁频谱非常干净,与激光相比,能较好抵抗雨水天气的影响,提供稳定的传输信道。

(4)波长短。由于毫米波波长较短,所需要的天线尺寸也很小,易于在较小的空间内集成大规模天线阵。与微波相比,毫米波元器件的尺寸要小得多。

但是毫米波也具有一定局限性,例如该频段的吸收率较大,会遭受严重的大气衰减,甚至会被空气中的水蒸气吸收,雨水、潮湿的空气等都会影响信号强度,导致该频段的信号传输距离极为有限,并且由于该频段的绕射能力较弱,容易被障碍物阻挡。因此,毫米波通常只适用于视距传输的场景,如近距离点到点通信。5G中辐射范围较广的信号传输仍然需要6 GHz以下频段完成,所以未来通信需要毫米波和6 GHz以下频段配合实现。

毫米波信号衰减大的特性导致毫米波的应用受阻,不过5G中的大规模MIMO技术却能与毫米波技术相互成全:大规模MIMO可以提供超高的信号增益,弥补毫米波的信号衰减;毫米波可以降低天线阵列尺寸,使得大规模MIMO的部署成为可能。所以,毫米波和大规模MIMO这两个技术相辅相成,是5G物理层的两个关键技术。

3GPP在3GPP TR 38.913标准中提出了5G毫米波通信在高速列车场景下的部署方式,如图1-4所示。从图中可以看到,工作在30 GHz频率的高速铁路毫米波通信系统采用了车载中继和BBU+RRH(RRU)的DAS架构。每个RRH作为一个收发点,形成窄波束朝着铁轨单向发射或接收,这与传统的中、低频段的双向收发方式不同。RRH与铁轨的垂直距离为5 m,每个BBU与3个RRH连接,BBU的站间距为1 732 m,3个RRH的站间距分别为580 m、580 m和572 m,车厢内接入点的站间距为25 m。

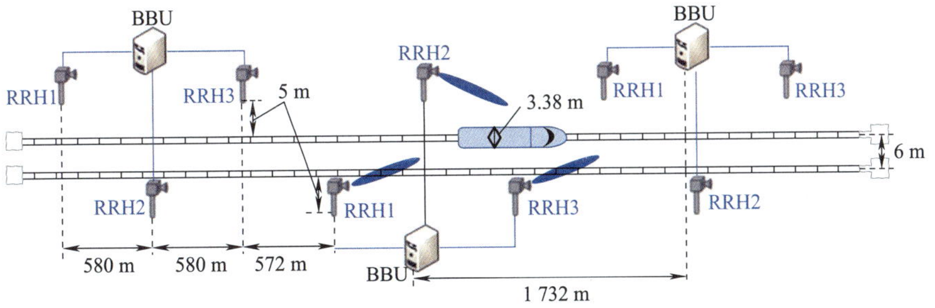


图1-4　高速铁路毫米波通信系统

## 1.3 高铁宽带无线信道研究意义与挑战

无线信道是移动通信的传输媒体，所有的信息都需要通过无线信道进行传输。移动无线通信系统的传输速率、传输质量等性能最终都要受到无线信道的制约。准确地认知无线信道是任何无线通信系统设计与优化的基础。只有在充分研究和了解所设计系统的无线信道特性后，才能采取与之相适应的物理层技术，例如最佳的调制方式和编码交织方式、均衡器设计，或者正交频分复用 OFDM、MIMO 系统中的循环前缀(Cyclic Prefix，CP)长度设计、参考信号设计、子载波分配、天线阵列配置等，从而充分挖掘系统的容量，进一步优化系统的性能。

获取无线信道特性最直接、最有效的方法是对所关注的无线传播环境开展信道测量。基于信道测量数据，提取表征信道特征的参数，进而构建信道模型。信道模型是对无线传播环境及其信道特性的一个抽象描述，信道建模的目标是重构真实信道。无线信道测量与建模在无线通信系统设计、评估到标准化以及到最终部署的各个环节中，都有重要的作用。当新的无线传输技术和理论被提出时，往往使用信息论工具进行推导验证，从而为新技术提供理论依据、性能极限。在无线传输技术研究、设计以及标准化阶段，都需要对各种候选方案进行性能评估。评估阶段所使用的信道模型的准确与否直接决定了仿真结果的可靠性、准确性。因此在移动通信技术的评估过程中，各个标准化组织非常重视评估信道模型的标准化工作。在实际的无线通信系统的部署中，需要根据实地无线传播环境进行网络规划、容量优化、盲区覆盖等工作。准确的信道模型可以使网络部署、优化、规划的工作更加准确和有效，从而提升无线通信网络的覆盖能力。

传统的陆地蜂窝场景(如城市、郊区、乡村等)与实际的高铁场景有较大的差异，如果以现有陆地蜂窝场景的信道特性及模型作为未来高铁宽带移动通信系统设计的参考，其仿真和试验的结果在实际的应用中必定大打折扣。高铁宽带移动通信系统关键技术的性能需要通过真实的高铁信道模型进行评估。因此，高铁宽带无线信道测量与建模具有重要的研究意义。

对于移动无线通信来说，高铁场景是一种较为特殊的应用场景。这种高铁宽带移动通信的特殊性将对高铁宽带无线信道研究带来巨大的挑战，主要体现在以下方面：

(1)高铁宽带移动通信具有传播环境多样化的特点。高速铁路大多建设在城市郊区、农村空旷地带或高架桥之上，此外还会经历如路堑、车站、山区、隧道等特殊地貌，如图 1-5 所示。国内学者经过大量的实地调研，将高铁场景按物理环境划分为 12 类电波传播场景，包括高架桥、路堑、隧道、车站、水域、城市、郊区、乡村、山区、沙漠、车厢内部以及上述场景相结合的混合场景。尽管在上述高铁场景中，以视距(Line-of-Sight，LoS)传输情况为主，而非视距(Non-Line-of-Sight,NLoS)传输情况很少出现(仅有可能在车站、车厢内部场景中出现),但是不同的场景因其物理环境不同也会展现出不同的信道特性。对于农村空旷地域场景,由于铁路周围环境简单,基站与列车之间存在较强的直射路径,而对于路堑、车站、山区等复杂场景,基站与列车之间存在较多的反射和散射体,多径分量(Multipath Components,MPCs)丰富。由此可见,单一形态场景的信道特性无法准确反映高铁信道特性,单一形态场景的信道模型难以完整刻画高铁信道模型。因此,要想全面认知高铁宽带无线信道,势必需要考虑上述所有高铁场景,这对高铁宽带无线信道研究是一大挑战。

图 1-5 高速铁路不同场景切换

(2)高铁宽带移动通信具有高移动性的特点。相比陆地蜂窝移动通信的某些移动性场景,例如高速公路场景,高铁无线通信具有更高的移动性。这种高移动性将会导致信道发生更为明显的时变,带来非常大的多普勒(Doppler)频偏,并有可能造成多普勒频偏的快速变化。例如,当无线信号的发射频率为 3 GHz、列车的运行速度为 360 km/h 时,接收信号的多普勒频偏将高达 1 kHz;当基站与列车之间的垂直距离为 30 m 时,列车在穿越基站的过程中,大约 4 s 时间内,多普勒频偏将从最大的正值快速变化至最小的负值。此外,高移动性还将导致信道在时间维度上的非平稳性。这种信道非平稳性通常采用多径分量的"生"与"灭"过程来描述。在静止或低速移动场景下,难以模拟高速移动时信道的快速变化,无法体现多普勒频偏大且多普勒频偏快变的信道特征以及非平稳信道特征。因此,研究高铁宽带无线信道需要在足够高的移动速度条件下开展。在实际的高铁环境下开展高速移动的信道测量具有非常大的挑战。

(3)高铁宽带移动通信会受到高速列车车体的影响。无论是采用车顶天线还是车内天线,高速列车车体对高铁无线通信的影响都不可忽略。如果采用车顶天线,由于天线放置在车顶,车顶的材质和形状势必会对天线的辐射特性产生一定的影响,进而影响无线信道的传播特性。当列车运行在隧道环境中,车顶天线除了会接收到来自隧道壁的反射径,还会接收到来自列车车体的二次或多次反射径,相比空隧道场景而言,传播环境更为复杂。如果采用车内天线,高速列车车体对无线信号的穿透损耗是极为严重的。相关测试结果表明,高速列车车体造成的穿透损耗可高达 20～30 dB。同时,列车车厢内部结构也会对无线传播产生一定的影响。列车车厢呈一相对密闭的空间,座位、行李架、乘客以及车厢连接处的结构都会对信号产生反射或散射作用。因此,在进行高铁宽带无线信道特征分析时,需要考虑实际高速列车车体的影响，这对高铁宽带无线信道研究是一大挑战。

(4)高铁宽带移动通信具有特殊的组网方式。由于高铁宽带移动通信网络将采用带状覆盖和小区合并的组网方式，高铁无线信道特性也会因这种特殊的网络架构而发生变化。在带状覆盖的情况下，当列车位于基站覆盖的远端区域或者定向天线的主瓣辐射区域时，信道特性主要由环境因素决定，而当列车位于基站覆盖的近端区域或者定向天线的旁瓣辐射区域时，信道特性会受到明显的影响。另外，由于在采用小区合并的网络架构中存在回波信道效应，当列车位于基站的重叠覆盖区域时，回波信道效应产生的额外的“多径”会改变原始的信道特性，如图 1-6 所示。因此，研究高铁宽带无线信道有必要在实际的高铁宽带移动通信网络架构下进行。

图 1-6 回波信道效应

综上所述，高铁宽带无线信道研究对高铁宽带移动通信系统设计与评估有重要意义，相比传统的陆地蜂窝场景，高铁场景下的宽带无线信道测量与建模存在更大的挑战。

## 1.4 高铁宽带无线信道测量与建模研究现状

### 1.4.1 高铁宽带无线信道测量研究现状

相比传统的陆地蜂窝场景，实际高速铁路场景下的信道测量工作在国内外开展规模均相对较小。这是因为，高铁实地测量往往很难开展，组织一次高铁信道测量活动，包括铁路相关部门备案、测试点勘察、高速测试列车协调、铁路调度协调等工作，高铁无线信道测量极为耗时、耗物、耗力。为了促进高速铁路宽带无线通信的发展，国内外研究团队开展了一些真实高速铁路场景的信道测量工作。表 1-2 总结了近年来重要的高速铁路信道测量活动。根据所采用测量方式的不同，将高速铁路信道测量活动分为三类，包括基于商用信道探测器的高速铁路信道测量、基于自研信道探测器的高速铁路信道测量、基于现有无线通信网络的高速铁路信道测量。

(1)基于商用信道探测器的高速铁路信道测量。国际上公认的标准商用信道探测器有德国 MEDAV 公司的 RUSK、芬兰 Electrobit 公司的 Propsound 等。MEDAV 公司、德国卡尔斯鲁厄大学和伊尔梅瑙理工大学在锡格堡和法兰克福的ICE高速铁路利用RUSK测量了高速铁路场景下的无线信道特性，提取了路径损耗、阴影衰落、时延扩展、角度扩展等信道特征参数[1]。Electrobit公司和Oulu大学，联合台湾工业技术研究院，利用Propsound在新竹—台中和台中—嘉义线路分别实施了乡村和山区场景的信道测量，获得了高铁信道小尺度衰落特征，验证了高速铁路场景下的多普勒快变特征[2]。北京邮电大学与中国移动研究院在中国唐山客车厂采用Propsound对高速列车车厢内部环境进行了信道测量，提取了车厢内部传播环境的路径损耗、时延扩展、莱斯$K$因子等信道特征参数[3]。北京交通大学联合中国移动研究院，在京津高速铁路实施了基于Propsound的宽带无线信道测量，分析了高架桥场景下的信道大尺度和小尺度衰落特征[4]。

**表1-2 近年来重要的高速铁路信道测量活动**

| 测量方式 | 文献 | 测量场景 | 覆盖模式 | 测量频点/GHz | 测量带宽/MHz | 天线配置 | 信道特征参数 |
|---|---|---|---|---|---|---|---|
| 基于商用信道探测仪的信道测量 | [1] | — | RC | 5.2 | 120 | SIMO | PL，SF，DS，AS |
| | [2] | 乡村、山区 | DC | 2.5 | 50 | SIMO、MISO | DS，AS，DF |
| | [3] | 车厢内部 | — | 2.35 | 100 | SISO | PL，DS，KF |
| | [4] | 高架桥 | RC | 2.35 | 10 | SISO | PL，SF，KF，DS，DF |
| 基于非商用信道探测仪的信道测量 | [5] | 隧道 | — | 2.154 | 30 | SISO | PL，DS |
| | [6] | — | RC | — | — | SISO | DS，DF |
| | [7,8] | 山区 | DC | 2.4 | 40 | SISO | PL，SF，KF，DS，DF |
| | [9] | 高架桥 | RC | 2.6 | 20 | SISO | PL，SF，KF，DS，DF |
| 基于现有无线通信网络的信道测量 | [10] | 隧道 | RC | 0.9 | 0.2 | SISO | PL |
| | [11,12] | 高架桥、U形槽、车站 | RC | 0.93 | 0.2 | SISO | PL，SF，KF |
| | [13] | 城市、城郊、乡村、山区 | DC | 2.1 | 3.84 | SISO | PL，SF，DS，DF |

注：SIMO（Single Input Multiple Output），单入多出；MISO（Multiple Input Single Output），多入单出；SISO（Single Input Single Output），单入单出；PL（Path Loss），路径损耗；SF（Shadow Fading），阴影衰落；DS（Delay Spread），时延扩展；AS（Angular Spread），角度扩展；DF（Doppler Frequency），多普勒频率；KF，莱斯$K$因子；RC，中继覆盖；DC，直接覆盖。

（2）基于自研信道探测器的高速铁路信道测量。由于商用信道探测器的购置价格十分昂贵，一些国内外研究团队自主研发了定制化的信道探测仪，并应用于高速铁路信道测量。P. Aikio等[5]利用赫尔辛基理工大学研发的信道探测器在高速铁路隧道场景开展了信道测量，提取了路径损耗、时延扩展等信道特征参数。台湾大学研究团队[6]利用矢量信号发生器与矢量信号分析仪搭建了基于OFDM信号的信道测量系统，测量得到了若干信道特征参数，如多径时延、多普勒频移等。清华大学研究团队采用自研信道探测仪在广深港高速铁路实施了山区场景的宽带信道测量，统计了信道大尺度和小尺度衰落特征参数[7,8]。北京邮电大学研究团队[9]利用矢量信号发生器与矢量信号分析仪搭建了基于 PN 序列的信道测量系统，在哈大高速铁路测量了高架桥场景的相关信道特征。

(3)基于现有无线通信网络的高速铁路信道测量。除了采用专用的信道探测器实现高铁信道测量，一些国内外研究团队借助高铁沿线的现有无线通信网络，成功实现了高铁信道测量。西班牙 C. Briso 团队利用 GSM-R 网络开展了高速铁路隧道场景下分布式天线系统信道测量，分析了不同条件下隧道传播损耗特性[10]。北京交通大学研究团队通过 GSM-R 网络开展了多种高速铁路场景的信道测量，分析了路径损耗、阴影衰落以及相关小尺度衰落特征[11,12]。基于宽带码分多址(Wideband Code Division Multiple Access，WCDMA)网络，同济大学研究团队开展了高铁典型场景的宽带信道测量，提取了时延扩展、多普勒频移等宽带信道特征参数[13]。

从上述信道测量研究现状来看，现有高速铁路宽带无线信道测量技术主要以基于信道探测器的主动式信道测量方法为主。然而，为了降低高铁信道测量的实施难度，提升测试效率，基于现有无线通信网络的被动式信道测量方法也逐渐在高铁信道测量中应用，并已成为高效获取高铁实际通信网络中信道数据的首选方式。GSM-R 和 WCDMA 信号在测量带宽方面无法满足未来高铁宽带信道测量的指标要求，因此需要采用更高带宽的无线通信信号作为信道探测的激励信号。另外，受到测试条件的限制，目前大部分的高铁信道测量活动的天线配置均为单天线，所获得的信道特征主要为单天线信道特征。然而，为了满足高铁宽带移动通信传输新技术的评估需求，还需要基于高铁实测信道数据，分析多天线和多链路信道特征。

### 1.4.2 高铁宽带无线信道建模研究现状

借鉴陆地蜂窝场景信道建模方法，国内外研究团队积极开展了高速铁路宽带信道建模的研究。目前，高速铁路信道建模研究大体上可分为基于测量的高速铁路信道建模和基于理论方法的高速铁路信道建模两类。

(1)基于测量的高速铁路信道建模。蔺伟等[14]根据列车无线通信系统参数确定小尺度衰落统计参数，利用数理统计方法对测试数据进行分析，建立了电波小尺度衰落模型。李铁华[15]结合传播模型校正的一般理论，通过实测获取铁路沿线不同地形特征条件下电波传播的场强数据，获得在平原、市区、隧道等不同地形条件下场强预测模型。He 等[11,12]基于 GSM-R 网络信道实测数据，引入高架桥的高度、路堑的宽度和深度等物理参数，提出了高铁高架桥场景和路堑场景的传播损耗模型和小尺度衰落模型。Liu 等[4]根据 Propsound 测量数据，采用抽头延迟线(Tapped Delay Line，TDL)结构，建立了基于位置的高铁高架桥场景宽带信道模型，其中包含了多径数目、径功率、$K$ 因子、多普勒频率等参数。Zhang 等[8]根据自研信道探测器测量数据，考虑时延和多普勒特征，构建了高铁山区场景下的TDL信道模型。

（2）基于理论方法的高速铁路信道建模。Cichon等[16]采用射线跟踪方法，研究了高速铁路隧道场景下的电波传播模型。Guan等[17]研究高速铁路实际场景下确定性电波传播建模方法，开发了射线跟踪仿真模型。He等[18]构建了基于射线跟踪的高铁隧道毫米波信道模型，通过实测数据对模型进行了校准，分析了隧道场景毫米波信道特性。Chen等[19]采用基于几何的随机建模方法，构建了高速铁路路堑、郊区、城市场景的MIMO信道模型，对比分析了不同场景的空间相关性。Ghazal等[20]提出了一种基于几何的高速铁路非平稳宽带MIMO信道模型，根据空-时-频相关函数和本地散射函数，研究了高速铁路信道的非平稳特征，通过实测数据对模型进行了验证。Tian等[21]将基于传播图论的信道建模方法应用于高速铁路场景，构建高速铁路宽带信道仿真模型，生成虚拟的信道冲激响应数据，分析了信道大尺度和小尺度衰落特征。

从上述信道建模研究现状来看，国内外研究主要针对高速铁路电波传播模型和窄带信道小尺度衰落模型，而基于测量的高速铁路宽带信道建模的研究相对较少。由于实际的高铁宽带信道数据获取难度较大，基于理论方法的高速铁路宽带信道建模受到了越来越多的关注。尽管通过理论建模方法，能够方便地构建不同高铁典型场景的宽带信道模型，但仍需一定的实测数据对模型进行校准和验证。另外，基于理论方法的高速铁路宽带信道模型应考虑高铁宽带移动通信的特点以及需要满足各种高铁宽带移动通信传输新技术的评估需求。

## 1.5 高铁宽带无线信道模型标准化进展

目前，通信产业界、国际通信标准化组织和相关研究单位，基于已有的移动场景下的信道模型、实际的信道测量结果或者理论建模方法，在高铁宽带无线信道模型标准化方面做出了相应的规范。下面对高铁宽带无线信道模型标准化发展历程进行回顾。

2005年，在3GPP国际标准会议上，西门子移动公司针对未来高铁的无线通信需求，提出了350 km/h的高铁多径信道模型。该提案以国际电信联盟-无线电通信部门（International Telecommunications Union-Radiocommunication，ITU-R）的ITU-R M.1225报告中的ITU-VA（Vehicular A）信道模型为基础，给出了高铁场景下的修正模型。修正的高铁信道模型减少了ITU-VA信道模型的多径数目并调整了每条多径的相对平均功率，见表1-3。

表 1-3 修正的高铁多径信道模型

| 抽头 | 相对时延/ns | 3GPP TS 25.101 标准的案例 3 和 6 及 TS 25.104 标准的案例 3 和 4 的相对平均功率/dB | 新型高铁信道模型的相对平均功率/dB |
|---|---|---|---|
| 1 | 0 | 0 | 0 |
| 2 | 260 | −3 | −1 |
| 3 | 521 | −6 | −4 |
| 4 | 781 | −9 | −9 |

2006 年，Motorola 公司在 3GPP 会议上，给出了高铁 LoS 环境下的多普勒频偏引起载波频率变化的情况，并最终写入 3GPP TS 25.104 标准。标准中考虑的高铁场景包括空旷地带、隧道漏泄电缆、隧道多天线三个场景，给出了高速列车穿越基站过程中多普勒频偏变化的理论表达式。图 1-7 给出了空旷地带和隧道多天线场景的多普勒频偏理论结果，相关计算参数见表 1-4。从图中可以明确看到多普勒频偏存在快变现象，即多普勒频偏在正负最大值之间快速变化。

表 1-4 高铁场景参数

| 参数 | 参数值 | |
|---|---|---|
| | 场景 1 | 场景 3 |
| 距离 $D$ | 1 000 m | 300 m |
| 列车距钢轨的距离 $D_{min}$ | 50 m | 2 m |
| 速度 $v$ | 350 km/h | 300 km/h |
| 最大多普勒频偏 $f$ | 1 340 Hz | 1 150 Hz |

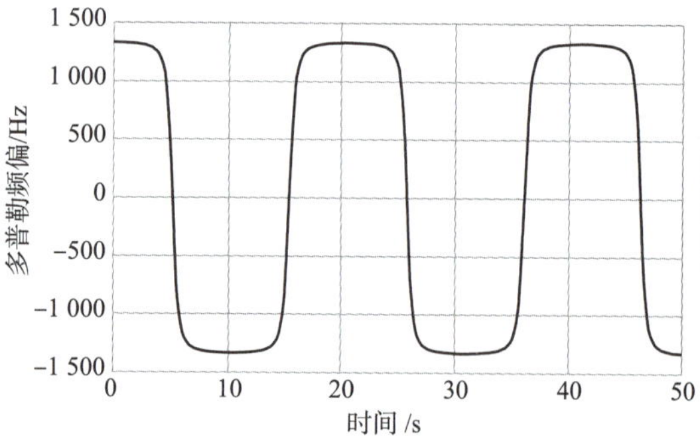


(a)空旷地带

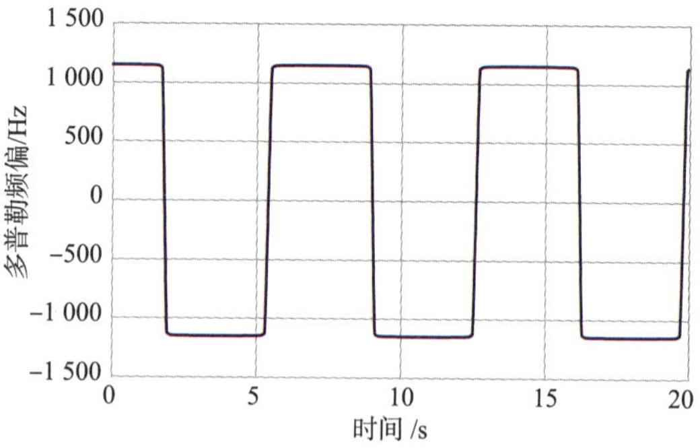


(b) 隧道多天线场景

图 1-7 多普勒频偏理论结果

2007 年，欧盟 WINNER(Wireless World Initiative New Radio)项目提出了 MIMO 信道模型，即 WINNER Ⅱ信道模型。该模型不仅涵盖各种蜂窝场景，还定义了一种移动网络(Moving Networks)场景。这种场景的一个典型例子是图 1-8 所示的高速列车场景，包含了两个子场景，D2a 和 D2b。D2a 场景的无线链路是从 BS 到移动中继站（Mobile Relay Station，MRS），D2a 场景的无线链路是从 MRS 到车厢内的移动台（Mobile Station，MS）。标准中构建的 D2a 信道模型是基于高铁乡村场景的实际信道测量结果，包括路径损耗、阴影衰落、时延扩展、角度扩展等信道特征参数的统计结果，而 D2b 信道模型参考的是室内场景的信道模型。

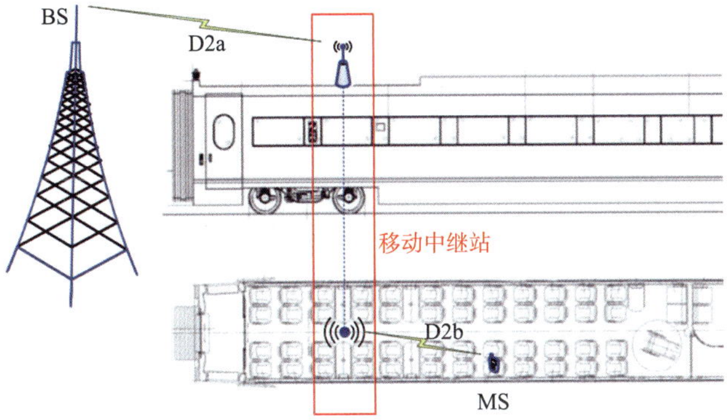


图 1-8 WINNER Ⅱ信道模型定义的高速列车场景

2009 年，ITU 在 ITU-R M. 2135 报告中公布了面向 IMT-Advanced（International Mobile Telecommunications-Advanced）系统，也就是第四代数字蜂窝移动通信系统的 MIMO 信道模型。该模型与 WINNER Ⅱ信道模型一样，是一种基于几何的随机模型（Geometry-Based Stochastic Model），也可以称为双向信道模型（Double Directional Channel Model）。它没有明确指定散射体的位置，而是考虑了多径的方向或角度，如图 1-9 所示。ITU-R IMT-Advanced 信道模型在其定义的乡村宏蜂窝（Rural Macro-cell，RMa）场景中考虑了高速列车的情况，最高速度可支持 350 km/h，并提供了相关信道参数的建议值。

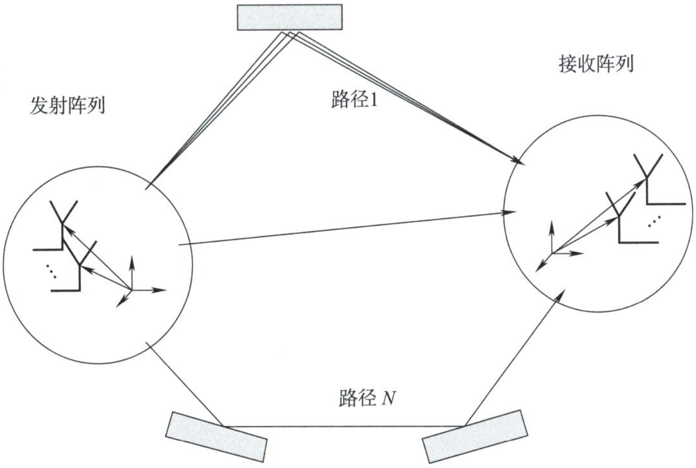


图 1-9 基于几何的随机模型

表 1-5 和表 1-6 列出了 ITU-R P. 1411-8 建议书中的相关内容，包括高架桥和路堑场景平稳距离、均方根时延扩展以及莱斯 $K$ 因子的结果。这些信道特征参数结果均来源于中国高铁实际信道测量，具体的测量活动与更多的测量结果将在后续章节给出。

**表 1-5 两种高铁场景的平稳距离结果**

| 测量场景 | 覆盖方案 | 频率/MHz | 列车速度/(km・$h^{-1}$) | 平稳距离/m | 平均平稳距离/m |
| --- | --- | --- | --- | --- | --- |
| 高架桥 | 直接覆盖① | 2 605 | 285 | 3.4～5 | 4.2 |
| | 中继覆盖① | 1 890 | 285 | 1.9～3.5 | 2.8 |
| 路堑 | 中继覆盖② | 2 350 | 200 | 0.51 | 0.51 |

注：①测量带宽是 18 MHz；
②测量带宽是 50 MHz。

**表 1-6 两种高铁场景的均方根时延扩展和莱斯 $K$ 因子结果**

| 测量条件 | | | | | | 均方根时延扩展/ns | | $K$ 因子/dB | |
| --- | --- | --- | --- | --- | --- | --- | --- | --- | --- |
| 场景 | 覆盖方案 | 频率/MHz | 天线高度 | | 范围/m | 50% | 95% | 50% | 95% |
| | | | $h_1$/m | $h_2$/m | | | | | |
| 高架桥 | 直接覆盖 | 2 605 | 30 | 10 | 200～1 000 | 101 | 210 | 4 | 9 |
| 高架桥 | 中继覆盖 | 1 890 | 30 | 10 | 200～1 000 | 29 | 120 | 8 | 15 |
| 路堑 | 中继覆盖 | 2 350 | 14 | 3 | 100～1 000 | 38 | 171 | 4 | 11 |

2017 年，ITU 在 ITU-R M. 2412 报告中公布了面向 IMT-2020 系统，也就是第五代数字蜂窝移动通信系统的三维(Three-Dimensional，3D)MIMO 信道模型。ITU-R IMT-2020 信道模型在 IMT-Advanced 模型的基础上，引入了仰角维度，使仅考虑了方位角维度的二维(Two-Dimensional，2D)模型变为 3D 模型，具有更高的建模精度。图 1-10 给出了 3D MIMO 信道模型的示意图，其中 $\theta$ 表示仰角，$\phi$ 表示方位角。此外，IMT-2020 信道模型还可支持高达 100 GHz 的频率、更大的带宽、更大的天线阵列等功能。与 IMT-Advanced 模型的 RMa 场景类似，IMT-2020 模型也定义了一种可支持高速移动(最高速度为 500 km/h)的乡村增强移动宽带(Rural-Enhanced Mobile Broadband，Rural-eMBB)场景，并提供了相关信道参数的建议值。

从上述高铁宽带无线信道模型标准化进展来看，适用于复杂高铁宽带移动通信场景的信道模型依然十分稀缺。本书内容将有助于推动高铁宽带无线信道模型标准化。

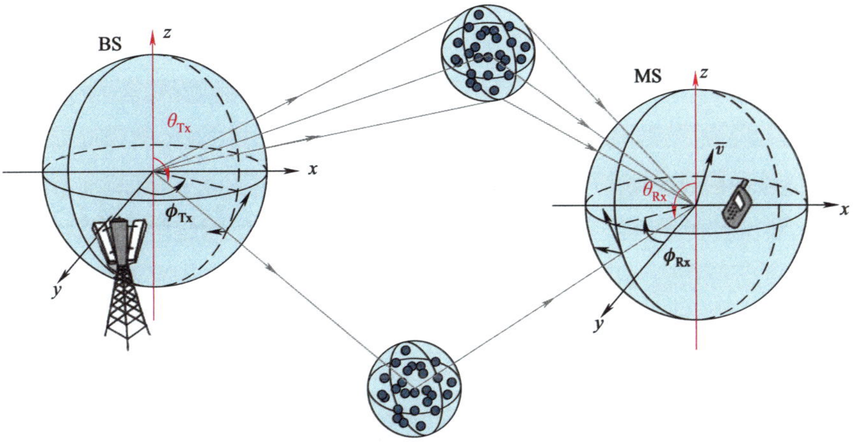


图 1-10 3D MIMO 信道模型

# 第2章 无线信道测量与建模理论

## 2.1 电波传播机制

在无线通信系统中，信号以电磁波的形式在空间中传播，完成信息的交换。自由空间传播是最基本的传播方式，收发天线间没有障碍物和可以造成反射的物体，因此发射的信号会沿直线传递到接收端。在室外的无线移动通信中，基站天线与接收端之间的电磁波传播除了直接视距传播外，还会在建筑物及其他障碍物表面发生数次反射；如果天线被障碍物完全遮挡，则电波会穿过遮挡物通过透射方式传输至接收端；若电磁波经过障碍物边沿，则会出现绕射现象，由边缘平面导致的二次波将继续传播；若电磁波传播路径中存在小于其波长的物体且单位体积内障碍物的数量巨大，将会发生散射。下面分别介绍电磁波的几种传播机制。

### 2.1.1 自由空间传播

自由空间是指一种理想的、均匀的、各向同性的介质空间，电磁波在该介质中传播时，不发生反射、折射、散射和吸收现象，只存在电磁波能量扩散而引起的传播损耗。自由空间中电磁波以直线传播，传播速度等于真空中的光速。

在研究具体情况时自由空间并非完全理想，即实际介质与障碍物对电波传播的影响可以忽略时，可认为这种情况下的电波传播属于自由空间的电波传播。卫星通信和微波视距通信的传输环境是典型的自由空间传播。在自由空间中，若发射端以球面波辐射，根据Friis传输公式，则接收功率 $P_r$ 为

$$P_r = P_t \frac{G_t G_r \lambda^2}{(4\pi d)^2 L_{sys}} \tag{2-1}$$

式中，$P_t$ 为发射点处的发射功率；$G_t$、$G_r$ 分别为发射天线和接收天线增益；$\lambda$ 为波长；$d$ 为发射机与接收机之间的距离；$L_{sys}$ 为系统损耗因子，包括发射衰减、滤波器衰减、天线损耗等。

由式(2-1)可知，接收功率和发射天线与接收天线增益的乘积成正比，与距离的平方成反比。接收功率还与波长的平方成正比，这是因为接收天线的有效面积与波长有关。

需要注意的是，Friis传输公式仅适用于天线远场的情况，也就是说，收发天线之间的距离要大于Rayleigh距离（也称为Fraunhofer距离）。Rayleigh距离定义为

$$d_R = \frac{2L_a^2}{\lambda} \tag{2-2}$$

式中，$L_a$ 为天线物理口径的最大尺寸。

## 2.1.2　反射和透射

当电磁波到达电磁特性不同介质的边界时会发生反射和透射。一部分电磁波发生反射，返回原介质中传播；另一部分电磁波发生透射，穿过新介质继续传播。仅有导体为理想状态时才能够实现完全无损耗电波反射，而不发生其他传播方式。

实际上，理想的导体是不存在的，目前已知所有介质都有一个确定的介电常数，所有导体都是非理想的。入射波的入射角与导体介电常数决定了反射波和透射波的方向与能量。因此，引入反射系数这一参数来得到反射波和透射波强度，反射系数 $R=E_r/E_i$，其中 $E_i$ 和 $E_r$ 分别为入射和反射电场强度。反射系数由电磁波的入射角、频率、极化方式、介质的介电常数共同决定。

若电磁波入射平面为电介质，如图 2-1 所示，电磁波入射角度为 $\theta_i$，反射角为 $\theta_r$，折射角为 $\theta_t$。根据入射波的电场方向与反射面之间的关系，将无线电波分为垂直极化波和水平极化波。电场极性垂直于反射波平面时，为垂直极化波，如图 2-1(a)所示；电场极性平行于反射波平面时，为水平极化波，如图 2-1(b)所示。

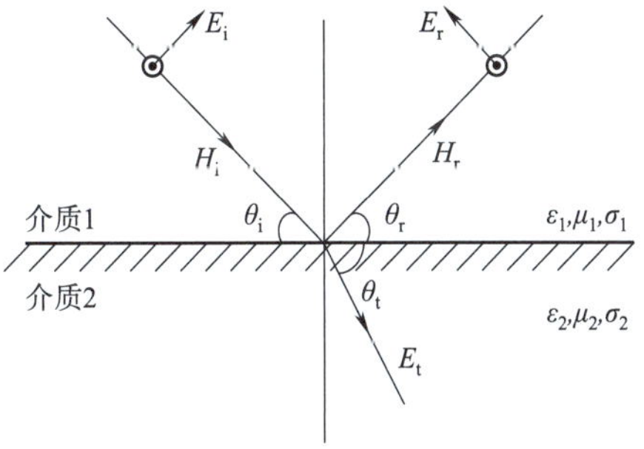

(a)垂直极化

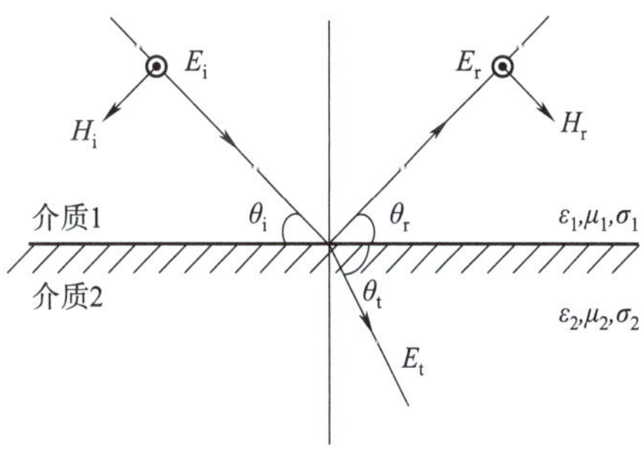

(b)水平极化

图 2-1　两种介质面的反射和透射

图中，参数 $\varepsilon_1$、$\mu_1$、$\sigma_1$ 和 $\varepsilon_2$、$\mu_2$、$\sigma_2$ 分别代表两种电介质的介电常数、透射率和导电率；$E$ 为电场分量；$H$ 为磁场分量。通常，理想电介质的绝缘常数与介电常数 $\varepsilon_r$ 成正比，即$\varepsilon=\varepsilon_0\varepsilon_r$，其中 $\varepsilon_0$ 是真空介电常数，为 $8.85\times10^{-12}$ F/m。

在无线信道中，电波传播往往不是发生在单一路径下，通常会出现多径传播的情况。实际移动通信系统中发射机和接收机的距离最远可达上千米，假设地球表面是平的，则接收端的总场强为 $E_{ToT}$，可以表示为

$$E_{ToT}=E_{LoS}+E_g=E_{LoS}[1+|R|e^{-j(\phi+\Delta\phi)}] \tag{2-3}$$

式中，$E_{LoS}$为直射波场强；$E_g$ 为地面反射波场强；$\phi$ 为直射波和反射波的相位差；$\Delta\phi$ 为直射波变化的相位。式(2-3)表明，接收机处的电场强度随反射系数和路径差的变化而变化。当 $\phi$ 和 $\Delta\phi$ 同相时，总场强大于直射波场强，信号增强；当 $\phi$ 和 $\Delta\phi$ 反相时，总场强小于直射波场强，信号被削弱，因此反射信号的衰落就是由这种扰动造成。

理想地面反射时，反射系数 $R=-1$，可证明得到发射机和接收机间距离 $d$ 处的接收功率为

$$P_r = P_t G_t G_r \frac{h_t^2 h_r^2}{d^4} \tag{2-4}$$

式中，$h_t$ 和 $h_r$ 分别为发射机和接收机的高度。当距离 $d$ 很大时，接收功率随距离的增大呈4次方衰减(40 dB/十倍程)，相较于自由空间的衰减要快得多。

### 2.1.3 绕　　射

绕射使得无线电波绕过障碍物传播，能够在障碍物后方形成场强，即绕射场强。尽管接收机位于遮挡物的阴影区时，接收场强迅速衰减，但绕射场依然存在且具有足够的场强。当入射射线遇到散射体边界面的边缘、拐角、尖顶和凸曲面时，会产生一条新的绕射射线；在高频段，绕射依赖于物体的形状，以及绕射点处入射波的振幅、相位和极化情况。

惠更斯(Huygens)定律对这一现象的解释是，波前所有点都可以看作是产生二次波的点源，即障碍物前方的各点可以作为新的波源在传播方向上产生球面次级波。绕射是次级波传播到阴影区引起的，次级波在障碍物周围空间形成的电场就是绕射波场。

移动通信系统中，对次级波的阻挡产生了绕射损耗，仅有一部分能量能绕过阻挡体。Huygens 定律使用菲涅尔区来描述绕射衰减，菲涅尔区是以发射机和接收机为焦点的椭圆构成的连续区域，次级波从发射机到接收机的路径长度比总的视距路径长度大 $n\lambda/2$。如图 2-2 所示，发射机和接收机平面上的同心圆环表示菲涅尔区，相邻圆发出的次级波到达接收机的路径差为 $\lambda/2$。因此，可以得到第 $n$ 个菲涅尔区同心的半径为

$$r_n = \sqrt{\frac{n\lambda d_1 d_2}{d_1 + d_2}} \tag{2-5}$$

式中，$d_1$ 和 $d_2$ 分别为发射机和接收机到阻挡物的距离。若阻挡体位于发射机和接收机中心时，菲涅尔区有最大的半径。

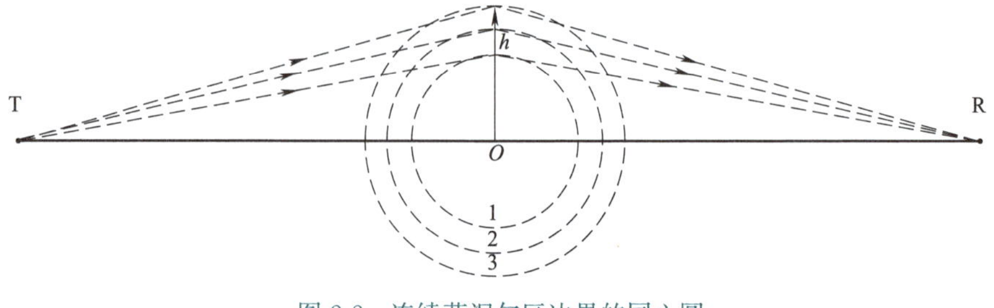


图 2-2　连续菲涅尔区边界的同心圆

阻挡体使得一些菲涅尔区发出的次级波被阻挡，根据阻挡体的几何特征，接收能量为非阻挡区域菲涅尔区所贡献能量的矢量和。第一菲涅尔区场强接近全部场强的 1/2，一般来说，如果第一菲涅尔区没有被阻挡，则绕射损耗可以忽略不计，接收机可以接收到大部分能量。

在已知的服务区内，估算电波经过山脉或建筑物绕射引起的信号衰减是预测场强的关键。通常来说，绕射损耗难以精确估算，而是在预测中采用理论近似，并辅以经验修正。当阻挡体为单个物体，如无线电波在山区里传播时，直射波往往会受到山脉的阻挡，可以通过把阻挡体看作绕射刃形边缘来估计绕射损耗。考虑接收机位于阴影区域，其接收到的刃形绕射波场强 $E_d$ 为

$$\frac{E_d}{E_0}=\frac{(1+\mathrm{j})}{2}\int_{\xi}^{\infty}\exp\left(\frac{-\mathrm{j}\pi t^2}{2}\right)\mathrm{d}t \tag{2-6}$$

式中，$E_0$ 为自由空间场强；$\xi$ 为 Fresnel 绕射系数。对于给定 $\xi$ 值，经常使用图表进行计算。

### 2.1.4 散　　射

通常情况下，在分析无线电波传播过程中的反射现象时，会把远大于无线电波波长的平滑表面建模成反射面。在实际的传播环境中，分布着许多表面粗糙的、形状不规则的物体，如亭台、楼宇、树木、灯柱等，表面的粗糙程度通常产生不同的传播效果。图 2-3(a)中，无线电波在光滑表面只发生反射，而当无线电波入射到如图 2-3(b)中比较粗糙的物体表面时，将同时发生散射现象，此时无线电波的传播能量将可能散布于任何方向，导致接收机位置接收到的信号能量超出单独绕射和反射模型预测的结果，接收到的信号强度也要强于两种模型的预测。与反射和绕射现象相比，无线电波传播过程中发生的散射现象更为复杂，也更加难以预测。

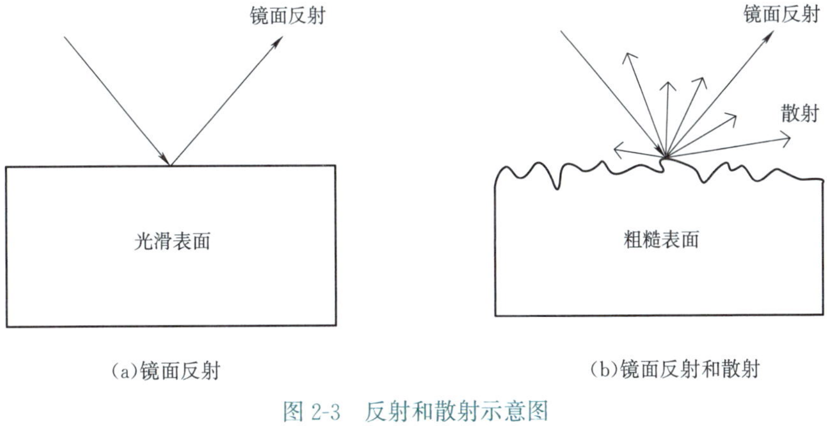


图 2-3　反射和散射示意图

衡量物体表面的粗糙程度是判断散射的关键。使用瑞利(Rayleigh)原则测试表面的粗糙程度，给定入射角 $\theta_i$ 的情况下可定义表面平整度的参考高度 $h_c$ 为

$$h_c=\frac{\lambda}{8\sin\theta_i} \tag{2-7}$$

若平面上最大的突起高度 $h$ 小于 $h_c$，则认为表面是光滑的；相反的，若 $h$ 大于 $h_c$，则认为表面是粗糙的。对于粗糙表面，计算反射时需要将反射系数 $R$ 乘上一个散射损耗系数 $\rho_s$，以代表减弱的反射场。表面高度 $h$ 是具有局部平均值高斯分布的随机变量，$\rho_s$ 为

$$\rho_s=\exp\left[-8\left(\frac{\pi\sigma_h\sin\theta_i}{\lambda}\right)^2\right] \tag{2-8}$$

式中，$\sigma_h$ 为表面高度的标准偏差。当 $h>h_c$ 时，反射场强 $R_{rough}$ 可以使用粗糙表面的修正反射系数求解得到，即

$$R_{rough}=\rho_s R \tag{2-9}$$

## 2.2 信道衰落特性

无线电波经反射、绕射和散射传播，产生不同时延与损耗的反射波，众多反射波在接收端叠加，叠加后的接收信号在幅度上急剧变化，产生衰落。根据衰落类型不同，无线信道的衰落特性可分为大尺度衰落特性和小尺度衰落特性。大尺度衰落描述了发射机与接收机之间长距离（几百米或几千米）内接收信号强度的缓慢变化。小尺度衰落描述了发射机与接收机之间短距离（几个波长）内接收信号强度的快速变化。大尺度衰落特性不仅对分析信道的可用性、选择载波频率、切换以及功率控制有重要意义，而且对于移动无线网络的规划、优化以及干扰分析也很重要。小尺度衰落特性则对传输技术的选择、数字接收机的设计和物理层优化至关重要。下面分别介绍大尺度和小尺度衰落特性。

### 2.2.1 大尺度衰落特性

大尺度衰落包括路径损耗和阴影衰落。

#### 2.2.1.1 路径损耗

路径损耗主要是由发射机和接收机间距、信号载频和地形因素决定。路径损耗定义为发射功率和接收功率的分贝差，即

$$\mathrm{PL}=10\lg\left(\frac{P_t}{P_r}\right) \tag{2-10}$$

自由空间传播模型用于预测接收机和发射机之间是完全无阻挡的视距路径时接收信号的场强。将式(2-1)代入式(2-10)，可以得到自由空间模型的路径损耗为

$$\mathrm{PL}=-10\lg\left[\frac{G_tG_r\lambda^2}{(4\pi)^2d^2L_{sys}}\right] \tag{2-11}$$

基于理论和实测的传播模型指出，无论是室内还是室外信道，接收信号的平均功率随距

离的增加而呈现对数衰减。在实际应用中，根据理论分析和经验，无线信道的平均路径损耗可表示为收发端的对数距离函数

$$\overline{\mathrm{PL}}=\overline{\mathrm{PL}}(d_{\mathrm{ref}})+10n_{\mathrm{PL}}\lg\left(\frac{d}{d_{\mathrm{ref}}}\right) \tag{2-12}$$

式中，$d_{\mathrm{ref}}$为天线远场的参考距离；$\overline{\mathrm{PL}}(d_{\mathrm{ref}})$为 $d_{\mathrm{ref}}$处的路径损耗；$n_{\mathrm{PL}}$为路径损耗指数，决定了路径损耗随距离变化的快慢。$n_{\mathrm{PL}}$值依赖于特定的传播环境，信号传播近似于自由空间模型时，$n_{\mathrm{PL}}=2$，当有阻挡物时，$n_{\mathrm{PL}}$变大。此外，自由空间参考距离的选取非常重要。在大覆盖蜂窝系统中，参考距离常被选为 1 km；在微蜂窝系统中，常使用较小的参考距离（如 1 m 或 100 m）。参考距离应在天线的远场处，以避免远近效应对参考路径损耗的影响。表 2-1 给出了不同无线传播环境下的路径损耗指数。

**表 2-1　不同环境下的路径损耗指数**

| 环　境 | 路径损耗指数 |
|---|---|
| 自由空间 | 2 |
| 市区蜂窝无线传播 | 2.7～3.5 |
| 存在阴影衰落的市区蜂窝无线传播 | 3～5 |
| 建筑物内的视距传播 | 1.6～1.8 |
| 被建筑物阻挡 | 4～6 |
| 被工厂阻挡 | 2～3 |

路径损耗的对数距离模型可简化为更为一般的表达式：

$$\overline{\mathrm{PL}}=a_{\mathrm{PL}}+10n_{\mathrm{PL}}\lg d \tag{2-13}$$

式中，$a_{\mathrm{PL}}$ 为对数距离模型的截距。通过实测数据与对数距离模型的最小均方误差（Minimum Mean Square Error，MMSE）拟合，可得到 $a_{\mathrm{PL}}$和 $n_{\mathrm{PL}}$的取值。

#### 2.2.1.2　阴影衰落

当用户在市区内移动时，会经过位置、高矮、占地面积等都不同的建筑物，而这些建筑物之间的距离也是各不相同的。这些大型物体的阴影效应使得接收到的信号均值产生变化，即阴影衰落。它反映了中等范围内数百波长量级接收电平的均值变化而产生的损耗。

实测结果表明，对数正态分布可以精确地建模阴影衰落综合考虑路径损耗的对数距离模型和阴影衰落的对数正态分布模型，大尺度衰落模型可以用对数阴影模型表示

$$\mathrm{PL}=a_{\mathrm{PL}}+10n_{\mathrm{PL}}\lg d+X_{\mathrm{SF}} \tag{2-14}$$

式中，$X_{\mathrm{SF}}$为服从均值为 0、标准差为 $\sigma_{\mathrm{SF}}$的高斯随机变量。

对数阴影模型能够真实地描述无线信道大尺度衰落特性，不仅反映了信号传播时随距离增大的功率损耗，也反映了阴影衰落带来的接收信号平均功率的波动。该模型可以用于无线系统设计和分析过程，从而对任意位置的接收功率进行计算机仿真。

## 2.2.2 小尺度衰落特性

电波在空间传播中的反射、绕射和散射导致接收端接收到的不是单一路径的信号，而是不同时延、不同幅度和不同相位的多径信号的叠加，称为多径效应。多径效应使得接收信号产生衰落失真，这种由多径传播引起的衰落称为小尺度衰落。小尺度衰落特性包括时间色散、频率色散和角度色散。

### 2.2.2.1 时间色散

时间色散是指信道对发送信号在时间上的展宽作用，使接收信号的持续时间比这个信号发送时的持续时间增长。时间色散是由于不同时延的多径信号叠加所产生的效果，由于存在多条不同的传播路径，且路径长度不同，发送信号沿各个路径到达接收天线的时间就不一样，时延较大的路径中的信号会对较早到达的路径中信号产生干扰。时间色散在频域上表现为频率选择性衰落，频率选择性是信号中不同频率的分量衰落幅度不一样，在频率上很接近的分量它们的衰落也很接近，而在频率上相隔很远的分量它们的衰落相差很大。

如果发送信号的带宽足够窄，那么发送信号的所有频率分量几乎经历相同的衰落，在这种情况下，信号在传输的过程中不会产生失真，引起的是非频率选择性衰落，也叫作平坦衰落。当发送信号的带宽继续增加时，发送信号频谱中的边缘频率分量将会逐渐产生失真。这样信道对不同频率的分量的衰减系数不同，从而形成频率选择性衰落；当信号的带宽继续增大时，则频率选择性衰落将会变得更加严重。

用来描述无线信道时间色散特性的参数包括平均附加时延 $\bar{\tau}$、均方根时延扩展$\overline{\tau^2}$以及附加时延扩展 $\sigma_\tau$。这些参数可由功率延迟分布（Power Delay Profile，PDP）得到，它可以用来描述信道中多径的丰富程度。功率延迟分布可以通过对离散化的信道冲激响应进行统计得到，为信道冲激响应的功率的平均结果

$$\mathrm{PDP}(\tau)=\frac{1}{w_{\mathrm{av}}}\sum_{k=m}^{m+w_{\mathrm{av}}-1}|h(k,\tau)|^2 \tag{2-15}$$

式中，$h(k,\tau)$为离散化的信道冲激响应；$k$ 为信道冲激响应快照的索引；$\tau$ 为时延；$w_{\mathrm{av}}$为平均窗的长度，$w_{\mathrm{av}}$的取值需使信道满足广义平稳（Wide Sense Stationary，WSS）的条件。

根据功率延迟分布，可计算得到平均附加时延。它是功率延迟分布的一阶原点矩，表示为

$$\bar{\tau}=\frac{\sum_{\tau}\mathrm{PDP}(\tau)\tau}{\sum_{\tau}\mathrm{PDP}(\tau)} \tag{2-16}$$

均方根（Root Mean Square，RMS）时延扩展表示为功率延迟分布的二阶距的平方根，定义为

$$\sigma_\tau=\sqrt{\overline{\tau^2}-(\bar{\tau})^2} \tag{2-17}$$

其中

$$\overline{\tau^2} = \frac{\sum_{\tau} \mathrm{PDP}(\tau)\tau^2}{\sum_{\tau} \mathrm{PDP}(\tau)} \tag{2-18}$$

功率延迟分布的最大附加时延 $\tau_{\max}$ 定义为 $\tau_x - \tau_0$，其中 $\tau_0$ 是第一个到达的信号，$\tau_x$ 是最大时延值，其间到达多径分量不低于最大多径分量减去指定功率值（一般是最小可检测多径信号功率）。在所有情况下，都必须规定一个门限值，将多径本底噪声和接收的最大多径分量联系起来。$\tau_{\max}$ 和 $\sigma_\tau$ 的值都与用于处理功率延迟分布的噪声门限有关，噪声门限用于区分接收到的多径分量和热噪声。如果噪声门限设得太低，噪声就会被当成多径分量处理，从而使得 $\tau_{\max}$ 和 $\sigma_\tau$ 的值偏高。

#### 2.2.2.2　频率色散

频率色散是指信道使发送信号在频率上发生色散。由于移动台与基站之间的相对运动或信号传播路径中物体的运动，使得多径分量以不同方向到达移动台，从而引起不同的频率偏移，就会导致接收频谱的扩展。频率色散在时域上表现为时间选择性衰落，时间选择性即时变性。

如果信号持续的时间比较短，在这个比较短的持续时间内，信道的特性还没有比较显著的变化，因此时间选择性衰落并不明显；当信号的持续时间进一步增加，信道的特性在信号的持续时间内发生了比较显著的变化时就会使信号产生失真。信号的失真随着信号的持续时间的增长而增加。

用来描述无线信道频率色散特性的参数有平均多普勒频移和 RMS 多普勒扩展，它们都与多普勒功率谱（Doppler Power Spectral Density，DPSD）有关。不同的入射角产生不同的多普勒频移，因此所有多径分量的叠加就形成多普勒功率谱。多普勒功率谱可由信道冲激响应的自相关函数的离散傅里叶变换（Discrete Fourier Transformation，DFT）计算得到

$$\mathrm{DPSD}(\upsilon) = F\left\{ \sum_{k=m}^{m+w_{\mathrm{DFT}}-1} h(k) \cdot h^*(k+m), w_{\mathrm{DFT}} \right\} \tag{2-19}$$

式中，$\upsilon$ 为多普勒频移；$F\{\cdot\}$ 为 DFT 运算；$(\cdot)^*$ 为共轭运算；$w_{\mathrm{DFT}}$ 为 DFT 窗的长度。常见的多普勒功率谱有两种：JAKES 谱和 RICE 谱。在 JAKES 信道模型中，波均匀地从所有方位入射，移动台接收的信号的入射角度在 $[0,2\pi]$ 间均匀分布，并且大量相互作用体均匀分布在移动台周围。在 JAKES 模型中产生的多普勒功率谱称为经典谱或 JAKES 谱，它的形状呈 U 形，在最小和最大多普勒频移处存在奇点。RICE 谱由 NLoS 分量的 JAKES 谱与 LoS 分量的单频偏谱线叠加而成。

平均多普勒频移是多普勒功率谱的一阶中心矩，即

$$\overline{B} = \frac{\sum_{\upsilon} \mathrm{DPSD}(\upsilon)\upsilon}{\sum_{\upsilon} \mathrm{DPSD}(\upsilon)} \tag{2-20}$$

RMS 多普勒扩展是由移动无线信道时变特性所引起的频谱展宽程度的度量值，定义为多普勒功率谱的二阶中心矩的平方根，即

$$B_{\mathrm{D}}=\sqrt{\overline{B^2}-(\overline{B})^2} \tag{2-21}$$

其中

$$\overline{B^2}=\frac{\sum_{\upsilon}\mathrm{DPSD}(\upsilon)\upsilon^2}{\sum_{\upsilon}\mathrm{DPSD}(\upsilon)} \tag{2-22}$$

多普勒扩展是移动无线信道时间变化率的一种度量，被定义为一个频率范围，在此范围内接收到的多普勒频谱为非 0 值。当发送频率为 $f_c$ 的纯正弦信号时，接收信号频谱即多普勒频谱在 $f_c-f_d$ 至 $f_c+f_d$ 范围内存在分量，其中 $f_d$ 是多普勒频移。频谱展宽的大小依赖于 $f_d$，$f_d$ 是移动台的相对移动速度、移动台运动方向与散射波到达方向之间夹角 $\theta$ 的函数。如果基带信道带宽远大于 $B_{\mathrm{D}}$，则在接收机端可以忽略多普勒扩展造成的影响，这样的信道属于慢衰落信道。

#### 2.2.2.3 角度色散

由于无线通信中移动台和基站周围的散射体分布复杂且始终处于变化之中，使得多天线系统中不同位置天线经历的衰落不同，基站的发射信号在到达接收端天线时，到达角出现展宽，这种现象称为角度色散。角度色散在空间域上表现为空间选择性衰落，即信号在角度域失真。无线信道的角度色散特性通常利用角度功率谱（Power Angular Spectrum，PAS）表征，角度功率谱是信号功率谱密度在角度上的分布。

根据角度功率谱，可提取用于描述信道空间色散特性的参数，即 RMS 角度扩展，它定义为角度功率谱的二阶中心矩的平方根。

$$\sigma_{\theta}=\sqrt{\overline{\theta^2}-(\overline{\theta})^2} \tag{2-23}$$

其中

$$\overline{\theta^2}=\frac{\sum_{\theta}\mathrm{PAS}(\theta)\theta^2}{\sum_{\theta}\mathrm{PAS}(\theta)},\quad \overline{\theta}=\frac{\sum_{\theta}\mathrm{PAS}(\theta)\theta}{\sum_{\theta}\mathrm{PAS}(\theta)}$$

式中，$\theta$ 为来波到达角；$\mathrm{PAS}(\theta)$ 为功率角度谱。

根据环境的不同，角度扩展在[0，360°]之间分布。角度扩展越大，表明散射环境越强，信号在空间的色散度越高；相反，角度扩展越小，表明散射环境越弱，信号在空间的色散度越低。

#### 2.2.2.4 衰落统计特性

无线移动信道里的多径现象使得接收信号的包络呈现随机性。研究表明，信道小尺度衰落的包络统计特性一般服从瑞利分布或莱斯分布。瑞利分布和莱斯分布常用来描述从多径信道接收的信号的统计起伏性。

在没有直射路径的情况下，信道处于深衰落状态，信号包络服从瑞利分布。在移动无线信道中，瑞利衰落分布是常见的用于描述平坦衰落信号或独立多径分量接收中包络的时变统计特性的一种分布类型，概率密度函数表示为

$$p(r)=\frac{r}{\sigma^2}\exp\left(-\frac{r^2}{2\sigma^2}\right)\quad 0\leqslant r<\infty \tag{2-24}$$

式中，$r$ 为接收信号的包络；$\sigma^2$ 为多径分量的方差。

当存在一个主导稳定的信号分量时，如视距传播，则信号的包络分布服从莱斯分布。在这种情况下，从不同角度随机到达的多径分量会叠加在稳定的主导信号上，从而形成莱斯分布，莱斯分布的概率密度函数表示为

$$p(r)=\frac{r}{\sigma^2}\exp\left(-\frac{r^2+s^2}{2\sigma^2}\right)I_0\left(\frac{r\cdot s}{\sigma^2}\right)\quad 0\leqslant r<\infty \tag{2-25}$$

式中，$s^2$ 为直射径的功率；$I_0(\cdot)$为第一类 0 阶修正贝塞尔函数。

信道的衰落程度由莱斯 $K$ 因子或 $K$ 因子或莱斯因子定量表征。$K$ 因子定义为直射径的功率与多径分量的功率之比

$$K=\frac{s^2}{2\sigma^2} \tag{2-26}$$

视距分量越强，发生深衰落的机会越少。当 $s=0$，即 $K=0$ 时，表明信道衰落最大，莱斯分布转变为瑞利分布；当 $K=+\infty$时，表明没有衰落现象。

## 2.3　信道测量技术

信道测量（或信道探测）的基本原理是发射机发送已知的激励信号，接收机分析无线信道对发射信号的影响。在信道测量中，可以观察不同时延的多径信号以及信号叠加后的幅度和相位变化。用于信道测量的发射机和接收机构成了信道测量系统（或信道探测器）。信道探测器发射并检测经信道传输的电磁波，确定信道冲激响应或信道频率响应。根据激励信号类型或测量方式，信道测量技术可分为时域信道探测、频域信道探测和多天线信道探测。

### 2.3.1　时域信道探测

时域信道探测是指发送时域信号激励信道，在接收端直接提取信道冲激响应。本节介绍三种典型的时域信道探测技术：单音连续波信道探测、周期性脉冲信道探测和伪随机序列信道探测。

#### 2.3.1.1　单音连续波信道探测

单音连续波是一种最为通用的激励信号，利用单音连续波进行信道探测属于窄带信道

探测。这种探测技术实现简单,其激励信号因为带宽窄而不易受到干扰,能够检测多普勒频移,目前广泛应用于速度测量、无线信道的大尺度路径损耗和阴影衰落统计测量。

#### 2.3.1.2 周期性脉冲信道探测

为了获取信道的宽带特征,一种方法是周期性脉冲信道探测。发射机重复发射脉冲宽度为 $T_q$、重复周期为 $T_p$ 的脉冲,接收机采用一个带通滤波器接收信号,由包络检波器检测后进行放大,并存储和显示在一个高速示波器上,如图 2-4 所示。

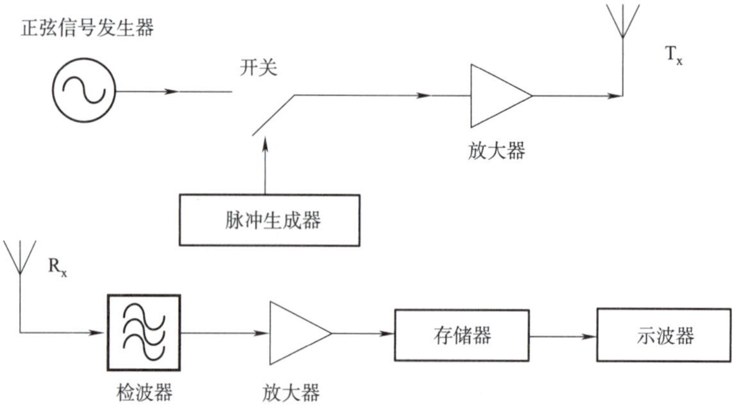


图 2-4 周期性脉冲信道探测原理框图

接收信号是脉冲序列和信号冲激响应的卷积,脉冲宽度决定了多径分量的最小分辨率,脉冲重复周期决定了无混叠的最大多径时延,所以如需要观测信道的时延特性,则必须要求脉冲序列的宽度足够窄且间隔足够长,获得良好空间分辨率的同时保证所有多径分量进入脉冲间隔。

图 2-5 给出了周期性脉冲序列信道探测的示意波形,脉冲序列的周期为 $T_p$,脉冲的宽度为 $T_q$。其中 $T_q$ 表示多径反射波的最小时间分辨率,$T_p$ 表示准确的多径时延窗的最大宽度。周期性脉冲探测可以获得一系列信道冲激响应快照。然而,该方法存在三大缺陷:

(1)周期性脉冲探测系统通常采用包络检测方式,忽略了多径分量的相位信息,因此无法获取信道的多普勒特征。

(2)周期性脉冲信号几乎没有抗干扰能力,任何干扰信号都会对测量的信道冲激响应产生很大影响。

(3)周期性脉冲探测需要探测信号具有小的时间带宽乘积、短的持续时间以及较高的峰均功率比(Peak to Average Power Ratio,PAPR),才能够检测到能量较弱的多径分量,这样导致探测系统对线性功放和其他射频器件的要求较高,且接收端需要较为复杂的方法来解决由于发射端“削峰”而带来的信号失真。

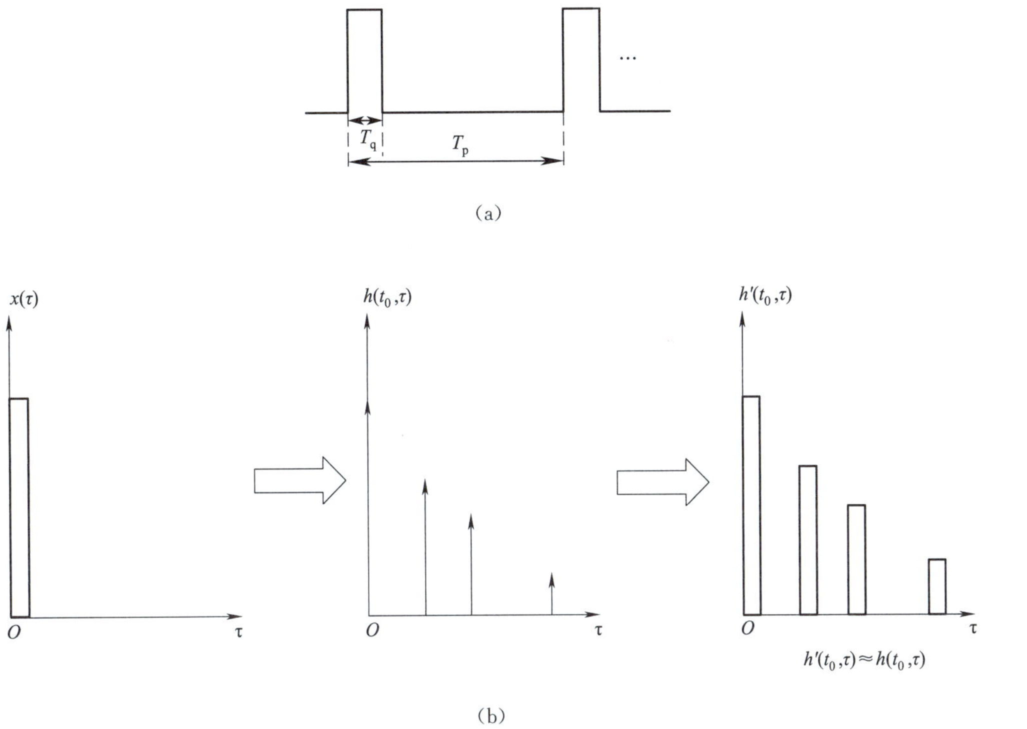


图 2-5　周期性脉冲序列信道探测示意波形

### 2.3.1.3　伪随机序列信道探测

为改善周期性脉冲信道探测的 PAPR 问题，一般采用相关探测器获取信道冲激响应信息。当接收滤波器和发送滤波器成匹配滤波器时，接收端输出信噪比最大，发送滤波器和接收滤波器构成的级联系统具有与发送滤波器自相关函数相等的冲激响应，即

$$\tilde{p}(\tau)=p_{\mathrm{Tx}}(\tau)*p_{\mathrm{Rx}}(\tau)=R_{P_{\mathrm{Tx}}}(\tau) \tag{2-27}$$

因此，探测信号应具有较高的自相关峰值和较低的自相关函数旁瓣。伪随机（PN）序列和 m 序列是最常用的探测序列。

以 PN 序列为例，发射端载频信号与一个 PN 序列混频来扩展频谱，增大带宽。接收端接收、过滤扩频信号，采用与发端相同的 PN 序列解扩后进行包络检波，并在示波器上显示出来，其原理框图如图 2-6 所示。

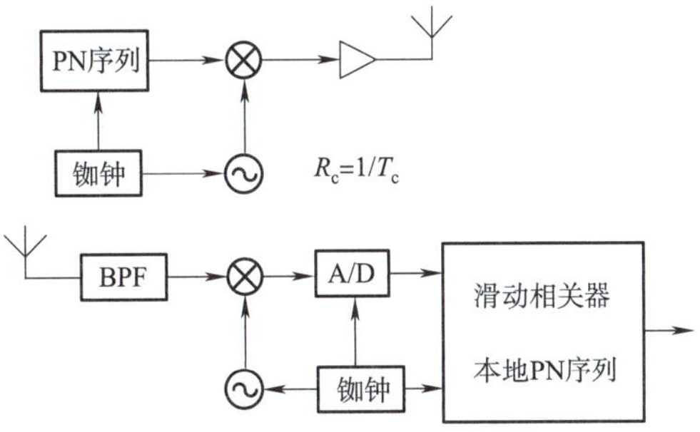


图 2-6　PN 序列信道探测原理框图

尽管收发机两端的 PN 序列相同，但是接收端 PN 序列的时钟频率要稍慢于发射端，从而使两个 PN 序列之间形成相对“滑动”。当接收端 PN 序列和发射端 PN 序列码片相对齐时，由于两个码片的排列序列相同，就会产生

最大的相关峰。根据上述滑动相关原理，接收机可以检测出传播环境中多径信号的幅度和时延。不同的多径分量在不同时刻到达接收机，所以它们在不同的时刻与接收机 PN 序列达到最大相关，经过包络检波后信道冲激响应与信号单个脉冲的卷积结果就可以显示在示波器上。设计时，需保证序列的周期大于传播时延。

伪随机序列信道探测的优点是具有处理增益，所需的发射功率要比周期脉冲测量系统低，并且能够滤除带通干扰，提高给定发射功率的覆盖范围。

## 2.3.2 频域信道探测

由于频域与时域存在对应关系，采用频域是宽带平坦的信号进行信道探测，测量信道频率响应，再通过傅里叶逆变换可间接获得信道冲激响应。本节介绍三种常用的频域信道探测技术：矢量网络分析仪信道探测、OFDM 信道探测和 Chirp 信道探测。

### 2.3.2.1 矢量网络分析仪信道探测

实现频域信道探测最简单的方法是采用矢量网络分析仪（VNA），如图 2-7 所示。矢量网络测试仪控制扫频仪，通过阶梯式的离散频率扫描一个特定频带。在接收端利用矢量网络测试仪去控制发射端的扫频仪发射一个特定带宽的窄带信号，通过接收端的测试仪可以得到若干阶梯状的频率段，即相应频段的幅度和相位响应，然后通过傅里叶逆变换变为时域形式。

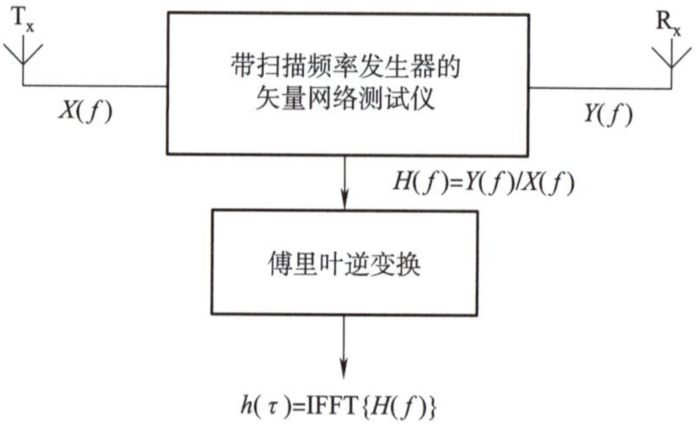


图 2-7 矢量网络分析仪信道探测原理框图

该方法的优点是实现简单、多径分辨率高，正比于频率步进的间隔，受测量设备非线性的影响较小。然而该方法受限于 VNA 必须和发射机与接收机进行物理连接，测量范围仅限于近距离测量；另一局限性在于测试的非实时性。对于时变信道，频率响应变化非常快，必须采用快扫描使总的扫描频率响应测试间隔尽可能短，实现快速扫描又必须减少频率台阶，这会牺牲时延分辨率及可分辨的最大时延的范围；另外，扫频测量法无法测量到多普勒频移和多普勒谱。尽管该方法具有以上局限性，但由于实现简单，目前仍广泛应用于室内信道测量。

### 2.3.2.2 OFDM 信道探测

为避免矢量网络分析仪信道探测中频率轮循扫描带来的非实时性问题，可直接利用 OFDM 信号来实现频域信道探测。德国 RUSK 信道探测器采用多载波扩频信号作为激励信号，在接收端通过频域相关方法提取信道频率响应。法国 EURECOM 开发的信道探测仪利用 IEEE 802.11a 信号进行了信道探测。OFDM 信道探测同样存在高的 PAPR，为此，发射信号可进行加扰，避免调制信号相位连续。OFDM 信道探测的基本原理如下：

假设一个 OFDM 符号有 $N$ 个子载波，$X[m]$为在第 $m$ 个子载波上的复数训练数据，且在接收机是已知的，经过 $N$ 点的 IFFT，发射信号 $x(n)$可以表示为

$$x(n)=\frac{1}{N}\sum_{m=0}^{N-1}X[m]\exp\left(\mathrm{j}2\pi\frac{mn}{N}\right)\quad 0\leqslant n\leqslant N-1 \tag{2-28}$$

发射的激励信号 $x(n)$与信道冲激响应进行卷积得到的输出信号为

$$y(n)=h(n,l)*x(n)+w(n)=\sum_{l=0}^{L-1}h(n,l)x(n-l)+w(n) \tag{2-29}$$

假设信道为时不变的，即 $h(n,l)=h(l)$，在接收端经过 FFT，接收信号在频域表示为

$$Y[m]=\left(\sum_{l=0}^{L-1}h(l)e^{-\mathrm{j}2\pi lk/N}\right)X[m]+W[m]=H[m]X[m]+W[m] \tag{2-30}$$

式中，$H[m]$和 $W[m]$为第 $m$ 个子载波的频率响应和加性高斯白噪声（Additive White Gaussian Noise，AWGN）。

将接收信号与已知的激励信号进行频域相关，得到信道频率响应如下

$$\widetilde{H}[m]=\frac{Y[m]X^*[m]}{|X[m]|^2}=H[m]+W'[m] \tag{2-31}$$

最后，信道冲激响应的探测结果可以由上式的结果经 IFFT 得到

$$\widetilde{h}(l)=\sum_{n=0}^{N-1}\widetilde{H}[m]\mathrm{e}^{\mathrm{j}2\pi lm/N} \tag{2-32}$$

#### 2.3.2.3　Chirp 信道探测

另一种频域分析方法是利用频率调制连续波（Frequency Modulated Continuous Wave，FMCW）或 Chirp 信号探测信道。Chirp 信号依赖于时间和频率，其瞬时频率随着时间呈线性增加或减少

$$f_l(t)=f_c\pm\frac{B}{T}t \tag{2-33}$$

式中，$f_c$ 为载波频率；$B$ 为信号带宽；$T$ 为信号周期。

图 2-8 给出了 Chirp 信号的时频依赖性示意图，Chirp 信号从初始频率 $f_0$ 扫描整个测量带宽。

Chirp 信号的发射波形可以表示为

$$S_T(t)=A_T\cos(2\pi f_l t)=A_T\cos\left(2\pi f_c t\pm\pi\frac{B}{T}t^2\right)\quad -\frac{T}{2}\leqslant t\leqslant\frac{T}{2} \tag{2-34}$$

式中，$A_T$ 为信号幅度。

对于较大的时间—带宽乘积，即 $BT\gg 1$，Chirp 信号的频谱在整个带宽范围内几乎是平坦的。当 $BT>100$ 时，超过 95%的谱能量集中在带宽范围内。Chirp 信号在 $BT\gg 1$ 条件下，功率谱可以近似表示为

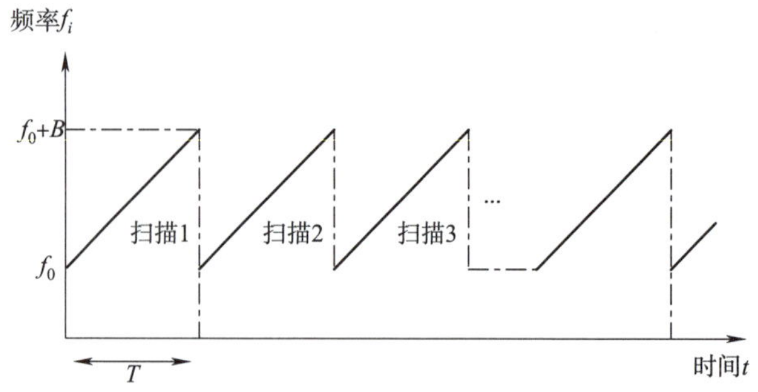


图 2-8 Chirp 信道探测原理框图

$$S_{\mathrm{T}}(f)\approx\sqrt{\frac{T}{4B}}\exp\left[-\mathrm{j}\pi\frac{(f_{\mathrm{c}}-f)^{2}T}{B}\right] \tag{2-35}$$

在接收端检测 Chirp 信号，可以采用匹配滤波器检测，匹配滤波器的输出信号为

$$S_{\mathrm{R}}(t)=\sqrt{BT}\left[\frac{\sin(\pi Bt)}{\pi Bt}\right] \tag{2-36}$$

由上式可得，Chirp 信道探测的压缩增益为 10 lg($BT$)，可分辨多径的时延间隔为 $1/B$。

然而，采用匹配滤波器技术，Chirp 信道探测的输出并未在频率上获得压缩增益。为实现频率上的压缩，一种方法是采用外差检测器。经过多径信道的 Chirp 信号表示为

$$S_{\mathrm{R}}(t)=\sum_{l=1}^{L}A_{\mathrm{R},l}\cos\left[2\pi f_{0}(t-\tau_{l})+\pi\frac{B}{T}(t-\tau_{l})^{2}\right] \tag{2-37}$$

式中，$L$ 为可分辨的多径数目；$A_{\mathrm{R},l}$ 和 $\tau_l$ 分别为第 $l$ 径的幅度和时延。

将接收的 Chirp 信号与发射的 Chirp 信号相乘得到

$$\begin{aligned}S(t)&=S_{\mathrm{T}}(t)S_{\mathrm{R}}(t)\\&=\sum_{l=1}^{L}A_{\mathrm{T}}A_{\mathrm{R},l}\cos\left[2\pi f_{0}(t-\tau_{l})+\pi\frac{B}{T}(t-\tau_{l})^{2}\right]\cdot\cos\left(2\pi f_{0}+\pi\frac{B}{T}t^{2}\right)\end{aligned} \tag{2-38}$$

利用三角关系，上式可转化为

$$\begin{aligned}S(t)=&\sum_{l=1}^{L}A_{l}\cos\left[2\pi f_{0}(t-\tau_{l})-2\pi f_{0}+\pi\frac{B}{T}(t-\tau_{l})^{2}-\pi\frac{B}{T}t^{2}\right]\\&+\sum_{l=1}^{L}A_{l}\cos\left[2\pi f_{0}(t-\tau_{l})+2\pi f_{0}+\pi\frac{B}{T}(t-\tau_{l})^{2}+\pi\frac{B}{T}t^{2}\right]\end{aligned} \tag{2-39}$$

式中，$A_l=0.5A_{\mathrm{T}}A_{\mathrm{R},l}$。

上式的第二项为频率之和的成分，将第二项通过低通滤波器滤除，而第一项为频率之差的成分用来提取信道的时延和多普勒特征。这里将接收信号的第一项称为“beatnotes”，频率仅有几十千赫兹，并且包含所有多径的时间和时延信息，这样 Chirp 信道探测就实现了频率压缩。“beatnotes”的频率 $f_{\mathrm{b}_l}$ 与多径时延 $\tau_l$ 的关系为

$$f_{\mathrm{b}_l}=\frac{B}{T}\tau_l \tag{2-40}$$

由上式可知，外差检测器输出信号的带宽由扫频速率 $B/T$ 与最大多径时延决定。由于“beatnotes”的频率较低，因此利用基于外差检测器的 Chirp 信道探测只需要低速模数转换器（Analog to Digital Converter，ADC）就能够采集完整的信道数据。

### 2.3.3　多天线信道探测

时域信道探测和频域信道探测均可扩展为多天线信道探测。图 2-9 给出了三类传统的多天线测量方式，分别为全并行方式、半串行方式和全串行方式。全并行方式是指多台发射机和多台接收机均连接实际的天线阵列，以频分复用（Frequency Division Multiplexing，FDM）或者码分复用（Code Division Multiplexing，CDM）的方式发射和接收信号；半串行方式是指一台发射机通过高速切换开关，连接实际的天线阵列，以时分复用（Time Division Multiplexing，TDM）的方式发射信号，而接收端以并行方式接收信号；全串行方式是指发射端和接收端均以串行方式发射和接收信号。

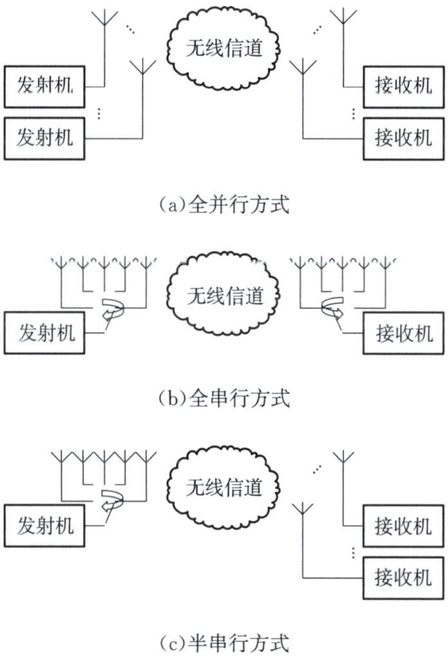


图 2-9　多天线信道探测方式

对于全并行多天线信道测量方法，需要配置多台发射机和接收机及相应的天线阵列，因此具有极高的成本。半串行方式是指在发射机或接收机采用串行方式，而在接收机或发射机采用并行方式。英国杜伦大学研制的 Chirp 多天线信道探测仪正是采用了这种半串行方式。现有大部分的多天线信道探测仪均采用了全串行方式，其优点在于具有较低的设计成本，但该类信道探测仪需要高精度的高速切换开关来实现 TDM 技术。现有的全/半串行多天线信道测量方法采用高速切换开关连接天线阵列，通过一台发射机或者一台接收机模拟多天线发射和接收，大大降低了多天线信道测量的成本。

图 2-10 给出了多天线 TDM 收发信号轮循示意图。假设信道探测仪有 $m_{\mathrm{T}}$ 根发射天线，$m_{\mathrm{R}}$ 根接收天线，全部天线循扫持续周期为 $T_1$，期间遍历 $m_{\mathrm{T}}$ 根发射天线；单天线循扫周期是 $T_2$，在 $T_2$ 周期内，单天线周期循环发送激励信号，接收天线 $\mathrm{R}_{x1}\sim\mathrm{R}_{xn}$ 轮循接收；$T_{\mathrm{GI}}$ 是保护时间，用于发射天线之间切换。假设单天线循环发送激励信号的周期是 $T$，则需保证探测中的最大多径时延小于 $T$。在多天线测试过程中，满足

$$T_1 = m \cdot T_2 \tag{2-41}$$

$$T_2 = (T \cdot m_{\mathrm{R}} + T_{\mathrm{GI}}) \cdot m_{\mathrm{T}} \tag{2-42}$$

式(2-41)和式(2-42)是该系统探测时变信道的限制条件，系统循扫一周的速度应快于信道变化的速度，即在 $T_1$ 时间内，信道须保持静止。在移动条件下，根据奈奎斯特采样定理，$T_1$ 应满足

$$T_1 < \frac{1}{2f_{\mathrm{D,max}}} \tag{2-43}$$

式中，$f_{\mathrm{D,max}}$ 为最大多普勒频移。

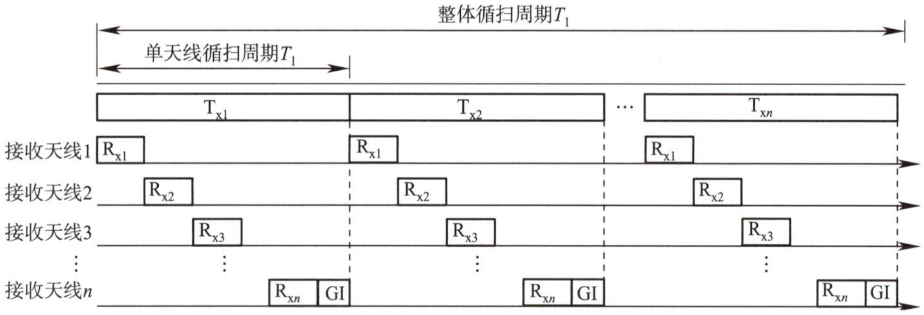


图 2-10 多天线 TDM 收发信号轮循

## 2.4 信道建模方法

信道建模是借助理论工具和数学手段，描述无线电波在信道中传播的机理，基于信道特性重构真实信道。无线信道具有复杂性与多样性，为了进行大容量、高质量的信息传输，需要高效构建具有准确性、普遍性的信道模型来掌握电波演变的深层次规律。如果说信道测量结果是对信道传播环境的具体描述，那么信道模型就是对无线传播信道的环境和特征的抽象描述，如果对信道传播环境已经进行了充分的描述，那么在此基础上构造的信道模型就具有普遍的指导性，可以作为通信系统设计和性能评估的基础和参考。从理论分析的角度，信道建模的方法可分为统计建模、确定性建模与随机建模。

### 2.4.1　统计建模

统计建模可称作是基于经验方法或参数测量方法的建模，主要依赖于对无线信道中多个参数的实际测量，从中归纳出统计规律及经验公式，得到适用于该场景的无线信道模型。因此，这种方法具有直观可靠的优点，同时缺点也显而易见：环境之间的差异带来的误差；测量活动消耗的各项成本；测量设备、测量方法及实际环境的限制。根据适用信道的不同，统计模型可分为窄带模型、抽头延迟线（Tapped Delay Line，TDL）模型与簇延迟线（Clustered Delay Line，CDL）模型。

#### 2.4.1.1　窄带模型

对于一个时变窄带信道，用时域信道冲激响应的方式可描述为

$$h(t,\tau)=\alpha(t)\delta(\tau) \tag{2-44}$$

式中，$\alpha(t)$为信道增益；$\delta(\tau)$为信道时延。在窄带信道中，多径不可分辨，所以时延唯一。

在窄带模型中更多考虑的是信道增益，信道增益由信道大尺度衰落和小尺度衰落特性决定。

#### 2.4.1.2　TDL 模型

不同的多径具有不同的传播时延，在宽带信道中，多径是时延可分的，常用 TDL 模型来建模，如图 2-11 所示。

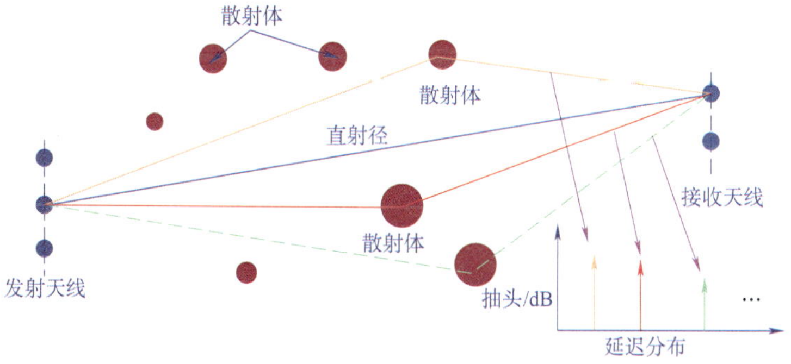


图 2-11　TDL 模型示意图

由于多径的影响，使得发射信号以不同时延和幅度到达接收机，宽带信道冲激响应可表示为

$$h(t,\tau)=\sum_{l=0}^{L-1}\alpha_l(t)\mathrm{e}^{-\mathrm{j}\varphi_l(t)}\delta(\tau-\tau_l) \tag{2-45}$$

式中，$\alpha_l$、$\varphi_l$ 和 $\tau_l$ 分别为第 $l$ 径的增益、相位和时延；$L$ 为路径数。

#### 2.4.1.3　CDL 模型

对于宽带信道测量，尤其在多天线信道测量中，信号经过某一组散射体到达接收机时，

其延迟、到达角和离开角等参数具有相似特性，这些具有相似特性的一组多径分量构成一簇。基于簇的概念，建立了 CDL 模型，其原理如图 2-12 所示。经典簇模型的宽带信道中，能量以簇的方式到达接收机，每一簇中包含一些可分辨的多径参数，其信道冲激响应可表示为

$$h(\tau,t)=\sum_{l=0}^{\infty}\sum_{k=0}^{\infty}a_{k,l}(t)\mathrm{e}^{\mathrm{j}\varphi_{k,l}(t)}\delta(\tau-T_l-\tau_k) \tag{2-46}$$

式中，$a_{k,l}$ 和 $\varphi_{k,l}$ 为第 $l$ 簇中第 $k$ 径的增益和相位；$T_l$ 为第 $l$ 簇的延时；$\tau_{k,l}$ 为第 $l$ 簇中第 $k$ 径的延迟。

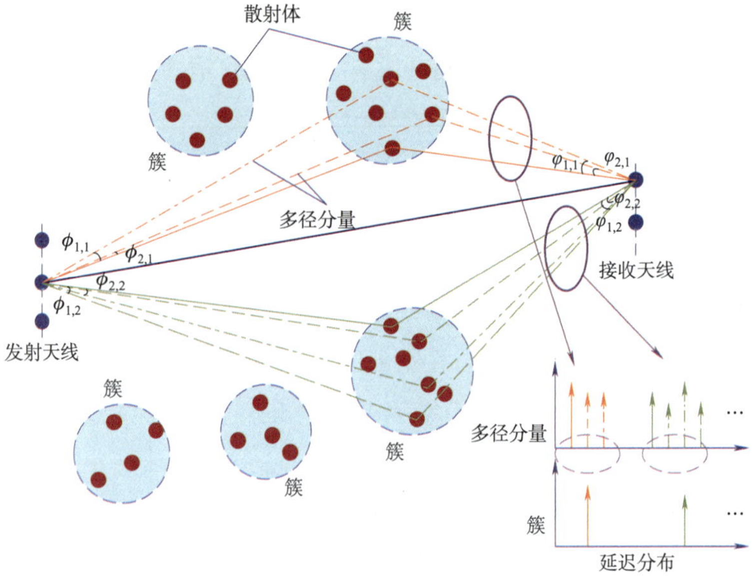


图 2-12　CDL 模型原理示意图

最常见的簇模型是 S-V 信道模型，该模型中簇的到达时间服从速率为 $\lambda$ 的泊松达到过程，即

$$P(T_l|T_{l-1})=\lambda\exp[-\lambda(T_l-T_{l-1})]\quad l>0 \tag{2-47}$$

式中，$T_l$ 和 $T_{l-1}$ 分别为第 $l$ 簇和第 $l-1$ 簇的到达接收机的时间，且假设第一簇的到达时间为 0，即 $T_0=0$。由式(2-61)可得，假如簇的到达率 $\lambda$ 已知，则在 200 ns 内增加 $l$ 簇的概率为

$$P(l)=(200\lambda)^l\exp(-200\lambda)/l!\quad l=1,2,\cdots \tag{2-48}$$

式中，到达率 $\lambda$ 为单位时间内到达接收机的簇数量平均值。而每一簇内 MPC 的到达时间也是一个速率为 $\lambda$ 的泊松过程，表示为

$$P(\tau_{k,l}|\tau_{(k-1),l})=\lambda\exp[-\lambda(\tau_{k,l}-\tau_{(k-1),l})]\quad k>0 \tag{2-49}$$

式中，$\tau_{k,l}$ 和 $\tau_{(k-1),l}$ 分别为第 $l$ 簇内第 $k$ 径和第 $k-1$ 径的到达时间，假设每簇中第一个 MPC 的到达时间为 0，即 $\tau_{0,l}=0$。每一簇中 MPC 的增益衰落服从

$$\overline{\beta_{k,l}^2}=\overline{\beta_{0,0}^2}\mathrm{e}^{-T_l/\Gamma}\mathrm{e}^{-\tau_{k,l}/\gamma} \tag{2-50}$$

式中，$\overline{\beta_{0,0}^2}$为第一簇中第一个 MPC 的平均功率增益。$\Gamma$ 和 $\gamma$ 分别为簇和 MPC 的增益衰减系数。S-V 模型中，上述描述不同参数的物理意义如图 2-13 所示。

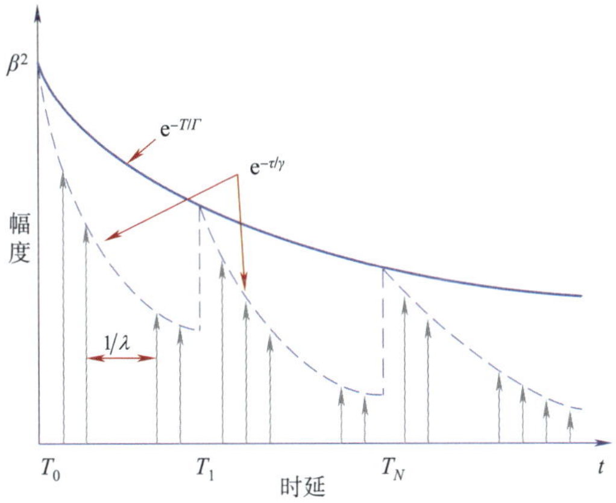


图 2-13　S-V 模型

## 2.4.2　确定性建模

确定性建模是基于几何光学理论和电磁波传播理论，利用无线信道传播环境中的具体地形和障碍物信息，分析并预测无线信道衰落特性。相较于统计建模，确定性建模不需要进行大量的实际测量，但是需要详尽的环境信息数据库，包括地形、障碍物以及材料电磁特性等，这些数据需要提前进行测量或者仿真实验得到，使得确定性建模准备工作复杂、计算复杂度高、仿真时间长、消耗资源大，需要很强的计算能力支撑。因此，针对特定场景，确定性建模的结果更加精确。

典型的确定性建模包括有限时域差分(Finite-Difference Time-Domain，FDTD)方法和射线跟踪法，而应用最广泛的是射线跟踪法。射线跟踪法是基于几何光学理论的经典信道建模方法，被广泛应用到各种场景的无线信道传播特性研究之中。射线跟踪法将无线电波的传播等同于射线(光线)，通过跟踪每一条射线在传播环境中的传播路径，模拟无线电波在传播环境中经历的直射、反射和散射等情况，最终在接收端将所有接收到的射线叠加，即可得到接收位置的信号强度、相位等信息，从而计算得到无线信道的传播特性。

用于研究各类场景无线信道传播特性的射线跟踪法有很多种，不同的方法适用于不同的传播场景，主要用到的方法有：镜像法、测试射线法、入射及反弹射线法以及射线管法等。

### 1. 镜像法

根据几何光学理论可知，由光源发出的光线入射到镜面时，反射光线可以看作是由镜面后关于镜面对称的虚拟光源直接照射过来的光线，基于镜像法的射线跟踪法原理即是基于这个理论。多次反射的情况亦是如此，只需增加反射面，如图 2-14 所示。实际建模时，首先将传播环境映射到射线基坐标系中，确定收发机和所有反射物的位置，选择一条由发射机发出的射线作为参考射线，参考射线在前进的过程中将会遇到反射物的阻挡，发生镜面反射，从而产生反射线，也就是会得到很多根射线的组合序列。采用该方法能够获得发射机发出的每个方向射线的射线序列，在接收机位置同样能够得到接收射线序列。由于几何光学中未考虑绕射射线，因此一般还会引入几何绕射理论和一致性绕射理论来补充。在计算过程中，发射机发出的射线间夹角越小，量化的精度越高，越接近实际传播情况，计算量也会越大。通常会预先设定反射射线功率的接收门限值或反射和绕射次数以降低计算复杂度。

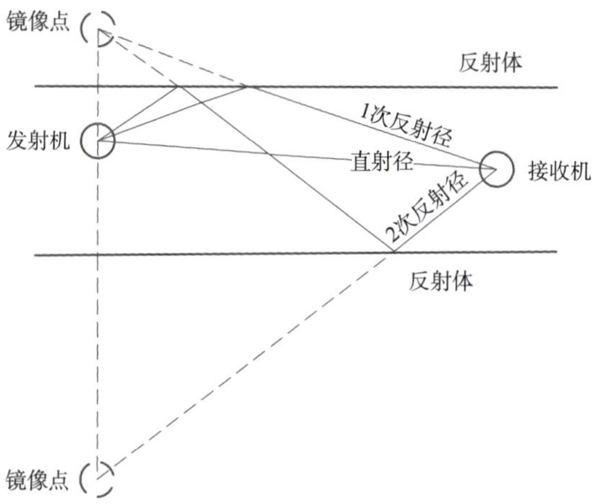

图 2-14　镜像法原理示意图

### 2. 测试射线法

相较于点到点的镜像法中需要确定发射点和接收点的位置，测试射线法引入了接收球的概念，避免了因为射线角度偏差带来的接收点接收射线误差。测试射线法中，当选定接收点，考察位于接收点半径为 $d$ 范围内的射线，范围内的射线能够被接收点接收。但是有一点需要说明，并不是半径 $d$ 范围内的所有射线全部接收，而是有且只有一条射线被接收。也就是说，接收球半径 $d$ 的大小设置会影响到射线跟踪法的精确性。一方面，$d$ 不能取值过大，否则可能会接收到多条相似路径的射线；另一方面，$d$ 不能取值过小，否则可能接收不到对接收点真正有贡献的射线。因此 $d$ 过大或过小，最终都会造成接收点的接收功率受到很大影响。由于测试射线法需要遍历空间各个角度发射测试射线，计算量很大，但是引入合适的判定方法，可以降低工作量。测试射线法适合于复杂场景的场强预测。

### 3. 入射及反弹射线法

入射及反弹射线法需要考虑所有发射射线的发射角度和接收射线的接收角度，是从发射点出发模拟无线电波传播的正向射线跟踪法。通常入射及反弹射线法的基坐标系选择球面坐标系，结合收发天线的方向图和增益，这也是其最主要的优势。另一个优点是普适性，通常能够适应任何传播场景。

#### 4. 射线管法

射线管法的最大特点是其在一定程度上提高了射线跟踪的效率。区别于其他方法，射线管法跟踪的是相邻射线组成的射线管，不再是单条的射线，跟踪一条射线管相当于同时跟踪相邻的 3 条或者 4 条射线，而且避免了接收球判决。同样，射线管法的缺陷也很明显：当射线管与反射面相交时，判定舍弃还是保留该条射线管的依据是考量射线管内的射线是否都与平面相交，若管内的射线与平面都相交，那么保留射线管，否则舍弃。这样就可能舍弃掉部分本能到达接收点的射线，最终影响到接收功率。除此之外，随着传播距离增加，射线管截面也会增加，分辨率降低，在接收点做接收判决时精确度减小。这些都限制了射线管法的应用。

### 2.4.3　基于几何的随机建模

基于几何的随机模型(Geometry Based Stochastic Model，GBSM)与射线跟踪模型非常接近，都是基于收发端的传播射线来获取信道衰落特性。两种模型的最大差异在于，GBSM 假定无线传播空间中散射体是按一定统计规律随机分布的，而射线跟踪法则是在数据库中标定各散射体和反射体的确定位置。相较于射线跟踪法，GBSM 很好地解决了确定性模型仿真参数多、普适性差的问题。GBSM 根据收发端散射体的分布形状可分为规则 GBSM 与不规则 GBSM 。规则 GBSM 是假设有效散射体分布呈一个规则形状，如单环、双环、椭圆等。不规则 GBSM 考虑散射体的分布与实际环境相关。下面以单环模型为例介绍基于几何的随机建模方法。

单环模型假设基站周围没有本地散射体，而移动台由随机分布的本地散射体包围，构成一个圆环形状。图 2-15 给出了一种典型的 $M_T \times M_R$ MIMO 信道的单环模型。收发天线采用均匀线性阵列(Uniform Linear Array，ULA)，收发天线间距分别为 $\delta_R$ 和 $\delta_T$，收发天线阵列倾斜角分别表示为 $\beta_R$ 和 $\beta_T$。由于远端散射体有较大的路径损耗，相对于总的接收功率而言，远端散射体可忽略不计。因此，移动台周围仅存在 $S_n(n=1,2,\cdots,N)$ 个本地散射体。经散射体反射的平面波，其离开角(Angle of Departure，AoD)和到达角(Angle of Arrival，AoA)分别表示为 $\alpha_n^T$ 和 $\alpha_n^R$。假设基站到移动台距离 $D$ 远大于单环半径 $R$，则从基站到散射体的最大离开角可近似为 $\alpha_{\max}^T=\arctan(R/D)\approx R/D$。并且，$D$ 和 $R$ 远大于天线阵列尺度，即 $D\geqslant R\geqslant \max\{(M_T-1)\delta_T,(M_R-1)\delta_R\}$。假设基站与移动台之间没有直射路径，且每个传输电波只发生一次反射，则所有到达接收端的散射分量的功率相等。移动台以速度 $v$ 沿 $\alpha_v$ 方向运动。

第 $n$ 个平面波由第 $l$ 根发射天线 $A_l^T$ 经过本地散射体 $S_n$，到第 $k$ 根接收天线 $A_k^R$。假设模型中的本地散射体数有无穷多个，$A_k^R$ 处的散射分量可表示为无穷多个不同方向的平面波的叠加。由平面波模型，描述由 $A_l^T$ 经过散射分量到 $A_k^R$ 的链路 $h_{kl}(\vec{r}_R)$ 可表示为

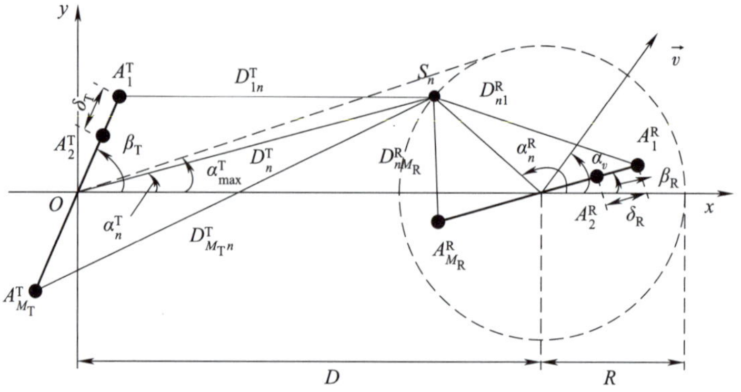

图 2-15　单环模型的几何示意图

$$h_{kl}(\boldsymbol{r}_{\mathrm{R}})=\lim_{N\to\infty}\sum_{n=1}^{N}E_n\exp[\mathrm{j}(\theta_n-\boldsymbol{k}_n^{\mathrm{R}}\boldsymbol{r}_{\mathrm{R}}-k_0D_n)] \tag{2-51}$$

式中，$E_n$ 和 $\theta_n$ 分别为第 $n$ 个接收波的幅度和相位；$\boldsymbol{k}_n^{\mathrm{R}}$ 为波矢量，即第 $n$ 个接收波的接收方向；$\boldsymbol{r}_{\mathrm{R}}$ 为空间平移矢量，即接收机的移动方向；$k_0$ 为自由空间波数，与波长 $\lambda$ 有关，$k_0=2\pi/\lambda$；$D_n$ 为从 $A_l^{\mathrm{T}}$ 通过 $S_n$ 到 $A_k^{\mathrm{R}}$ 的传播路径。

由式(2-65)可知，散射分量的相位由三部分组成，即

$$\arg[h_{kl}(\boldsymbol{r}_{\mathrm{R}})]=\theta_n-\boldsymbol{k}_n^{\mathrm{R}}\cdot\boldsymbol{r}_{\mathrm{R}}-k_0D_n \tag{2-52}$$

第一项 $\theta_n$ 是由散射体 $S_n$ 引起的相位变化，可建模为独立同分布随机变量，在$[0,2\pi)$范围内满足均匀分布。

第二项 $\boldsymbol{k}_n^{\mathrm{R}}\boldsymbol{r}_{\mathrm{R}}$ 是由接收机的移动引起的相位变化，考虑多普勒效应可扩展为

$$\boldsymbol{k}_n^{\mathrm{R}}\cdot\boldsymbol{r}_{\mathrm{R}}=-2\pi f_{\max}\cos(\alpha_n^{\mathrm{R}}-\alpha_v)t \tag{2-53}$$

第三项 $k_0D_n$ 是由总移动距离引起的相位变化，表示为

$$k_0D_n=\frac{2\pi}{\lambda}(D_{ln}^{\mathrm{T}}+D_{nk}^{\mathrm{R}}) \tag{2-54}$$

式中，$D_{ln}^{\mathrm{T}}$ 为第 $l$ 个发射天线 $A_l^{\mathrm{T}}$ 到散射体 $S_n$ 的路径长度；$D_{nk}^{\mathrm{R}}$ 为散射体 $S_n$ 到第 $k$ 根接收天线 $A_k^{\mathrm{R}}$ 的路径长度。

采用余弦定理和平面几何原理计算 $D_{ln}^{\mathrm{T}}$ 和 $D_{nk}^{\mathrm{R}}$ 得到

$$D_{ln}^{\mathrm{T}}=\sqrt{(D_n^{\mathrm{T}})^2+(M_{\mathrm{T}}-2l+1)^2\left(\frac{\delta_{\mathrm{T}}}{2}\right)^2-(M_{\mathrm{T}}-2l+1)D_n^{\mathrm{T}}\delta_{\mathrm{T}}\cos(\alpha_n^{\mathrm{T}}-\beta_{\mathrm{T}})} \tag{2-55}$$

$$D_{nk}^{\mathrm{R}}=\sqrt{R^2+(M_{\mathrm{R}}-2k+1)^2\left(\frac{\delta_{\mathrm{R}}}{2}\right)^2-(M_{\mathrm{R}}-2k+1)R\delta_{\mathrm{R}}\cos(\alpha_n^{\mathrm{R}}-\beta_{\mathrm{R}})} \tag{2-56}$$

式中，$D_n^{\mathrm{T}}$ 为从发射天线阵列中心到散射体 $S_n$ 的路径长度。

由于$(M_{\mathrm{T}}-1)\delta_{\mathrm{T}}\ll D_n^{\mathrm{T}}$，$(M_{\mathrm{R}}-1)\delta_{\mathrm{R}}\ll R$，$\sqrt{1+x}\approx1+x/2$，$x\ll1$，$D_{ln}^{\mathrm{T}}$ 和 $D_{nk}^{\mathrm{R}}$ 可近似简化为

$$D_{ln}^{\mathrm{T}}\approx D_n^{\mathrm{T}}-(M_{\mathrm{T}}-2l+1)\frac{\delta_{\mathrm{T}}}{2}\cos(\alpha_n^{\mathrm{T}}-\beta_{\mathrm{T}}) \tag{2-57}$$

$$D_{nk}^{\mathrm{R}} \approx R-(M_{\mathrm{R}}-2k+1)\frac{\delta_{\mathrm{R}}}{2}\cos(\alpha_n^{\mathrm{R}}-\beta_{\mathrm{R}}) \tag{2-58}$$

由正弦定理和平面几何原理得到 $D/\sin(\alpha_n^{\mathrm{R}}-\alpha_n^{\mathrm{T}})=R/\sin\alpha_n^{\mathrm{T}}$，由于 $\alpha_{\max}^{\mathrm{T}} \approx R/D$，$\alpha_n^{\mathrm{T}}$ 非常小，可作近似处理，$\alpha_n^{\mathrm{T}} \approx \alpha_{\max}^{\mathrm{T}}\sin\alpha_n^{\mathrm{R}}$，$D_n^{T} \approx D+R\cos\alpha_n^{\mathrm{R}}$，则 $D_{ln}^{\mathrm{T}}$ 可用到达角 $\alpha_n^{\mathrm{R}}$ 表示为

$$D_{ln}^{\mathrm{T}} \approx D+R\cos\alpha_n^{\mathrm{R}}-(M_{\mathrm{T}}-2l+1)\frac{\delta_{\mathrm{T}}}{2}[\cos\beta_{\mathrm{T}}+\alpha_{\max}^{\mathrm{T}}\sin\alpha_n^{\mathrm{R}}\sin\beta_{\mathrm{T}}] \tag{2-59}$$

将式(2-53)和式(2-54)代入式(2-51)中，假设所有接收波的幅度相等，即 $E_n=1/\sqrt{N}$，则从 $A_l^{\mathrm{T}}$ 到 $A_k^{\mathrm{R}}$ 链路的复信道增益可近似表示为

$$h_{kl}(t)=\lim_{N\to\infty}\frac{1}{\sqrt{N}}\sum_{n=1}^{N}g_{kln}\exp[\mathrm{j}(2\pi f_n t+\theta_n+\theta_0)] \tag{2-60}$$

其中

$$g_{kln}=a_{ln}b_{kn}c_n \tag{2-61}$$

$$a_{ln}=\exp\left\{\mathrm{j}\pi(M_{\mathrm{T}}-2l+1)\frac{\delta_{\mathrm{T}}}{\lambda}[\cos\beta_{\mathrm{T}}+\alpha_{\max}^{\mathrm{T}}\sin\beta_{\mathrm{T}}\sin\alpha_n^{\mathrm{R}}]\right\} \tag{2-62}$$

$$b_{kn}=\exp\left[\mathrm{j}\pi(M_{\mathrm{R}}-2k+1)\frac{\delta_{\mathrm{R}}}{\lambda}\cos(\alpha_n^{\mathrm{R}}-\beta_{\mathrm{R}})\right] \tag{2-63}$$

$$c_n=\exp\left[-\mathrm{j}\frac{2\pi}{\lambda}R\cos\alpha_n^{\mathrm{R}}\right] \tag{2-64}$$

$$f_n=f_{\max}\cos(\alpha_n^{\mathrm{R}}-\alpha_v) \tag{2-65}$$

$$\theta_0=\frac{2\pi}{\lambda}(D+R) \tag{2-66}$$

不失一般性，$\theta_0$ 将被置 0，$c_n$ 将被置 1，因为这两个参数对于 $h_{kl}(t)$的分布和空-时相关性没有任何影响。从 $h_{kl}(t)$的表达式可以得到 $E\{h_{11}(t)\}=0$ 和 $E\{|h_{11}(t)|^2\}=1$。根据中心极限定理可知，$h_{11}(t)$为零均值，方差为 1 的复高斯过程。因此，$|h_{11}(t)|$的包络满足瑞利分布。

### 2.4.4　基于传播图的随机建模

基于几何的随机建模是建立在时域信道冲激响应的方法，对于信道衰落特性的描述，也可以从频域角度出发，从信道传递函数获取衰落特性。基于传播图的随机建模方法最早发表在 2006 年维也纳数学建模论坛上，将无线电波传播经历的反射体和散射体、传播等物理现象建模为计算机科学中的顶点和边的关系，利用频域传递函数的级联，得到最终的信道传递函数。

在典型的传播场景中，发射机放置在远离接收机的位置发射信号，电磁波与散射体相互作用进行传播到达接收机。电波传播环境可以用图论中的有向图抽象描述：顶点表示发射机、接收机和散射体；边表示顶点之间的可见性，即传播路径。图 2-16 给出了一个简单的传播图 $Y=(\Psi,\Phi)$示例，其中，$\Psi$ 表示顶点的集合，$\Phi$ 表示边的集合。顶点的集合可以分为三个集合：发射点集合 $\Psi_{\mathrm{T}}=\{\mathrm{T_{x1}},\cdots,\mathrm{T_{x4}}\}$、接收点集合 $\Psi_{\mathrm{R}}=\{\mathrm{R_{x1}},\cdots,\mathrm{R_{x3}}\}$和散射点集合$\Psi_{\mathrm{S}}=$

$\{S_1,\cdots,S_7\}$。边的集合可以分为四类：发射—接收边集合 $\Phi_D=\Phi\cap(\Psi_T\times\Psi_R)$，发射—散射边集合 $\Phi_D=\Phi\cap(\Psi_T\times\Psi_R)$，散射—接收边集合 $\Phi_R=\Phi\cap(\Psi_S\times\Psi_R)$ 和散射—散射边集合 $\Phi_S=\Phi\cap(\Psi_S\times\Psi_S)$。这四类边对应于 LoS 和 NLoS 两种传播状态：发射—接收边表征 LoS 传播；发射—散射边、散射—接收以及散射—散射边表征 NLoS 传播。

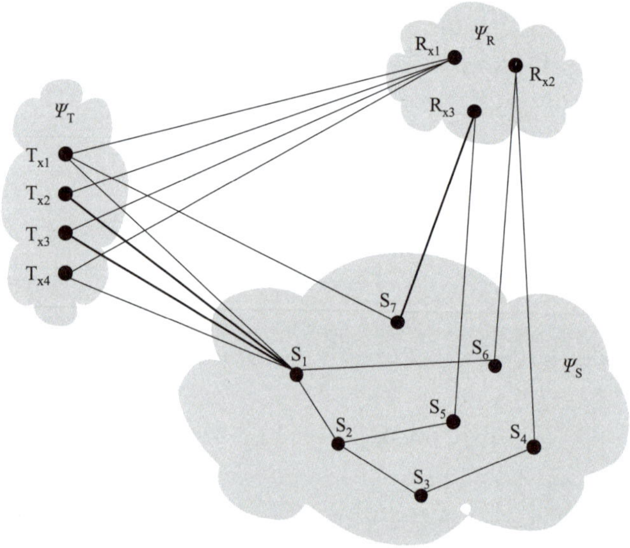


图 2-16　具有 4 个发射机、3 个接收机、7 个散射体的传播图

由传播图理论可知，每个发射顶点发射信号，通过边进行传播。在接收顶点观测到的信号是通过传入的边到达的信号的总和。散射体将通过传入的边到达的信号加起来，然后将总信号通过边发射出去。当信号沿着一条边传播或者与一个散射体作用，信号会经历时间色散，强度取决于边长和特定的散射机制，这里假定沿着一条边传播且与一个散射体作用的联合机制是线性的，因此信号的时间散射可表示为与一个冲激响应卷积，在频域上是与传递函数的乘积。

假定传播机制是线性时不变的，输入-输出关系的频域表达式为

$$\boldsymbol{y}(f)=\boldsymbol{H}(f)\boldsymbol{x}(f) \tag{2-67}$$

式中，$\boldsymbol{H}(f)$ 为 $m_1\times m_2$ 转移矩阵；$m_1$ 和 $m_2$ 分别为输入信号 $\boldsymbol{x}(f)$ 和输出信号 $\boldsymbol{y}(f)$ 的维度。

$m_1$ 维输入信号 $\boldsymbol{x}(f)$ 定义为

$$\boldsymbol{x}(f)=(x_1(f),x_2(f),\cdots,x_{m_1}(f))^{\mathrm{T}} \tag{2-68}$$

式中，$x_m(f)$ 是由发射机发射的信号；$(\cdot)^{\mathrm{T}}$ 表示转置。

输出信号向量 $\boldsymbol{y}(f)$ 表示为

$$\boldsymbol{y}(f)=(y_1(f),y_2(f),\cdots,y_{m_2}(f))^{\mathrm{T}} \tag{2-69}$$

式中，$y_m(f)$ 是在接收端观测到信号的傅里叶变换。

同样地，可以定义一个向量 $\boldsymbol{z}(f)$ 来描述在散射体顶点处观测到的信号，表示为

$$\boldsymbol{z}(f)=(z_1(f),z_2(f),\cdots,z_N(f))^{\mathrm{T}} \tag{2-70}$$

式中，$z_N(f)$是在散射体顶点观测到的信号的傅里叶变换。

至此，形成一个 $m_1+m_2+N$ 维复状态向量 $\boldsymbol{c}(f)$为

$$\boldsymbol{c}(f)=(c_1(f),c_2(f),\cdots,c_{m_1+m_2+N}(f))^{\mathrm{T}} \tag{2-71}$$

式中，$c_n(f)$是顶点 $v_n$ 的状态变量

$$v_n=\begin{cases} v_{\mathrm{t}} & n=1,2,\cdots,m_1 \\ v_{\mathrm{r}} & n=m_1+1,m_2+1,\cdots,m_1+m_2 \\ v_{\mathrm{s}} & n=m_1+m_2+1,m_1+m_2+2,\cdots,m_1+m_2+N \end{cases} \tag{2-72}$$

考虑边 $e=(v_n,v_n')$，通过边 $e$ 传播的在顶点 $v_n'$处观测到信号为 $A_e(f)c_n(f)$，其中$A_e(f)$是边的传递函数。换言之，传递函数 $A_e(f)$描述的是沿着边 $e$ 的传播。因此，可以得到整个传播图的加权邻接矩阵 $\boldsymbol{A}(f)\in\mathbf{C}^{(m_1+m_2+N)\times(m_1+m_2+N)}$为

$$\boldsymbol{A}(f)_{n'\times n'}=\begin{cases} A_{(v_n,v_{n'})}(f) & (v_n,v_{n'})\in\varepsilon \\ 0 & \text{其他} \end{cases} \tag{2-73}$$

$\boldsymbol{A}(f)$可表示为

$$\boldsymbol{A}(f)=\begin{bmatrix} \boldsymbol{O} & \boldsymbol{O} & \boldsymbol{O} \\ \boldsymbol{D}(f) & \boldsymbol{O} & \boldsymbol{R}(f) \\ \boldsymbol{T}(f) & \boldsymbol{O} & \boldsymbol{B}(f) \end{bmatrix} \tag{2-74}$$

式中，$\boldsymbol{O}$ 表示适当维数的零矩阵；$\boldsymbol{D}(f)\in\mathbf{C}^{m_2\times m_1}$ 连接发射顶点到接收顶点；$\boldsymbol{R}(f)\in\mathbf{C}^{m_2\times N}$ 连接散射顶点到接收顶点；$\boldsymbol{T}(f)\in\mathbf{C}^{N\times m_1}$ 连接发射顶点到散射顶点；$\boldsymbol{B}(f)\in\mathbf{C}^{N\times N}$ 连接散射顶点到散射顶点。

此外，状态向量 $\boldsymbol{c}(f)$可写成和的形式，即

$$\boldsymbol{c}(f)=\sum_{k=0}^{\infty}\boldsymbol{c}_k(f) \tag{2-75}$$

式中，$\boldsymbol{c}_k(f)=(\boldsymbol{x}_k(f)^{\mathrm{T}},\boldsymbol{y}_k(f)^{\mathrm{T}},\boldsymbol{z}_k(f)^{\mathrm{T}})^{\mathrm{T}}$，为沿着第 $k$ 条边传播的信号增益。由发射端发射的信号没有沿着任意边传播，因此$\boldsymbol{x}_0(f)=\boldsymbol{x}(f)$。

$k=0$ 时

$$\boldsymbol{c}_0(f)=(\boldsymbol{x}(f)^{\mathrm{T}},\boldsymbol{O},\boldsymbol{O})^{\mathrm{T}} \tag{2-76}$$

$k\geqslant1$ 时，存在递归关系，即

$$\boldsymbol{c}_{k+1}(f)=\boldsymbol{A}(f)\boldsymbol{c}_k(f) \tag{2-77}$$

由 $\boldsymbol{c}(f)=\sum\limits_{k=0}^{\infty}\boldsymbol{c}_k(f)$ 结论可知，输出信号向量也可分解成和的形式，即

$$\boldsymbol{y}(f)=\sum_{k=0}^{\infty}\boldsymbol{y}_k(f) \tag{2-78}$$

式中，$\boldsymbol{y}_k(f)$为接收信号分量，从发射端到接收端通过 $k$ 条边传播。因此，$\boldsymbol{y}_1(f)$是从发射端

到接收端为直接传播的分量。通过使用$\boldsymbol{c}_{k+1}(f)=\boldsymbol{A}(f)\boldsymbol{c}_k(f)$，$k\geqslant 1$ 和$\boldsymbol{c}_0(f)=(\boldsymbol{x}(f)^{\mathrm{T}},\boldsymbol{O},\boldsymbol{O}]^{\mathrm{T}}$ 对$\boldsymbol{c}_1(f)$进行计算得到

$$\begin{aligned}\boldsymbol{c}_1(f)&=\boldsymbol{A}(f)\boldsymbol{c}_0(f)\\&=\boldsymbol{A}(f)(\boldsymbol{x}(f)^{\mathrm{T}},\boldsymbol{O},\boldsymbol{O})^{\mathrm{T}}=\begin{bmatrix}\boldsymbol{O}\\\boldsymbol{D}(f)\boldsymbol{x}(f)\\\boldsymbol{T}(f)\boldsymbol{x}(f)\end{bmatrix}\end{aligned}\tag{2-79}$$

与 $\boldsymbol{c}(f)=(\boldsymbol{x}(f)^{\mathrm{T}},\boldsymbol{y}(f)^{\mathrm{T}},\boldsymbol{z}(f)^{\mathrm{T}})^{\mathrm{T}}$ 对应得到

$$\boldsymbol{y}_1(f)=\boldsymbol{D}(f)\boldsymbol{x}(f)\tag{2-80}$$

$\boldsymbol{c}_{k+1}(f)=\boldsymbol{A}(f)\boldsymbol{c}_k(f),k\geqslant 1$ 递归关系可得$\boldsymbol{c}_k(f)=\boldsymbol{A}^k(f)\boldsymbol{c}_0(f),k\geqslant 1$，

而

$$\boldsymbol{A}^k(f)=\begin{bmatrix}\boldsymbol{O}&\boldsymbol{O}&\boldsymbol{O}\\\boldsymbol{R}(f)\boldsymbol{B}^{-2}(f)\boldsymbol{T}(f)&\boldsymbol{O}&\boldsymbol{R}(f)\boldsymbol{B}^{-1}(f)\\\boldsymbol{B}^{k-1}(f)\boldsymbol{T}(f)&\boldsymbol{O}&\boldsymbol{B}^k(f)\end{bmatrix}\tag{2-81}$$

可以得到

$$\begin{aligned}\boldsymbol{c}_k(f)&=\boldsymbol{A}^k(f)\boldsymbol{c}_0(f)\\&=\begin{bmatrix}\boldsymbol{O}&\boldsymbol{O}&\boldsymbol{O}\\\boldsymbol{R}(f)\boldsymbol{B}^{k-2}(f)\boldsymbol{T}(f)&\boldsymbol{O}&\boldsymbol{R}(f)\boldsymbol{B}^{k-1}(f)\\\boldsymbol{B}^{k-1}(f)\boldsymbol{T}(f)&\boldsymbol{O}&\boldsymbol{B}^k(f)\end{bmatrix}\boldsymbol{c}_0(f)\\&=\begin{bmatrix}\boldsymbol{O}&\boldsymbol{O}&\boldsymbol{O}\\\boldsymbol{R}(f)\boldsymbol{B}^{k-2}(f)\boldsymbol{T}(f)&\boldsymbol{O}&\boldsymbol{R}(f)\boldsymbol{B}^{k-1}(f)\\\boldsymbol{B}^{k-1}(f)\boldsymbol{T}(f)&\boldsymbol{O}&\boldsymbol{B}^k(f)\end{bmatrix}(\boldsymbol{x}(f)^{\mathrm{T}},\boldsymbol{O},\boldsymbol{O})^{\mathrm{T}}\\&=\begin{bmatrix}\boldsymbol{O}\\\boldsymbol{R}(f)\boldsymbol{B}^{k-2}(f)\boldsymbol{T}(f)\boldsymbol{x}(f)\\\boldsymbol{B}^{k-1}(f)\boldsymbol{T}(f)\boldsymbol{x}(f)\end{bmatrix}\end{aligned}\tag{2-82}$$

通过与$\boldsymbol{c}_k(f)=(\boldsymbol{x}_k(f)^{\mathrm{T}},\boldsymbol{y}_k(f)^{\mathrm{T}},\boldsymbol{z}_k(f)^{\mathrm{T}})^{\mathrm{T}}$ 对应，进行相应的数学处理，可以得到$\boldsymbol{y}_k(f)=\boldsymbol{R}(f)\boldsymbol{B}^{k-2}(f)\boldsymbol{T}(f)\boldsymbol{x}(f)$，则

$$\begin{aligned}\boldsymbol{y}(f)&=\sum_{k=0}^{\infty}\boldsymbol{y}_k(f)=\boldsymbol{y}_1(f)+\sum_{k=2}^{\infty}\boldsymbol{y}_k(f)\\&=\boldsymbol{y}_1(f)+\sum_{k=2}^{\infty}\boldsymbol{R}(f)\,\boldsymbol{B}^{k-2}(f)\boldsymbol{T}(f)\boldsymbol{x}(f)\\&=\boldsymbol{D}(f)\boldsymbol{x}(f)+\sum_{k=2}^{\infty}\boldsymbol{R}(f)\,\boldsymbol{B}^{k-2}(f)\boldsymbol{T}(f)\boldsymbol{x}(f)\\&=\left[\boldsymbol{D}(f)+\sum_{k'=0}^{\infty}\boldsymbol{R}(f)\,\boldsymbol{B}^{k'}(f)T(f)\right]\boldsymbol{x}(f)\\&=\underbrace{[\boldsymbol{D}(f)+\boldsymbol{R}(f)\,(1-\boldsymbol{B}(f))^{-1}\boldsymbol{T}(f)]}_{\boldsymbol{H}(f)}\boldsymbol{x}(f)\end{aligned}\tag{2-83}$$

从上式可以看出，包括直射路径，经过若干次的反射，信道传递函数可用一个闭合表达式表示为

$$\boldsymbol{H}(f)=\boldsymbol{D}(f)+\boldsymbol{R}(f)[1-\boldsymbol{B}(f)]^{-1}\boldsymbol{T}(f) \tag{2-84}$$

$\boldsymbol{H}(f)$的闭合公式所需要的反射路径数是无穷的，而在实际的模拟仿真模型中，所涉及的只是有限数量的反射，因此定义两类反射次数：反射路径数至少为 $K_r$ 个，但不多于 $L_r$ 次反射。另一方面，如果反射次数 $L_r$ 为有限个，则信道的传输函数可表示为

$$\boldsymbol{H}_{K_r:L_r}(f)=\begin{cases}\boldsymbol{D}(f)+\boldsymbol{R}(f)[\boldsymbol{I}-\boldsymbol{B}^{L_r}(f)][\boldsymbol{I}-\boldsymbol{B}(f)]^{-1}\boldsymbol{T}(f) & K_r=0,L_r\geqslant 0\\ \boldsymbol{R}(f)[\boldsymbol{B}^{K_r-1}(f)-\boldsymbol{B}^{L_r}(f)][\boldsymbol{I}-\boldsymbol{B}(f)]^{-1}\boldsymbol{T}(f) & 0<K_r\leqslant L_r\end{cases} \tag{2-85}$$

其中，$K_r:L_r$ 部分转移矩阵为

$$\boldsymbol{H}_{K_r:L_r}(f)=\sum_{k=K_r}^{L_r}\boldsymbol{H}_k(f)\quad 0\leqslant K_r\leqslant L_r \tag{2-86}$$

# 第3章 高铁宽带无线信道测量方法

宽带无线信道测量方法从测试方式上可分为主动式测量方法和被动式测量方法，主动式测量方法是主动发射信号进行信道测量，而被动式测量方法则是接收既有网络中的信号进行信道测量。主动式测量方法具有测量精度高、灵活性强等优点，已广泛应用于各种陆地蜂窝场景的信道测试。但是，该方法在高速铁路场景下应用存在一些特殊的问题。首先，铁路部门为保证现有铁路专用无线网络的安全运营，除公众移动通信网络信号外，一般禁止在铁路沿线发射任何测试信号。其次，传统的主动式测量属于点对点测量，只能够针对某个特定的场景或者一定范围内的环境进行测试，由于高速铁路的场景非常丰富，如果将主动式测量方法应用于多场景的高铁信道测量，其效率极其低下。由于列车高速移动，通常一次测试仅能够获得几十秒的信道数据，这对于高铁信道研究来说是不够的。因此，采用主动式测量方法进行高铁信道测量存在较大的限制。针对高铁场景下无线信道测量难度大、效率低的问题，有必要将被动式测量方法应用于高铁宽带无线信道测量。目前，GSM-R 网络已成功用于高铁环境下的电波传播测量。然而，GSM-R 网络信号是一种窄带信号，无法实现对高铁宽带信道的测量。随着 3G 或 4G 移动网络的广泛覆盖，利用铁路沿线 3G 或 4G 网络的下行链路信号作为信道测量的激励信号，是实现高铁宽带无线信道测量的高效方法。

对于高铁场景下的多天线信道测量，传统的全并行、全串行或半串行多天线信道测量方法均不适合。主要原因体现在两个方面：(1)为了避免列车车体的穿透损耗影响，高铁信道测量通常采用列车车顶的专用天线，因此信道测量设备配套的天线阵列无法正常使用；(2)车顶专用天线一般只用于信号接收，天线数量少且天线间距大(大于半个波长)，因此不适用于信道角度域特征参数测量。到目前为止，高铁场景下的多天线信道测量工作鲜有开展，高铁多天线信道测量数据非常匮乏。因此，迫切需要研究一种适用于高铁场景的多天线信道测量方法。

## 3.1 高铁宽带无线信道测量的指标要求

无线信道测量最重要的两个指标是多径分辨率与信道采样率。多径分辨率为激励信号带宽的倒数，决定了可分辨的多径分量的最小传播时延差或路径差。由于未来高速铁路通信系统的带宽可能至少大于 10 MHz,这要求信道测量的多径分辨率达到 100 ns(对应于 30 m的可分辨传播路径差)。信道采样率由最大多普勒频移决定,必须大于两倍的最大多普勒频移。考虑 1.8 GHz 频点,假设列车以 360 km/h 运行,则最大多普勒频移为 600 Hz,需要的信道采样率应大于 1.2 kHz。此外,信道采样率决定了多径时延窗的长度和可测量的最远距离。多径时延窗的长度小于或等于信道采样率的倒数。在测量中,多径时延窗的长度应大于最大多径时延与收发机传播时延之和。例如,当最大多径时延为 1 μs,基站的间距为 1.2 km(对应于 4 μs 的传播时延),则多径时延窗的长度应至少为 5 μs,这样才能保证接收机从一个基站移动到另一个基站,多径分量始终在观察窗内。

对于 MIMO 信道测量,信道采样率与多天线信道探测的结构有关。假设测量 8×8 MIMO 信道,如果采用全串行结构,信道采样率应大于 8×8×1.2 kHz=76.8 kHz,这项指标对于目前大多数信道探测器来说很难达到。如果采用半串行结构,信道采样率可降低为 8×1.2 kHz=9.6 kHz;如果采用并行结构,则信道采样率与单天线条件下一致,即 1.2 kHz。

## 3.2 基于 WCDMA 信号的高铁宽带无线信道测量方法

### 3.2.1 WCDMA 信号

为了实现有效的信道测量,所采用的探测信号应满足以下要求:(1)具有较宽的带宽。带宽与探测信号中最短的时间变化量成反比,因此决定了可达到的时延分辨率。(2)具有较大的时间带宽乘积。由于发射功率是受限的,较大的时间带宽乘积可以获得较高的信噪比。(3)具有较低的 PAPR。较低的 PAPR 将有利于功率放大器高效地发挥作用。(4)具有良好的相关性。要求探测信号的自相关函数具有较高的峰值对次峰值比。

WCDMA 采用直接序列扩频码分多址(Direct Sequence-Code Division Multiple Access,DS-CDMA)、频分双工(Frequency Division Duplexing,FDD)方式,码片速率为 3.84M chip/s,载波带宽为 5 MHz。WCDMA 信号是一种宽带扩频信号,具有较大的时间带宽乘积,抗噪声和抗干扰能力强,PAPR 低,其扰码是 GOLD 码,相关性好。因此,可以将 WCDMA 信号作为信道测量的探测信号。

在 WCDMA 下行链路中,接收端的信道信息主要源自 CPICH,其帧结构如图 3-1 所示。CPICH 是一个在整个小区广播的纯物理信道,没有任何高层信息映射到该物理信道。CPICH 的比特符号固定为 0000…,通过 QPSK(Quadrature Phase Shift Keying)调制映射,经串并变换分为 I、Q 两路,其中 I 路和 Q 路均为全 1。然后,利用固定的 OVSF (Orthogonal Variable Spreading Factor)码 $C_{ch,256,0}$ 进行扩频,再使用 GOLD 码 $S_{dl,n}$ 进行加扰。CPICH 调制过程如图 3-2 所示。

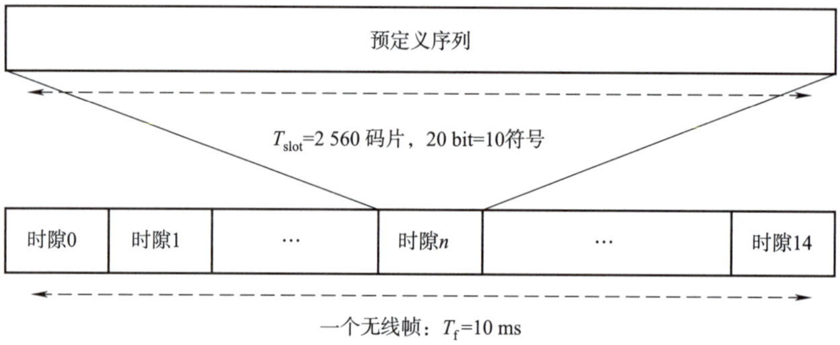


图 3-1　CPICH 帧结构

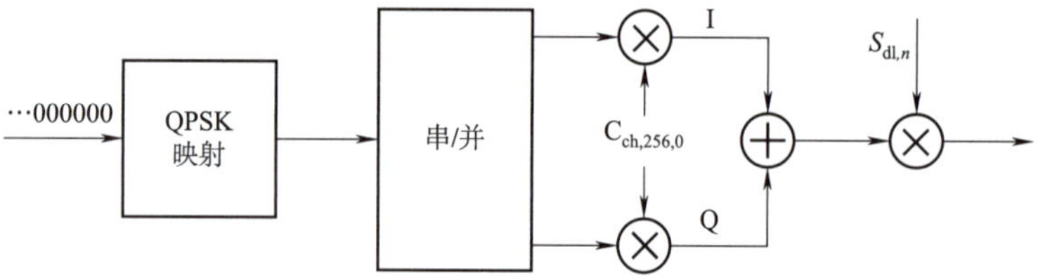


图 3-2　CPICH 调制过程

### 3.2.2　信道冲激响应提取

传统的 WCDMA 接收机是利用 RAKE 方式将多径信道下产生的多路信号进行合并，能够有效克服多径干扰，提高接收性能。基于 WCDMA 的信道测量原理如图 3-3 所示。将接收的 WCDMA 信号进行 RF(Radio Frequency)下变频和 A/D(Analogue to Digital)转换后，首先利用同步信道(Synchronization Channel，SCH)进行时隙同步和帧同步，然后根据同步的 CPICH 进行信道估计，获得信道冲激响应。基于信道冲激响应，可以进一步获得功率延迟分布、$K$ 因子、多普勒功率谱等信道特征参数。

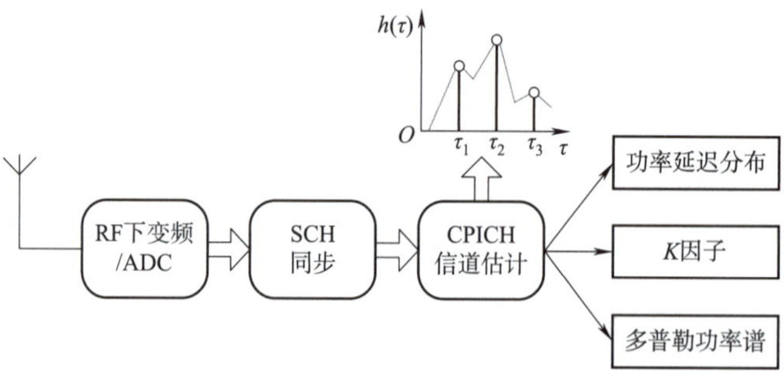


图 3-3　基于 WCDMA 的信道测量原理图

假设本地扰码已知，经过同步后的接收信号可以表示为

$$r(k)=\sum_{m=1}^{M_{\mathrm{UE}}}\sum_{l=1}^{L}c_l(k)a_m\left(k-\left[\frac{\tau_l}{T_{\mathrm{c}}}\right]\right)+n_{k,l}(k) \tag{3-1}$$

式中，$M_{\mathrm{UE}}$为用户个数；$L$ 为可分辨的多径数目；$c_l(k)$为第 $l$ 径的信道衰落参数；$a_m(k)$为第 $m$ 个物理信道的数据；$\tau_l$ 为第 $l$ 径的时延；$T_{\mathrm{c}}$ 为码片周期；[ · ]为四舍五入；$n_{k,l}(k)$为加性高斯白噪声。

CPICH 预定义符号为 1+j，其扩频码为全 1，则经过扩频和加扰后，CPICH 的有用信息只有扰码，式(3-1)表示为

$$r(k)=\sum_{l=1}^{L}c_l(k)\mathrm{sc}\left(k-\left[\frac{\tau_l}{T_{\mathrm{c}}}\right]\right)+\sum_{m=2}^{M_{\mathrm{UE}}}\sum_{l=1}^{L}c_l(k)a_m\left(k-\left[\frac{\tau_l}{T_{\mathrm{c}}}\right]\right)+n_{m,l}(k) \tag{3-2}$$

式中，$\mathrm{sc}(k)$为小区的扰码，第一项承载信道信息，第二项为其他用户的多址干扰(Multiple Access Interference，MAI)。为了简化，将 MAI 和 $n_{m,l}(k)$合并为 $w(k)$作为总噪声干扰。实际上，接收端可能还存在来自其他小区的干扰，这里暂且忽略。

经过多径衰落的 CPICH 可以看作多个扰码移位叠加的信号，利用本地扰码的共轭 $\mathrm{sc}^*(k)$与接收信号进行滑动相关得到

$$\begin{aligned}h(\tau)&=\sum_{k=0}^{N_{\mathrm{SC}}-1}r(k+\tau)\mathrm{sc}^*(k)\\&=\sum_{k=0}^{N_{\mathrm{SC}}-1}\sum_{l=1}^{L}c_l(k+\tau)\mathrm{sc}\left(k+\tau-\left[\frac{\tau_l}{T_{\mathrm{c}}}\right]\right)\cdot\mathrm{sc}^*(k)+w(k+\tau)\mathrm{sc}^*(k)\end{aligned} \tag{3-3}$$

式中，$N_{\mathrm{SC}}$为本地扰码相关窗长度；$\tau$ 为相关窗滑动指数。

当 $\tau=[\tau_l/T_{\mathrm{c}}]$，即相关窗滑动指数等于第 $l$ 条多径的时延，式(3-3)可以表示为

$$\begin{aligned}h(\tau)=&\sum_{k=0}^{N_{\mathrm{SC}}-1}c_l{}'(k)\delta\left(\tau-\left[\frac{\tau_l}{T_{\mathrm{c}}}\right]\right)+\sum_{k=0}^{N_{\mathrm{SC}}-1}\sum_{l=1,l\neq l'}^{L}c_l(k)\mathrm{sc}\left(k+\tau-\left[\frac{\tau_l}{T_{\mathrm{c}}}\right]\right)\\&+\sum_{k=0}^{N_{\mathrm{SC}}-1}w(k+\tau)\mathrm{sc}(k)\end{aligned} \tag{3-4}$$

式中，第一项为信道衰落参数；第二项为径间干扰(Interpath Interference，IPI)；第三项为噪声。通常，第一项的值远大于第二项和第三项，因此 $h(\tau)$可以近似为信道冲激响应。

### 3.2.3　信道可辨识性分析

无线信道的时变性对是否能够唯一地测量信道具有一定影响。对于静态信道测量，探测信号周期连续的经过信道，若发送序列的周期为 $T_{\mathrm{rep}}$，在时延域需满足

$$T_{\mathrm{rep}}\geqslant\tau_{\max} \tag{3-5}$$

式中，$\tau_{\max}$为最大多径时延。满足上式，则反射波在信道测量中不会混叠。

为跟踪信道的变化，获得信道冲激响应的速率需要快于信道的变化速率，因此信道采样率必须满足奈奎斯特采样定理，即信道采样率大于两倍的最大多普勒频移，得

$$f_{\mathrm{rep}}\geqslant 2f_{D,\max} \tag{3-6}$$

根据式(3-5)和式(3-6)，本地扰码的相关窗长度需满足：(1)相关窗的时间宽度 $T_{w\_rep}$ 必须大于最大多径时延 $\tau_{max}$；(2)相关窗的重复频率必须满足 $T_{w\_rep} \leqslant 1/2f_{D,max}$。信道采样率与相关窗长度成反比，相关窗的长度越小，信道采样率越高，则观测多普勒特征的能力越高，但此时多径的分辨范围越低。相关窗的长度越小，信道冲激响应的噪底(Noise Floor，NF)越高，则测量系统的动态范围会降低，将影响低 SNR 时的多径分辨能力。因此，需要根据不同的测试条件调整相关窗长度。

## 3.2.4 半实物仿真验证

通过搭建半实物仿真平台，利用信道仿真模块模拟高铁场景下的衰落信道，验证基于 WCDMA 的高铁宽带无线信道测量方法。该平台包括射频矢量信号发生器 SMU200A、SMU200A 信道仿真模块以及软件无线电平台 Sora，如图 3-4 所示。SMU200A 是高性能射频矢量信号发生器，用于发射标准的 WCDMA 信号；Sora 是可编程的高速软件无线电平台，用于接收和采集探测信号；SMU200A 信道仿真模块是 SMU200A 内置信道仿真模块，用于模拟信号传输的无线环境。

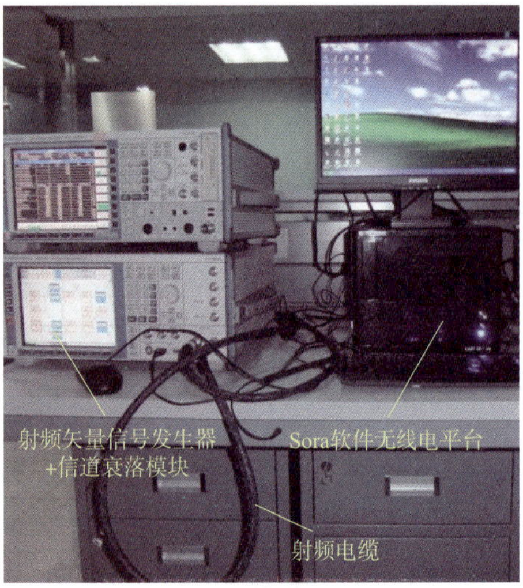

图 3-4 半实物仿真平台实物

半实物仿真验证流程如下：(1)配置 SMU200A 发射 3GPP Release 9 WCDMA 信号；(2)配置半实物仿真平台的参数；(3)配置信道仿真模块，设置三种典型的高铁场景，包括城市场景、乡村场景和快变多普勒场景；(4)连接射频电缆，将经信道的发射信号馈至 Sora 接收；(5)对采集数据进行离线处理，提取信道特征参数，并与信道仿真模块的预设参数进行对比验证。

表 3-1 给出上述三种场景的验证结果。

**表 3-1 基于 WCDMA 的信道测量半实物仿真参数**

| 参　数 | 指　标 | 参　数 | 指　标 |
|---|---|---|---|
| 载波频率 | 2.422 GHz | 相关窗长 | 512 chips |
| 发射功率 | −10 dBm | 多径分辨率 | 0.26 μs |
| 信号带宽 | 3.84 MHz | 信道采样率 | 7 500 Hz |

### 3.2.4.1 城市场景

根据 COST 207(European Cooperation in Science and Technology)标准模型，将城市

场景建模为瑞利信道，其参数设定见表 3-2，其中移动速度设为 500 km/h。这里统计 20 帧接收数据，得到 0.2 s 的时变信道冲激响应，如图 3-5 所示。图 3-6 给出了相应的功率延迟分布。从图中可以看出，测量得到的多径数目、时延以及功率与预设信道参数一致，验证了所采用的测量方法。然而，功率延迟分布的 NF 相对较高，与主径仅相差 16 dB。如 3.1 节所述，可以适当增大相关窗长度来降低 NF，以提高多径测量的动态范围。

**表 3-2　信道衰落模块中城市和乡村场景的仿真参数**

| 信道类型 | 多径抽头/个 | 多径时延/μs | 多径功率/dB | 多普勒功率谱类型 |
|---|---|---|---|---|
| Rayleigh/Ricean | 1 | 0 | 0 | JAKES/RICE |
| | 2 | 0.52 | −3 | JAKES |
| | 3 | 1.04 | −6 | JAKES |
| | 4 | 1.56 | −9 | JAKES |

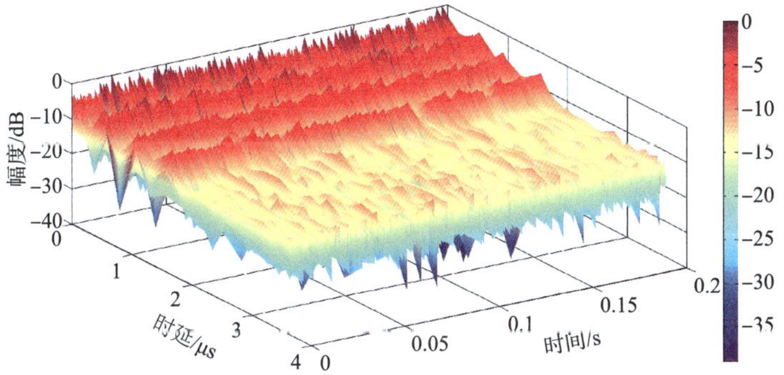


图 3-5　基于 WCDMA 的信道测量半实物仿真得到的城市场景的时变信道冲激响应

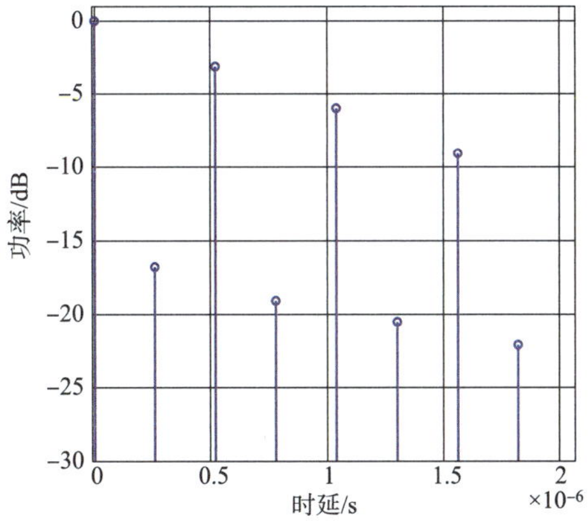


图 3-6　基于 WCDMA 的信道测量半实物仿真得到的城市场景的功率延迟分布

信道冲激响应提取的多普勒功率谱如图 3-7 所示。从图中可以看到，仿真得到的多普勒功率谱为经典的 JAKES 谱，其最大多普勒频偏约为 1 100 Hz，与理论计算结果一致。

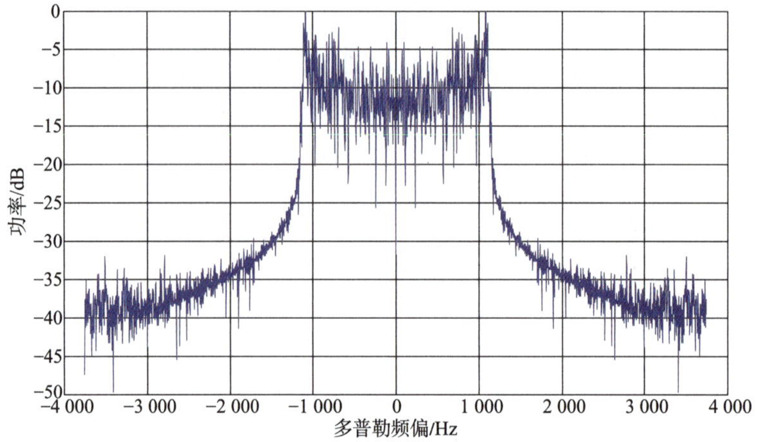


图 3-7　基于 WCDMA 的信道测量半实物仿真得到的城市场景的多普勒功率谱

### 3.2.4.2　乡村场景

与城市场景不同，乡村场景的入射波不仅有非直射径，而且含有某一到达角的直射径，根据 COST 207 模型将其建模为莱斯信道，其参数设定见表 3-2，其中移动速度设为 500 km/h。*K* 因子的估计结果见表 3-3。从表中可以看到，*K* 因子从−5 dB 到 15 dB，测量误差呈现降低趋势，当 *K* 因子较大时，具有较高的估计精度。

**表 3-3　基于 WCDMA 的信道测量半实物仿真得到的乡村场景的 *K* 因子结果**

| 测试编号 | 1 | 2 | 3 | 4 | 5 |
|---|---|---|---|---|---|
| ***K* 因子/dB** | 15 | 10 | 5 | 0 | −5 |
| **测量值/dB** | 14.965 | 9.960 | 5.045 | 0.077 | −3.95 |
| **测量误差** | 0.8% | 0.9% | 1% | 1.7% | 2.3% |

乡村场景的多普勒功率谱结果如图 3-8 所示。从图中可以看到，所得到的多普勒功率

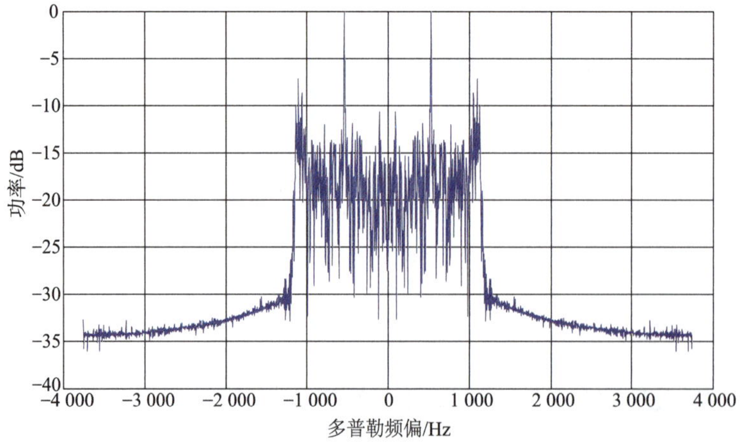


图 3-8　基于 WCDMA 的信道测量半实物仿真得到的乡村场景的多普勒功率谱

谱为 RICE 谱，它是由 NLoS 分量的 JAKES 谱与 LoS 分量的单频偏谱线叠加而成。LoS 分量的多普勒频移为 560 Hz，NLoS 分量的最大多普勒频移为 1 100 Hz，通过计算得到 LoS 分量的入射角为 60°，与预设参数一致。

### 3.2.4.3　快变多普勒场景

按照 3GPP TS 36.104，设定信道仿真模块的快变多普勒场景的参数：列车距离基站的横向距离为 1 000 m，铁轨到基站的距离为 50 m，列车运行速度为 350 km/h。

统计列车穿越基站大约 6 s 的瞬时多普勒功率谱，如图 3-9 所示。从图中可以看到，快变多普勒场景的多普勒功率谱表现为单频偏谱线，并无如瑞利信道和莱斯信道的多普勒扩展，类似“纯”频偏。采用延迟相关算法，得到多普勒频移变化曲线，如图 3-10 所示。从图中可以看到，多普勒频偏从＋780 Hz 快速变化到－780 Hz，即列车穿越基站过程中出现多普勒快变。上述仿真结果与预设结果相匹配。

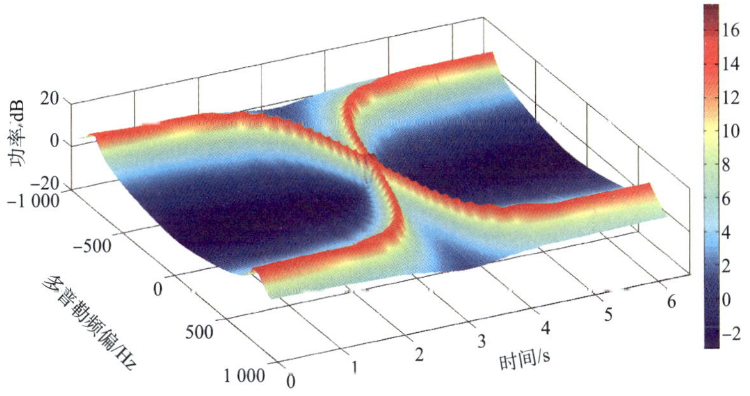


图 3-9　基于 WCDMA 的信道测量半实物仿真得到的高速铁路场景的瞬时多普勒功率谱

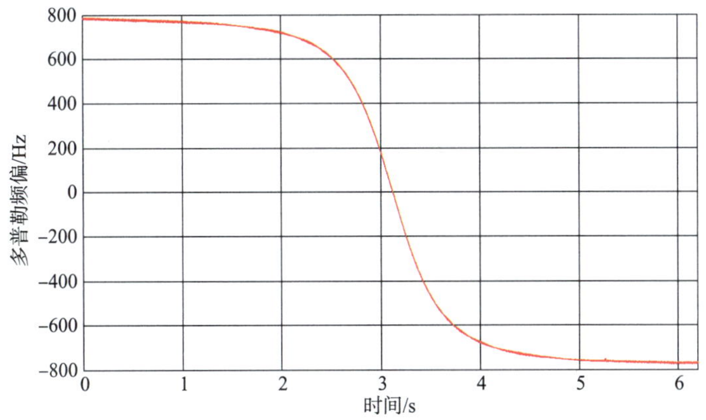


图 3-10　基于 WCDMA 的信道测量半实物仿真得到的高速铁路场景的快变多普勒曲线

# 3.3 基于 LTE 信号的高铁宽带无线信道测量方法

## 3.3.1 LTE 信号

LTE 是 3G 的演进，改进并增强了 3G 的空中接入技术，核心技术是 OFDM 和 MIMO。在 20 MHz 频谱带宽下能够提供下行 100 Mbit/s 与上行 50 Mbit/s 的峰值速率。LTE 旨在覆盖不同场景，如室内、城市、郊区、乡村等，支持低速和高速移动条件。LTE 可支持频分复用 FDD 和时分复用（Time Division Duplexing，TDD）两种模式。在 LTE 系统中，可部署的频率范围是从 400 MHz 到 4 GHz，可选择的带宽范围是从 1.4 MHz 到 20 MHz。图 3-11 给出了 LTE 信号在 FDD 模式下的时-频-空帧结构。一个 10 ms 无线帧包含 10 个 1 ms 子帧，每个子帧分成两个 0.5 ms 时隙。在常规循环前缀（Cyclic Prefix，CP）条件下，一个时隙包含 7 个 OFDM 符号，每个 OFDM 符号的子载波间隔为 15 kHz，子载波的个数由系统带宽决定。

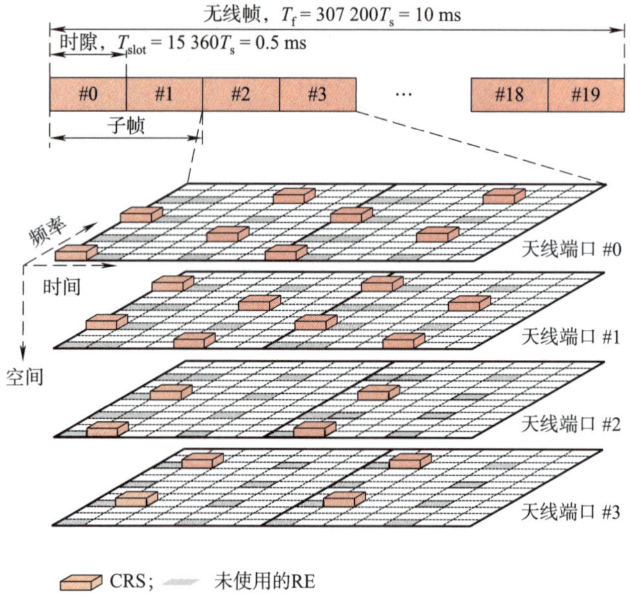


图 3-11　LTE FDD 时-频-空帧结构

从图 3-11 中还可以看到，CRS 以菱形形状嵌入在时-频-空帧结构中。CRS 一般用于信道估计中提取信道状态信息，而对于信道探测，可将 CRS 作为激励信号，用于获取信道冲激响应。在 LTE 系统中，CRS 具有固定的时-频-空帧结构，决定了 LTE 信道探测能力。从频率方向上看，每个 OFDM 符号的 CRS 间隔为 6 个子载波，即 90 kHz。CRS 在频率方向上的间隔决定了多径时延窗的长度，即 1/90 kHz=11 μs，对应于 3.3 km 的测量距离。从时间方向上看，天线端口 0 和 1 的 CRS 不是等间隔均匀分布的，这将导致信道的非连续采样。本节对天线端口 0 和 1 的 CRS 进行两倍的抽取处理，仅考虑等间隔的 CRS。因此，CRS 的重复周期变为 0.5 ms，对应于 2 kHz 的信道采样率，最大可测多普勒频移为 1 kHz。从空间方向上看，当一个天线端口的一个资源粒子(Resource Element，RE)上承载 CRS，另一个天线端口的 RE 则未承载任何数据。这样保证了 CRS 在四个天线端口上的正交性，使得多天线信道测量成为可能。

表 3-4 列出了不同 LTE 系统带宽的信道探测指标。从表中可以看到，实际测量带宽要略小于系统带宽，这是因为 LTE 系统存在保护间隔，在保护间隔内并未发射 CRS。对于 20 MHz LTE 系统，测量带宽为 18 MHz，时延分辨率达到 0.056 μs，最小可识别的多径分量传播路径为 18 m。多径抽头数目由每个 OFDM 符号承载的 CRS 个数决定，20 MHz 系统中每个 OFDM 符号的 CRS 个数为 200 个，则多径抽头数目为 200 个。对于 1.4～20 MHz 的系统带宽，LTE 信道探测的多径时延窗长和信道采样率分别为 11 μs 和 2 kHz。

**表 3-4　LTE 信道探测指标参数**

| 系统带宽/MHz | 测量带宽/MHz | 时延分辨率/μs | 多径抽头数目/个 | 多径时延窗长/μs | 信道采样率/kHz |
|---|---|---|---|---|---|
| 1.4 | 1.08 | 0.926 | 12 | 11 | 2 |
| 3 | 2.7 | 0.37 | 30 | | |
| 5 | 4.5 | 0.222 | 50 | | |
| 10 | 9 | 0.111 | 100 | | |
| 15 | 13.5 | 0.074 | 150 | | |
| 20 | 18 | 0.056 | 200 | | |

假设 LTE 的一个 OFDM 符号为 $S(i)$，则 LTE 发射信号可以表示为

$$x(t)=\frac{1}{N_{\text{sub}}}\sum_{i=0}^{N_{\text{sub}}-1}S(i)\mathrm{e}^{\mathrm{j}2\pi it/T_{\mathrm{s}}+\mathrm{j}(2\pi f_{\mathrm{c}}t+\phi)}\quad i=0,1,\cdots,N_{\text{sub}}-1 \tag{3-7}$$

式中，$i$ 为子载波序号；$N_{\text{sub}}$ 为一个 OFDM 符号的子载波个数；$T_{\mathrm{s}}$ 为采样时间；$f_{\mathrm{c}}$ 为载波频率；$\phi$ 为载波相位。

LTE 信号中嵌入的 CRS 采用 QPSK 调制，表示为

$$S(k)=\frac{1}{\sqrt{2}}(1-2c(2k))+\mathrm{j}\frac{1}{\sqrt{2}}(1-2c(2k+1))\quad k=0,1,\cdots,M_{\mathrm{c}}-1 \tag{3-8}$$

式中，$M_{\mathrm{c}}$ 为 OFDM 符号的 CRS 个数；$c(x)$为 31 阶的 Gold 序列，其初始值的设定由小区号决定。

CRS 与 RUSK 信道探测仪的激励信号 MCSSS 类似，不仅可以保证信号能量集中在测量带宽内，还可以通过频域相关处理获得相关增益。CRS 的相关增益为 10 lg $M_{\mathrm{c}}$，例如，对于 20 MHz 系统，$M_{\mathrm{c}}=200$，则 CRS 的相关增益为 23 dB。图 3-12 给出了 20 MHz LTE 系统无线帧的 CRS 时域和频域波形。

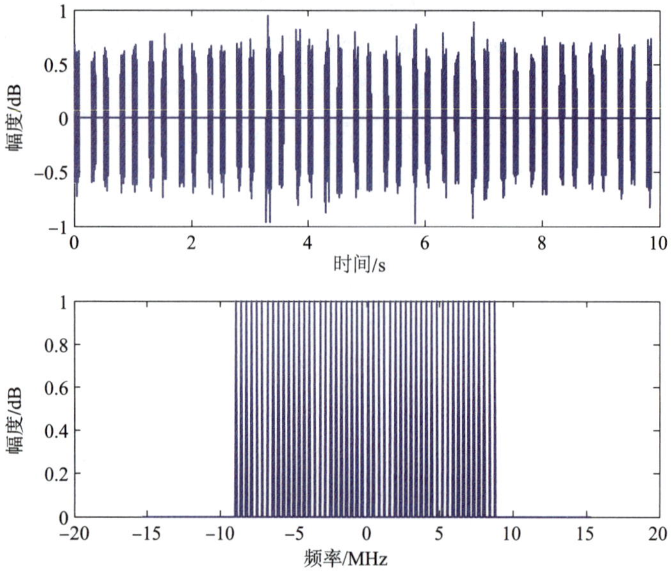


图 3-12　CRS 的时域和频域波形

### 3.3.2　信道冲激响应提取

接收信号表示为发射信号与传播信道的卷积，即

$$y(t)=x(t)*h(t,k)+\eta(t) \tag{3-9}$$

式中，$h(t,k)$为时变多径信道；$*$ 为卷积运算；$\eta(t)$为加性高斯白噪声（Additive White Gaussian Noise，AWGN）。

在接收端，经 RF 下变频和 A/D 采样，离散接收信号可以表示为

$$\begin{aligned} r(n) &= y(t)\big|_{t=nT_s-\Delta t}\mathrm{e}^{-\mathrm{j}(2\pi\hat{f}_c t+\hat{\phi})} \\ &=\left[\frac{1}{N_{\mathrm{sub}}}\sum_{i=0}^{N_{\mathrm{sub}}-1}S(i)\mathrm{e}^{\mathrm{j}2\pi i(nT_s-\Delta t)/(NT_s)}\mathrm{e}^{-\mathrm{j}[2\pi\Delta f_c(nT_s-\Delta t)]}\right]*h(n,k)+\eta'(n) \end{aligned} \tag{3-10}$$

式中，$\Delta f_c=\hat{f}_c-f_c$ 为载波频率偏差（Carrier Frequency Offset，CFO）；$\Delta t$ 为定时偏差（Timing Offset，TO）；$\eta'(n)=\eta(n)\mathrm{e}^{-\mathrm{j}(2\pi\hat{f}_c nT_s+\hat{\phi})}$。

考虑一个 OFDM 符号，并假设 LTE 的帧同步和时隙同步都已实现。经 DFT 后，接收信号在频域可以表示为

$$\begin{aligned} R(i) &= \sum_{n=0}^{N_{\mathrm{sub}}-1}r(n)\mathrm{e}^{-\mathrm{j}2\pi ni/N_{\mathrm{sub}}} \\ &=\frac{1}{N_{\mathrm{sub}}}\sum_{m=0}^{N_{\mathrm{sub}}-1}H(k)S(m)\sum_{n=0}^{N_{\mathrm{sub}}-1}\mathrm{e}^{\mathrm{j}2\pi n[(m-i)/N_{\mathrm{sub}}-\Delta f_c T_s]}\times\mathrm{e}^{-\mathrm{j}2\pi m\Delta t/(N_{\mathrm{sub}}T_s)+\mathrm{j}2\pi\Delta f_c\Delta t}+\eta''(i) \end{aligned}$$

$$= \frac{1}{N_{\text{sub}}} \sum_{m=0}^{N_{\text{sub}}-1} H(k)S(m) \frac{1-\mathrm{e}^{\mathrm{j}2\pi[(m-i)-N_{\text{sub}}\Delta f_c T_s]}}{1-\mathrm{e}^{\mathrm{j}2\pi[(m-i)/N_{\text{sub}}-\Delta f_c T_s]}} \times \mathrm{e}^{-\mathrm{j}2\pi m\Delta t/(N_{\text{sub}}T_s)+\mathrm{j}2\pi\Delta f_c\Delta t} + \eta''(i) \tag{3-11}$$

式中，$\eta''(i)=\eta'(i)\mathrm{e}^{-\mathrm{j}2\pi i/N_{\text{sub}}}$。

根据 CRS 在 LTE 帧结构中的映射图案，可由频域接收信号提取 CRS，表示为 $R(k)$。接收 CRS 与本地 CRS 进行频域相关，得到信道频域响应为

$$\begin{aligned}\hat{H}(k) &= R(k)S^*(k)\\ &= \frac{1}{M_c}\sum_{m=0}^{M_c-1} H(k)S(m)S^*(k)\frac{1-\mathrm{e}^{\mathrm{j}2\pi[(m-k)-M_c\Delta f_c T_s]}}{1-\mathrm{e}^{\mathrm{j}2\pi[(m-k)/M_c-\Delta f_c T_s]}}\times\\ &\quad \mathrm{e}^{-\mathrm{j}2\pi m\Delta t/(M_c T_s)+\mathrm{j}2\pi\Delta f_c\Delta t} + \eta''(k)S(m)S^*(k)\end{aligned} \tag{3-12}$$

将 IDFT 用于式(3-12)，得到信道冲激响应为

$$\begin{aligned}\hat{h}(z) &= \frac{1}{M_c}\sum_{k=0}^{M_c-1}\hat{H}(k)\mathrm{e}^{\mathrm{j}2\pi kz/M_c}\\ &= \frac{1}{M_c^2}\sum_{k=0}^{M_c-1}H(k)\frac{1-\mathrm{e}^{-\mathrm{j}2\pi\Delta f_c M_c T_s}}{1-\mathrm{e}^{-\mathrm{j}2\pi\Delta f_c T_s}}\mathrm{e}^{-\mathrm{j}2\pi k\Delta t/(M_c T_s)+\mathrm{j}2\pi\Delta f_c\Delta t+\mathrm{j}2\pi kz/M_c}\\ &\quad + \frac{1}{M_c^2}\sum_{k=0}^{M_c-1}\sum_{m=0,m\neq k}^{M_c-1}H(k)S(m)S^*(k)\frac{1-\mathrm{e}^{\mathrm{j}2\pi[(m-k)-M_c\Delta f_c T_s]}}{1-\mathrm{e}^{\mathrm{j}2\pi[(m-k)/M_c-\Delta f_c T_s]}}\times\\ &\quad \mathrm{e}^{-\mathrm{j}2\pi m\Delta t/(M_c T_s)+\mathrm{j}2\pi\Delta f_c\Delta t+\mathrm{j}2\pi kz/M_c} + \eta'''(k)\end{aligned} \tag{3-13}$$

式中，$z=0,1,\cdots,M_c-1$；$\eta'''(k)=\frac{1}{M_c}\sum_{k=0}^{M_c-1}\eta''(k)S(m)S^*(k)\mathrm{e}^{\mathrm{j}2\pi kz/M_c}$。

式(3-13)第一项表示受到 CFO 和 TO 影响的信道冲激响应估计结果，第二项表示子载波间干扰(Inter-Carrier Interference，ICI)，第三项表示噪声干扰。下面将重点讨论 CFO 和 TO 对信道冲激响应性能的影响。

## 3.3.3　信道冲激响应性能分析

### 3.3.3.1　CFO 对 CIR 的影响

为了独立地分析 CFO 对信道冲激响应的影响，设定 $\Delta t=0$ 和 $\eta'''(k)=0$。式(3-13)可以写成

$$\begin{aligned}\hat{h}(z) &= h(z)\left(\frac{1}{M_c}\times\frac{1-\mathrm{e}^{-\mathrm{j}2\pi M_c\Delta f_c T_s}}{1-\mathrm{e}^{-\mathrm{j}2\pi\Delta f_c T_s}}\right)\\ &\quad + \frac{1}{M_c^2}\sum_{k=0}^{M_c-1}\sum_{m=0,m\neq k}^{M_c-1}\frac{H(k)S(m)S^*(k)}{|S(k)|^2}\times\frac{1-\mathrm{e}^{\mathrm{j}2\pi[(m-k)-M_c\Delta f_c T_s]}}{1-\mathrm{e}^{\mathrm{j}2\pi[(m-k)/M_c-\Delta f_c T_s]}}\mathrm{e}^{\mathrm{j}2\pi kz/M_c}\end{aligned} \tag{3-14}$$

将信道冲激响应归一化得到

$$\hat{h}_n(z)=h(z)+\frac{1}{M_c}\sum_{k=0}^{M_c-1}\sum_{m=0,m\neq k}^{M_c-1}\frac{H(k)S(m)S^*(k)}{|S(k)|^2}\times\frac{1-e^{-j2\pi\Delta f_c T_s}}{1-e^{j2\pi[(m-k)/M_c-\Delta f_c T_s]}}e^{j2\pi kz/M_c}$$
$$=h(z)+I(z,\Delta f_c) \tag{3-15}$$

式中，$I(z,\Delta f_c)$为不同 CFO 的 ICI 干扰。可知，CFO 对归一化的信道冲激响应造成了加性的 ICI 干扰。因此，在测量中 CFO 将影响信道冲激响应的 NF。

图 3-13 给出了不同 CFO 条件下 20 MHz LTE 信道测量的归一化信道冲激响应结果。从图中可以看到，CFO 抬高了信道冲激响应的 NF，因此减小了多径测量的动态范围。为进一步探索 NF 与 CFO 的关系，图 3-14 给出了 NF 随 CFO 变化的曲线。从图中可以发现，NF 随 CFO 呈对数增长。当 CFO 从 0.1 kHz 变为 1 kHz 时，NF 从－60 dB 迅速上升至－40 dB。当 CFO 从 1 kHz 变为 10 kHz 时，NF 的上升趋势逐渐减缓。

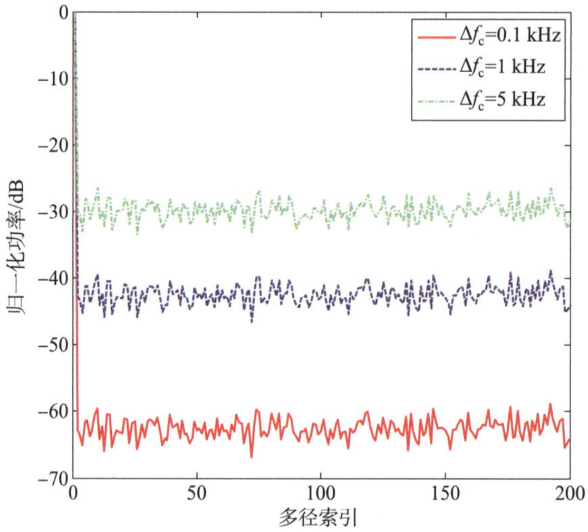

图 3-13　CFO 对 CIR 的影响

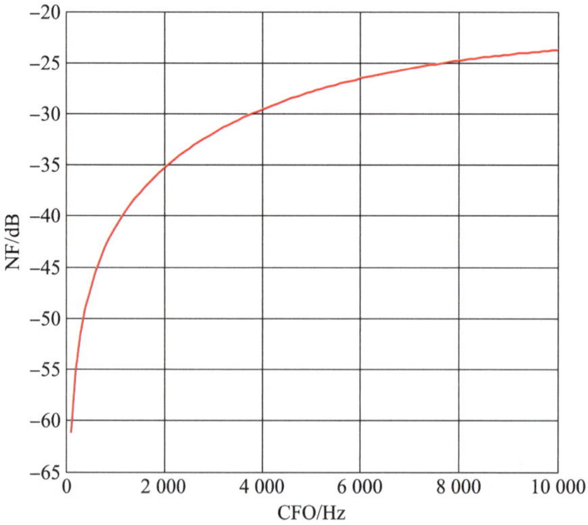

图 3-14　NF 随 CFO 的变化

CFO 除了会抬高信道冲激响应的 NF，还会造成额外的频偏，进而影响多普勒频移的提取。为了消除 CFO 的影响，对于室外测量，一般采用铷钟或 GPS 驯服时钟作为收发机的外部频率参考。

#### 3.3.3.2　TO 对 CIR 的影响

设定 $\Delta f_c=0$ 和 $\eta'''(k)=0$，TO 对信道冲激响应的影响可以表示为

$$\begin{aligned}\hat{h}(z) &= \sum_{k=0}^{M_c-1} H(k)\left(\frac{1}{M_c}\mathrm{e}^{-\mathrm{j}2\pi k\Delta t/M_c T_s}\right)\mathrm{e}^{\mathrm{j}2\pi kz/M_c} \\ &= \frac{1}{M_c}\sum_{k=0}^{M_c-1} H(k)\,\mathrm{e}^{\mathrm{j}2\pi k(z-\Delta t/T_s)/M_c} \\ &= h(z-\Delta t/T_s)\end{aligned} \tag{3-16}$$

式中，$\Delta t=(\Delta t_1+\Delta t_2)$，$\Delta t_1$ 和 $\Delta t_2$ 分别为整数倍和小数倍 TO。由式(3-16)可知，整数倍 TO 导致$h(z)$的循环移位，而小数倍 TO 造成 $h(z)$的能量泄漏。

图 3-15 给出了不同小数倍 TO 条件下 20 MHz LTE 信道测量的归一化信道冲激响应结果。从图中可以看出，随着小数倍 TO 的增大，信道冲激响应的泄漏逐渐严重，当 $\Delta t_2=0.5T_s$ 时，泄漏最为严重。此外，泄漏的能量向其他抽头扩展，将影响其他多径功率的估计。这里定义泄漏率为信道冲激响应泄漏的能量比剩余的能量，表征信道冲激响应泄漏的程度。泄漏率越大，多径功率估计的误差越大。图 3-16 给出了泄漏率随小数倍 TO 变化的曲线。从图中可以看到，泄漏率随小数倍 TO 呈指数增大。当 TO 小于 0.1 时，泄漏率逐渐上升；当 TO 大于 0.1 时，泄漏率急剧上升。当 $\Delta t_2=0.5T_s$ 时，泄漏率达到 100%。

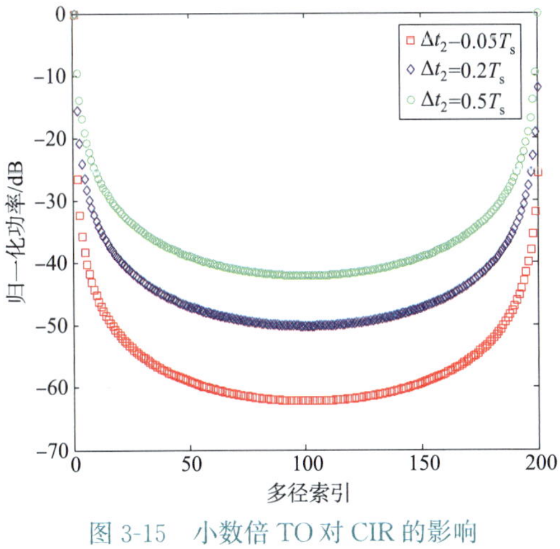


图 3-15　小数倍 TO 对 CIR 的影响

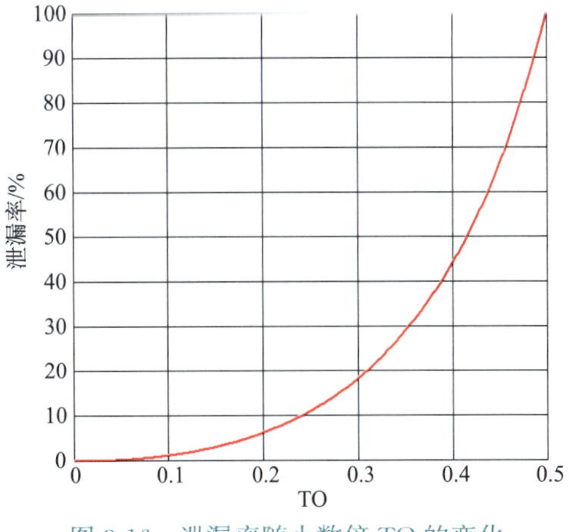


图 3-16　泄漏率随小数倍 TO 的变化

一般来说，采用窗函数是对抗能量泄漏问题的常用方法。利用 Hanning 窗可以降低信道冲激响应的泄漏。Hanning 窗具有主瓣窄、旁瓣低的特点。然而，窗函数无法完全消除小数倍 TO 的影响，并且窗函数会造成信道冲激响应峰值的展宽。因此，本节提出一种新型的算法来补偿定时偏差，该算法的性能比窗函数法更好，性能对比部分将在后文给出。

### 3.3.4 定时偏差补偿

定时偏差补偿算法原理框图如图 3-17 所示。接收机检测 LTE 的主同步信号(Primary Synchronization Signal，PSS)，实现粗同步，粗略确定 DFT 窗的起始位置 $q$。$q$ 由最大似然检测器得到

$$q = \arg\max \left| \sum_{l_p=0}^{L_p-1} p_r(l_p+q)p_t(l_p) \right|^2 \tag{3-17}$$

式中，$L_p$ 为 PSS 的长度；$p_r(l_p)$和 $p_t(l_p)$分别为接收的 PSS 和发射的 PSS。

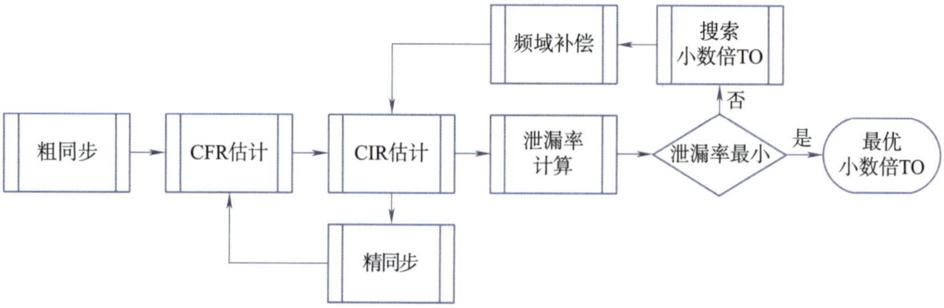


图 3-17　定时偏差补偿原理框图

完成粗同步后，进行信道频率响应和信道冲激响应估计。在整数倍 TO 的影响下，信道冲激响应的主径或最强径会偏离初始位置(通常为 0 时刻位置)。根据主径的偏移量，可以得到整数倍 TO 的估计值，表示为 $\Delta t_1'$。

由 $\Delta t_1'$可以计算得到精确的 DFT 窗的起始位置 $q'$为

$$q' = q - \left\lfloor \frac{\Delta t_1'}{T_s} \right\rfloor \tag{3-18}$$

式中，$\lfloor \cdot \rfloor$为向下取整运算。

通过精同步后，这时只存在小数倍 TO 的影响，小数倍 TO 在时域表现为时间偏移，而在频域表现为相位旋转。在频域对小数倍 TO 进行补偿得到

$$H'(k) = \hat{H}(k)\mathrm{e}^{\mathrm{j}2\pi k \Delta t_2'/M_c T_s} \tag{3-19}$$

式中，$H'(k)$为补偿后的信道；$\Delta t_2'$为可能的小数倍 TO。

频域补偿后，经信道冲激响应估计，得到补偿后的信道冲激响应，表示为 $h'(k)$，然后计算 $h'(k)$的泄漏率。在理想条件下，即 $\Delta t_2' = \Delta t_2$，$h'(k)$的泄漏率应为 0。基于上述认识，以 0.01 为步长，从−0.5 到 0.5 搜索最优的小数倍 TO，使得主径功率最大，即

$$\Delta t_2' = \arg\max |h'(0)|^2 \tag{3-20}$$

式中，$h'(0)$为信道冲激响应的第一径。精同步后，信道冲激响应的第一径为主径。

在移动场景中，接收机的移动会造成额外的小数倍 TO，因此需要实时跟踪小数倍 TO 的变化。

### 3.3.5　MATLAB 仿真验证

通过三种标准信道模型包括 ITU 模型、扩展的 ITU 模型与简化的 SCM(Spatial Channel Model)模型，对基于 LTE 的信道测量方法进行 MATLAB 仿真验证。假设同步已实现，且 CFO 和 TO 均不存在。仿真参数见表 3-5。

表 3-5　基于 LTE 的信道测量 MATLAB 仿真参数

| 参　数 | 指　标 | 参　数 | 指　标 |
|---|---|---|---|
| 载波频率 | 2.6 GHz | 天线配置 | 4×4 ULA |
| 系统带宽 | 5 MHz | 天线间距 | 0.5λ |
| 双工方式 | FDD | 移动速度 | 250 km/h |

#### 3.3.5.1　ITU 模型

考虑 ITU-VA 信道模型，其参数见表 3-6。为了防止出现非整数倍多径时延带来的信道冲激响应泄漏问题，这里将 ITU-VA 模型的多径时延修正为 5 MHz LTE 系统下时延分辨率的整数倍。

表 3-6　ITU-VA 信道模型参数

| 多径抽头 | 多径时延/μs | 多径功率/dB |
|---|---|---|
| 1 | 0 | 0 |
| 2 | 0.44 | −1 |
| 3 | 0.67 | −9 |
| 4 | 1.11 | −10 |
| 5 | 1.78 | −15 |
| 6 | 2.44 | −20 |

图 3-18 给出了不同 SNR 条件下 0.4 s(10 帧 LTE 数据)的时变信道冲激响应与功率延迟分布的结果。从图中可以看到，当 SNR 为 20 dB 时，NF 大约为−33 dB，多径时延和多径功率的估计结果与表 3-6 中设定的信道参数一致。当 SNR 降低至 10 dB 时，NF 抬高了 10 dB，达到−23 dB，大部分多径的估计结果依然正确。但是，当 SNR 为 0 dB 时，NF 高达−13 dB，此时功率低于−13 dB 的多径分量均淹没于噪声中，无法进行准确测量。根据上述结果可知，对于基于 LTE 的信道测量方法，SNR 决定了多径测量的动态范围，因此在实际应用时，需保持较高的 SNR。一般高铁场景无线网络覆盖具有较高的 SNR，所以该方法能够在高铁场景下发挥较好的性能。

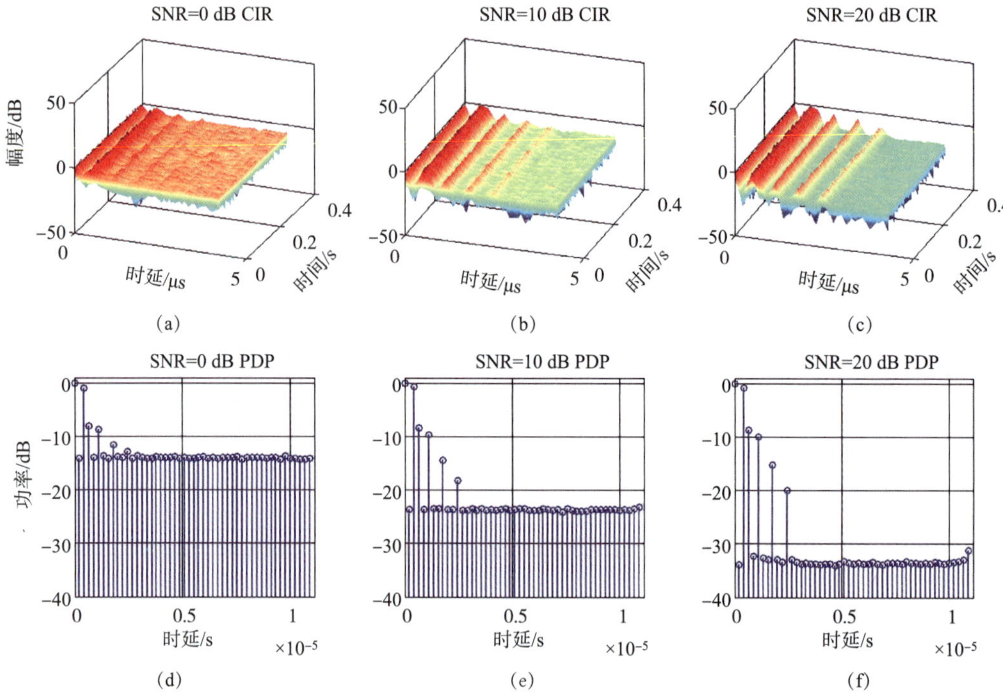


图 3-18 基于 LTE 的信道测量仿真得到的不同 SNR 条件下的时变信道冲激响应与功率延迟分布

### 3.3.5.2 扩展的 ITU 模型

扩展的 ITU 模型属于基于相关的随机模型(Correlation Based Stochastic Model, CBSM),用于 MIMO 一致性测试。扩展的 ITU 模型对所有多径分量分配相同的相关矩阵,标准中定义了 3 种程度的空间相关性:低相关、中相关和高相关。低相关代表了天线完全不相关的情况,而中相关或高相关是当天线为正交极化或间隔较近时的情况。

对于 4×4 MIMO 情况,空间相关矩阵可以表示为

$$\boldsymbol{R}_{\text{spat}}=\boldsymbol{R}_{\text{Tx}}\otimes\boldsymbol{R}_{\text{Rx}}=\begin{pmatrix}1 & a^{\frac{1}{9}} & a^{\frac{4}{9}} & a\\ a^{\frac{1}{9}*} & 1 & a^{\frac{1}{9}} & a^{\frac{4}{9}}\\ a^{\frac{4}{9}*} & a^{\frac{1}{9}*} & 1 & a^{\frac{1}{9}}\\ a^{*} & a^{\frac{4}{9}*} & a^{\frac{1}{9}*} & 1\end{pmatrix}\otimes\begin{pmatrix}1 & b^{\frac{1}{9}} & b^{\frac{4}{9}} & b\\ b^{\frac{1}{9}*} & 1 & b^{\frac{1}{9}} & b^{\frac{4}{9}}\\ b^{\frac{4}{9}*} & b^{\frac{1}{9}*} & 1 & b^{\frac{1}{9}}\\ b^{*} & b^{\frac{4}{9}*} & b^{\frac{1}{9}*} & 1\end{pmatrix} \tag{3-21}$$

式中,$\boldsymbol{R}_{\text{Tx}}$和 $\boldsymbol{R}_{\text{Rx}}$分别表示发端和收端的相关矩阵;$\otimes$表示克罗内克(Kronecker)积。不同情况的空间相关性见表 3-7。

**表 3-7 扩展的 ITU 模型的空间相关性参数**

| 低 相 关 | | 中 相 关 | | 高 相 关 | |
|---|---|---|---|---|---|
| $a$ | $b$ | $a$ | $b$ | $a$ | $b$ |
| 0 | 0 | 0.3 | 0.9 | 0.9 | 0.9 |

基于 10 帧 LTE 数据得到的信道冲激响应，统计发端和收端的相关矩阵，其平均结果如图 3-19 所示。从图中可以看到，仿真结果与式(3-21)的计算结果基本一致。理论上，增加统计平均的帧数，可以进一步提高相关矩阵的估计精度。但是，在实际高速铁路信道测量中，由于测量环境的变化，相关性也随之变化，因此需要选择合适的帧数进行统计平均，以保证参数估计的准确性。

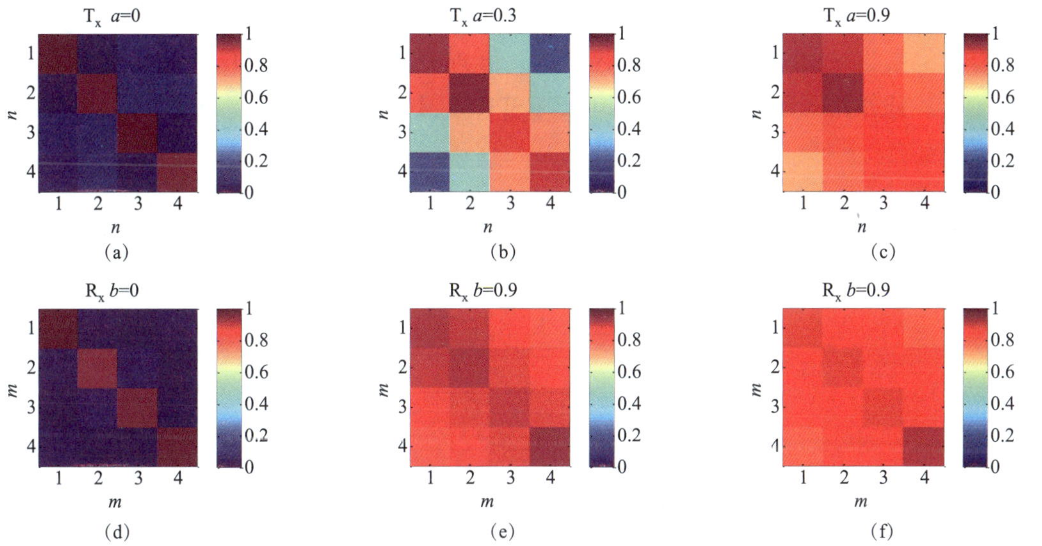


图 3-19　基于 LTE 的信道测量 MATLAB 仿真得到发端和收端的相关矩阵

### 3.3.5.3　简化的 SCM 模型

SCM 模型是一种 GBSM，用于 MIMO 系统级仿真。SCM 定义了 3 个主要的传播环境：城市微小区、城市宏小区和郊区宏小区。每个环境中的传播路径为 6 个，分为 6 个散射簇，包括 6×20 个子径。每个簇的角度扩展服从拉普拉斯分布，这是通过给定 20 个子径以等功率以及相对于对应路径额定方向的固定方位角方向来产生的。仿真中采用的并非是上述 SCM 模型，而是一种简化的 SCM 模型，即每簇中仅包含 3 条子径。采用简化的 SCM 模型是因为仿真中收发端只有 4 根天线，每簇中可识别的最大子径数目不能超过 3。简化的 SCM 模型的 AoA、AoD 和径增益参数见表 3-8。

**表 3-8　简化的 SCM 模型参数**

| 簇数目 | 子径数目 | AoA | AoD | 径增益/dB |
|---|---|---|---|---|
| 1 | 1 | −60° | 60° | 0.33 |
| | 2 | 0° | 0° | 0.33 |
| | 3 | 60° | −60° | 0.33 |

对于 AoA 和 AoD 的估计，这里采用经典的旋转不变子空间(Estimation of Signal Parameters by Rotational Invariance Techniques，ESPRIT)算法。ESPRIT 算法利用了数

据协方差矩阵信号子空间的旋转不变性，通过闭式解来估计 AoA 和 AoD。图 3-20 对比了三种 ESPRIT 算法，包括 LS ESPRIT(Least Squares ESPRIT，LS ESPRIT)、TLS ESPRIT(Total Least Squares ESPRIT，TLS ESPRIT)和 Unitary ESPRIT 的 RMSE 性能。从图中可以看到，LS ESPRIT 算法在低 SNR 条件下性能最差，这是因为 LS ESPRIT 算法并未考虑噪声的影响。TLS ESPRIT 和 Unitary ESPRIT 算法进行了噪声校准，因此它们的性能优于 LS ESPRIT 算法。当 SNR 较大时，TLS ESPRIT 和 Unitary ESPRIT 算法的性能并无差异，但是当 SNR 较低如 SNR 小于 −5 dB 时，Unitary ESPRIT 算法性能优于 TLS ESPRIT。此外，Unitary ESPRIT 比 TLS ESPRIT 具有更低的计算复杂度。

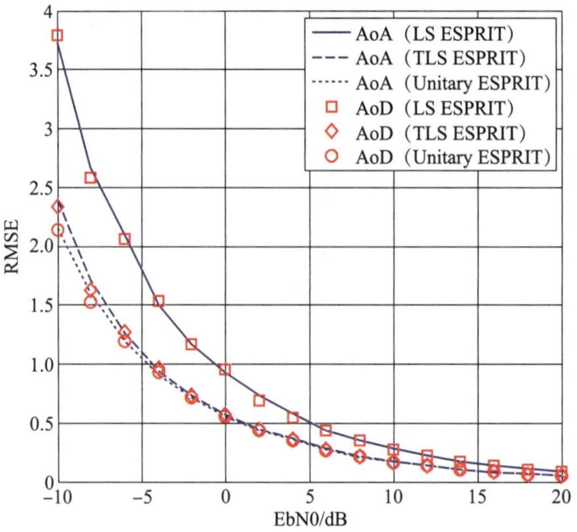


图 3-20 不同 ESPRIT 算法估计的 AoA 和 AoD 的 RMSE

设定 SNR 为 10 dB，根据信道冲激响应矩阵，由 Unitary ESPRIT 算法估计的 AoA 和 AoD 如图 3-21 所示。从图中可以看到，估计结果与表 3-8 中设定的参数一致。

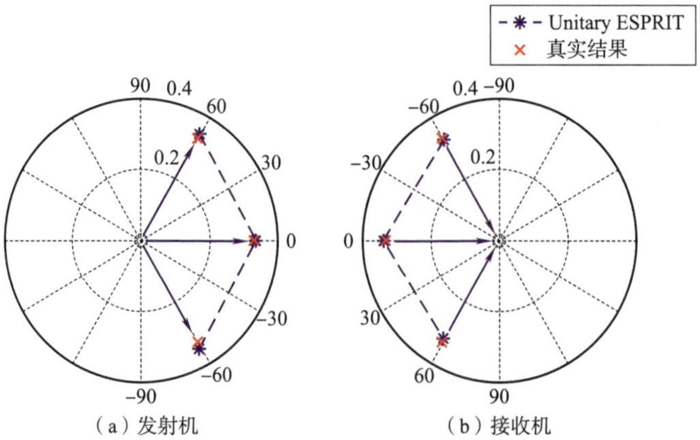


图 3-21 Unitary ESPRIT 算法估计的 AoA 和 AoD

# 3.4 基于移动虚拟天线阵列的高铁多天线信道测量方法

## 3.4.1 基本原理

对于采用 TDM 技术的串行多天线信道探测，完成一次测量需要的时间与阵列维度和激励信号的重复周期有关，串行测量要求在一次测量时间内信道保持静止或亚静止状态。借鉴串行测量的思路，本节提出一种低成本、低复杂度的移动虚拟天线阵列（Moving Virtual Antenna Array，MVAA）测量方法，其基本原理如图 3-22 所示。MVAA 测量方法仅采用了简单的单天线方式，不需要像全/半串行方式一样利用高速切换开关来控制天线阵列。当发射机处于静止状态且接收机以稳定的速率运动时，可将测量得到的 CIR 的相邻采样点看作虚拟的天线阵元，这些均匀分布的虚拟天线阵元形成了虚拟均匀线性阵列（Uniform Linear Array，ULA），其阵列方向与接收机的运动轨迹一致。为了生成虚拟 ULA，需要确定两个重要的参数，即阵元间距和阵元个数。

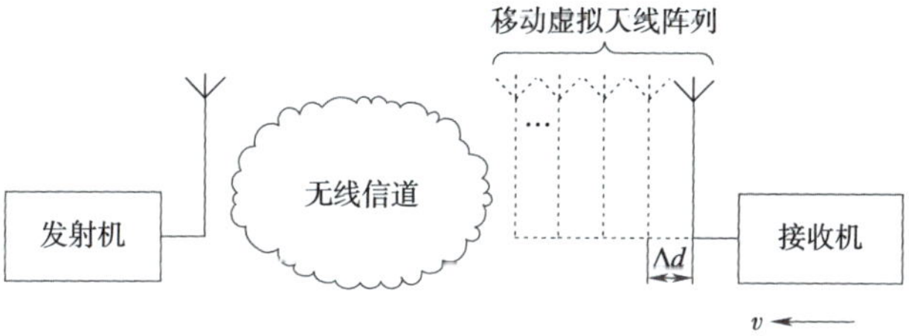


图 3-22 MVAA 测量原理

虚拟 ULA 的阵元间距由接收机的移动速率 $v$ 和激励信号的重复周期 $T_{rep}$ 决定，可以表示为

$$\Delta d = vT_{rep} \tag{3-22}$$

通常，有两种方案来确定 $\Delta d$，一种是速度传感器方案，另一种是 GPS 方案。考虑到对精度的要求，推荐采用速度传感器方案。

另一方面，虚拟 ULA 的阵元个数是受限的。实现 MVAA 测量的一个基本原则是要保证在用于生成虚拟 ULA 的 CIR 采样点的持续时间之内，信道保持静止或亚静止状态。该持续时间与虚拟 ULA 的阵元个数 $M$ 和激励信号的重复周期有关，需要满足小于信道相干时间 $T_c$ 的条件，可以表示为

$$(M-1)\cdot T_{rep} \leqslant T_c \tag{3-23}$$

在式(3-23)中，采用了信道相干时间来确定阵元个数，实际上采用信道平稳间隔更为合适。信道平稳间隔定义了信道保持平稳状态的持续时间，不仅与多普勒频移有关，还与直射情况、多径效应及其他信道效应有关。但是，为了让读者更好地理解，这里仅简单地考虑信

道相干时间。

假设 $T_c=1/B_d$，其中 $B_d=2f_{\max}$ 为多普勒扩展，$f_{\max}=v/\lambda$ 为最大多普勒频移，$\lambda$ 为波长，式(3-23)可以改写为

$$M\leqslant 1+\frac{1}{2f_{\max}T_{\mathrm{rep}}}=1+\frac{\lambda/2}{\Delta d} \tag{3-24}$$

由式(3-23)可知，$M$ 与 $\Delta d$ 成反比，也就是说 CIR 采样点的持续时间越短，虚拟 ULA 中可包含的阵元越多。此外，最大的阵元间距不能超过半波长，即可生成最小规模的 ULA 为两阵元 ULA。当阵元间距大于半波长时，则 $M=1$，MVAA 测量方法是无效的。根据空间奈奎斯特采样理论，阵元间距大于半波长将导致无法进行角度估计。因此，为了使 MVAA 测量方法有效，需要满足 $\Delta d\leqslant(\lambda/2)$ 的条件。

由于高速列车一般匀速行驶且运行速率已知，因此 MVAA 测量方法非常适合于高铁场景下的多天线信道测量。

### 3.4.2 理论验证

采用 GBSM 理论模型对上述 MVAA 测量方法进行原理性验证。考虑单环模型，假设 $M_{\mathrm{T}}=M_{\mathrm{R}}=2$，即发射机和接收机采用两天线的情况。根据单环模型，可以得到两个子信道 $h_{11}(t)$ 和 $h_{22}(t)$ 的空时相关函数的理论表达式，即

$$\rho_{h_{11},h_{22}}(\delta_{\mathrm{T}},\delta_{\mathrm{R}},\tau)=\frac{E[h_{11}(t)h_{22}^{*}(t+\tau)]}{\sqrt{\Omega_{11}\Omega_{22}}} \tag{3-25}$$

式中，$\Omega_{11}$ 和 $\Omega_{22}$ 分别为 $\mathrm{A}_1^{\mathrm{T}}-\mathrm{A}_1^{\mathrm{R}}$ 链路和 $\mathrm{A}_2^{\mathrm{T}}-\mathrm{A}_2^{\mathrm{R}}$ 链路的总能量；$(\cdot)^*$ 为共轭运算。

在各相同性散射的条件下，将 $\delta_{\mathrm{T}}=\delta_{\mathrm{R}}=0$ 和 $\tau=0$ 分别代入式(3-25)，得到时间相关函数和空间相关函数为

$$\rho_{h_{11},h_{22}}(0,0,\tau)=J_0(2\pi f_{\max}\tau) \tag{3-26}$$

$$\rho_{h_{11},h_{22}}(\delta_{\mathrm{T}},\delta_{\mathrm{R}},0)=\mathrm{e}^{\mathrm{j}2\pi\frac{\delta_{\mathrm{T}}}{\lambda}\cos\beta_{\mathrm{T}}}J_0\left\{2\pi\left[\left(\frac{\delta_{\mathrm{R}}}{\lambda}\right)^2+\left(\frac{\delta_{\mathrm{T}}}{\lambda}\alpha_{\max}^{\mathrm{T}}\beta_{\mathrm{T}}\sin\beta_{\mathrm{T}}\right)^2+2\frac{\delta_{\mathrm{T}}\delta_{\mathrm{R}}}{\lambda^2}\alpha_{\max}^{\mathrm{T}}\sin\beta_{\mathrm{T}}\sin\beta_{\mathrm{R}}\right]^{1/2}\right\} \tag{3-27}$$

式中，$J_0(\cdot)$ 为第一类零阶贝塞尔函数。

将 MVAA 测量方法应用于上述 GBSM 模型，即设定 $\delta_{\mathrm{T}}=0$ 和 $\delta_{\mathrm{R}}=\Delta d$，则空间相关函数可转化为

$$\rho_{h_{\mathrm{pq}},h_{\mathrm{p'q'}}}(0,\Delta d,0)=J_0\left(2\pi\frac{vT_{\mathrm{rep}}}{\lambda}\right)=\rho_{h_{\mathrm{pq}},h_{\mathrm{p'q'}}}(0,0,\tau) \tag{3-28}$$

从式(3-28)可以看出，根据 MVAA 测量方法，GBSM 模型中的空间相关函数等于时间相关函数。这说明，采用 MVAA 测量方法可以使得时间相关性等效于空间相关性。因此，在满足一定前提条件下，单天线信道测量数据可以转化为虚拟的多天线信道测量数据，进而用于提取信道角度域特征参数。

# 第 4 章 高铁宽带无线信道测量系统

若要实现真实场景的无线信道测量，需要采用专用的信道测量设备。通常，信道测量设备由发射机、接收机以及收发天线组成。与传统的无线收发设备相比，信道测量设备对硬件性能指标要求更高。例如，收发机的时钟频率参考要求保持高准确度和稳定度，射频模块的相位噪声应尽可能小，数据采集要求采用高位宽、高采样率和多通道的 ADC，天线的方向图应为理想的全向辐射，以及需要配套高性能的天线阵列。因此，只有专用设备，才能够实现有效、精确的信道测量。目前，专用信道测量设备主要有商用的信道探测器和定制化的信道探测器或信道测量系统两大类。业界最具代表性的商用信道探测器是芬兰 Electrobit 公司的 Propsound 和德国 Medav 公司的 RUSK。这两款信道探测器具有业界领先的信道测量性能，可支持单天线和多天线的多频段实时信道测量，广泛应用于国外陆地蜂窝场景的信道测试，为 WINNER II 标准化信道模型的建立提供了有力支持。国内利用这种国际商用信道探测器开展的信道测量工作相对较少，在高铁场景下的测试更是鲜有。因此，非常有必要借助权威的信道探测器对真实的高铁信道实施测量。

尽管商用信道探测器性能强大，但购置价格非常昂贵且功能相对固化，无法满足不同类型的测量需求，所以定制化的信道探测器成为主流发展方向。目前，国内外高校及研究机构研发了各种定制化的信道探测器，成功实现了不同场景的信道测量。然而，这些传统的商用和定制化的信道探测器的工作方式均为主动式测量，在高铁场景下使用，存在测量受限和效率低下的问题。被动式测量方法可以有效解决这些问题，因此有必要设计一套定制化的被动式高铁宽带无线信道测量系统。

## 4.1 基于标准信道探测器的高铁宽带无线信道测量系统

### 4.1.1 Propsound 信道探测器

Propsound 是一款多维度无线信道探测器，可支持时域、频域、空域和极化域的无线信道测量。Propsound 是基于时域信道探测方法，发射的探测信号为 BPSK 调制的 PN 序列，接收机通过滑动相关法获取信道冲激响应。为实现多天线信道测量，Propsound 采用 TDM 技术，通过高速切换开关控制天线阵列。配套的天线阵列包括 2D 阵列和 3D 阵列，例如

50 阵元的全向阵列、8 阵元的均匀圆阵列、32 阵元的平面阵列以及 42 阵元的半球阵列。Propsound 的主要参数指标见表 4-1。

**表 4-1　Propsound 参数指标**

| 参　数 | 指　标 |
|---|---|
| 测量频段 | 1.7～2.1 GHz,2.0～2.7 GHz,3.2～4.0 GHz,5.1～5.9 GHz |
| 测量带宽 | 100 MHz |
| 信道采样率 | SISO:30 kHz(PN 序列长度为 255)<br>SIMO/MIMO:最大 1.5 kHz |
| PN 序列长度 | 31～4 095 |
| 测量模式 | SISO,SIMO,MIMO |
| A/D 采样率 | 2 Gsps |
| 发射功率 | 最大 33 dBm(2 W) |
| 时钟同步 | 铷钟(稳定度 $10^{-11}$) |

Propsound 采用的时钟同步方式是收发端铷钟本地同步,时钟稳定度可达到 E-11 数量级。这种同步方式须将收发两端放置在一起,连接电缆进行同步,同步时间大概为 2 h,之后在蓄电池供电条件下,将两者分开进行信道测量,同步的保持时间大约为 4～5 h,如图 4-1 所示。尽管这种同步方式可以满足大部分的陆地蜂窝场景的信道测试,但并不适用于需要长时间协调的高铁场景的信道测试。因此,原始的 Propsound 时钟同步方式需进行改进。

尽管 Propsound 支持多天线信道测量,但很难用于具有高速移动性的高铁场景的信道测试。考虑 1.8 GHz 频点,假设列车以 360 km/h 运行,对于 8×8 MIMO 信道测量,信道采样率应大于 8×8×1.2 kHz=76.8 kHz,远超过 Propsound 的信道采样率指标。除此之外,高铁信道测试要求使用车顶专用天线,所以 Propsound 的配套天线阵列无法正常使用。

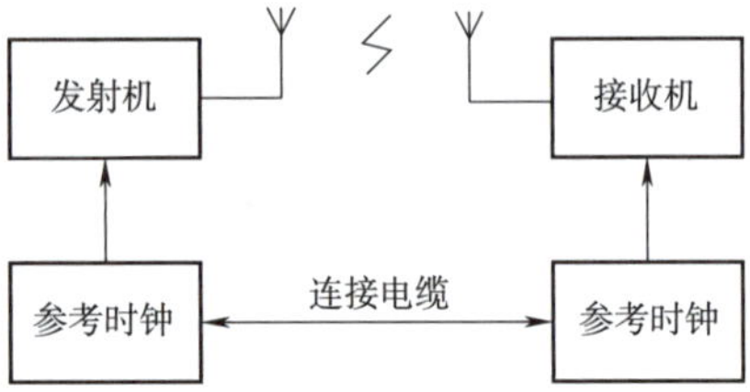

图 4-1　Propsound 时钟同步方式

总的来说,Propsound 不能直接用于开展高铁信道测量活动,需要对 Propsound 进行一定的升级和调整。

## 4.1.2　系统搭建

为了使 Propsound 适用于高铁信道测试,搭建了基于 Propsound 的高铁宽带无线信道测量系统。图 4-2 给出了系统架构示意图。该系统在原有 Propsound 的基础上做了两方面的改进:(1)收发机的时钟参考不再使用本地铷钟,而是使用外部的 GPS(Global Positioning System)驯服时钟,时钟同步采用适合于高铁信道测量的 GPS 驯服时钟同步方案;(2)收发天线不再使用配套天线阵列,而是使用偶极子天线和车顶专用天线。

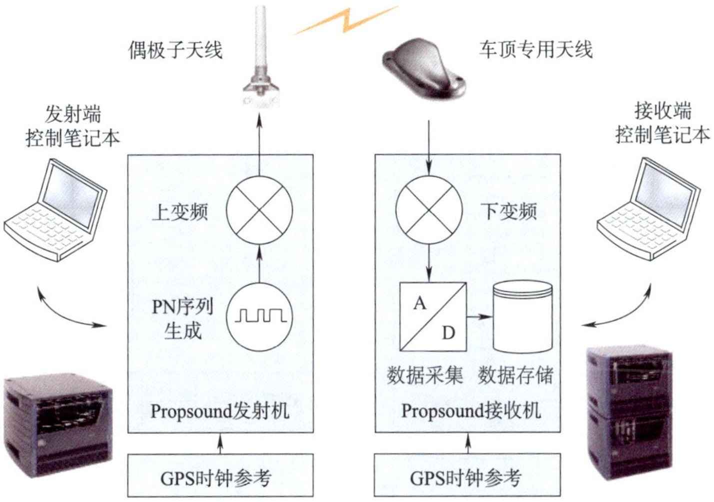


图 4-2　基于 Propsound 的高铁宽带无线信道测量系统

基于 Propsound 的高铁宽带无线信道测量系统采用地面发射信号、列车接收信号的下行链路方式，具体工作流程为，将生成的 PN 序列进行上变频后得到探测信号，通过单根垂直极化的偶极子天线进行发射，利用车顶专用天线(如 HUBER+SUHNER)接收探测信号，经下变频、数据采集后进行数据存储。

### 4.1.3　时钟同步方案

GPS 是一种全球性、全天候的卫星无线电导航系统，可连续、实时的为多用户提供高精度精密时间信息，已经成为世界上应用范围最广、实用性最强的全球精密授时、测距和导航定位系统。GPS 时间基准具有非常良好的频率准确度和长期稳定度，但是由于星历误差、卫星误差、电离层误差、对流层误差、多径误差等因素的影响，导致接收到的 GPS 秒脉冲具有随机抖动，短期稳定度难以得到保证。晶体振荡器，如铷原子钟、恒温晶振和温补晶振，具有短期稳定度优点，然而由于温度、老化等因素会产生频率的漂移，长期稳定度较差。

将 GPS 信号的长期稳定度与本地时钟参考的短期稳定度相结合，采用 GPS 驯服本地时钟参考的方式实现高铁信道测量的收发端时钟同步，如图 4-3 所示。信道探测器的发射端放置在地面上，GPS 有源天线接收卫星信号，通过 GPS 模块处理得到标准的 GPS 秒脉冲信号。本地时钟参考经过 GPS 信号的驯服，输出高准确度高稳定度的时钟信号提供给信道探测器。

GPS 驯服本地时钟参考的原理框图如图 4-4 所示，主要由 GPS 接收模块、本地时钟参考、时差测量模块、分频模块、数据处理单元、D/A 模块等组成。GPS 接收模块用于接收卫星信号，经过处理后输出标准的 GPS 秒脉冲信号，传递至时差测量模块；分频模块将本地时

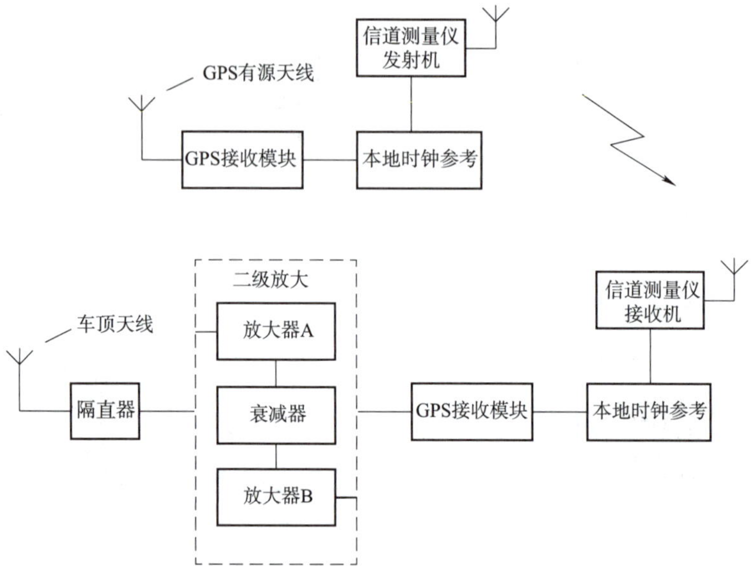


图 4-3　GPS 驯服时钟同步方案

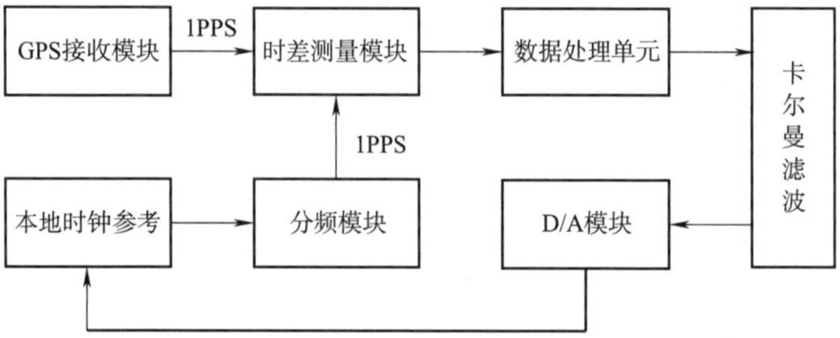


图 4-4　GPS 驯服本地时钟参考原理框图

钟参考输出频率信号分频为 1PPS 信号送入时差测量模块；时差测量模块采用直接计数法测量本地时钟参考分频得到的 1PPS 信号与 GPS 秒信号之间的时差；数据处理单元对时差数据进行处理，根据频率和周期互为倒数的关系，得到本地时钟参考相对于 GPS 信号的频率偏差；通过卡尔曼滤波对测量得到的频率偏差数据进行平滑处理，用于消除 GPS 秒信号随机抖动的影响；D/A 模块将频率偏差量转换为模拟电压传递至本地时钟参考的电压控制端，实现对本地时钟参考的频率修正。当 GPS 信号丢失时，数据处理单元从驯服状态切换至保持状态，维持驯服状态下最后一个 D/A 模块输出的压控电压值不变，由于本地时钟参考具有良好的短期稳定度，因此可以保持短时间内输出高精度时钟信号。

信道探测器的接收端放置于列车上，为了预防雷电的影响，列车顶部的 GPS 天线都是采用无源天线。然而，普通 GPS 模块只支持有源天线，因为 GPS 模块的天线端口除了接收 GPS 信号外，还会向天线馈电，而 GPS 模块正常工作的前提是检测天线输入端口的电流正常。如果电流过高，会提示 GPS 天线短路；如果电流过低，则会出现 GPS 天线开路。因此普通的 GPS 模块在连接 GPS 无源天线（开路或短路）时，是无法正常工作的。为了让普通 GPS 模块能够使用于 GPS 无源天线，采用下拉电阻的方式解决 GPS 模块对天线端口电流检测的问题，如图 4-5 所示。通过下拉电阻，可以在天线端口实现回路，因而不用考虑开路天线或短路天线的问题。下拉电阻的大小是根据 GPS 模块正常工作时的馈电电压除以馈电电流得到。

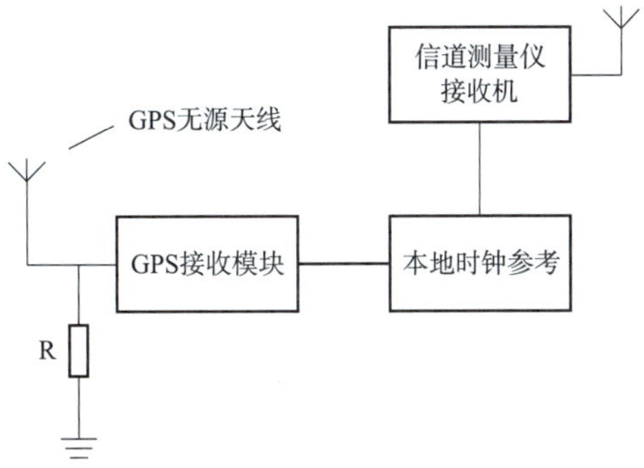


图 4-5　下拉电阻方案

虽然解决了 GPS 模块对天线端口电流检测的问题，但是如果采用 GPS 无源天线依然无法正常工作，因为无源天线接收到的 GPS 信号强度太弱，将严重影响 GPS 锁定时间（搜到卫星数量大于 4 颗的时间），甚至无法锁定。因此，采用直连放大的方式实现普通 GPS 模块在高速列车上正常工作。车顶天线接收 GPS 信号，由于车顶天线为短路天线，采用隔直器隔断放大器反馈给天线的电流。二级放大采用两个放大器 A 和 B 实现，中间通过衰减器来防止放大器 B 的输入信号饱和。经过二级放大的 GPS 信号输入至 GPS 模块，之后与发射端操作类似。信道探测器收发端均同步于 GPS，实现了高精度的时钟同步。

## 4.2　基于 LTE 网络的高铁宽带无线信道测量系统

被动式高铁宽带无线信道测量系统是以现有铁路无线网络中的基站为发射机，通过接收机接收铁路无线网络的下行信号，对信号进行采集和处理得到信道冲激响应。这种被动式信道测量系统无需设计发射机，只需设计面向信道测量的无线网络信号接收机。目前，可以利用的铁路无线网络包括 GSM-R、WCDMA、LTE 等。本章主要介绍基于 LTE 网络的高铁宽带无线信道测量系统。

### 4.2.1　系统架构

基于 LTE 网络的高速铁路宽带无线信道测量系统由现有的 LTE 铁路专用网络和自研的 LTE 信道探测器组成，如图 4-6 所示。该系统的特点如下：

(1)LTE 信道探测器可用于连续采集整个 LTE 铁路专网下行链路的信道数据，使得高效信道测量成为可能。此外，LTE 信道探测器不发送探测信号，只接收 LTE 铁路专网的下行信号，不会影响铁路沿线通信网络的运营。

(2)LTE 铁路专网的 RRU 和 LTE 信道探测器均采用 GPS 驯服时钟同步方案,这样保证了测量系统收发端频率的一致性,可避免 CFO 对信道测量的影响。

(3)LTE 信道探测器可采用车顶专用接收天线或车内接收天线,因此测量系统既可支持中继覆盖测量又可支持直接覆盖测量。

(4)LTE 铁路专网的 RRU 具备多天线配置,LTE 信道探测器也支持多天线接收,因此该测量系统可实现 MIMO 信道测量。

(5)LTE 铁路专网采用带状覆盖和小区合并技术,整个网络可分为非重叠区域和重叠区域。在非重叠区域,接收机只收到来自单个 RRU 的信号,测量系统可实现传统的单链路信道测量。然而,在重叠区域,接收机收到的信号是来自相邻 RRU 的两个信号的叠加。从时间角度看,这两个信号无法区分。但是,从时延角度看,这两个信号可以通过不同的传播时延进行分离。因此,测量系统在重叠区域可同时测量两条链路的信道冲激响应,能够实现多链路信道测量。

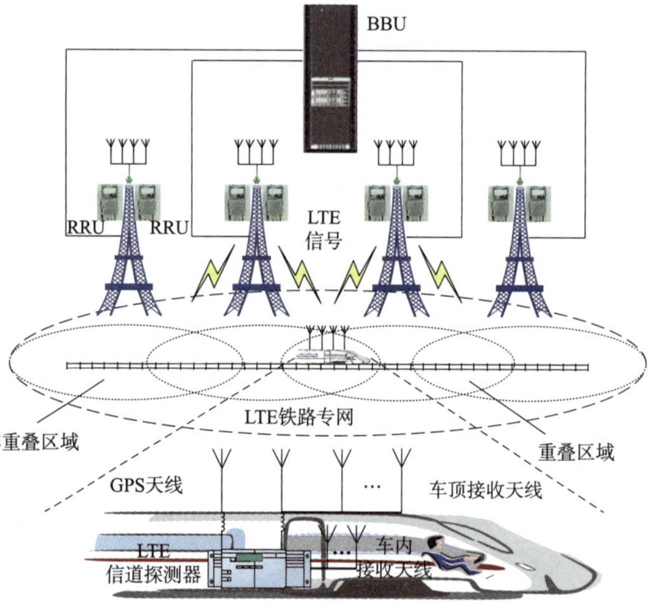


图 4-6　基于 LTE 网络的高速铁路宽带无线信道测量系统架构

### 4.2.2　硬件设计

与传统的信道探测仪不同,LTE 信道探测器没有发射机,只有接收机,硬件模块组成如图 4-7 所示,包括两个射频模块、一个高速数据采集模块、一个同步模块、一个定位模块、一块高速数据存储硬盘和一台高性能计算机。

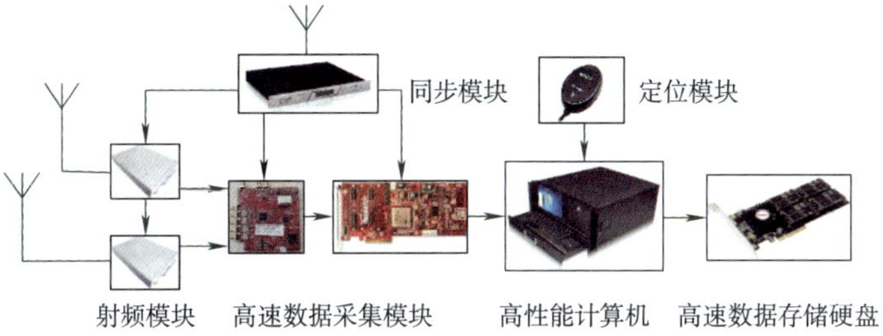


图 4-7　LTE 信道探测器的硬件模块组成

#### 4.2.2.1　射频模块

为覆盖 LTE 系统的所有频点与带宽，LTE 信道探测仪采用宽频射频模块来接收射频信号。射频模块将接收到的射频信号变频至中频，这里不采用直接下变频至零中频的原因是为了防止器件产生的直流分量进入高速数据采集模块，从而使 A/D 量化后的低值失效，影响采集数据的结果。中频的采用也会导致镜像频率干扰，但可通过中频带通滤波器将其滤除。此外，为了方便测量信道大尺度衰落参数，射频模块的自动增益控制(Automatic Gain Control，AGC)模式应切换为固定增益模式，使得接收功率为实际传输损耗的结果。本设计选择的射频模块的功能包括射频滤波、低噪声放大、混频以及中频滤波，主要参数见表 4-2。

**表 4-2　射频模块参数**

| | |
|---|---|
| 频点范围 | 20～3 000 MHz |
| 频点步进 | 100 kHz |
| 带宽 | 20 MHz |
| 中频输出 | 70 MHz |
| 系统增益 | 0～50 dB |

#### 4.2.2.2　高速数据采集模块

高速数据采集模块对射频模块输出的中频模拟信号进行采集，并将采集到的数字信号直接传输至高性能计算机做进一步处理。值得注意的是，高速数据采集模块仅负责数据采集与传输工作，并不对接收信号进行信号处理，如数字下变频、数字滤波等。LTE 信道探测器采用一块参数合适的高速数据采集卡来实现数据采集与传输功能。下面介绍如何对高速数据采集卡进行选型。

首先考虑的是具有双通道 ADC 的采集卡，这样可以支持多天线测量。此外，为了获得较高的采样精度，选取高位宽的 ADC，考虑采用 14 bit 的 ADC，并在后续处理中，将每个采样点补零为 16 bit。双通道 ADC 同时采集两路中频信号，即同时产生两个采样点共 32 bit 的数据。为了能够在计算机中区分各路数据，这里采用间隔存储的方式来存储采样数据，即前 16 bit 为第一路获得的采样点，后 16 bit 为第二路获得的采样点，如图 4-8 所示。

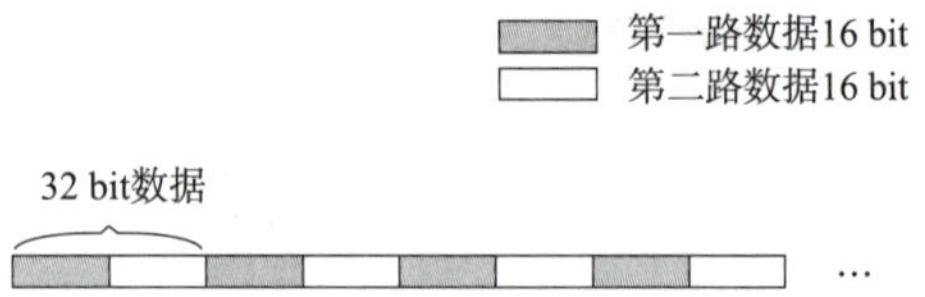


图 4-8　数据流示意图

ADC 的采样率也是需要考虑的一个重要参数。根据带通采样定理，如果采样率满足

$$f_s=\frac{2(f_L+f_H)}{2n+1} \tag{4-1}$$

则用 $f_s$ 进行等间隔采用所得到的信号采样值能准确地确定原信号，其中，$f_H$ 与 $f_L$ 分别为信号的最低频率与最高频率；$n$ 为满足 $f_s \geqslant 2(f_H-f_L)$ 的最大正整数。

将式(4-1)由带通信号的中心频率 $f_0$ 表示为

$$f_s=\frac{4}{2n_s+1}f_0 \tag{4-2}$$

式中，$f_0=(f_L+f_H)/2$。

对于采集卡输入端的中频带通信号，$f_0=70$ MHz，$B=20$ MHz，由式(4-2)计算 ADC 可选择的采样率见表 4-3。如果采样率取 280 MHz，会使采集设备价格较为昂贵，且高采样率所产生的数据对于后续的存储压力较大；如果采样率取 40 MHz，由于 40 MHz 正好为带宽的两倍，这对低通滤波器的设计要求较高。因此，这里选取较低的 56 MHz 作为 ADC 的采样率。以 56 MHz 采样率抽样造成的频谱搬移如图 4-9 所示，该采样率不会造成频谱混叠，且能为低通滤波器预留出 8 MHz 的余量。

**表 4-3　ADC 可选择的采样率**

| $n_s$ | 0 | 1 | 2 | 3 |
|---|---|---|---|---|
| $f_s$ | 280 MHz | 93.3 MHz | 56 MHz | 40 MHz |

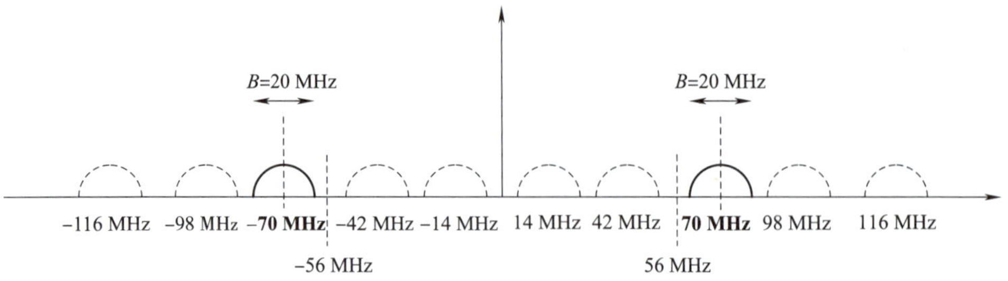


图 4-9　频谱搬移示意图

根据上述 ADC 的配置参数，采集卡将在短时间内产生大量数据，数据量高达 56 M/s×16 bit×2=1 792 Mbit/s=224 MByte/s。为保证采集数据的可靠传输，采集卡应采用一种

缓存机制,即在接收到计算机发来的读取命令后,还能在发送数据的同时继续接收采集数据,以防采集数据的丢失与中断。另一方面,为保证采集数据不会因读取速度不够快而造成"溢出"现象,也为计算机后续的数据处理与存储操作预留出足够的时间,采集卡与计算机间的数据传输速率应能使缓存数据在"瞬间"被取走。这里选择 PCI-E (Peripheral Component Interconnect-Express)接口作为采集卡与计算机之间的连接链路。PCI-E 属于高速串行点对点双通道高带宽传输,所连接的设备可独享自己的连接,不需要向整个总线请求带宽。PCI-E 接口能够在瞬间就将大量数据传递给计算机,不会因传输不够快而产生"溢出"。考虑到 PCI-E 接口可以将数据"瞬间"读入计算机,板卡内的数据缓存方式可采用普通的 FIFO(First Input First Output)作为缓存。但数据的"到来"与"取走"是同时发生的,因此对数据的缓存将交替地在两个缓存区域内进行,如图 4-10 所示。当对缓存一进行写数据时,就对缓存二进行数据的读取,缓存一写满后会自动切换到缓存二继续写入数据,此时对缓存一进行读取即可。

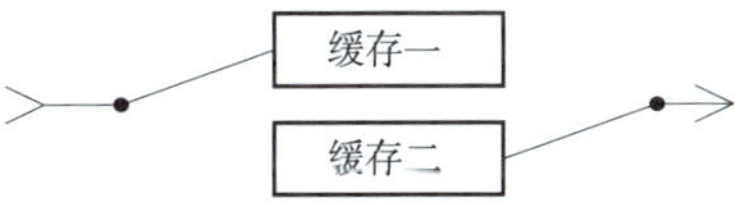


图 4-10　FIFO 缓存示意图

#### 4.2.2.3　时钟同步模块

LTE 铁路专网的 RRU 采用的是从 GPS 信号中提取时钟的同步方式,所以 LTE 信道探测器也采用 GPS 驯服时钟参考作为外部时钟源进行同步。选取的 GPS 驯服时钟稳定度较高,具备高精度授时型 GPS 接收模块和高稳定度的恒温晶振(Oven Controlled Crystal Oscillator,OCXO),可提供频率稳定、准确的 10 MHz 参考时钟,当 GPS 锁定时,时钟输出的频率准确度高达 $10^{-11}$。

#### 4.2.2.4　定位模块

在信道测量中,信道探测设备应对采集数据进行定位,以便在后期提取大尺度路径损耗或其他小尺度衰落参数时具有相应的位置信息来构建基于距离的信道模型。LTE 信道探测器选取了当前较普及的小型民用 GPS 接收机与吸顶天线组成的定位仪来完成定位功能,该定位仪以 USB(Universal Serial Bus)虚拟串口的形式与计算机相连。

#### 4.2.2.5　高速数据存储硬盘

信道测量设备需要数据存储介质来保存原始数据以供进一步的数据处理与信道特征参数提取。计算机一般采用机械硬盘存储数据,机械硬盘的存取速度与其盘片转速息息相关,目前机械硬盘的转速最高能达到 15 000 RPM,存取速率最高可达到 300 MByte/s。根据分析结果,LTE 信道探测器采集数据的速率将达到 224 MByte/s,现有机械硬盘存储数据的方式只能勉强满足该项需求，当系统性能不稳定时，则可能会造成数据丢失。

基于上述问题，采用固态硬盘(Solid State Drive，SSD)作为LTE信道探测器的数据存储介质。固态硬盘独有的固态电子存储芯片阵列使其不需要磁头等机械结构，因此相对于传统的机械硬盘来说，找到数据的时间几乎等于零，其存取速率相比机械硬盘能达到更好的效果。LTE信道探测器采用了一款具有PCI-E传输接口，且平均传输速率高达1 900 MByte/s的固态硬盘，从而最大限度地保证数据连续存储。

#### 4.2.2.6 高性能计算机

高性能计算机作为LTE信道探测器的控制平台，如图4-11所示，其性能决定着是否能够顺利进行数据采集与存储等操作。对高性能计算机的要求主要体现在以下两个方面：

(1)由于采用了具备PCI-E接口的高速数据采集卡与固态硬盘，所以高性能计算机应具备相应数量与型号的PCI-E接口，以保证与采集卡和固态硬盘匹配连接，并以最快速度传输数据。

(2)高性能计算机应具有多核中央处理器(Central Processing Unit，CPU)与较高的主频。多核CPU可以提供多个独立的线程，以实现数据读取与存储等操作的并行运行。较高的主频可以保证CPU的运行速率。

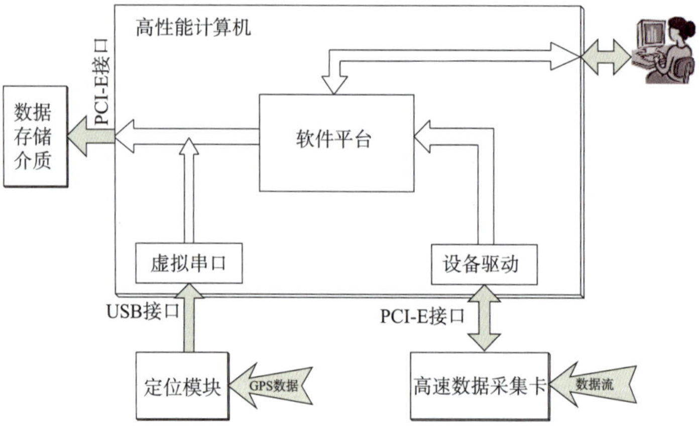


图 4-11　高性能计算机功能示意图

### 4.2.3 软件设计

完成LTE信道探测器的硬件设计后，还需设计相应的软件平台使其正常工作。LTE信道探测器的软件平台应具备四大功能，包括采集数据读取、存储、“实时”处理显示与位置标记，如图4-12所示。设计基于MFC(Microsoft Foundation Classes)框架，开发了能够实现上述功能的软件平台界面，如图4-13所示。下面具体介绍软件平台各功能的设计思想。

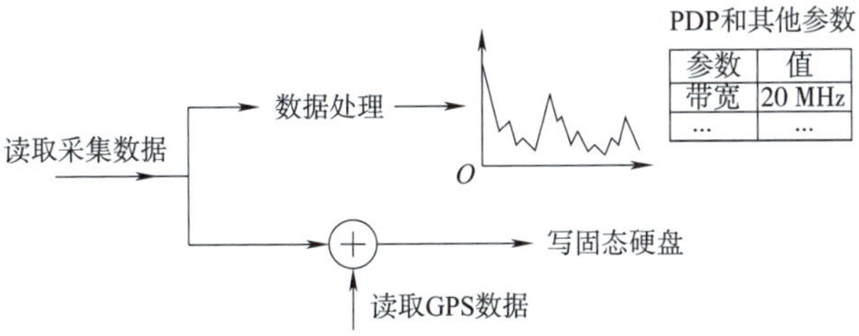


图 4-12　测量软件平台主要功能示意图

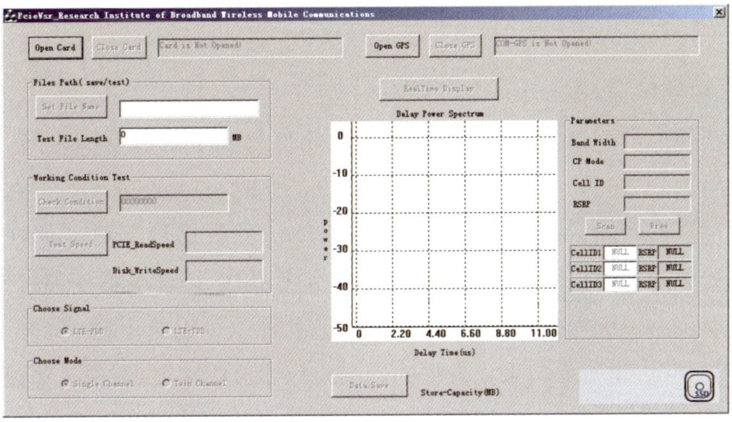


图 4-13　软件平台界面

### 4.2.3.1　采集数据读取与存储

设计中利用多线程的方式并行实现数据的读取与存储操作，以便将采集数据实时地保存至固态硬盘。线程运行时，操作系统可能对其干预从而造成多处理器间的调度操作，因而系统性能会受到一定的影响。为了避免这种现象，需对线程的 CPU 亲缘性进行设置，即在两个不同的 CPU 上运行两个不同的线程。此外，为了保证数据存储的连续性，还采用了一种"乒乓"结构的数据缓冲方式，类似于前面提到的 FIFO 缓冲方式。在应用程序运行时，分配两块相同大小的存储区域，首先向其中某一块区域写入数据，当该区域存满之后再向另一块区域继续写入数据，同时对存满的内存区域进行写文件操作，这两步将不停地交替进行。为了避免与固态硬盘中数据存储区域概念混淆，将内存中分配的存储区称为缓冲区。

为了防止存储过程中数据的丢失，在缓冲区读取数据完毕之前，必须将另一部分缓冲区中的数据写入固态硬盘中，因而固态硬盘数据的写入时间要小于缓冲区数据的读入时间。由前面分析可知，采集卡的数据速率为 224 MByte/s，固态硬盘的写速率最大为 1 900 MByte/s。因此，采用该固态硬盘完全可以实现数据无间断地写入。鉴于该硬盘的写入速率较高，所以对两块缓存区的大小选择较为灵活。这里将两个缓冲区的大小均设置为 16 MByte，则每个缓冲区数据的存储所需时间约为 16 MByte/224 MByte/s≈71.4 ms。图 4-14 描述了数据的读取与存储程序间的协调工作方式。

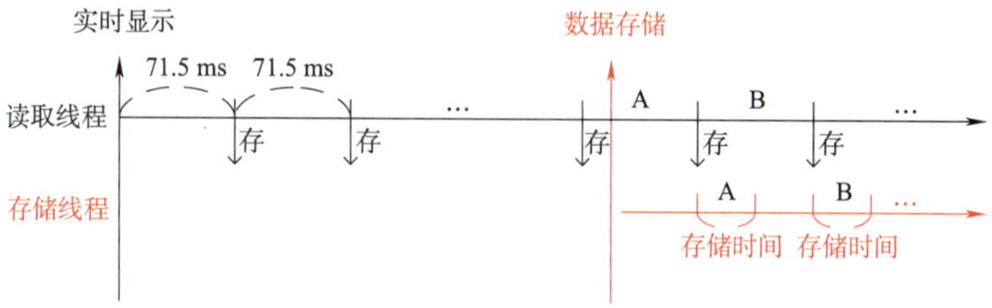


图 4-14 读取和存储线程操作示意图

#### 4.2.3.2 采集数据处理

通过“实时”处理数据，将采集信号的 RSRP、小区号和 PDP 信息实时显示到软件界面中。需要注意的是，上述的“实时”并不是严格意义的实时，只是相对实时。在前面提到的数据采集存储过程是实时的，每一个缓冲区中 16 MByte 的数据包都被实时地写入到了固态硬盘中。由于数据量较大且数据处理算法具有一定复杂度，因此数据处理过程较为耗时，导致不能实时处理每一包缓存数据。但是，通过延迟处理也可以给出测量需要的当前信道信息，因此称为“实时”。为了不与采集数据的读取与存储造成冲突，新建了单独的采集数据处理线程，以下简称为处理线程。为了使采集数据读取、存储、处理线程同时位于不同的 CPU 核心上执行，为处理线程设置 CPU 亲缘性属性。因为处理线程在读取线程将数据读入缓冲区之后才能对数据进行处理，所以需要通过事件对象方式来完成处理线程与读取线程之间的同步，与前述的存储线程同步方式类似。同时为了后续数据处理，需要将缓冲区内的数据复制到存储区域。图 4-15 所示为加入处理线程的线程间协调工作示意图。

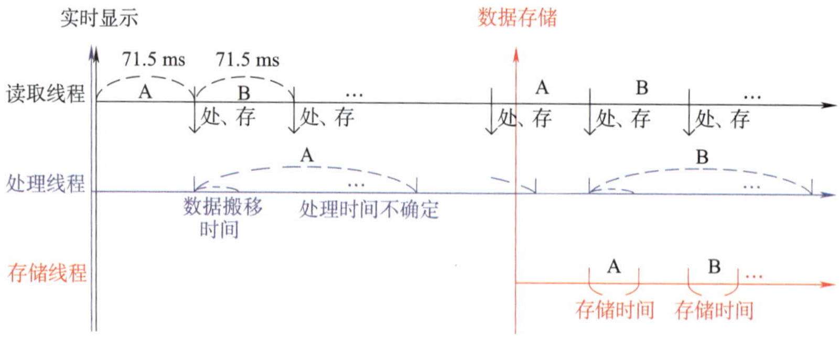


图 4-15 读取、存储和处理线程操作示意图

LTE 信道探测器的数据处理分为预处理、基带处理和后处理三个部分，如图 4-16 所示。具体流程如下：

(1)预处理：中频采样信号经下变频和低通滤波处理得到基带信号。根据 LTE 系统参数指标要求，56 MHz 的基带信号需重采样至 30.72 MHz。重采样的旋转因子定义为内插倍数比抽取倍数，这里将旋转因子设为 96/175，再通过多项滤波器实现重采样。

(2)基带处理：对基带信号的处理，首先是进行小区搜索，确定主小区和其他小区的小区号。然后进行同步，LTE 的同步包括主同步(Primary Synchronization)和辅同步(Secondary Synchronization)。同步后，根据 CRS 在时-频-空帧结构中的映射图案，提取 CRS。

(3)后处理：根据提取的 CRS 和本地生成的 CRS，通过频域相关估计信道频率响应，进而计算得到 RSRP，并输出主小区号和 RSRP 结果。信道频率响应通过 IDFT 得到信道冲激响应，输出功率延迟分布结果。此外，还可计算其他小区的 RSRP，输出其他小区号与相应 RSRP 结果。

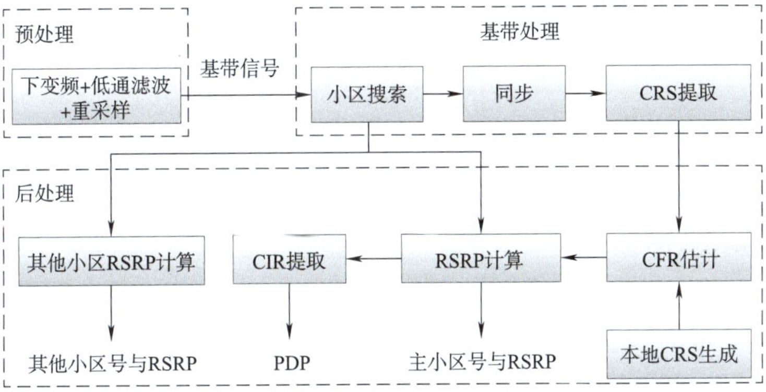


图 4-16　LTE 数据处理流程

#### 4.2.3.3　PDP 绘制

为了减少线程的创建，在数据处理之后进行 PDP 的绘制。单/双通道模式决定着 PDP 绘制方式。单通道模式下，需要进行处理的为一路数据，并将这一路数据的 PDP 结果绘制出来；双通道模式下，需要分别处理两路数据后才能绘制出这两路数据的 PDP 结果。设计中分别对两个通道进行两次数据处理，之后依次绘制对应通道的 PDP 结果。通过上述操作，实现了简化双通道模式下单次处理复杂度与延迟的降低。图 4-17 给出了处理线程对单路与双路数据的处理和 PDP 绘制过程。

#### 4.2.3.4　定位信息获取与标记

定位信息的获取与标记工作不能影响到读取线程与存储线程的持续不间断运行。读取到的 GPS 信息需要具有时效性，否则不能很好地对应位置信息。因此，定位信息的读取过程要尽可能短，写测量数据加上写 GPS 数据的过程也要在一次读取时间之内完成。GPS 信息读取的波特率为 115 200 Bd/s，而 GPS 信息最大长度约 530 Byte，所以以这个波特率读取 GPS 信息仅需要约 37 ms，完全在一次缓冲区的数据读取时间之内，可以保证时效性。将 GPS 数据续写在一个 16 MByte 的测量数据之后，花费的时间几乎可以忽略，所以也能保

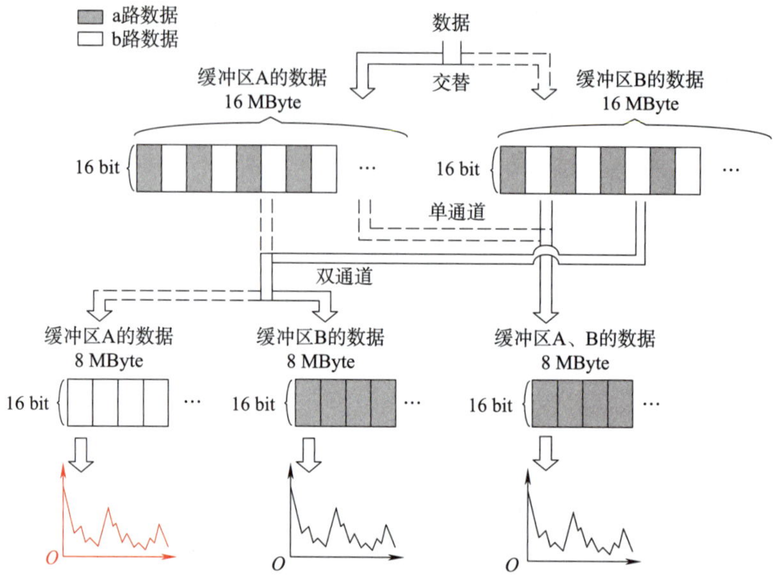


图 4-17　处理线程单/双路模式示意图

证数据存储的连续性。

## 4.2.4　实验室校准与验证

本节对 LTE 信道探测器的实验室校准与验证进行阐述，从而验证本文设计的信道测量设备是否切实可用。校准与验证时，发端采用 R&S 公司的基带信号发生器兼衰落模块 AMU200A 来生成 LTE 基带信号以及模拟衰落信道。AMU200A 能产生两路基带信号，模拟各种传播环境。同样采用 R&S 公司的矢量信号发生器 SMBV100A 和射频源 SGS100A 将基带信号上变频至射频。接收端即为搭建好的 LTE 信道探测器，结合上述发端设备，校准与验证时整个设备的连接情况如图 4-18 所示。图中虚线部分表示的是验证两天线时应该考虑增加的设备与设备连接部分。

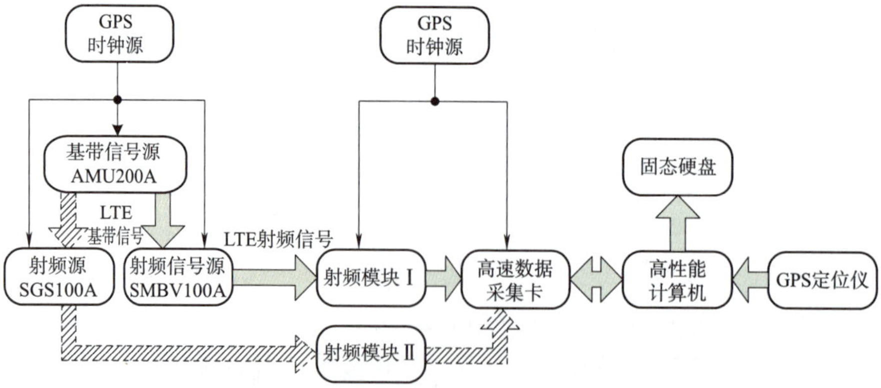


图 4-18　校准与验证时的连接图

#### 4.2.4.1　功率校准

接收信号经过射频模块的放大后进入 ADC，在 ADC 之后通过数据处理获取信道冲激响应，而通过信道冲激响应计算出来的“功率值”在未经校准时，是一个与真实功率值成正比的数值，因此需要通过校准将数值与真实的功率值相对应。其次射频模块输出的功率过高时，会使得 ADC 饱和，这样得到的信号是失真的，必然使得计算得到功率也饱和，而输入过低时，则信号会被噪声淹没，计算得到的功率值也不准确。通过校准能够看到当射频模块放大倍数一定时，系统能够准确测量到的功率范围。这可以指导测量人员在实际测量中适当调整射频模块的增益，使得输入到 ADC 的信号强度落在合适的区间以测量到正确的功率。

连接各设备，并使各设备处于正常工作状态。固定射频模块增益为 50 dB，将 SMBV100 设置为－50 dBm，则此时发送信号的参考信号功率（Reference Signal Transmitting Power，RSTP）为－89.17 dBm。由于发端射频与测量设备直连，所以真实的 RSRP 应当与 RSTP 相等。通过对测量设备采集的数据进行分析，可将计算出来的功率值与真实的 RSRP 对比，得到功率因子 $A=\mathrm{RSRP}/\mathrm{RSTP}$，从而在后续测量中通过这个功率因子就能获得实际的 RSRP 值。

获取了功率因子后，就可以对测量系统进行步进式测量以获取系统的准确测量范围。测量结果见表 4-4。由校准结果可以看出，无论是Ⅰ路还是Ⅱ路，较准确的测量范围大致落在－90～－30 dBm 区间。因此，在实际测量过程中，应当合理调节射频模块，对信号进行额外的适当放大或衰减，使 RSRP 参数落在这一范围内，再在数据处理时将这一额外的放大或衰减去除即可。

**表 4-4　功率校准结果**

| Ⅰ　路 | | | Ⅱ　路 | | |
|---|---|---|---|---|---|
| 设置功率/dBm | RSTP/dBm | RSRP/dBm | 设置功率/dBm | RSTP/dBm | RSRP/dBm |
| －15 | －54.17 | －68.33 | －15 | －54.17 | －70.21 |
| －20 | －59.17 | －68.42 | －20 | －59.17 | －70.19 |
| －25 | －64.17 | －69.01 | －25 | －64.17 | －70.56 |
| －30 | －69.17 | －70.52 | －30 | －69.17 | －71.74 |
| －35 | －74.17 | －74.14 | －35 | －74.17 | －74.32 |
| －40 | －79.17 | －78.92 | －40 | －79.17 | －78.95 |
| －45 | －84.17 | －83.83 | －45 | －84.17 | －83.93 |
| －50 | －89.17 | －89.18 | －50 | －89.17 | －89.19 |
| －55 | －94.17 | －94.11 | －55 | －94.17 | －94.15 |
| －60 | －99.17 | －99.07 | －60 | －99.17 | －98.94 |
| －65 | －104.17 | －103.85 | －65 | －104.17 | －104.33 |
| －70 | －109.17 | －109.75 | －70 | －109.17 | －108.87 |
| －75 | －114.17 | －115.11 | －75 | －114.17 | －114.3 |
| －80 | －119.17 | －119.75 | －80 | －119.17 | －119.02 |
| －85 | －124.17 | －124.47 | －85 | －124.17 | －124.13 |

续上表

| Ⅰ 路 | | | Ⅱ 路 | | |
|---|---|---|---|---|---|
| 设置功率/dBm | RSTP/dBm | RSRP/dBm | 设置功率/dBm | RSTP/dBm | RSRP/dBm |
| −90 | −129.17 | −129.97 | −90 | −129.17 | −129.15 |
| −95 | −134.17 | −148.85 | −95 | −134.17 | −146.32 |
| −99 | −138.17 | −149.13 | −99 | −138.17 | −152.67 |

#### 4.2.4.2 多径参数验证

通过 AMU200A 内置的衰落模块仿真多径信道，从而验证 LTE 信道探测器测量得到的多径参数。多径信道的参数配置见表 4-5。其中，每条多径的时延设定为时延分辨率的整数倍，这样可以避免由于小数倍多径时延带来的信道冲激响应泄漏问题，进而可以独立地关注小数倍 TO 对信道冲激响应的影响。

**表 4-5 AMU200A 衰落模块仿真的多径信道参数**

| 多径抽头数目/个 | 多径时延/μs | 多径功率/dB |
|---|---|---|
| 1 | 0 | 0 |
| 2 | 0.22 | −5 |
| 3 | 0.44 | −10 |
| 4 | 0.88 | −20 |

图 4-19 对比了无 TO 补偿、采用窗函数法实现 TO 补偿以及采用 TO 补偿的 PDP 结果。从图中可以看出，无 TO 补偿的 PDP 泄漏非常严重，窗函数法可以缓解 PDP 的泄漏，而本文提出的定时偏差补偿算法具有更好的对抗 PDP 泄漏的性能。经 TO 补偿后，多径参数的估计结果与仿真信道的预设参数一致，说明 LTE 信道探测仪能够准确测量信道的多径特征。

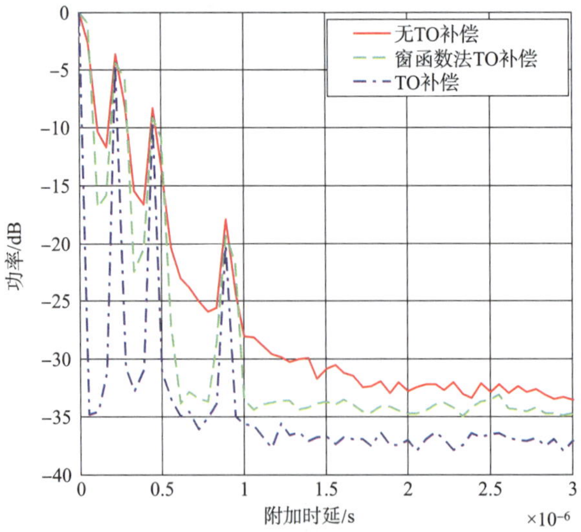


图 4-19 多径参数验证结果

#### 4.2.4.3　多普勒参数验证

在多普勒参数验证之前，首先采用背靠背(Back to Back)方式，即收发机直连、无衰落来测试收发机的频偏。对于多普勒频移和扩展，采用具有 JAKES 谱的瑞利信道进行验证。背靠背校准的结果与瑞利信道验证的结果如图 4-20 所示。从图中可以看到，在背靠背方式下，获取的多普勒功率谱为最大多普勒频移为 0 Hz 的单谱线，说明采用 GPS 同步可以保证收发机频率的一致性。对于瑞利信道的情况，获取的多普勒功率谱为预设的 JAKES 谱，因此 LTE 信道探测器能够准确测量信道的多普勒特征。

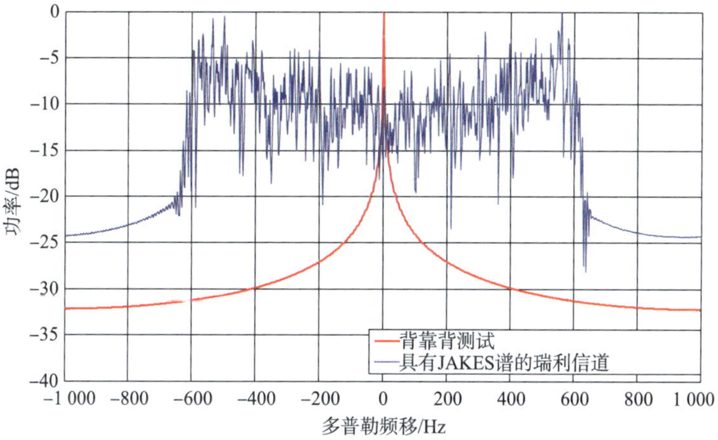


图 4-20　多普勒参数验证结果

#### 4.2.4.4　空间相关性验证

为了保证 MIMO 信道测量的准确性，这里考虑了空间相关性的验证。验证时将衰落模块设置为 2×2 MIMO 信道模式，其收发端天线相关性见表 4-6。设置好后对测量数据进行采集，并对数据进行计算。对比计算得出的相关系数与设置值，发现计算得到的相关系数与设置值基本符合，说明测量设备能够有效地测量 2×2 MIMO 信道的收发端天线相关性参数。

**表 4-6　2×2 MIMO 信道收发端天线相关性**

| 设　置　值 | | 测量数据计算值 | |
|---|---|---|---|
| 发端相关性 | 收端相关性 | 发端相关性 | 收端相关性 |
| 0.1 | 0.1 | 0.114 4 | 0.142 5 |
| 0.2 | 0.2 | 0.187 0 | 0.167 2 |
| 0.3 | 0.3 | 0.275 8 | 0.250 1 |
| 0.4 | 0.4 | 0.372 5 | 0.360 0 |
| 0.5 | 0.5 | 0.501 8 | 0.515 3 |
| 0.6 | 0.6 | 0.636 1 | 0.580 3 |
| 0.7 | 0.7 | 0.660 5 | 0.687 2 |
| 0.8 | 0.8 | 0.775 3 | 0.778 5 |
| 0.9 | 0.9 | 0.893 5 | 0.827 6 |

# 4.3 高铁场景下宽带无线信道测试

将基于 Propsound 的高铁宽带无线信道测量系统和基于 LTE 网络的高铁宽带无线信道测量系统应用于实际的高铁场景，在郑西高铁和京津高铁开展了信道测量活动，获得了高铁宽带无线信道测量数据。

## 4.3.1 郑西高铁信道测试

利用基于 Propsound 的高铁宽带无线信道测量系统，借助高速综合检测列车 CRH380B-002，在郑西高铁沿线开展了信道测量活动。郑西高铁信道测试选择在陕西省华阴市附近，针对两个典型的高铁场景，高架桥场景和路堑场景，实施了频点为 2.35 GHz、带宽为 50 MHz 的宽带信道测量。具体的测量参数配置见表 4-7。其中，Propsound 信道采样率设置为 1 968.5 Hz，满足大于两倍的最大多普勒频移(在 2.35 GHz 和 198 km/h 情况下的最大多普勒频移理论值为 430 Hz)的条件。两种场景的测量参数基本一致，仅收发天线的高度有所不同。下面分别对高架桥和路堑场景的测试情况进行描述。

表 4-7 郑西高铁信道测量参数配置

| 测量场景 | 高架桥 | 路堑 |
|---|---|---|
| 测量设备 | Propsound | Propsound |
| 载波频率/GHz | 2.35 | 2.35 |
| 发射功率/dBm | 30.8 | 32.7 |
| 测量带宽/MHz | 50 | 50 |
| 信道采样率/Hz | 1 968.5 | 1 968.5 |
| 天线配置 | SISO | SISO |
| 时钟同步 | GPS 驯服时钟 | GPS 驯服时钟 |
| 发射端天线高度/m | 12.8 | 13.8 |
| 接收端天线高度/m | 11 | 3 |
| 测试列车 | CRH380B-002 | CRH380B-002 |
| 列车速度/$km \cdot h^{-1}$ | 198 | 198 |

### 4.3.1.1 高架桥场景

高铁大多都修建在高架桥上，因此高架桥场景是高铁最常见的场景。高架桥场景的测试及周围环境如图 4-21 所示。Propsound 发射天线放置在 8 m 高的房屋顶部并被举高 4.8 m，与高架桥铁轨相距 92 m。列车车顶接收天线距离地面 11 m(列车高度为 3 m，高架桥高度为 8 m)。与一般的高架桥场景有所不同，所测试的高架桥场景中存在非连续的、不同类型树木遮挡的情况，其传播情况相对复杂一些，主要体现在：(1)无遮挡区域导致信号的

LoS 传播;(2)稀疏矮小树木遮挡区域导致信号的阻挡视距(Obstructed Line of Sight, OLoS)传播;(3)茂密高大树木遮挡区域导致信号的非视距 NLoS 传播。除此之外,由于收发天线高度相差不大,会导致阴影效应更为明显。值得注意的是,分布在铁轨两旁的接触网电杆也会产生一定的反射与散射分量。

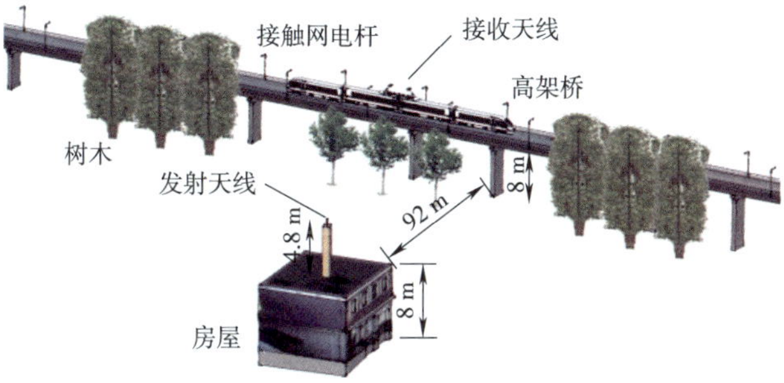


(a)

(b)

(c)

图 4-21　郑西高铁高架桥场景测试与周围环境

#### 4.3.1.2　路堑场景

路堑可以保证铁轨的平滑和列车的高速运行,具有狭长且半封闭的结构,两侧对称的陡壁为混凝土材质,表面存在植被覆盖。路堑场景的测试及周围环境如图 4-22 所示。Propsound

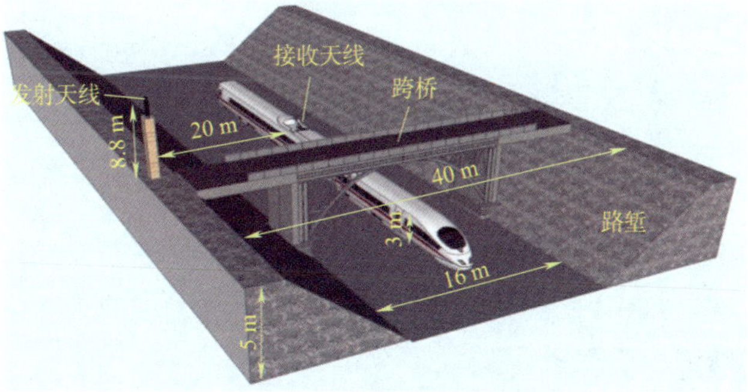


(a)

(b)

(c)

图 4-22　郑西高铁路堑场景测试与周围环境

发射天线放置在路堑顶部并被举高 8.8 m，与铁轨相距 20 m。列车车顶接收天线距离地面 3 m。由于车顶天线的高度低于路堑两侧陡壁的高度，因此该路堑是一种深路堑。在这种深路堑场景下，将会产生更多的反射和散射分量。路堑场景主要以 LoS 传播为主，但所测试的场景存在一个横跨路堑的桥，该跨桥将导致收发链路间短时间内的 NLoS 传播。与高架桥场景一样，接触网电杆分布在路堑铁轨的两侧，将对电波传播造成一定的影响。

## 4.3.2 京津高铁信道测试

利用基于 LTE 网络的高铁宽带无线信道测量系统，借助高速综合检测列车 CRH380B-002 和城际高速列车，在京津高铁沿线开展了更多的信道测量活动。京津高铁信道测试所采用的 LTE 网络是中国移动和华为公司建设的 TD-LTE 网络。该网络分为试验网和非试验网两种类型，试验网是面向铁路专网覆盖，采用带状覆盖方式，而非试验网采用传统的蜂窝网络覆盖方式。京津高铁从亦庄高铁站往南约 18 km 的路段是由试验网覆盖，其他区域由非试验网覆盖。

试验网的小区结构如图 4-23 所示。TD-LTE 试验网共计 15 个物理站点、30 个 RRU、3 个 BBU，站间距大约为 1.2 km。每个物理站点的抱杆上放置两个双通道的 RRU，每个 RRU 与一个双极化的定向高增益天线相连，发射信号覆盖铁路两侧。该网络可支持 D 频段（工作频点为 2 605 MHz）和 F 频段（工作频点为 1 890 MHz）覆盖，D 频段网络设置 6 个小区，采用 6+4+6+4+6+4 的小区合并方式，而 F 频段网络采用的小区合并方式为 10+10+10。

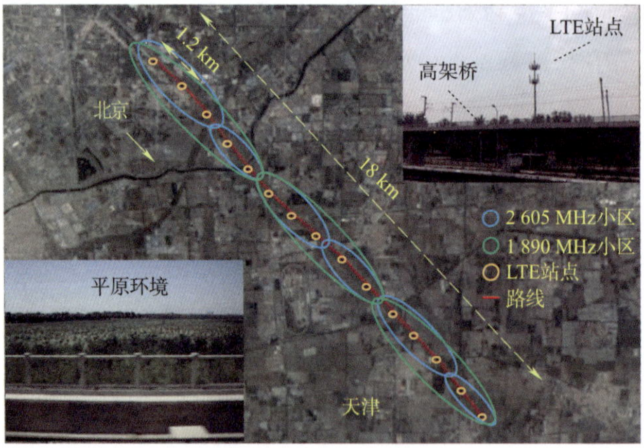


图 4-23 京津高铁 LTE 试验网小区结构

基于 TD-LTE 试验网的信道测试包括直接覆盖测试和中继覆盖测试。直接覆盖测试是利用城际高速列车开展测试，将接收天线放置在车厢内部，接收高铁沿线的 TD-LTE 试验网信号。中继覆盖测试是利用高速综合检测列车开展测试，通过车顶专用天线接收 TD-LTE 信号。两种测试分别采用了 D 频段和 F 频段网络，列车运行速度均为 285 km/h，具体的测试参数见表 4-8。

**表 4-8　京津高铁信道测试参数**

| 网络类型 | 试验网 | 试验网 | 非试验网 |
|---|---|---|---|
| 测试方式 | 直接覆盖 | 中继覆盖 | 中继覆盖 |
| 载波频率/MHz | 2 605 | 1 890 | 2 605 |
| 系统带宽/MHz | 20 | 20 | 20 |
| 天线配置 | SISO | MIMO | MIMO |
| 发射功率/dBm | 43 | 43 | 43 |
| RSTP/dBm | 12.2 | 12.2 | 12.2 |
| 发射天线类型 | 交叉极化 | 交叉极化 | 交叉极化 |
| 发射天线增益/dBi | 18.6 | 17.4 | 18.6 |
| 发射天线水平波束宽度 | 60° | 67° | 60° |
| 发射天线垂直波束宽度 | 4.9° | 6.6° | 4.9° |
| 发射天线电下倾角 | 3° | 3° | 3° |
| 接收天线类型 | 双锥 | HUBER+SUHNER | HUBER+SUHNER |
| 接收天线增益/dBi | 0 | 8.5 | 8.5 |
| 接收天线间隔/m | — | 1.2 | 1.2 |
| 列车运行速度/km·h$^{-1}$ | 285 | 285 | 285/185 |

TD-LTE 试验网采用 20 MHz 系统带宽，发射功率为 43 dBm，RSTP 为 12.2 dBm，通过±45°交叉极化的定向天线发射高增益 TD-LTE 信号。由于两种测试的频段不同，发射天线的增益、波束宽度略有不同。对于接收端来说，两种测试配置差异较大。高速综合检测列车的车顶天线布局如图 4-24 所示。可以看到，车顶共有 6 根天线，其中天线 1、3、5、6 为宽带天线 HUBER+SUHNE，在测试中使用，而天线 2、4 为 GSM-R 天线，未在测试中使用。天线 5、6 通过射频馈线连接至 LTE 信道探测器的两个射频输入口，用于多天线信道测

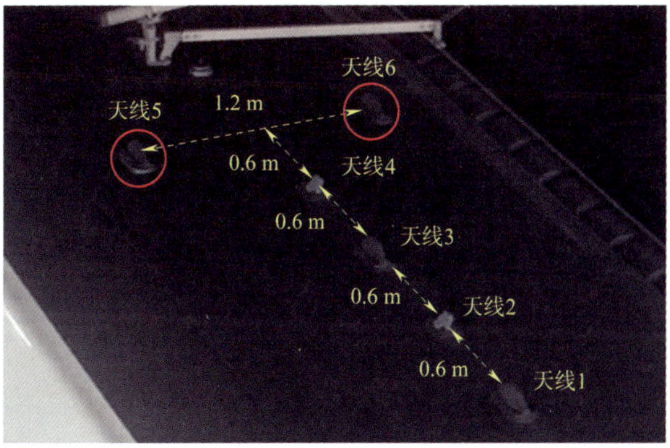


图 4-24　高速综合检测列车车顶天线

量。天线 5 和 6 的间距为 1.2 m，对应于频点为 1 890 MHz 时的 7.6 个波长，超过了半波长，因此不适用于角度域信道参数测量。天线 1 连接 GPS 驯服时钟，用于接收 GPS 信号。由于车内接收的 GPS 信号较弱，有时无法使 GPS 驯服时钟锁定，因此需要通过车顶天线接收 GPS 信号。天线 3 连接频谱仪，用于辅助监视接收信号状态。对于直接覆盖测试，接收天线采用的是双锥天线，该天线的辐射方向图在水平方向近似为理想的全向，放置在车厢内靠近窗口位置，用于单天线信道测量。图 4-25 给出了两种测试的设备。

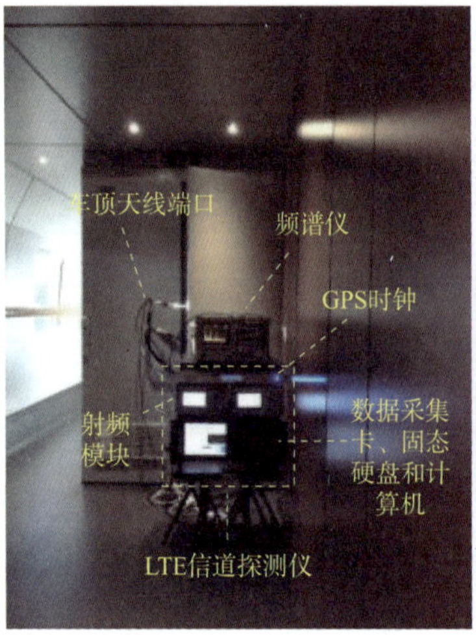


(a)

(b)

图 4-25　京津高铁信道测试设备

TD-LTE 非试验网工作在 D 频段，基于 TD-LTE 非试验网的信道测试采用中继覆盖测试方式，利用高速综合检测列车车顶天线 5 和 6 实现多天线信道测量。测试参数基本与试验网一致，但由于非试验网的部分路段距离城市较近，列车运行速度从 285 km/h 降为 185 km/h。

京津高铁主要建设在高架桥之上，高架桥的高度大约 10 m，LTE 物理站点沿高铁两侧交替建设，与高架桥的距离在 20～50 m 间，LTE 物理站点的发射天线相对铁轨的高度主要有三种典型值：10 m、20 m 和 35 m。京津高铁沿线的传播环境以乡村场景为主，但还存在部分车站和城郊场景。除此之外，根据实际测试情况可知，还有可能存在直接覆盖场景和多链路场景。下面对上述几种场景的特点分别进行描述。

#### 4.3.2.1　乡村场景

乡村场景是一种典型的以 LoS 为主导的场景。在高铁周围，通常只有一些树木植被以及平均高度小于 10 m 的房屋。图 4-26 给出了高铁乡村场景的卫星图片和实景图片。由于列车运行在高架桥之上，并且 LTE 物理站点的发射天线远高于地面，因此铁轨周围环境对高铁电波传播的影响较小。但是，当列车距离物理站点越来越远的时候，由于 LoS 分量的功率在不断减弱，越来越多的 NLoS 分量将可能被识别到，这些 NLoS 分量主要来自树木、房屋或地面的散射或反射。

图 4-26　高铁乡村场景

### 4.3.2.2　车站场景

车站场景是列车必须经历的一种传播场景。高铁车站通常有封闭式车站和开放式车站两种，封闭式车站的顶棚完全覆盖车站的所有区域，包括站台区域和铁轨区域，而开放式车站采用左右两个顶棚分别覆盖铁轨左右两边的站台区域，保留铁轨区域为开放空间。因此，封闭式车站属于 NLoS 场景，开放式车站属于 LoS 场景。对于车站场景的测试，由高速综合检测列车完成不停车测试，重点测试了京津高铁沿线除始发站和终点站外的三个车站，均为开放式车站。这三个车站具有相似的几何尺寸。图 4-27 给出了其中一个车站的测试场景示意图和实景照片。该高铁车站顶棚的长度为 430 m，宽度为 15 m，高度约 10 m，两顶棚之间的无遮挡区域为列车行驶区域，宽度为 20 m。LTE 物理站点与铁轨的垂直距离为 30 m，与高铁车站的水平距离为 200 m，高度为 30 m。高速综合检测列车 CRH380B-002 的长度为 200 m，高度为 4 m，宽度为 3 m。高铁车站场景的测试距离为从 LTE 物理站点位置往北 1 260 m，测试区域被分为三段，区域 A、区域 B 和区域 C。在区域 A，由于车站在列车之后，车站对传播的影响相对较小，而在区域 B 和 C，车站的两个顶棚对传播有明显的影响，因为钢结构的顶棚会产生较多的强反射分量。

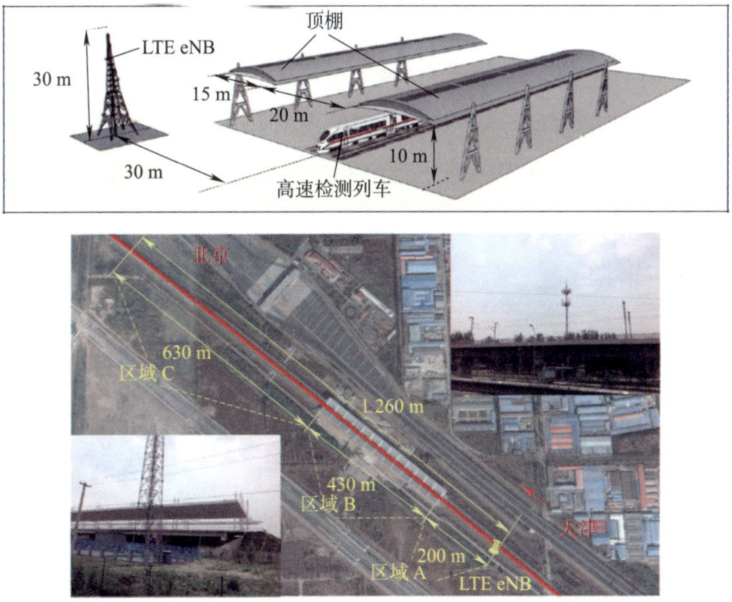


图 4-27　高铁车站场景

#### 4.3.2.3 城郊场景

高铁一般建设在城市的郊区而非城市的中心区域，因此城郊场景是高铁无线通信的一个典型场景。城郊场景的传播环境一般比乡村场景复杂，铁轨周围分布着更密集的房屋、建筑等反射体和散射体，它们的高度通常会超过高架桥上列车车顶天线的高度，因此会产生丰富的多径分量。此外，列车在城郊场景的行驶速度相比在乡村场景会下降，例如在京津高铁信道测试的城郊场景中列车运行速度从 285 km/h 降至 185 km/h。图 4-28 给出了高铁城郊场景的卫星图片。可以看到，城郊场景中的房屋、建筑密度非常大，甚至不亚于一般的城市场景。

图 4-28　高铁城郊场景

#### 4.3.2.4 多链路场景

对于采用了小区合并技术的高铁无线网络，还存在一种特殊的传播场景，即多链路场景。小区合并使不同物理站点发射同频信号，因而多个物理小区合并为一个大的虚拟小区。在虚拟小区中，包括不同物理站点的重叠覆盖区域和非重叠覆盖区域，如图 4-29 所示。在重叠覆盖区域，不仅存在当前物理站点的信号，还可能存在相邻几个物理站点的信号，也就是说同时存在多条传播链路的信号。通常将这种现象称为回波信道效应。回波信道效应可以认为是一种“多径干扰”，这种“多径干扰”并非来自实际的传播环境而是相邻的物理站点。在高铁多链路场景中，由于回波信道效应的存在，会产生比前面所述的高铁场景(单链路场景)更多的多径分量。

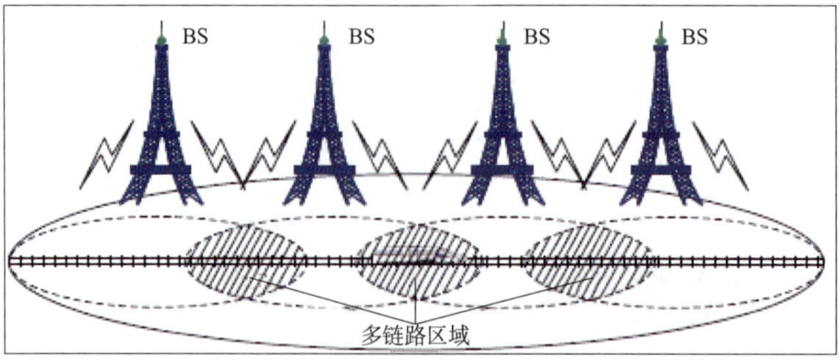


图 4-29　高铁多链路场景

#### 4.3.2.5　直接覆盖场景

如果不采用车顶天线接收信号，而采用车内天线直接接收信号，那么这种场景为直接覆盖场景。当前铁路沿线的公众无线网络均为直接覆盖方式。直接覆盖场景除了与上述铁路沿线的周围环境有关，还与列车车厢的内部环境有关，因此传播环境更为复杂。图 4-30 给出了京津城际列车的内部环境图。首先，接收信号会遭受到列车车体的穿透损耗，高铁列车由于材料的特殊比普通列车带来的穿透损耗更为严重。其次，车厢内部存在大量的散射体和反射体，会产生丰富的多径分量。此外，接收天线放置在车厢内比在车顶更容易出现 NLoS 传播情况。例如，当物理站点与列车相距较远或从物理站点到列车与铁轨的夹角很小时，则会出现 NLoS 传播情况。由于物理站点与铁轨的垂直距离很小，只有当列车离物理站点很近时，才为 LoS 传播，而大部分情况下直接覆盖场景均为 NLoS 场景。

图 4-30　高铁直接覆盖场景

## 4.4　高铁宽带无线信道测量数据处理

信道测量获取的原始信道冲激响应需要做相应的数据处理，进而得到可用于信道特征参数提取的有效数据。

### 4.4.1　测量设备系统响应消除

原始的信道测量包含实际物理信道和测量系统的响应。由于测量系统各组件幅频特性表现为非平坦，当进行信道测量时，测量数据不可避免地受到测量系统自身的影响，包括收发端设备中的滤波器、功放、收发天线等。测量系统响应的非理想特性会影响客观物理信道的测量准确性(表现为在时延域上出现非多径引起的色散,在频率域上出现非多径带来的频率选择性衰落),进而影响信道多径数、均方根时延、相干时间等信道特征参数的提取精度。

在提取信道特征参数前,需要对测量设备系统响应(以下简称系统响应)进行消除。系统响应消除在某种程度上讲,是设计一种匹配滤波器,对原始信号做均衡处理,消除测量设备对测试数据的影响。通过这种处理,使得系统的动态范围增大,真实多径色散以外的分量下降到几乎和噪底相同的位置。

从系统整体看,系统响应消除可分为两部分:大尺度功率恢复和小尺度系统响应消除。大尺度功率恢复是指提取信道数据时需对接收信号的实际强度(功率)进行恢复。在测试过程中,由于传播距离的变化造成接收信号功率衰减或增强,接收端为保证采集信号的动态范围而对功率进行相应放大或减小。大尺度功率恢复分为两种类型:自动增益和固定增益。若系统中功率控制采用自动增益控制,则需要记录每一次变增益的值,然后后期补偿;若测量系统采用的是固定增益,则在功率补偿时直接满足固定的功率增益。本节主要介绍小尺度系统响应的消除。

#### 4.4.1.1 系统响应获得

通常采用将系统接收端与发射端直连的方法获得测量设备系统响应,即简单的背靠背校准,其过程如图 4-31 所示。

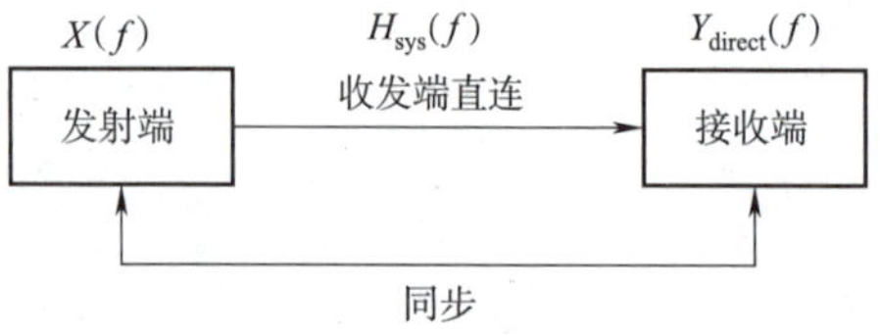


图 4-31 背靠背校准原理框图

一般认为设备是时不变的(即在测试时间范围内,设备通电时系统响应保持不变),系统响应即为与时间无关、与频率有关的函数 $H_{sys}(f)$,其获得过程表示为

$$H_{sys}(f)=\frac{Y_{direct}(f)X^*(f)}{|X(f)|^2} \tag{4-3}$$

式中,$Y_{direct}(f)$为接收信号频域;$X(f)$为发射信号频域;$X^*(f)$为发射信号复共轭。

值得注意的是,在实际无线信道测量时,天线的响应也包含在测量设备系统响应中。为得到天线响应,需在暗室测量。类比实验室测试收发端直连,暗室四周布置吸波材料以消除反射波。在无反射波情形下,采集数据,得到天线系统响应。

#### 4.4.1.2 系统响应消除

采用频域处理的方法消除系统响应。设测量所得到的信道传递函数 $\hat{H}(f)$是客观物理信道和系统传递函数的级联,表示为

$$\hat{H}(f)=H(f)\cdot H_{sys}(f) \tag{4-4}$$

式中，$H(f)$为客观物理信道传递函数；$H_{sys}(f)$为测量设备的系统响应。

将式(4-3)所得系统响应代入式(4-4)，消除系统响应乘子，得到客观物理信道传递函数为

$$\widetilde{H}(f)=\frac{\hat{H}(f)\cdot H_{sys}^{*}(f)}{|H_{sys}(f)|^{2}} \tag{4-5}$$

得到的 $\widetilde{H}(f)$即为均衡后的客观物理信道传递函数，再通过傅里叶变换得到时域信道冲激响应。

## 4.4.2　噪声门限选取

在实际的信道测量过程中，除了能够测量得到多径信号，还会存在噪声信号的干扰。噪声信号包括来自测量环境中的噪声和测量设备本身产生的噪声。这些噪声信号会影响信道特征参数提取的准确性，因此必须加以去除。虽然人眼可以根据信号的形状大致分辨有效的多径信号和噪声信号，但是由于数据量过大，使得人眼分辨的去噪方法并不现实。传统对于信道冲激响应数据的去噪思路主要就是通过设置噪声门限，将功率在噪声门限之下的信号判别为噪声并将其滤除。因此，如何设定合理的噪声门限显得尤为重要。如果门限设置过低，噪声可能会被误判为多径信号，造成多径“虚检”，而如果门限设置过高，功率较低的多径信号可能会被误判为噪声而被滤掉，造成多径“漏检”。噪声门限的选取通常有固定门限法和动态门限法两种方法。

### 4.4.2.1　固定门限法

固定门限法是将多径的最强功率与噪声门限的差值设定为一个固定常数，因此噪声门限可以表示为

$$P_{threshold}=P_{max}-P_{\Delta} \tag{4-6}$$

式中，$P_{\Delta}$ 为固定常数，通常取值为 20 dB 或 25 dB。

采用固定门限法可以很方便地去除噪声的影响，但是当信噪比较高或较低时，该方法很容易出现多径的“虚检”或“漏检”问题。

### 4.4.2.2　动态门限法

相比固定门限法，动态门限法更为合理且实用。动态门限法是采用动态的噪声门限，该门限随着噪声功率的变化而上下浮动，表示为

$$P_{threshold}=P_{noise}+P_{\sigma} \tag{4-7}$$

式中，$P_{noise}$ 为噪声的平均功率；$P_{\sigma}$ 为与噪声标准差有关的变量。

无论在信噪比高还是低的情况下，动态门限法都可以保留所有的有效多径信号而滤除噪声信号。尽管动态门限法比固定门限法的复杂度要高，但是其合理性和实用性更强，因此

本书采用该方法进行噪声门限的选取。

## 4.4.3 多径搜索

通过上述方法确定噪声门限后，需要完成多径搜索。不同的多径搜索方法检测出的多径数目有所差别，一般根据测量带宽的不同，可将多径搜索方法分为局部最大值法和门限限定法。

### 4.4.3.1 局部最大值法

局部最大值法也称为峰值检测法，即检测噪声门限以上的信号峰值，每个峰值定义为一径，其原理如图 4-32 所示。该方法适用于带宽较窄的信道测量，多径分辨率较低。为降低“虚检”和“漏检”的概率，局部最大值法通过三个参数识别多径分量。第一个参数为噪声门限，去掉噪声门限以下的噪声分量后，被噪声门限划分的一组连续采样点为一个分量区域。在一个分量区域内，每个峰值均有可能是信号分量，通过搜索噪声以上的峰值，确定第二个参数为峰值功率及其位置。第三个参数是最大功率差 $\Delta P$，表示最小可接受的峰值和相邻波谷之间的功率差值，由此判定峰值是否为噪声产生的“毛刺”。通过上述三个参数，在一个分量区域中任何峰值只要满足最大功率差值标准就会被判定为一个多径分量。

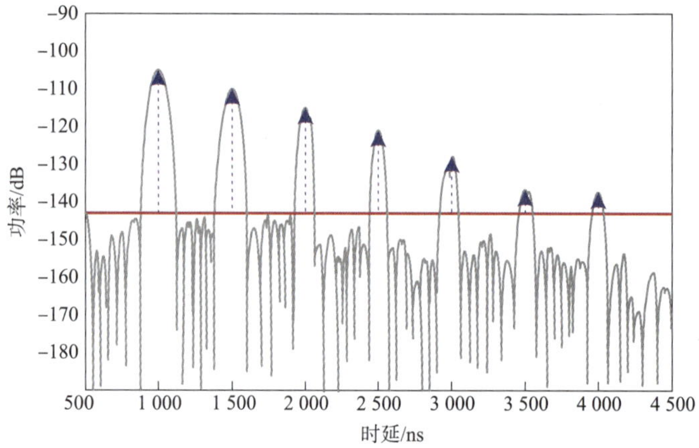


图 4-32 局部最大值法示意图

具体判断法则如图 4-33 所示，(a)若分量区域仅存在一个峰值，则该峰值即判定为多径分量，若存在多个峰值，需通过参数 $\Delta P$ 判定；(b)当 $\Delta P$ 小于 $\Delta P_{min}$（例如 $\Delta P_{min}=2$ dB），则判定峰值为噪声分量，否则判为 MPC；(c)若分量区域内所有 $\Delta P$ 均小于 $\Delta P_{min}$，则随机选取其中一个峰值作为多径分量。这种处理解决了两个或多个相近到达的多径分量情况，也减少了把噪声尖峰误判为多径分量的可能。

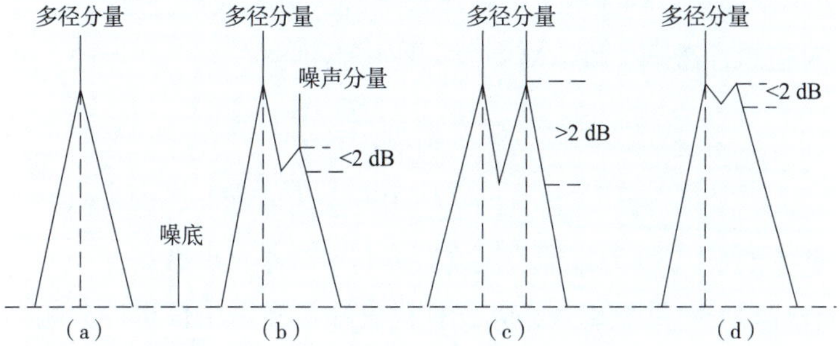


图 4-33　多径局部最大值法判断法则

#### 4.4.3.2　门限限定法

门限限定法即为给定噪声门限，滤除掉噪声采样点，而将高于该门限的信号作为多径分量，其原理如图 4-34 所示。门限限定法适用于测量带宽较宽的条件。该方法的缺点是功率较大的噪声可能混杂在多径分量中，但若可分辨多径分量较多，噪声的影响可以忽略。

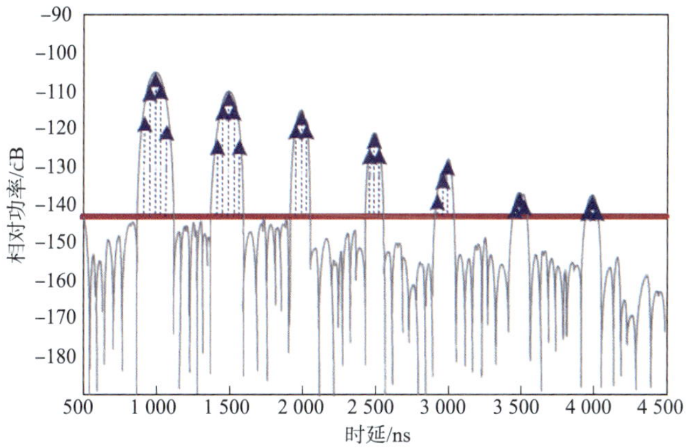


图 4-34　门限限定法示意图

### 4.4.4　大尺度和小尺度数据获取

信道冲激响应数据既包含大尺度信息，又包含小尺度信息。经系统响应消除、噪声门限确定、有效多径分量提取后的信道冲激响应，可分别处理得到大尺度数据和小尺度数据。大尺度数据用于分析信道的路径损耗和阴影衰落特征，由所有有效多径分量功率之和的滑动平均获取，即

$$P_{LS}(m)=\frac{1}{W_{LS}}\sum_{k=m}^{k+W_{LS}-1}\int|h(k,\tau)|^2\mathrm{d}\tau \tag{4-8}$$

式中，$W_{LS}$为平均窗的长度。$W_{LS}$宜采用 20 倍波长对应的距离。当频点为 2.35 GHz 时，

20 倍波长对应于 2.6 m；当频点为 1.89 GHz 时，20 倍波长对应于 3.17 m。

无线信道的小尺度衰落特征由小尺度数据承载。为提取小尺度数据，需要去除大尺度衰落的影响，即对信道冲激响应做 RMS 归一化处理，即

$$h_{\mathrm{SS}}^{\mathrm{wb}}(m,\tau)=h(m,\tau)/\sqrt{P_{\mathrm{LS}}(m)} \tag{4-9}$$

$$h_{\mathrm{SS}}^{\mathrm{nb}}(m)=\int h(m,\tau)\mathrm{d}\tau/\sqrt{P_{\mathrm{LS}}(m)} \tag{4-10}$$

式中，$h_{\mathrm{SS}}^{\mathrm{wb}}(m,\tau)$ 和 $h_{\mathrm{SS}}^{\mathrm{nb}}(m)$ 分别为宽带小尺度数据与窄带小尺度数据。

下面分别给出高架桥、路堑以及车站三种代表性场景下由信道冲激响应处理得到的大尺度和小尺度数据结果。

#### 4.4.4.1 高架桥场景

图 4-35 给出了高架桥场景大尺度和小尺度数据结果。从图中可以看到，大尺度数据体现了原始数据长期的平均变化结果，而小尺度数据则体现了原始数据短期的快速变化结果。在列车从远端靠近发射机再远离的过程中，接收功率从低到高再到低变化。从图中还可以发现小尺度数据的幅度在某些区域波动剧烈，而在另外一些区域波动较小。这证明了在高架桥场景中，存在多种不同的传播状态，NLoS 情况使得包络的波动加剧，LoS 情况则使得包络的波动减缓。

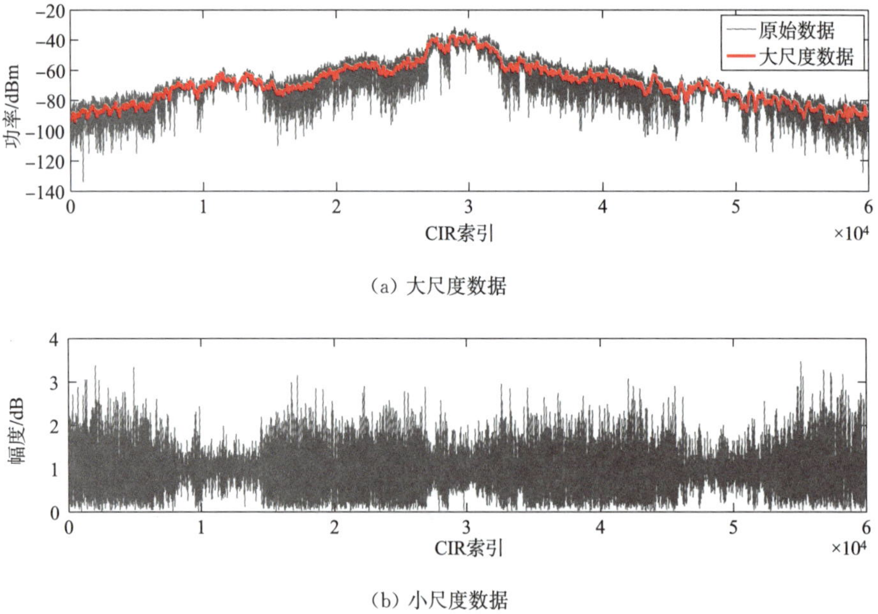


图 4-35　高架桥场景数据处理结果

#### 4.4.4.2 路堑场景

图 4-36 给出了路堑场景大尺度和小尺度数据结果。从图中可以看到，路堑场景的结果

与高架桥场景的结果有相似的变化规律。除此之外，从路堑场景的测量结果还可以明显看到，在列车最靠近接收机时，接收功率出现骤降，因为接收机放置在跨桥上，当列车运行至跨桥下方时，跨桥阻挡了电波传播的路径。

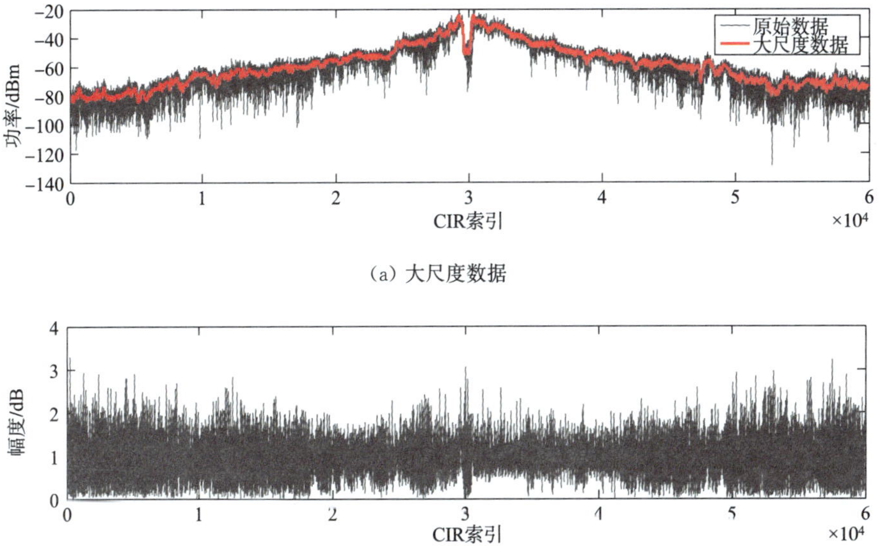


(a) 大尺度数据

(b) 小尺度数据

图 4-36　路堑场景数据处理结果

### 4.4.4.3　车站场景

图 4-37 给出了车站场景大尺度和小尺度数据结果。从图中可以看到，大尺度和小尺度数据分别代表了原始数据长期和短期的变化结果。另外，当收发机距离小于 120 m 时，

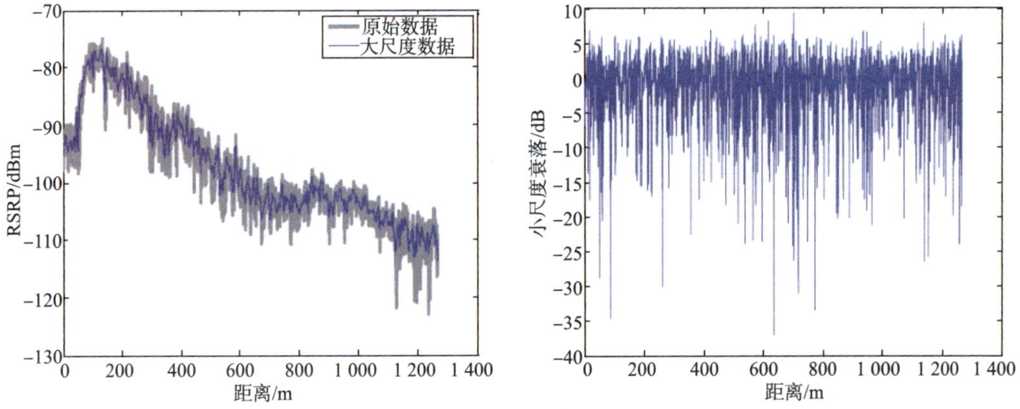


(a) 大尺度数据　　(b) 小尺度数据

图 4-37　车站场景数据处理结果

RSRP呈现从低到高的变化趋势，因为接收机仍处于LTE定向发射天线的旁瓣辐射范围内。随着列车远离发射天线，接收机逐渐进入主瓣辐射范围，因此接收功率逐渐增大。收发机距离大于120 m时，接收机在主瓣辐射范围内逐渐远离发射机，则RSRP呈现从高到低的变化趋势。

### 4.4.5 虚拟多天线数据获取

由于车顶多天线的间距较大，实际测量的多天线数据无法支持角度域信道特征参数的有效提取。将前面所述的MVAA方法对现有的单天线数据进行处理，可以获得虚拟多天线数据。信道冲激响应数据以一定的采样间隔被连续采集。例如，在高架桥和路堑场景中，采样间隔为0.51 ms，共获得45 108个信道冲激响应快照，对应于22.9 s的持续时间，每个快照包含254个多径抽头，而在车站场景中，采样间隔为0.5 ms，共获得22 010个信道冲激响应快照，对应于11 s的持续时间，每个快照包含200个多径抽头。

基于MVAA方法和实测参数配置，确定虚拟ULA的最大阵元数为3。阵元间距根据载波频率、列车运行速率和信道冲激响应采样间隔的不同，可分为0.22倍波长和0.25倍波长两种情况。从发射天线到第$m$个虚拟接收阵元($m=1,2,3$)的子信道的信道冲激响应数据由单天线数据获得，即

$$h_m(t,\tau)=h(t_{3k+m},\tau) \quad k=0,1,2,\cdots \tag{4-11}$$

式中，$h(t,\tau)$为测量的单天线信道冲激响应。因此，可以获得虚拟多天线信道数据$h(t,\tau)=[h_1(t,\tau)h_2(t,\tau)h_3(t,\tau)]$。

图4-38给出了高架桥、路堑和车站场景下三个子信道($h_1,h_2,h_3$)的时变PDP结果。图中颜色条的单位为分贝。从图中可以看到，三个子信道的PDP结果没有明显差异，可以认为存在较强的相关性。在高架桥和路堑场景中，当列车行驶至11.5 s时，LoS分量的功率最强，此时列车相距发射机最近。随着列车远离发射机，LoS分量的功率逐渐减弱。然而，在车站场景中，同时存在两种不同的PDP变化趋势，将其表示为PDP(i)和PDP(ii)。PDP(i)属于主链路的PDP，而PDP(ii)为次链路的PDP。尽管PDP(i)和PDP(ii)同时存在，但是它们可以在时延域进行区分。对于车站场景，仅考虑PDP(i)，也就是主链路信道。从图中可以看到，当列车行驶至3 s时，也就是列车相距物理站点最近时，LoS分量的功率很弱。这是因为，列车正处于定向天线的正下方，还未进入天线主瓣辐射范围内。上述现象在三个子信道中均存在。

### 4.4.6 多链路数据获取

在多链路场景中测量得到的信道冲激响应可以被进一步处理，即区分不同链路的信道冲激响应，进而获得多链路信道数据。本节首先通过实测结果对回波信道效应现象进行分析，然后提出一种动态多径时延窗分割法来实现多链路信道冲激响应的提取。

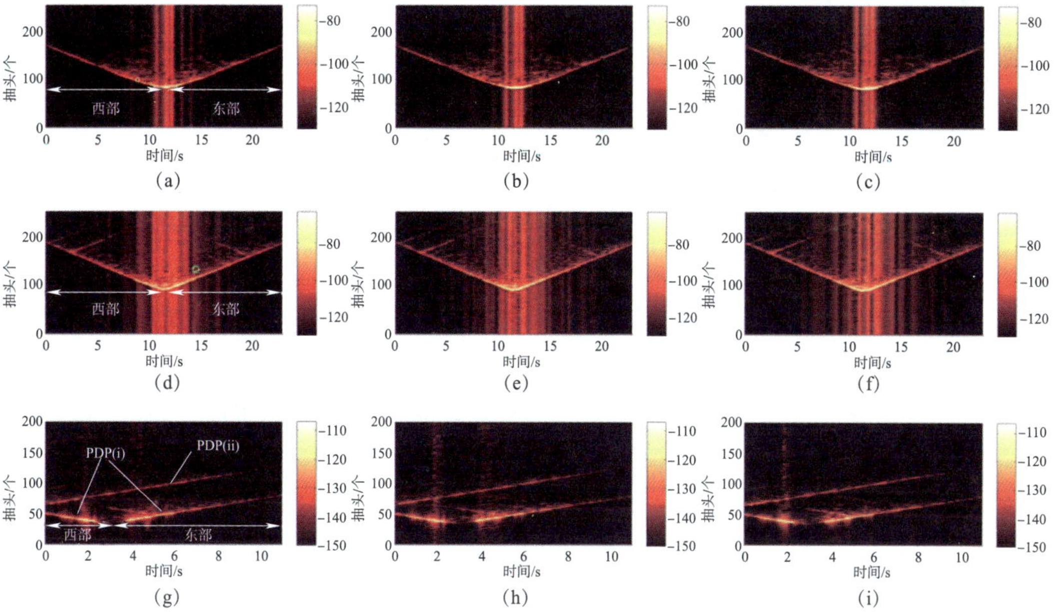


图 4-38 不同子信道($h_1$,$h_2$,$h_3$)的时变 PDP

注:(a)～(c)为高架桥场景,(d)～(f)为路堑场景,(g)～(i)为车站场景。

#### 4.4.6.1 回波信道效应

图 4-39 给出了多链路场景下一段观测范围内(1 400～11 580 快照)的时变 PDP 结果。该观测范围仅包括一个小区内的两个物理站址。如果列车最靠近物理站址时,其传播时延最小,因此根据这个规律可以确定两个物理站址 PS1 和 PS2 的相对位置。在图 4-39 中用红圈标注出了 PS1 和 PS2 的位置。在 PS1 和 PS2 中间区域会出现信号重叠覆盖区域。从图中可以看到,在重叠覆盖区域同时存在分别来自 PS1 和 PS2 的两条传播链路。当列车运行至重叠覆盖区域的中心位置(☆标注位置)时,两条链路完全混淆,这种情况称为 0 dB 回波信道。

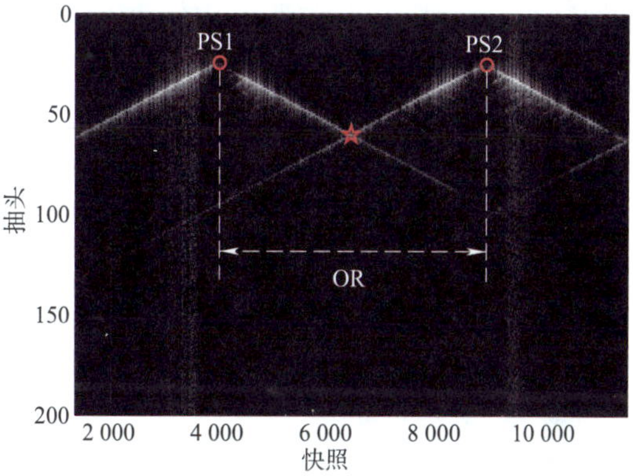


图 4-39 多链路场景时变 PDP

为了进一步观测回波信道效应,图 4-40 给出了多链路场景时变 PDP 的两个快照结果。快照 A 是当列车距离 PS1 较近时获得,而快照 B 是当列车距离 PS1 较远时获得。从图中可以明显看到,PDP 同时存在来自 PS1 和 PS2 的多径分量。因此,整个多径时延窗可以被分为两部分,一部分属于从 PS1 到列车的链路,标记为链路 1;另一部分为从

PS2 到列车的链路，标记为链路 2。将两条链路的时延差定义为 $\Delta\tau$，$\Delta\tau$ 决定了链路 1 的可分辨的最大多径时延。随着列车远离 PS1，$\Delta\tau$ 逐渐减小，当出现 0 dB 回波信道的情况时，$\Delta\tau=0$。此时，链路 1 和链路 2 的多径分量在时延上将完全不可分辨。

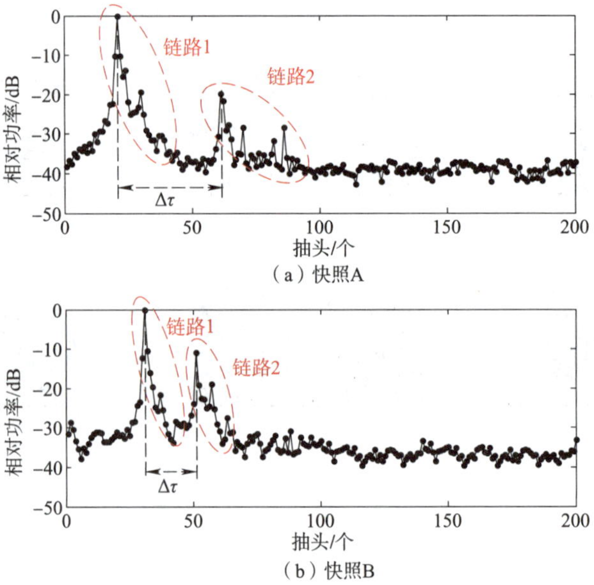


图 4-40　多链路场景时变 PDP 的两个快照

### 4.4.6.2　动态多径时延窗分割法

若要区分链路 1 和链路 2，采用动态多径时延窗分割法。首先，选择一个合理的门限 $\tau_{th}$，使得当 $\Delta\tau \geqslant \tau_{th}$ 时，多链路信道冲激响应能够被有效提取。确定 $\tau_{th}$ 需要从两个方面进行考虑：(1) $\tau_{th}$ 不能太小，以确保链路 1 的多径时延窗能够覆盖所有来自 PS1 的有效多径分量；(2) $\tau_{th}$ 也不能太大，因为可用的多链路数据是根据 $\tau_{th}$ 来提取。如果 $\tau_{th}$ 越大，那么可用的多链路数据越少。综合考虑上述两方面的因素，建议 $\tau_{th}$ 选取 1 $\mu$s。

然后，依据 $\tau_{th}$ 对链路 1 和链路 2 的信道冲激响应进行分离，进而得到两条链路的信道冲激响应数据，即

$$
\begin{cases} h_{\mathrm{Link1}}(t,\tau)=h(t,\tau) & \tau_0 \leqslant \tau < \tau_{th} \\ h_{\mathrm{Link2}}(t,\tau)=h(t,\tau) & \tau_{th} \leqslant \tau < 2\tau_{th}-1 \end{cases} \tag{4-12}
$$

式中，$\tau_0$ 为链路 1 中最强径对应的时延。

# 第5章 高铁宽带无线信道特征

针对无线信道特征的研究通常有两种方式，一种是理论计算，另一种是实测分析。理论计算是指基于电波传播理论，计算表征无线信道特性的相关参数。实测分析是指基于实际场景的信道测量数据，统计分析相应的无线信道特征参数。这两种研究方式各有优缺点。理论计算能够精确计算无线信道特征参数，但具有非常高的计算复杂度，尤其是对于复杂场景，很难实现高效准确的理论计算。实测分析则无需经过复杂的计算，可直接通过实测数据提取信道特征参数，但实测数据的获取具有较大的难度。由于高铁场景复杂多样，采用理论计算的方式研究高铁无线信道特征具有很大的局限性。因此，需要基于实测数据分析高铁复杂场景的无线信道特征。

对于传统的高铁窄带通信，通常只关注高铁信道的大尺度衰落特征，包括路径损耗和阴影衰落，且相关研究主要集中在低频段，如900 MHz。随着高铁通信向宽带化演进，高铁信道的小尺度衰落特征受到越来越多的关注。然而，高铁场景下的宽带无线信道测量数据非常有限，因此针对高铁信道时间色散、频率色散等特征的研究并不多。除此之外，未来高铁宽带通信还有可能采用MIMO和CoMP技术，了解高铁多天线信道特征和多链路信道特征是应用这些无线传输技术的前提。

本章基于实测获得的高铁宽带无线信道数据，提取相关的高铁宽带无线信道特征参数，全面分析高铁典型场景下的宽带无线信道特征。

## 5.1 高铁信道大尺度衰落特征

### 5.1.1 路径损耗

路径损耗作为一种重要的大尺度衰落特征，主要表征无线信号在传输过程中产生的衰减。路径损耗 $P_L$ 可以由信道测量获取的大尺度数据计算得到，计算方法如下：

$$P_L = P_T + G_T + G_R - P_{LS} - A_{RF} \tag{5-1}$$

式中，$P_T$ 为探测信号的发射功率，dB；$G_T$ 和 $G_R$ 分别为发射天线增益和接收天线增益，dBi；$P_{LS}$为大尺度数据，dBm；$A_{RF}$为射频衰减，dB。

通过对数距离模型对计算的路径损耗结果进行最小二乘(Least Square，LS)拟合，可以得到反映大尺度路径损耗特征的一个关键参数，即路径损耗指数。路径损耗指数越大，则信号衰减越快。在室外场景中，路径损耗指数通常大于 2，也就是会大于自由空间传播损耗。影响路径损耗指数的主要因素是传播环境，NLoS 传播的路径损耗指数一般会大于 LoS 传播的路径损耗指数。除此之外，天线的配置，例如收发天线的高度以及天线的方向图也会对路径损耗指数产生一定的影响。

图 5-1 给出了不同高铁场景的实测路径损耗及其线性拟合的结果。同时，作为对比的自由空间传播损耗也在图中给出。值得注意的是，乡村场景及其直接覆盖场景的结果是多个物理站点的测量数据的平均结果。从图中可以明显看到，所有高铁场景的路径损耗都要远大于理想的自由空间传播损耗。因此，在进行高铁无线信号覆盖预测时，不能简单地采用自由空间传播模型。从图中还可以看到，直接覆盖场景的路径损耗高出乡村场景为 20～30 dB，这说明高速列车的车体穿透损耗高可达 20～30 dB。

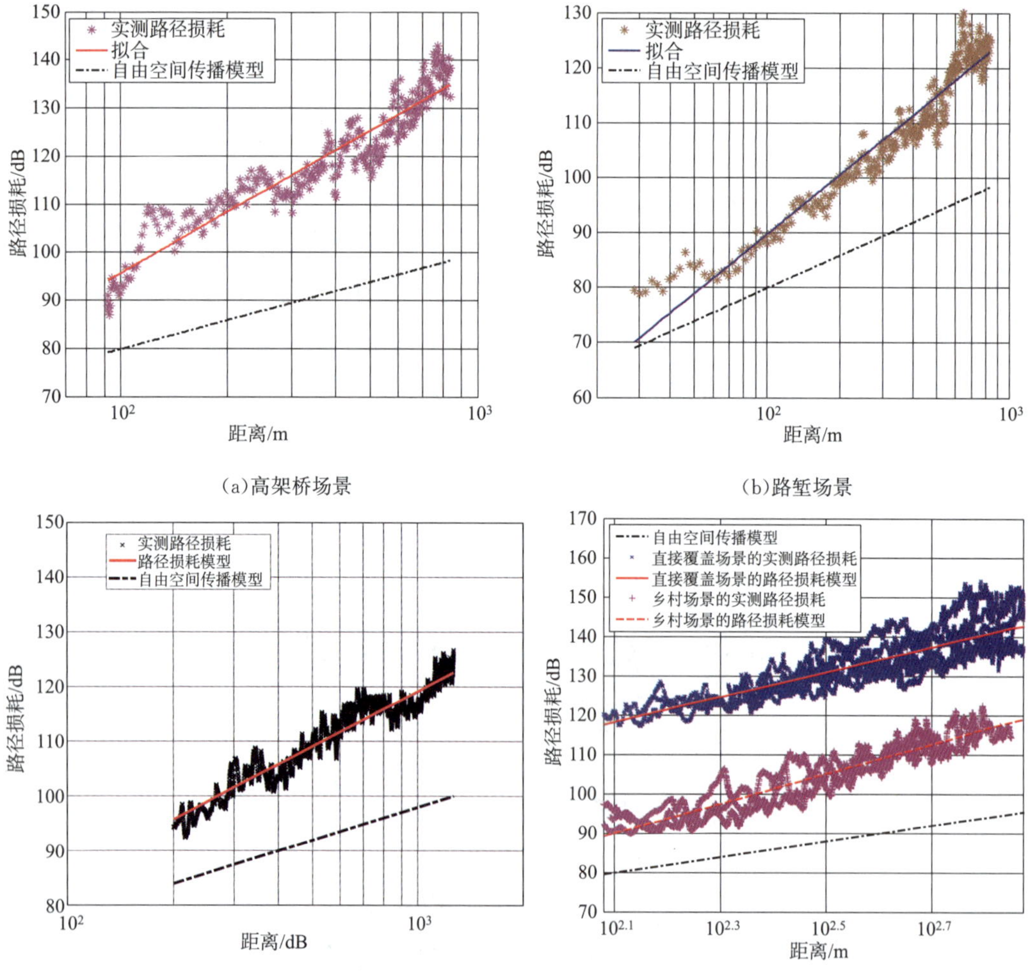


(a)高架桥场景　(b)路堑场景

(c)车站场景　(d)乡村和直接覆盖场景

图 5-1　高铁典型场景下的路径损耗

表 5-1 列出了不同高铁场景下的路径损耗模型及路径损耗指数。同时，作为对比的标准信道模型 WINNER Ⅱ 中 D2a 场景的路径损耗模型及路径损耗指数也在表 5-1 列出。从表中可以看到，所有高铁场景的路径损耗指数均大于自由空间传播损耗指数，其原因主要从以下两个方面进行说明：(1)高铁场景中存在较多的反射体与散射体，使得理想的自由空间传播条件无法满足，例如，高架桥周围的树木植被、路堑两侧的陡壁、车站的顶棚以及直接覆盖场景中的车内反射体与散射体。(2)高速列车车体对电波传播造成影响。高速列车采用全金属合金车体，列车车顶安置专用天线。车顶金属板构成了反射衬底，对车顶天线辐射方向图在某些方向上形成“零凹”区域。失真的天线辐射方向图会影响天线的接收性能，导致测量得到的路径损耗指数变大。在 WINNER Ⅱ D2a 场景的测试中同样发现了上述现象。为了获取“纯净”的路径损耗结果，首先应该消除金属车体作为反射衬底对天线方向图的影响。然而，这需要进一步做复杂度更大的暗室校准测量，现有条件暂无法满足测试需要。通过对比不同高铁场景的路径损耗指数可以发现，高架桥场景的路径损耗指数大于其他场景。这是因为在高架桥场景的信道测试中，收发天线的高度相差不大，导致信号衰减速度加快。从表中还可以看到，直接覆盖场景的路径损耗指数低于其他场景。由此可以推测，车体顶部造成天线辐射方向图失真比车内环境对传播损耗的影响更大。

**表 5-1　高铁典型场景下的路径损耗模型及路径损耗指数**

| 场　景 | 频　点 | 模型($d$ 为收发机距离) | 路径损耗指数 |
|---|---|---|---|
| 高架桥 | 2.35 GHz | $11.0+42.4\lg d, d>90$ m | 4.24 |
| 路堑 | 2.35 GHz | $17.5+36.1\lg d, d>20$ m | 3.61 |
| 车站 | 1.89 GHz | $19.5+33.2\lg d, d>200$ m | 3.32 |
| 乡村 | 1.89 GHz | $11.0+37.6\lg d, d>100$ m | 3.76 |
| 直接覆盖 | 2.605 GHz | $51.9+31.6\lg d, d>100$ m | 3.16 |
| WINNER Ⅱ D2a | 5.3 GHz | $17.2+41.1\lg d, d>120$ m | 4.11 |

## 5.1.2　阴影衰落

阴影衰落作为另一种大尺度衰落特征，主要表征无线信号在传输过程中产生的波动，这种波动是在路径损耗基础上的缓慢变化。因此，阴影衰落可由实测的路径损耗减去拟合的路径损耗或平均路径损耗得到，计算方法如下：

$$P_{\mathrm{SF}}(d)=P_{\mathrm{L}}(d)-\overline{P}_{\mathrm{L}}(d) \tag{5-2}$$

式中，$P_{\mathrm{L}}(d)$为实测的路径损耗；$\overline{P}_{\mathrm{L}}(d)$为拟合的路径损耗，由路径损耗的线性拟合模型得到。上式中参数的单位均为 dB。

基于零均值的对数正态分布，对阴影衰落的统计结果进行最大似然估计(Maximum Likelihood Estimation，MLE)，可以得到反映阴影衰落严重程度的一个关键参数，即阴影衰落标准差。阴影衰落标准差越大表明阴影衰落越严重。与路径损耗指数类似，阴影衰落标准差会受到传播环境和天线配置的影响。

图 5-2 给出了不同高铁场景的实测阴影衰落及其对数正态分布拟合的概率密度函数(Probability Density Function,PDF)结果。从图中可以看到,对数正态分布能够很好地拟合高铁场景的阴影衰落 PDF。表 5-2 对比了不同高铁场景的阴影衰落模型及阴影衰落标准差。从表中可以看到,高架桥场景的阴影衰落标准差大于路堑和车站场景,这是因为高架桥场景的收发天线高度比较接近,导致传播路径更加容易被遮挡,造成其阴影衰落比其他场景更严重。另外,由于车站场景的收发天线高度相差较大,因此车站场景具有最小的阴影衰落标准差。

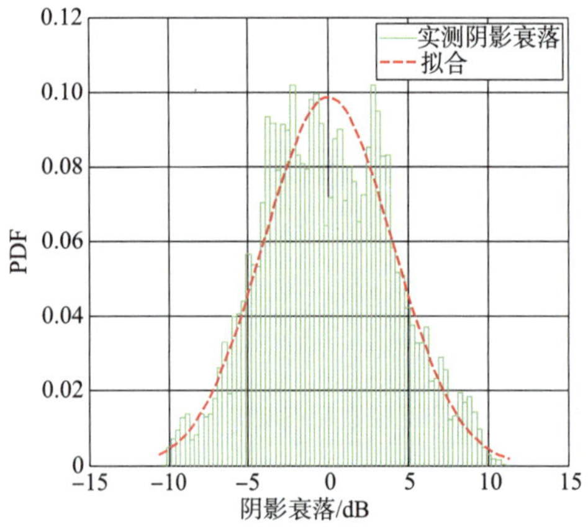


(a)高架桥场景

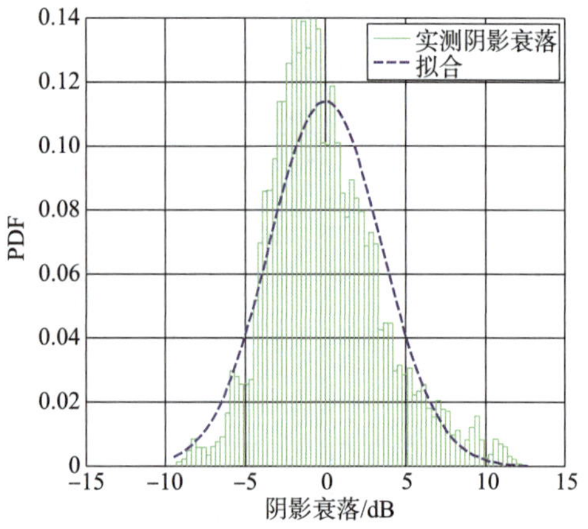


(b)路堑场景

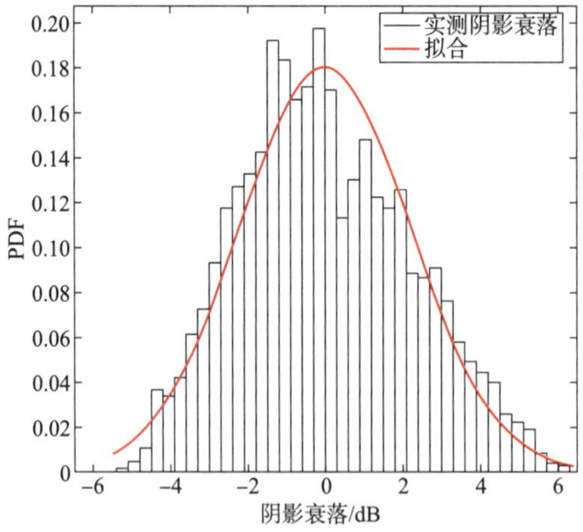


(c)车站场景

图 5-2　高铁典型场景下的阴影衰落

表 5-2 高铁典型场景下的阴影衰落模型及阴影衰落标准差

| 场景 | 频点 | 模型 | 阴影衰落标准差/dB |
| --- | --- | --- | --- |
| 高架桥 | 2.35 GHz | $N(0,4.0^2)$ | 4.0 |
| 路堑 | 2.35 GHz | $N(0,3.5^2)$ | 3.5 |
| 车站 | 1.89 GHz | $N(0,2.2^2)$ | 2.2 |

# 5.2 高铁信道小尺度衰落特征

## 5.2.1 莱斯 K 因子

信道小尺度衰落的严重程度可以通过莱斯 $K$ 因子度量。$K$ 因子越小，衰落越严重，反之亦然。$K$ 因子根据信道类型，如窄带信道或宽带信道，可分为窄带 $K$ 因子和宽带 $K$ 因子。

### 5.2.1.1 K 因子估计

基于小尺度数据，可以分别估计窄带 $K$ 因子与宽带 $K$ 因子。首先将宽带信道分割为多个窄带子信道，即

$$H(t,(L-1)\Delta f_{\text{sub}}) = \int_{\tau} h(t,L\Delta\tau)\exp(\mathrm{j}2\pi f\tau)\mathrm{d}\tau \tag{5-3}$$

式中，$\Delta\tau$ 为多径分辨率；$L$ 为可分辨的多径数目；$L-1$ 为分割的子信道数目；$\Delta f_{\text{sub}}$ 为子信道带宽。当子信道带宽小于信道相关带宽时，通过子信道的频率响应，可获得不同频点的窄带 $K$ 因子。

此外，窄带子信道又可合并为任意带宽的宽带信道，即

$$h(t,L_{\text{sub}}\Delta\tau_{\text{c}}) = \int_{f} H(t,(L_{\text{sub}}-1)\Delta f_{\text{sub}})\exp(\mathrm{j}2\pi f\tau)\mathrm{d}f \tag{5-4}$$

式中，$L_{\text{sub}}$ 为合并信道的可分辨的多径数目；$\Delta\tau_{\text{c}}$ 为合并信道的多径分辨率，$\Delta\tau_{\text{c}}=1/[(L_{\text{sub}}-1)\Delta f_{\text{sub}}]$。通过合并的宽带信道冲激响应，可获得不同带宽不同时延的宽带 $K$ 因子。

考虑 $t=t_0$ 时刻，上述信道分割与合并过程如图 5-3 所示。从图中可以看到，多径分辨率变化导致了合并信道的多径数目变化，但是其时延扩展并没有发生变化。

按照经典的矩估计法，可估计不同频点的时变窄带 $K$ 因子

$$\hat{K}_{\text{nb}}(t,f) = \frac{\sqrt{E^2(P_{\text{CFR}})-\sigma(P_{\text{CFR}})}}{E(P_{\text{CFR}})-\sqrt{E^2(P_{\text{CFR}})-\sigma(P_{\text{CFR}})}} \tag{5-5}$$

和不同时延的时变宽带 $K$ 因子

$$\hat{K}_{\text{wb}}(t,\tau) = \frac{\sqrt{E^2(P_{\text{CIR}})-\sigma(P_{\text{CIR}})}}{E(P_{\text{CIR}})-\sqrt{E^2(P_{\text{CIR}})-\sigma(P_{\text{CIR}})}} \tag{5-6}$$

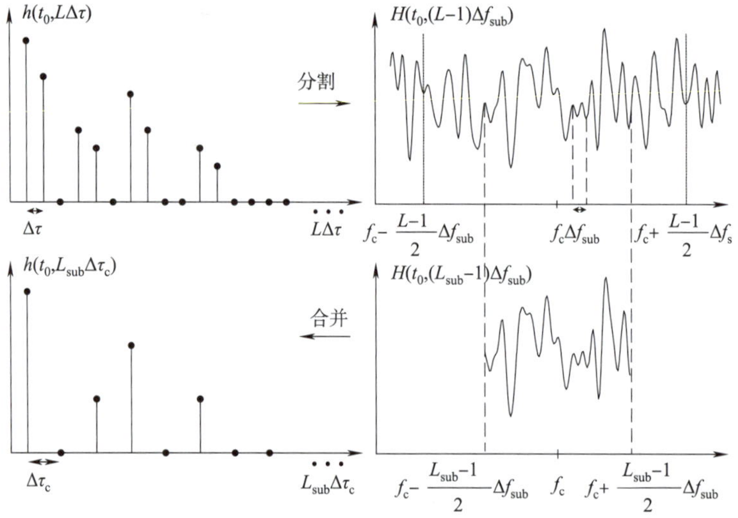


图 5-3　信道分割与合并示意图

式中，$E(\cdot)$和$\sigma(\cdot)$分别为求均值和方差；$P_{CFR}$和$P_{CIR}$分别为信道频率响应和信道冲激响应的功率，即

$$P_{CFR}=|H(t,(L-1)\Delta f_{sub})|^2 \tag{5-7}$$

$$P_{CIR}=|h(t,L_{sub}\Delta\tau_c)|^2 \tag{5-8}$$

#### 5.2.1.2　窄带 $K$ 因子

对于窄带 $K$ 因子，首先以高架桥和路堑场景为例，详细分析其时频变化特性，并构建相应的统计模型。然后，基于时变特性，研究其他高铁场景如乡村、车站、城郊和多链路场景的窄带 $K$ 因子及其模型。

针对高架桥和路堑场景，统计以 2.35 GHz 为中心频点 20 MHz 带宽内的窄带 $K$ 因子。首先，将 50 MHz 带宽的测量信道分割为 253 个子信道，每个子信道的带宽为 197.6 kHz。典型城市场景信道 RMS 时延扩展为 991 ns，算得其相关带宽为 200 kHz。对于多径数目相对较少的高速铁路场景，显然应具有更大的相关带宽。因此，所分割的子信道满足小于高铁信道相关带宽的要求。然后，提取 2.34～2.36 GHz 频段内(101 个子信道)的窄带 $K$ 因子，如图 5-4 所示。从图中可以看出，窄带 $K$ 因子随时间和频率变化，具有时变和频变特性。这是因为在列车运行过程中，由于高架桥周围环境的变化，引起电波传播状态发生变化，导致了 $K$ 因子的时变特性。另一方面，由于多径的影响，宽带信道具有频率选择性，因而不同子信道具有不同的衰落程度，导致 $K$ 因子的频变特性。

为进一步分析窄带 $K$ 因子的时变特性，首先对每一时刻所有子信道的 $K$ 因子加和求平均，得到 $K_a(t)$，然后将 $K_a(t)$转化为随距离变化，即 $K_a(d)$，如图 5-5 所示。其中，距离的负值表示列车靠近发射机的情况，距离的正值表示列车远离发射机的情况。从图 5-5(a)中

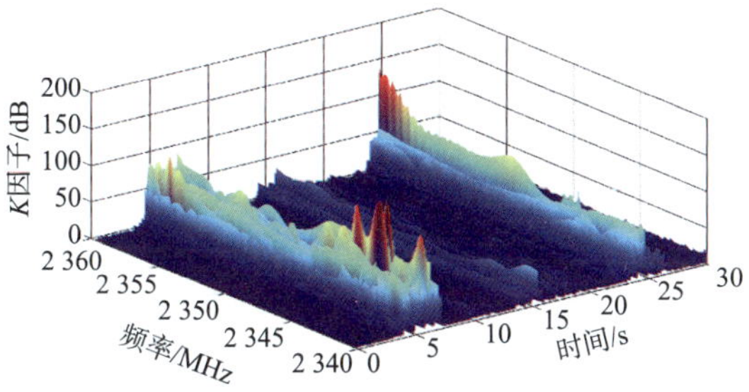


(a)高架桥场景

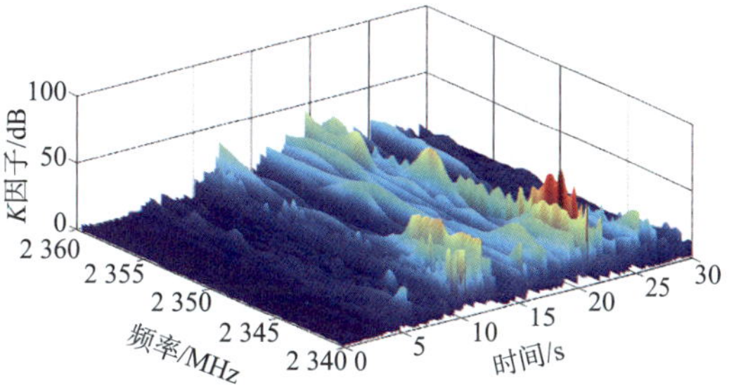


(b)路堑场景

图 5-4　时频窄带 $K$ 因子

可以看到，由于受到交替的树木遮挡影响，在高架桥铁路沿线的不同区域，无线信号的衰落程度不同。当列车运行至距离发射机为＋500 m 或－500 m 附近时，由于没有任何障碍物的遮挡，处于明显的直射环境，$K$ 因子在 5～20 dB 之间变化。当列车运行至距离发射机为＋250 m 或－250 m 附近时，高架桥周围的茂密树木距离铁轨非常近，并且高度高于发射天线，导致直射路径被完全遮挡，$K$ 因子强度受到较大影响，下降至－5～10 dB。当列车靠近发射机时，$K$ 因子强度在 5～15 dB 之间波动。这是因为收发端之间仍存在树木遮挡，但是这些树木较为稀疏并且高度不超过接收天线，这样只是导致了直射路径被部分遮挡，因而 $K$ 因子强度相比无遮挡区域略有下降。从上述分析结果可知，列车在运行过程中，实际上交替经历了 LoS、OLoS 和 NLoS 共 3 种传播状态，导致了 $K$ 因子在某一时间内出现剧烈变化，即无线信号在某一时间内经历不同程度的衰落，这会对高铁无线通信系统性能产生较大影响。

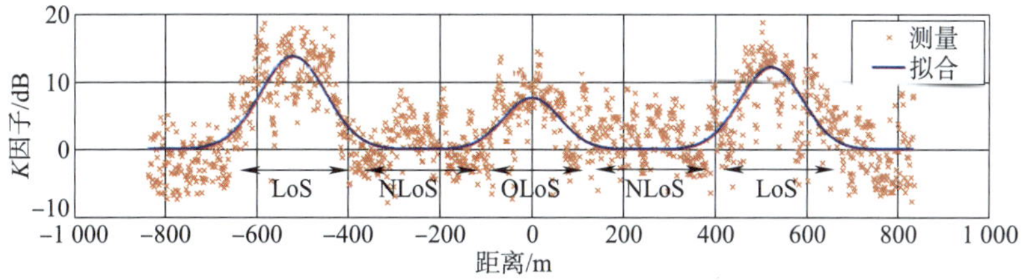


(a)高架桥场景

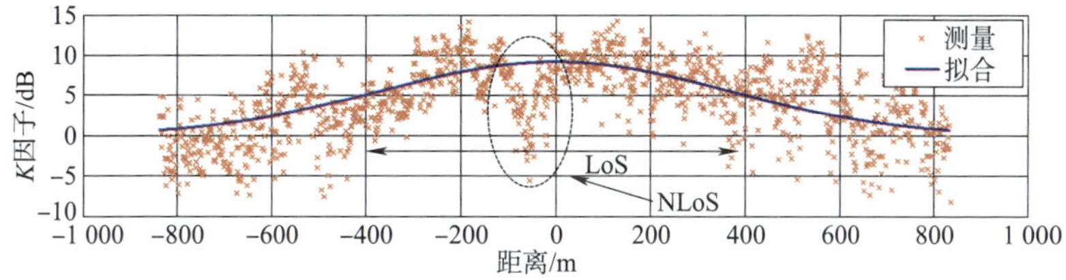


(b)路堑场景

图 5-5　随距离变化的 $K$ 因子

与高架桥场景相比，路堑场景具有较稳定的衰落变化，如图 5-5(b)所示。从图中可以看到，$K$ 因子随着收发机距离的增大而减小。这是因为随着收发机距离的增大，直射路径的强度衰减要远超过多径分量的强度衰减。在 0 m 附近的位置，$K$ 因子经历了骤降。产生这种现象的原因是跨桥阻挡了传播路径，造成了信号的 NLoS 传输，使得 $K$ 因子变小。虽然路堑是以 LoS 为主导的传播环境，但是 $K$ 因子仍然要小于高架桥 LoS 区域的结果。因此，可以确定路堑的这种特殊结构产生了比高架桥更多的反射和散射成分，削弱了直射路径的影响，使得信道衰落更为严重。此外，从图中还可以看出，路堑场景的整体结果与高架桥 OLoS 区域的结果相近。

为了描述窄带 $K$ 因子随收发机距离的变化，采用高斯函数对测量结果进行 LS 拟合，如图 5-5 蓝色实线所示。对于高架桥场景，LoS 和 OLoS 区域由高斯函数拟合，NLoS 区域由高斯函数的拼接部分拟合。对于路堑场景，只考虑 LoS 区域，由高斯函数拟合。基于收发机距离的窄带 $K$ 因子统计模型构建如下：

$$K'_{\mathrm{nb,dB}}(d)=K_{\mathrm{nb,med}}(d)+x_K\sigma_d \tag{5-9}$$

式中，$K_{\mathrm{nb,med}}(d)$为 $K_{\mathrm{a}}(d)$的均值；$\sigma_d$ 为 $K_{\mathrm{a}}(d)$的标准差；$x_K$ 为服从标准正态分布的变量。

根据拟合结果，$K_{\mathrm{nb,med}}(d)$可以表示为

$$K_{\mathrm{nb,med}}(d) = \sum_{m=1}^{M_r} a_m \exp\left[-\left(\frac{d-b_m}{c_m}\right)^2\right] \tag{5-10}$$

式中，$M_r$ 为 LoS 和 OLoS 区域的总数；$a_m$ 为高斯函数拟合 $K$ 因子的峰值；$b_m$ 为各区域中心位置相对发射机的水平距离；$c_m$ 与各区域的宽度有关；$\sigma_d$ 为 $K_a(d)$相对 $K_{\mathrm{nb,med}}(d)$的标准差。

图 5-6 给出了 $K_{\mathrm{a}}(d)$相对 $K_{\mathrm{nb,med}}(d)$的累积分布函数(Cumulative Distribution Function, CDF)。可以看到，在累积概率为 1%～99%之间，CDF 为一条直线，因而满足对数正态分布。从对数正态分布的拟合结果得到高架桥和路堑场景的 $\sigma_d$ 分别为 4.04 dB 和 3.59 dB。

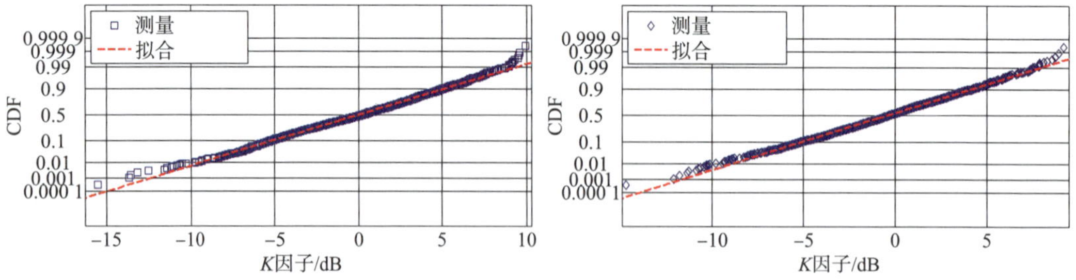


(a)高架桥场景　　(b)路堑场景

图 5-6　随距离变化的 $K$ 因子相对均值的 CDF

除了窄带 $K$ 因子的时变特性，还应分析其频变特性。首先把每一时刻所有子信道的 $K$ 因子减去对应时刻的 $K_{\mathrm{a}}(t)$，消除 $K$ 因子的时变性，得到只与频率有关的 $K$ 因子集合

$K_f(t)$。图 5-7 给出了 $K_f(t)$ 的 CDF。从图中可以看到，在 1%～99% 概率之间，CDF 基本为一条直线。因此，$K_f(t)$ 符合对数正态分布。从拟合结果得到高架桥和路堑场景的 $K$ 因子随频率变化的标准差 $\sigma_f$ 分别为 2.87 dB 和 2.41 dB。由于 $\sigma_f$ 小于 $\sigma_d$，可知 $K$ 因子的时变性要强于其频变性。

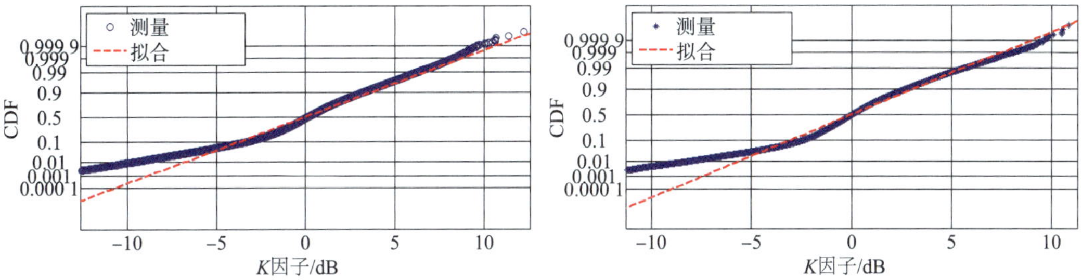


(a)高架桥场景　　(b)路堑场景

图 5-7　随频率变化的 $K$ 因子相对均值的 CDF

综合考虑窄带 $K$ 因子的时频特性，高架桥和路堑场景下 2.34～2.36 GHz 频段的窄带 $K$ 因子模型表示为

$$K_{\mathrm{n,dB}}(d)=K_{\mathrm{med}}(d)+x_K\sigma_d+y_K\sigma_f \tag{5-11}$$

式中，$y_K$ 为服从标准正态分布的变量，且 $y_K$ 与 $x_K$ 相互独立。表 5-3 给出了窄带 $K$ 因子模型参数。

**表 5-3　高架桥和路堑场景的窄带 K 因子模型参数**

| 场景 | $M_r$ | | $a_m$/dB | $b_m$/m | $c_m$/m | $\sigma_d$/dB | $\sigma_f$/dB |
|---|---|---|---|---|---|---|---|
| 高架桥 | 3 | $m=1$ | 13.8 | −520.2 | 101.4 | 4.04 | 2.87 |
| | | $m=2$ | 7.685 | 0.510 3 | 86.42 | | |
| | | $m=3$ | 12.19 | 523.3 | 96.15 | | |
| 路堑 | 1 | $m=1$ | 9.22 | 0.361 2 | 519.5 | 3.59 | 2.41 |

以上分析了高架桥和路堑场景下窄带 $K$ 因子的时频特性。对于乡村、车站、城郊和多链路场景，重点关注中心频点处子信道的时变窄带 $K$ 因子。

图 5-8 给出了四种高铁场景下窄带 $K$ 因子随距离变化的结果。从图中可以看到，$K$ 因子的变化趋势可以分成两种情况。当收发距离小于 200 m 时，乡村、车站、多链路场景的 $K$ 因子均呈现上升趋势，城郊场景的 $K$ 因子为下降趋势。当收发距离大于 200 m 时，乡村和多链路场景的 $K$ 因子显著减小，车站场景的 $K$ 因子逐渐增大，城郊场景的 $K$ 因子保持稳定。从上述分析可知，200 m 可以被近似地认为是 $K$ 因子随距离变化的一个转折点。出现该转折点主要有两个方面的原因：(1)在转折点之前，列车位于物理站点天线的下方区域，对

于试验网来说，接收机仍处于定向天线的旁瓣辐射范围，随着列车的移动，LoS 分量的功率逐渐增强，导致了乡村、车站、多链路场景的 $K$ 因子逐渐增大。但是，对于非试验网来说，由于采用全向覆盖方式，接收机始终处于主瓣辐射范围，随着收发距离的增加，LoS 分量的功率比 NLoS 分量的功率下降更快，因此导致了城郊场景的 $K$ 因子逐渐减小。(2)在转折点之后，列车远离物理站点的底部区域，接收机开始进入天线的主瓣辐射范围，因此乡村和多链路场景的 $K$ 因子随距离的增大而减小。值得注意的是，多链路场景的 $K$ 因子下降更加剧烈，这说明信道回波效应导致了更严重的衰落。车站场景的情况比较特殊，随着距离的增大，$K$ 因子出现了上升趋势，这是因为当列车驶出车站顶棚覆盖区域后 NLoS 分量会变少。除此之外，由于城郊场景的反射体和散射体比较丰富，LoS 和 NLoS 分量的功率下降趋势类似，因此 $K$ 因子变化较平缓。

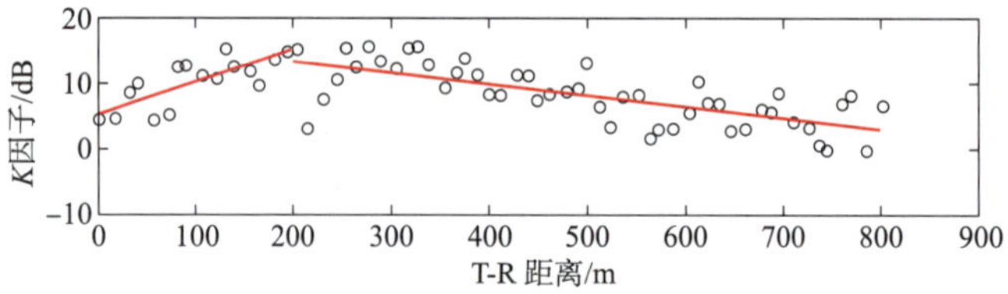


(a)乡村场景

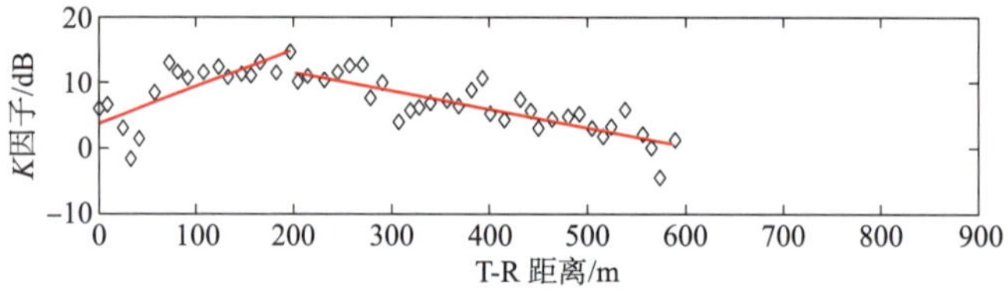


(b)多链路场景

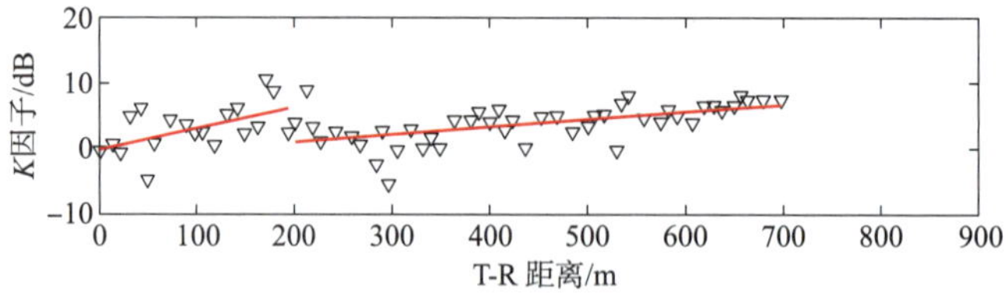


(c)车站场景

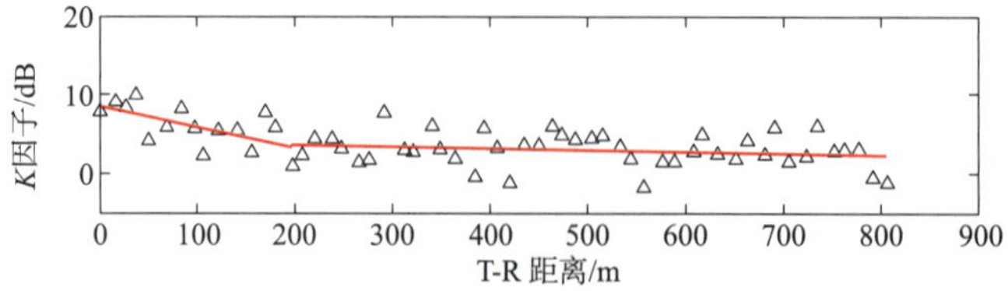


(d)城郊场景

图 5-8 随距离变化的窄带 $K$ 因子

为了描述上述四种场景的窄带 $K$ 因子，采用双斜率线性模型对随距离变化的窄带 $K$ 因子进行 LS 拟合。双斜率线性模型的表达式为

$$K(d)=\begin{cases} k_1 \cdot d+k_2 & d\leqslant d_{\mathrm{BP}} \\ k_3 \cdot d+k_4 & d>d_{\mathrm{BP}} \end{cases} \tag{5-12}$$

式中，$d_{\mathrm{BP}}$ 为转折点距离，$d_{\mathrm{BP}}=200$ m。表 5-4 列出了模型参数 $k_1$、$k_2$、$k_3$ 和 $k_4$ 的拟合结果。

**表 5-4　不同高铁场景的窄带 $K$ 因子模型参数**

| 场　景 | | 乡　村 | 多链路 | 车　站 | 城　郊 |
| --- | --- | --- | --- | --- | --- |
| $K$ 因子/dB | $k_1$ | 0.048 | 0.056 | 0.034 | −0.027 |
| | $k_2$ | 5.34 | 4.01 | −0.49 | 8.48 |
| | $k_3$ | −0.018 | −0.028 | 0.012 | −0.002 3 |
| | $k_4$ | 16.91 | 17.43 | −1.84 | 4.024 |
| | $\mu_{\mathrm{KF}}$ | 8.18 | 6.17 | 3.42 | 2.83 |
| | $\sigma_{\mathrm{KF}}$ | 4.43 | 3.95 | 2.99 | 2.1 |

图 5-9 给出了上述四种场景的窄带 $K$ 因子 CDF 及正态拟合结果。这里仅考虑了在转折点之后的窄带 $K$ 因子统计结果。从图中可以看到，正态分布能够很好地拟合四种场景下窄带 $K$ 因子的 CDF 曲线。表 5-4 列出了正态分布参数包括均值 $\mu_{\mathrm{KF}}$ 和标准差 $\sigma_{\mathrm{KF}}$ 的拟合结果。从表中可以看到，乡村场景的 $K$ 因子均值大于其他场景的结果，达到 8.18 dB。而由于车站和城郊场景具有较为丰富的反射体和散射体，它们的 $K$ 因子均值相对较小，分别为 3.42 dB 和 2.83 dB。

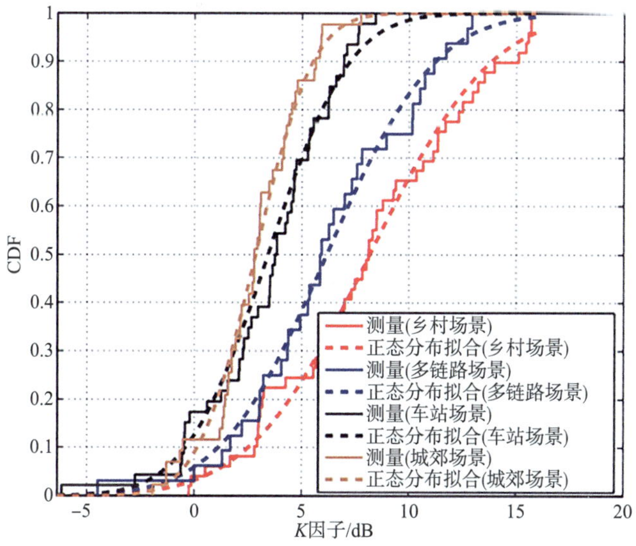


图 5-9　不同高铁场景的窄带 $K$ 因子 CDF

#### 5.2.1.3 宽带 $K$ 因子

宽带 $K$ 因子也具有类似上述窄带 $K$ 因子的时频特性，不再详述。这里仅考虑宽带 $K$ 因子随带宽变化的统计特性以及不同时延的宽带 $K$ 因子，并以高架桥和路堑两种场景为例进行分析。

通过子信道的合并，可以获得任意带宽（小于 50 MHz）的宽带信道。考虑对 7 个和 100 个子信道进行合并，分别统计 1.4 MHz 和 20 MHz 带宽 CIR 最强径宽带 $K$ 因子的 CDF，如图 5-10 所示。从拟合结果可以看出，两种带宽下的 $K$ 因子均服从高斯分布，并且 20 MHz 带宽的 $K$ 因子均值高于 1.4 MHz。这是因为带宽越高，多径分辨能力越强，这样就把原本主径中不可分辨的子径分离出来，导致主径的 NLoS 分量功率减小，因而 $K$ 因子强度变大。

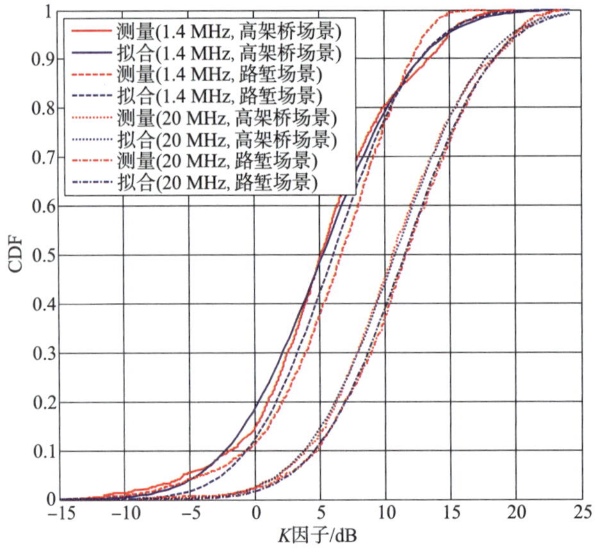


图 5-10　高架桥和路堑场景的宽带 $K$ 因子 CDF

为进一步研究宽带 $K$ 因子与带宽的关系，考虑统计不同带宽 $K$ 因子均值，如图 5-11 所示。可以看到，随着带宽的增大，$K$ 因子强度逐渐变大。高架桥和路堑场景具有相同的宽带 $K$ 因子变化趋势。路堑场景的宽带 $K$ 因子均值要略微高于高架桥场景的结果。此外，当带宽小于 10 MHz 时，$K$ 因子几乎呈线性增大。然而，当带宽大于 10 MHz 时，$K$ 因子增大趋势逐渐减缓。因此，采用三阶多项式函数对随带宽变化的宽带 $K$ 因子进行拟合，得到基于带宽的宽带 $K$ 因子统计模型为

$$K_{\mathrm{wb,dB}}(B)=p_3B^2+p_2B+p_1+z_K\sigma_b \tag{5-13}$$

式中，$B$ 为带宽，MHz；$z_K$ 为服从标准正态分布的变量；$\sigma_b$ 为宽带 $K$ 因子的标准差。表 5-5 给出了高架桥和路堑场景的宽带 $K$ 因子模型参数。

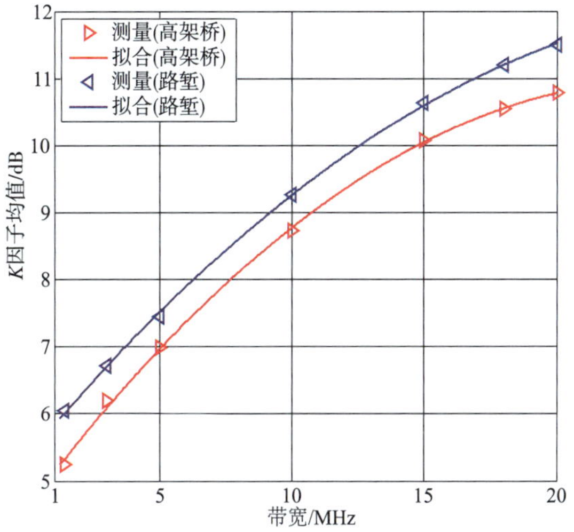


图 5-11 高架桥和路堑场景下不同带宽的宽带 $K$ 因子均值

**表 5-5 高架桥和路堑场景的宽带 K 因子模型参数**

| 场景 | $p_3$ | $p_2$ | $p_1$ | $\sigma_b$ |
|---|---|---|---|---|
| 高架桥 | −0.010 7 | 0.523 3 | 4.619 | 5.608 |
| 路堑 | −0.008 2 | 0.470 8 | 5.37 | 5.238 |

通过高架桥和路堑场景下 50 MHz 带宽的测量数据，提取以 0.02 ms 为间隔不同时延的时变 $K$ 因子，其等高线如图 5-12 所示。从图中可以看到，最强 $K$ 因子主要分布在初始时延位置。这是因为直射路径总是最先到达接收机，并且具有最强的 $K$ 因子。对于高架桥场景，当列车运行至收发机距离为 500 m 的 LoS 区域，在时延为 140 ns 附近具有较强的 $K$ 因子，达到 5～10 dB，如图 5-12(a)所示。然而，当列车处于高架桥场景的 NLoS 和 OLoS 区域或路堑场景时，最强径以外的时延 $K$ 因子基本不存在。这是因为在反射或散射分量较为丰富的情况下，主导分量并不明显，导致了较弱的 $K$ 因子，甚至是可以忽略。

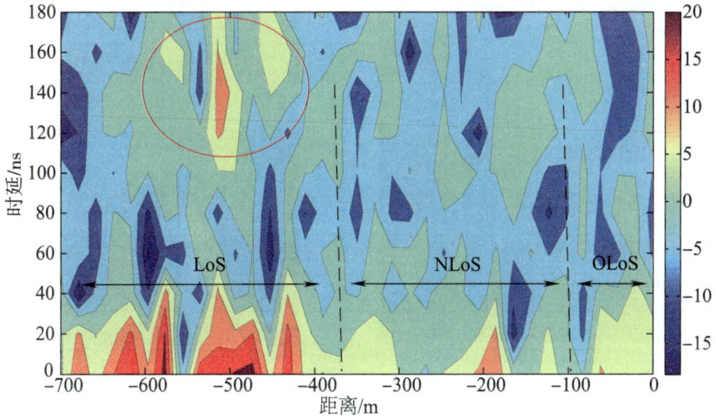


(a)高架桥场景

图 5-12

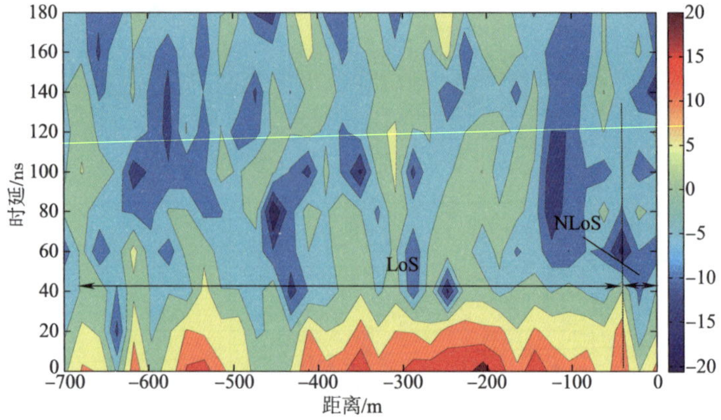


(b)路堑场景

图 5-12 时延 $K$ 因子的等高线

## 5.2.2 多径特征

信道时间色散主要由功率延迟分布及 RMS 时延扩展表征。RMS 时延扩展可以度量信道时间色散程度,RMS 时延扩展越大,时间色散越严重,反之亦然。基于宽带小尺度数据,可分别计算得到功率延迟分布和 RMS 时延扩展。

### 5.2.2.1 功率延迟分布

图 5-13 给出了高架桥和路堑场景的瞬时功率延迟分布。从图中可以看到,在列车运行过程中,随着列车靠近发射机,最强径的传播时延逐渐减小,而功率则明显增大,在 15 s 附近达到最大值。此后,随着列车远离发射机,最强径传播时延增大,而接收功率又逐渐减弱。路堑场景的变化快于高架桥场景,这是因为在路堑场景中铁轨到发射机的垂直距离比高架

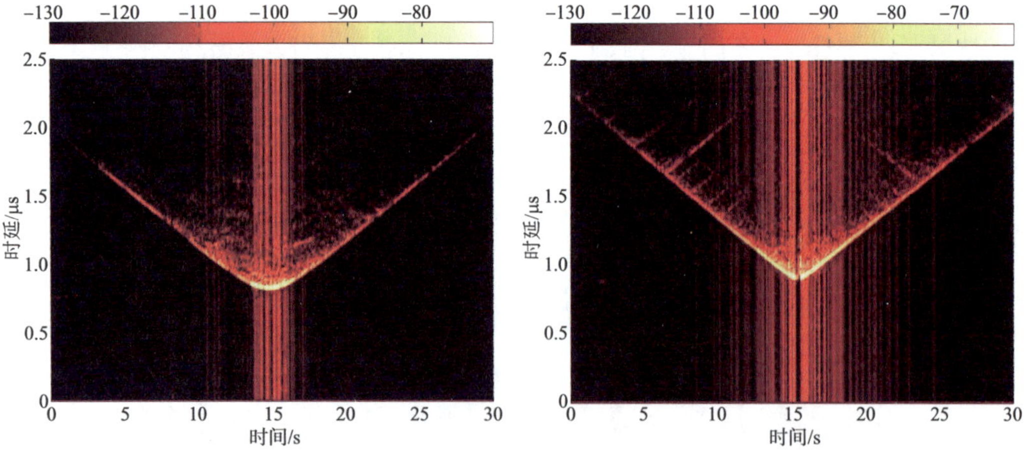


(a)高架桥场景　　(b)路堑场景

图 5-13 瞬时功率延迟分布

桥场景大。从图中还可以发现,除了最强径以及其他不规律多径外,有一条特殊的多径周期性地靠近和远离最强径,并在瞬时功率延迟分布上形成有规律的“毛刺”。出现这些“毛刺”的原因是因为铁轨两侧均匀分布的接触网电杆导致了电波的漫反射,产生反射径。由于列车不断靠近和远离接触网电杆,反射径也相应地移动。这种有规律的多径移动现象在3GPP TS 36.104 中也得到了关注。

#### 5.2.2.2　RMS 时延扩展

图 5-14 给出了高架桥和路堑场景的 RMS 时延扩展 CDF。采用 Gamma 分布对 RMS 时延扩展进行拟合,Gamma 分布的概率密度函数表达式为

$$f(x)=\frac{1}{\beta^{\alpha}\Gamma(\alpha)}x^{\alpha-1}\mathrm{e}^{-\frac{x}{\beta}} \tag{5-14}$$

式中,$\alpha$ 和 $\beta$ 分别为 Gamma 分布的形状参数和尺度参数;$\Gamma(\cdot)$为伽马函数。从图中可以看到,Gamma 分布能够较好地拟合高架桥和路堑场景的 RMS 时延扩展结果。拟合结果为:对于高架桥场景,$\alpha=0.96$ 和 $\beta=70.9$;对于路堑场景,$\alpha=0.94$ 和 $\beta=60.5$。

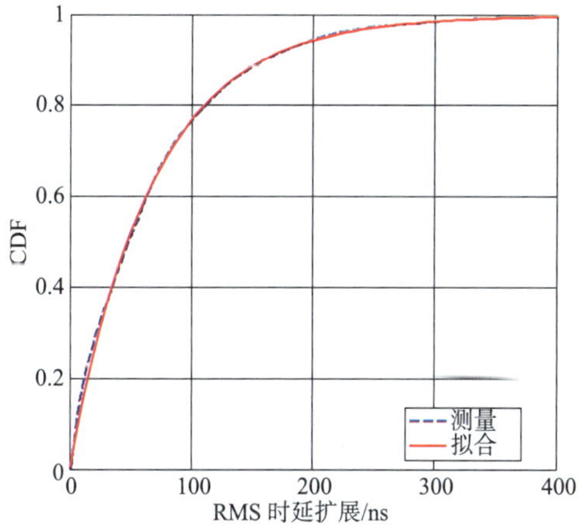


(a)高架桥场景

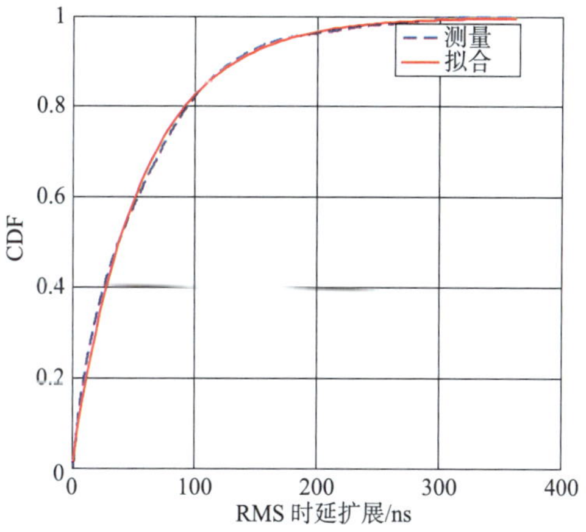


(b)路堑场景

图 5-14　RMS 时延扩展 CDF

表 5-6 对比了高架桥场景、路堑场景、WINNER Ⅱ D2a 场景以及 ITU-R M.2135 LoS 情况下 RMa 场景的 RMS 时延扩展的统计结果。从表中可以看到,高架桥场景比路堑场景

**表 5-6　郑西测量与标准模型的 RMS 时延扩展统计结果对比**

| 场　　景 | 均值/ns | 标准差/ns | 50%/ns | 95%/ns |
|---|---|---|---|---|
| WINNER Ⅱ D2a | 40 | 55 | 39 | 65 |
| ITU-R M.2135 RMa(LoS) | 45 | 46 | — | — |
| 高架桥 | 68 | 70 | 48 | 206 |
| 路堑 | 56 | 58 | 38 | 171 |

具有更大的时延扩展。这说明高架桥场景的树木植被比路堑场景的两侧陡壁产生了更为丰富的多径分量。从表中还可以看到,高架桥和路堑场景的 RMS 时延扩展大于标准信道模型中 D2a 和 RMa 场景的结果。

图 5-15 给出了乡村、多链路、车站、城郊场景下 RMS 时延扩展随距离变化的结果。这里只考虑了转折点之后的 RMS 时延扩展结果。从图中可以看到,乡村场景的 RMS 时延扩展随距离增大而增大。这是因为随着距离的增大,LoS 分量的能量不断减弱,一些时延较大且能量较弱的多径分量能够被检测出来。由于信道测量系统的动态范围是有限的,当存在很强的 LoS 分量时,这些弱的 NLoS 分量无法被有效地测量。受到回波信道效应的影响,多链路场景的 RMS 时延扩展呈现先快速增大而后逐渐减小的趋势。回波信道效应会产生额外的多径分量,导致 RMS 时延扩展快速增大,但随着列车靠近两个物理站点的中间位置,两条链路间的时延差在不断缩小,因此 RMS 时延扩展也将减小。与乡村和多链路场景的结果不同,车站和城郊场景的 RMS 时延扩展随距离增大而缓慢下降。

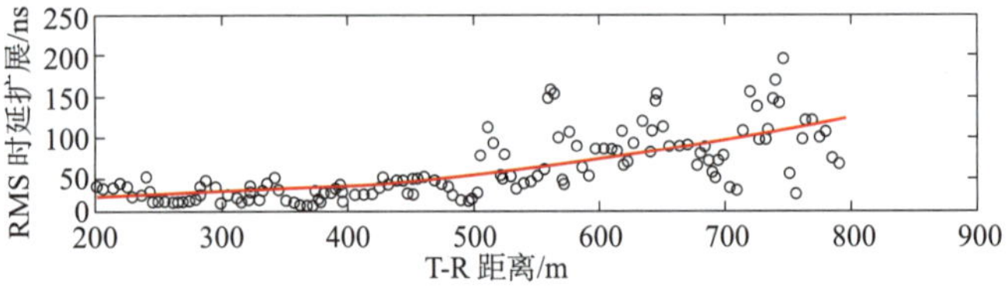


(a)乡村场景

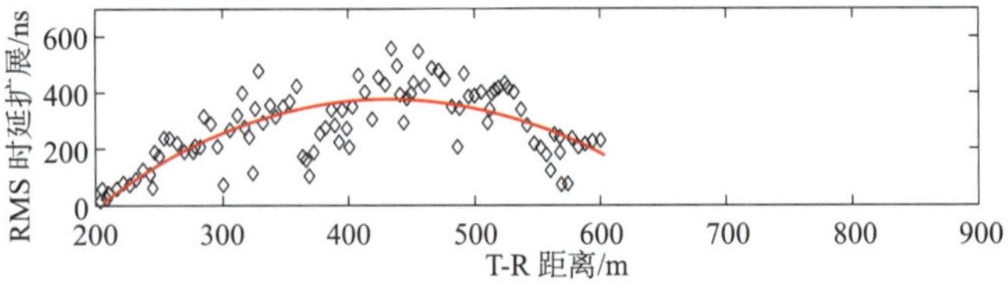


(b)多链路场景

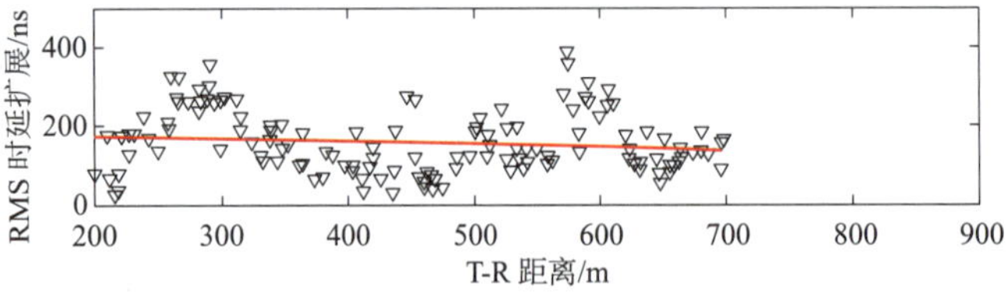


(c)车站场景

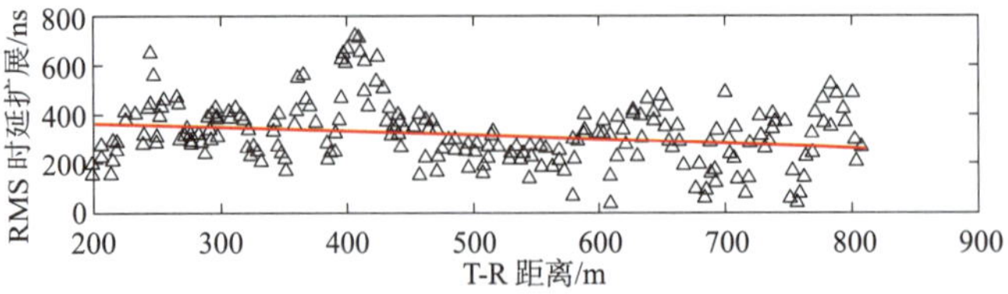


(d)城郊场景

图 5-15　随距离变化的窄带 $K$ 因子

为了描述上述四种场景的 RMS 时延扩展，采用三个简单的模型对它们进行 LS 拟合，即

$$\mathrm{DS}(d)=\begin{cases}x_{\mathrm{DS}}\cdot \mathrm{e}^{y_{\mathrm{DS}}\cdot d} & \text{乡村场景}\\ x_{\mathrm{DS}}\cdot d^2+y_{\mathrm{DS}}\cdot d+z_{\mathrm{DS}} & \text{多链路场景}\\ y_{\mathrm{DS}}\cdot d+z_{\mathrm{DS}} & \text{车站/城郊场景}\end{cases} \tag{5-15}$$

式中，乡村场景的模型为指数函数，多链路场景的模型为二次多项式函数，车站和城郊场景的模型为一次多项式函数。表 5-7 列出了 RMS 时延扩展模型的参数拟合结果。

**表 5-7　不同高铁场景的 RMS 时延扩展模型参数**

| 场　景 | 乡　村 | 多 链 路 | 车　站 | 城　郊 |
|---|---|---|---|---|
| $x_{\mathrm{DS}}$/ns | 12.52 | 0.006 8 | — | — |
| $y_{\mathrm{DS}}$/ns | 0.002 9 | 5.91 | −0.065 | −0.17 |
| $z_{\mathrm{DS}}$/ns | — | −906.2 | 185 | 403.1 |
| $\mu_{\mathrm{DS}}$/ns | 57.91 | 278.89 | 156.04 | 316.44 |
| $\sigma_{\mathrm{DS}}$/ns | 39.54 | 128.32 | 78.54 | 126.78 |
| $a_{\mathrm{DS}}$/ns | 65.06 | 314.15 | 176.65 | 355.45 |
| $b_{\mathrm{DS}}$/ns | 1.58 | 2.32 | 2.12 | 2.64 |

图 5-16 给出了上述四种场景的 RMS 时延扩展 CDF，其均值 $\mu_{\mathrm{DS}}$ 和标准差 $\sigma_{\mathrm{DS}}$ 见表 5-7。从表中可以看到，城郊场景的 RMS 时延扩展均值最大，高达 316.44 ns，而乡村场景的结果最小，为 57.91 ns。这说明城郊场景的多径分量非常丰富，而乡村场景比较稀疏。值得注意的是，在回波信道效应的影响下，多链路场景的 RMS 时延扩展均值相比乡村场景大幅度增长至 278.89 ns，这意味着回波信道效应会极大地加剧信道时间色散。车站场景的 RMS 时延扩展均值为 156.04 ns，介于乡村场景和城郊场景之间。

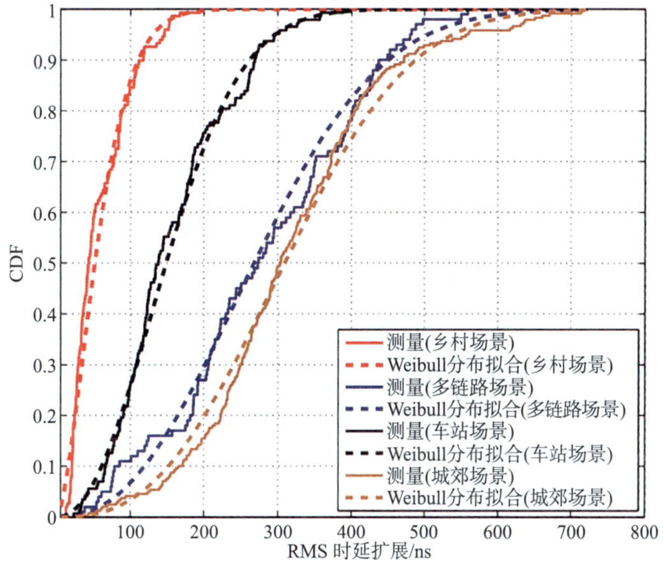


图 5-16　不同高铁场景的 RMS 时延扩展 CDF

采用 Weibull 分布拟合 RMS 时延扩展 CDF，如图 5-16 所示。Weibull 分布的 PDF 为

$$f(\mathrm{DS} \mid a_{\mathrm{DS}}, b_{\mathrm{DS}}) = \frac{b_{\mathrm{DS}}}{a_{\mathrm{DS}}}\left(\frac{\mathrm{DS}}{a_{\mathrm{DS}}}\right)^{b_{\mathrm{DS}}-1} \mathrm{e}^{-\left(\frac{\mathrm{DS}}{a_{\mathrm{DS}}}\right)^{b_{\mathrm{DS}}}} \tag{5-16}$$

式中，$a_{\mathrm{DS}}$ 和 $b_{\mathrm{DS}}$ 分别为分布的尺度参数和形状参数，且 $a_{\mathrm{DS}}>0$ 和 $b_{\mathrm{DS}}>0$。对于上述四种场景的 RMS 时延扩展来说，Weibull 分布比其他分布如正态分布、对数正态分布、Gamma 分布等具有更好的拟合效果。

## 5.2.3 多普勒特征

信道频率色散主要由多普勒功率谱及 RMS 多普勒扩展表征。RMS 多普勒扩展可以度量信道频率色散程度，RMS 多普勒扩展越大，频率色散越严重，反之亦然。基于宽带小尺度数据，可分别计算得到多普勒功率谱和 RMS 多普勒扩展。

### 5.2.3.1 多普勒功率谱

图 5-17 给出了高架桥和路堑场景的瞬时多普勒功率谱。从图中可以看到两种场景的多普勒功率谱均存在快变特性，即从最大正频偏向最小负频偏快速变化。最大多普勒频移为 430 Hz，与理论计算结果一致。由于路堑场景中铁轨到基站的距离大于高架桥场景中的距离，路堑场景的多普勒变化要快于高架桥场景。从图中还可以看到，高架桥场景和路堑场景的多普勒功率谱并非是传统的单谱线功率谱，由于这两种场景中存在一定的多径分量，其多普勒功率谱具有一定程度的扩展。

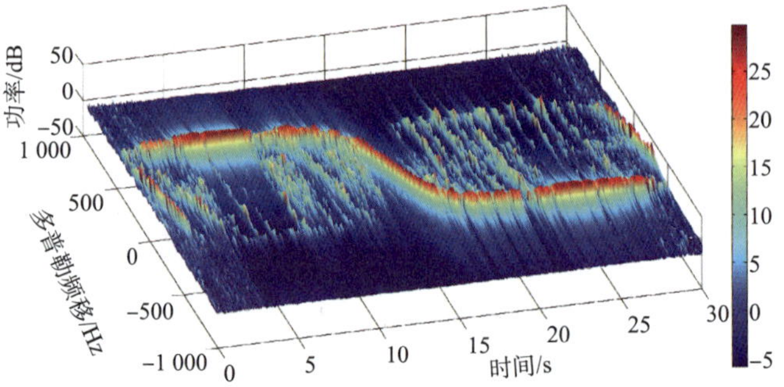


(a) 高架桥场景

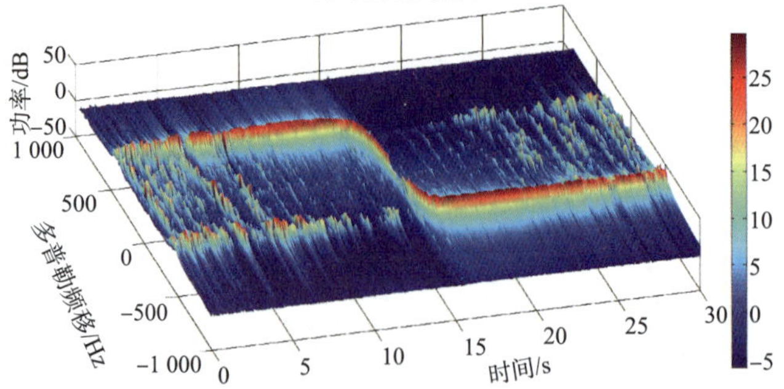


(b) 路堑场景

图 5-17 瞬时多普勒功率谱

#### 5.2.3.2　RMS 多普勒扩展

图 5-18 给出了乡村、多链路、车站、城郊场景下 RMS 多普勒扩展随距离变化的结果。这里只考虑了转折点之后的 RMS 多普勒扩展结果。从图中可以看到，四种场景的 RMS 多普勒扩展均随距离增大而线性增大。因此，采用线性函数对 RMS 多普勒扩展进行拟合，即

$$\mathrm{DPS}(d)=x_{\mathrm{DPS}}\cdot d+y_{\mathrm{DPS}} \tag{5-17}$$

式中，$x_{\mathrm{DPS}}$ 和 $y_{\mathrm{DPS}}$ 分别为斜率和截距。表 5-8 列出了 RMS 多普勒扩展模型的参数拟合结果。

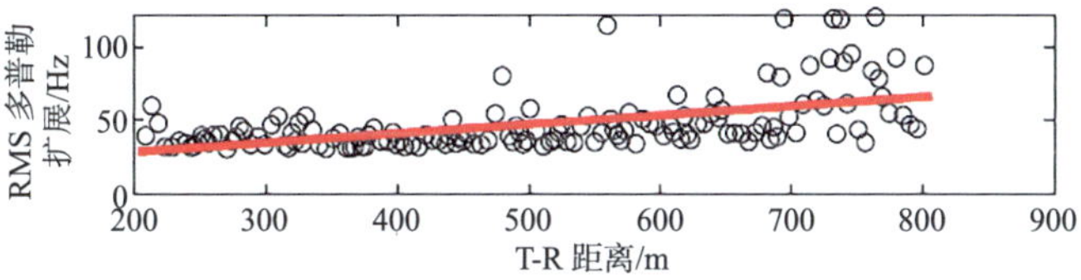


(a) 乡村场景

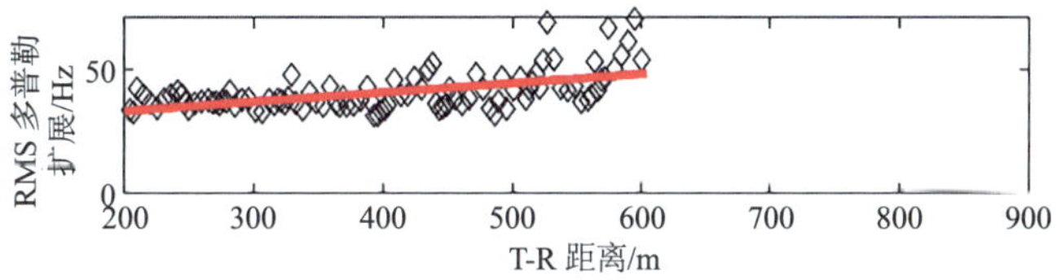


(b) 多链路场景

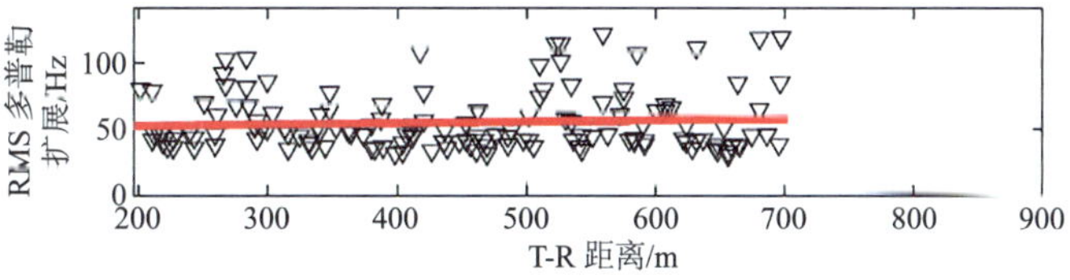


(c) 车站场景

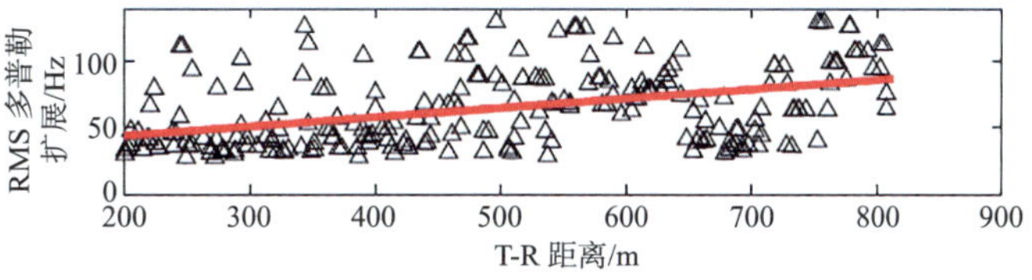


(d) 城郊场景

图 5-18　随距离变化的 RMS 多普勒扩展

**表 5-8　不同高铁场景的 RMS 多普勒扩展模型参数**

| 场　景 | 乡　村 | 多 链 路 | 车　站 | 城　郊 |
| --- | --- | --- | --- | --- |
| $x_{\mathrm{DPS}}$/Hz | 0.062 | 0.038 | 0.01 | 0.07 |
| $y_{\mathrm{DPS}}$/Hz | 16.14 | 26.09 | 50.41 | 29.98 |
| $\mu_{\mathrm{DPS}}$/Hz | 47.5 | 41.2 | 54.9 | 65.03 |

续上表

| 场　景 | 乡　村 | 多　链　路 | 车　站 | 城　郊 |
|---|---|---|---|---|
| $\sigma_{DPS}$/Hz | 19.4 | 7.7 | 21.8 | 29.24 |
| $a_{DPS}$/Hz | 0.58 | 0.25 | 0.42 | 0.31 |
| $b_{DPS}$/Hz | 37.56 | 37.44 | 43.09 | 47.9 |
| $c_{DPS}$/Hz | 6.8 | 4.3 | 10.7 | 18.9 |

图 5-19 给出了上述四种场景的 RMS 多普勒扩展 CDF，其均值 $\mu_{DPS}$ 和标准差 $\sigma_{DPS}$ 见表 5-8。可以看到，城郊场景的 RMS 多普勒扩展明显高于其他场景的结果，其均值为 65.03 Hz。

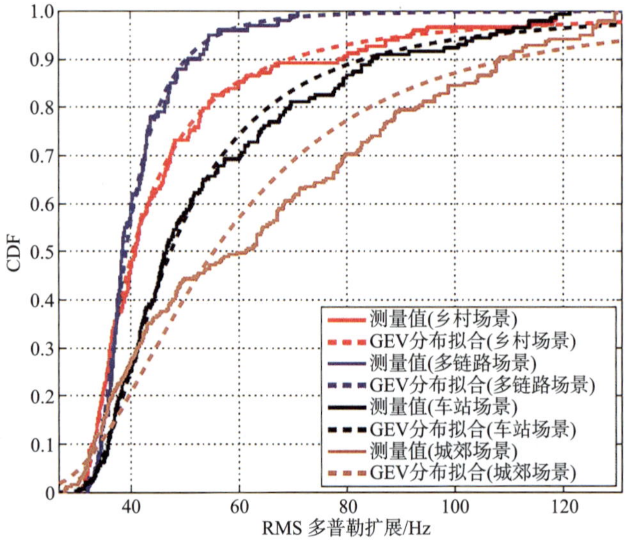


图 5-19　不同高铁场景的 RMS 多普勒扩展 CDF

采用广义极值(Generalized Extreme Value，GEV)分布拟合 RMS 多普勒扩展 CDF，如图 5-19 所示。GEV 分布的 PDF 为

$$f(\mathrm{DPS}|a_{\mathrm{DPS}},b_{\mathrm{DPS}},c_{\mathrm{DPS}})=\left(\frac{1}{c_{\mathrm{DPS}}}\right)\mathrm{e}^{-\left(1+a_{\mathrm{DPS}}\frac{\mathrm{DPS}-b_{\mathrm{DPS}}}{c_{\mathrm{DPS}}}\right)^{-\frac{1}{a_{\mathrm{DPS}}}}}\times \left(1+a_{\mathrm{DPS}}\frac{\mathrm{DPS}-b_{\mathrm{DPS}}}{c_{\mathrm{DPS}}}\right)^{-1-\frac{1}{a_{\mathrm{DPS}}}} \tag{5-18}$$

式中，$a_{DPS}$ 为形状参数，且 $a_{DPS}\neq 0$；$b_{DPS}$ 为位置参数；$c_{DPS}$ 为尺度参数。通过对比发现，GEV 分布比其他分布对 RMS 多普勒扩展有更好的拟合效果。

### 5.2.4　角度特征

信道空间色散主要由角度功率谱及 RMS 角度扩展表征。RMS 角度扩展可以度量信道空间色散程度,RMS角度扩展越大,空间色散越严重,反之亦然。要想计算角度功率谱和RMS角度扩展,首先应获得多径分量的角度信息。基于虚拟多天线数据,可以估计多径分量的到达角。由于基站端只有单天线,因此无法估计多径分量的离开角。本节分析的空间色散特征参数为到达角的角度功率谱及其RMS角度扩展。

#### 5.2.4.1 到达角估计

为了估计到达角,考虑采用精度高且复杂度低的Unitary ESPRIT算法。值得注意的是,Unitary ESPRIT算法有两个局限性:(1)天线阵列必须为ULA,否则应采用二维Unitary ESPRIT算法;(2)估计入射波的数量应小于天线阵元的数量。通过MVAA方法形成的阵列为ULA,因此这里只需要采用简单的一维Unitary ESPRIT算法。然而,所形成的虚拟ULA只有3个阵元,则对于每个时延抽头,只能够估计1~2个入射波。考虑所有时延抽头,可以获得全局的角度参数。

将Unitary ESPRIT算法应用于虚拟多天线数据,估计每一个有效时延抽头下的到达角。图5-20给出了三种场景下功率最强的时延抽头的到达角结果。值得注意的是,高铁LoS场景下的到达角的理论结果作为参考也在图5-20给出。到达角$\hat{\theta}(t)$的理论计算公式为

$$\hat{\theta}(t)=\arccos\left\{\frac{v(t_0-t)}{\sqrt{d_{\min}^2+[v(t-t_0)]^2}}\right\}\quad 0\leqslant t\leqslant t_0 \tag{5-19}$$

式中,$d_{\min}$为收发机间的最小距离,即列车距离铁轨的垂直距离;$t_0$为列车穿越基站的时刻,即收发机距离等于$d_{\min}$的时候。从图中可以看到,对于到达角的整体变化情况,估计的结果与理论的结果具有很好的一致性。主要体现在当列车穿越基站时,最强时延抽头的到达角从0°快变为180°。由于列车在路堑和车站场景比高架桥场景距离铁轨更近,这种快变的时间更短。从图中还可以看到,在某些区域,估计的结果与理论的结果有较大的偏差,因为这些估计的结果并非是LoS分量的到达角而是NLoS分量的到达角。除此之外,从车站场景在3 s左右的结果可以看到,当列车位于定向天线的旁瓣覆盖区域时,估计的到达角会出现剧烈的波动。这种到达角的波动与天线旁瓣的辐射方向图有关。

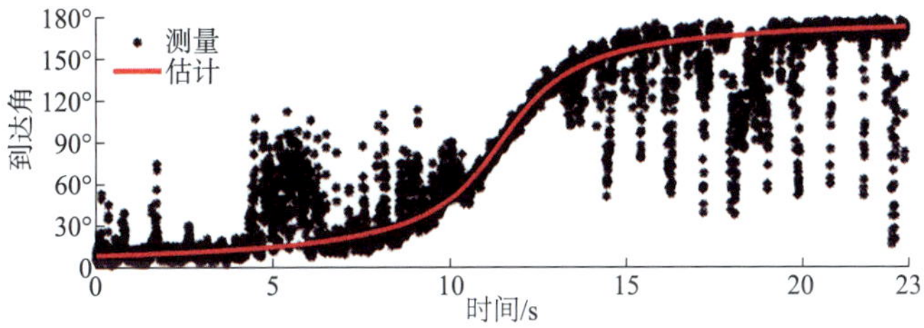


(a)高架桥场景

图 5-20

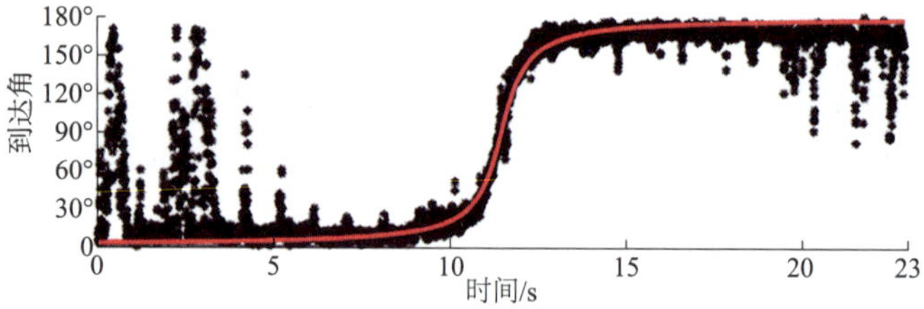


(b)路堑场景

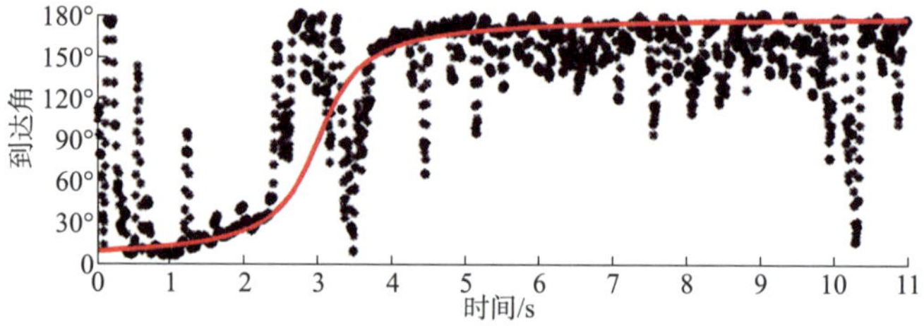


(c)车站场景

图 5-20　时变到达角

#### 5.2.4.2　角度功率谱

基于估计的到达角及对应的功率，可计算得到角度功率谱。图 5-21 给出了高架桥、路堑和车站场景的瞬时角度功率谱。图中颜色条的单位是 dB。从图中可以看到，三种场景均出现了一定程度的角度扩展。这是由于三种场景都存在一些散射体和反射体，例如高架桥场景的密集树木、路堑的陡壁、车站的顶棚，会产生具有不同到达角的多径分量，这些多径分量叠加之后导致角度扩展。

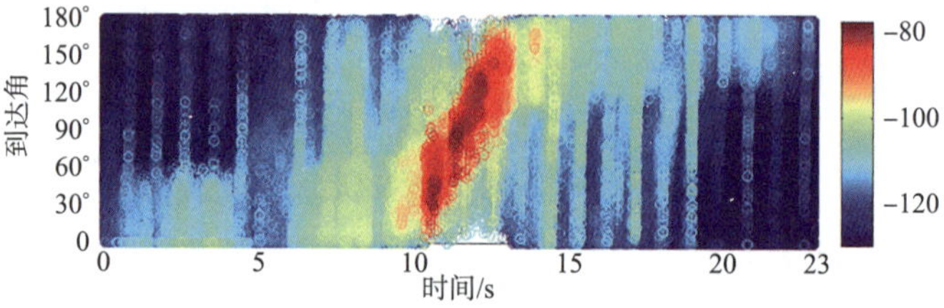


(a)高架桥场景

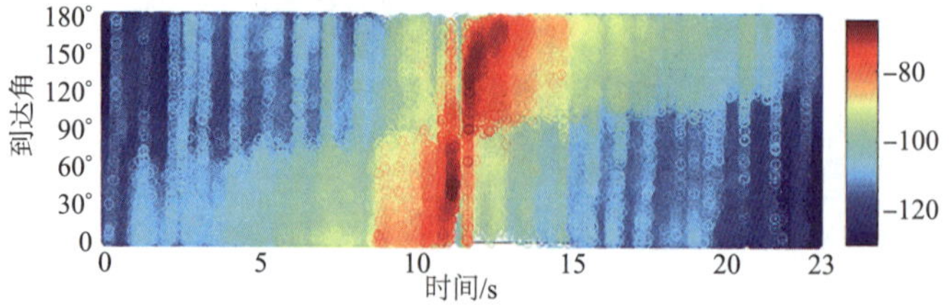


(b)路堑场景

图　5-21

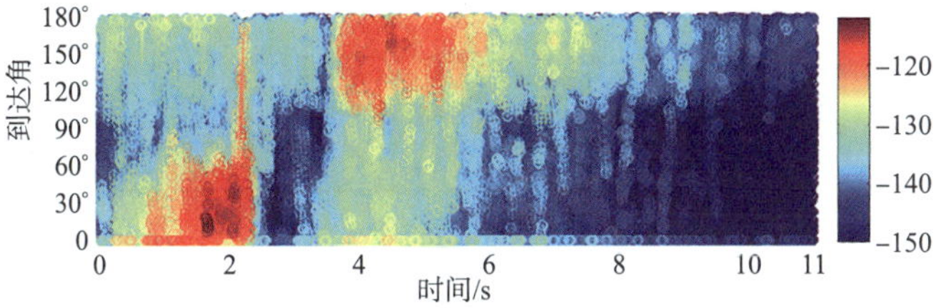


(c)车站场景

图 5-21　瞬时角度功率谱

### 5.2.4.3　RMS 角度扩展

基于角度功率谱，根据公式(5-21)可计算得到 RMS 角度扩展。图 5-22 给出了六种高铁场景下 RMS 角度扩展随距离变化的结果。从图中可以看到，高架桥、路堑、乡村和多链路场景的 RMS 角度扩展均随距离增大而显著增大，车站场景的 RMS 角度扩展基本保持稳定，而城郊场景的 RMS 角度扩展呈现逐渐减小的趋势。

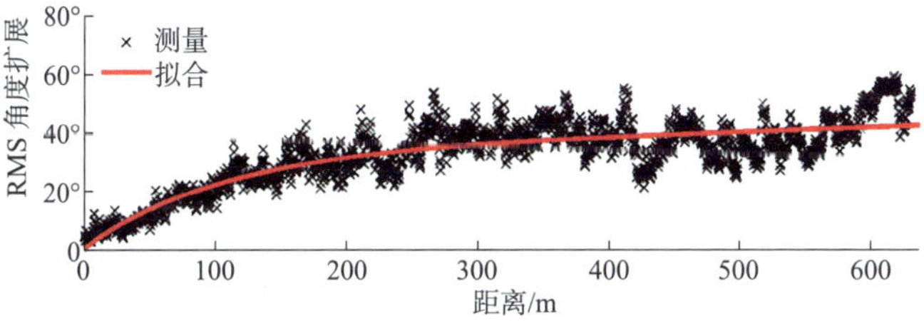


(a)高架桥场景

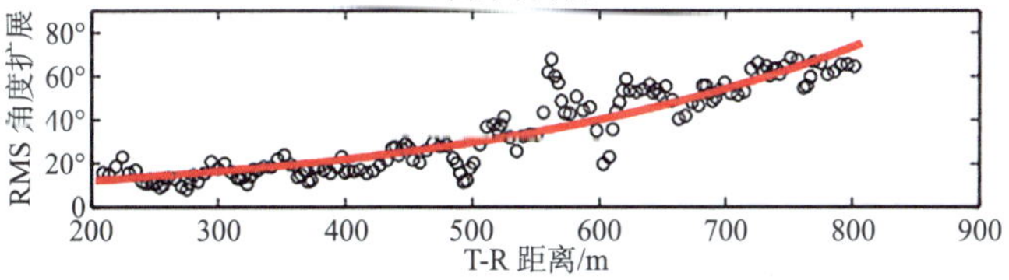


(b)路堑场景

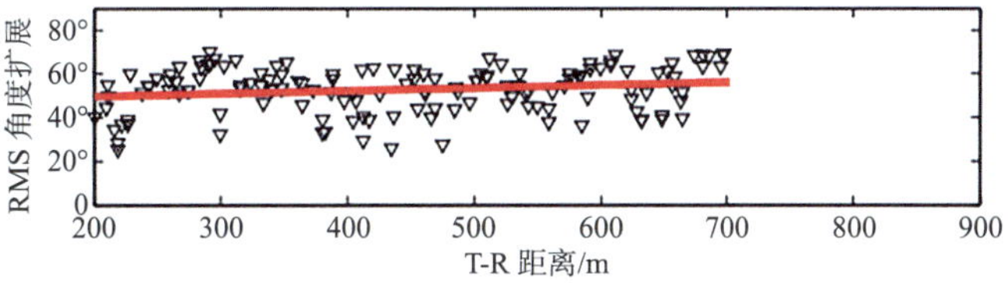


(c)乡村场景

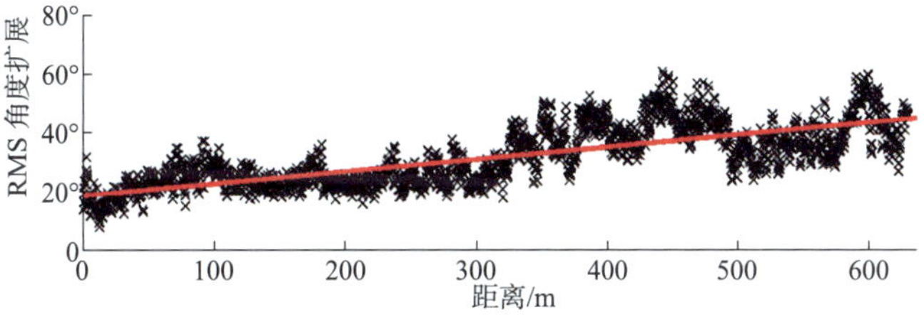


(d)多链路场景

图　5-22

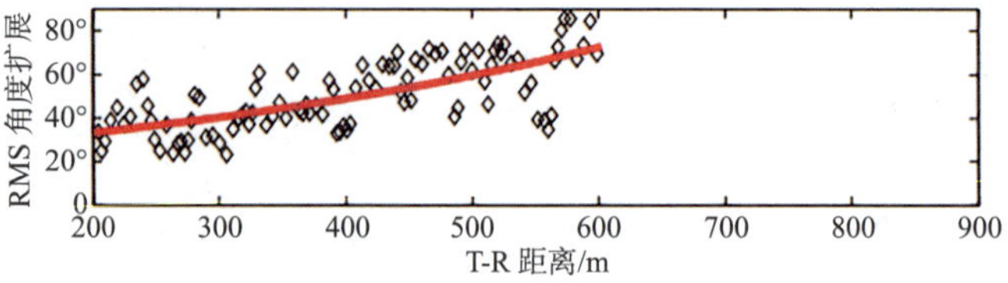


(e)车站场景

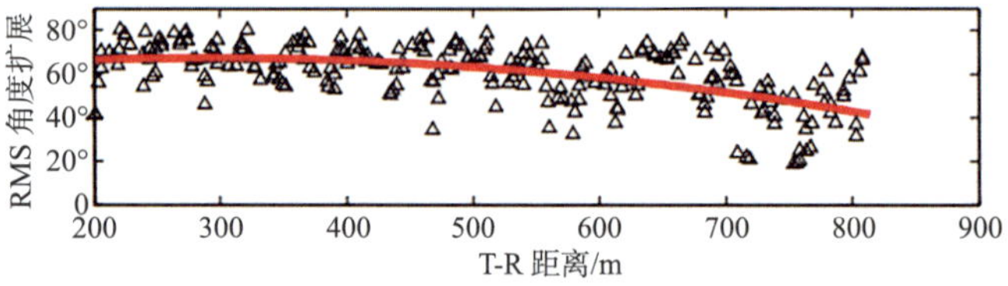


(f)城郊场景

图 5-22　随距离变化的 RMS 角度扩展

为了描述上述六种场景下 RMS 角度扩展随距离的变化情况，分别采用以下模型：

$$\mathrm{AS}(d)=\begin{cases} x_{\mathrm{AS}}\cdot \mathrm{e}^{y_{\mathrm{AS}}\cdot d}+x'_{\mathrm{AS}}\cdot \mathrm{e}^{y'_{\mathrm{AS}}\cdot d} & \text{高架桥} \\ y_{\mathrm{AS}}\cdot d+z_{\mathrm{AS}} & \text{路堑/车站} \\ x_{\mathrm{AS}}\cdot \mathrm{e}^{y_{\mathrm{AS}}\cdot d} & \text{乡村/多链路} \\ x_{\mathrm{AS}}\cdot d^2+y_{\mathrm{AS}}\cdot d+z_{\mathrm{AS}} & \text{城郊} \end{cases} \tag{5-20}$$

式中，高架桥场景采用双指数函数，路堑和车站场景采用线性函数，乡村和多链路场景采用指数函数，城郊场景采用二阶多项式函数。表 5-9 列出了 RMS 角度扩展模型的参数拟合结果。

**表 5-9　不同高铁场景的 RMS 角度扩展模型参数**

| 场景 | 高架桥 | 路堑 | 乡村 | 多链路 | 车站 | 城郊 |
|---|---|---|---|---|---|---|
| $x_{\mathrm{AS}}$ | 34.19 | — | 6.691 | 22.64 | — | $-9.4\mathrm{e}^{-5}$ |
| $y_{\mathrm{AS}}$ | 0.000 35 | 0.041 | 0.003 | 0.001 9 | 0.001 3 | 0.055 |
| $x'_{\mathrm{AS}}$ | −33.65 | — | — | — | — | — |
| $y'_{\mathrm{AS}}$ | −0.009 5 | — | — | — | — | — |
| $z_{\mathrm{AS}}$ | — | 18.78 | — | — | 47.05 | 59.32 |
| $\mu_{\mathrm{AS}}$ | 32.7 | 31.9 | 34.38 | 50.55 | 52.79 | 60.18 |
| $\sigma_{\mathrm{AS}}$ | 12.9 | 10.1 | 19.53 | 15.95 | 10.35 | 13.25 |
| $a_{\mathrm{AS}}$ | — | — | 0.19 | −0.2 | −0.56 | −0.63 |
| $b_{\mathrm{AS}}$ | — | — | 23.57 | 44.33 | 50.59 | 57.83 |
| $c_{\mathrm{AS}}$ | — | — | 14.18 | 14.7 | 11.29 | 14.34 |

图 5-23 给出了上述六种场景的 RMS 角度扩展 CDF，其均值 $\mu_{\mathrm{AS}}$和标准差 $\sigma_{\mathrm{AS}}$见表 5-9。从表中可以看到，高架桥、路堑和乡村场景的 RMS 角度扩展均值要小于其他场景的结果。

这是因为这三种场景的多径分量相对较少。由于回波信道效应的存在，多链路场景具有更高的 RMS 角度扩展均值，达到 50.55°，与车站场景的结果比较接近。除此之外，城郊场景的 RMS 角度扩展均值最大，为 60.18°。为了描述 RMS 角度扩展 CDF 结果，分别采用正态分布和 GEV 分布进行拟合，如图 5-23 所示。从图中可以看到，正态分布能够对高架桥和路堑场景的结果实现很好的拟合，且 GEV 分布的拟合结果可以较好地匹配乡村、多链路、车站和城郊场景的实测结果。值得注意的是，与车站和城郊场景相比，GEV 分布对乡村和多链路的结果的拟合具有更大的偏差。这是因为乡村和多链路的 RMS 角度扩展具有较强的距离依赖性，在整个测量过程中变化较大，导致实测与拟合结果存在一定的偏差。

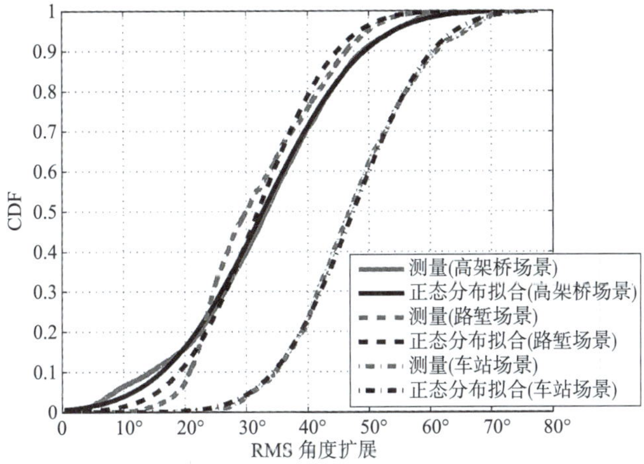


(a)正态分布拟合

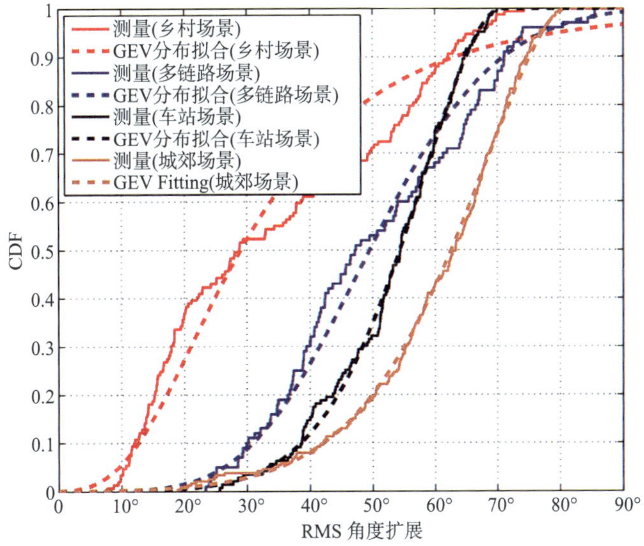


(b)GEV 分布拟合

图 5-23　不同高铁场景的 RMS 角度扩展 CDF

# 5.3 高铁信道非平稳特征

## 5.3.1 游程检验

由于高铁场景中列车具有高速移动性，高铁信道不满足广义平稳(Wide Sense Stationary，WSS)条件。为了检验信道是否满足WSS条件，可以采用游程检验(RUN Test)方法。游程检验，也称为连贯检验，以给定样本中所包含的游程的个数为判定依据来检验样本序列的随机性。游程是指样本序列中连续出现的某个符合条件的值的区段，例如，有如下样本序列：0111001010110000011。观察零的游程数，一个零算一个游程，连续的几个零也算一个游程，因此，本段样本中零的游程数为5。同理，样本中1的游程数为5。游程检验的原理就是如果样本序列是一个随机序列，那么它的游程数应该比较适中，既没有很多也没有很少。如果这个值很小，那么就说明该样本有某些变化趋势或者某种结构，缺乏独立性，不是一个随机序列，可能是因为样本取自不同的总体或者样本观测值之间存在相关性。如果样本序列的游程数很大，那么有可能是周期性的系统波动导致的，这种情况下也可以认为样本序列不是随机序列。

通过对RMS时延扩展的测量结果进行游程检验，可以判断所测信道是否为WSS信道。将整体的RMS时延扩展数据划分为不同的等长度样本序列，假设样本序列之间为独立的，针对每个RMS时延扩展的样本序列，进行游程检验。首先，求得样本序列的中值，将样本值连续落在中值以上的情况认为是一个游程，同时将样本值连续落在中值以下的情况也认为是一个游程，统计样本序列中存在上述两种情况的总次数，即游程数。

然后，将RMS时延扩展的样本序列的长度$N_i$进行查表分别确定最低和最高置信度情况下可接受的最小和最大的游程数，$c_{\text{low}}$和$c_{\text{high}}$。如果计算得到的游程数$N_{\text{runs}}$落在极限值的范围之内，即满足条件$[c_{\text{low}} \leqslant N_{\text{runs}} \leqslant c_{\text{high}} \mid N_i]$，那么认为WSS的假设检验通过。

下面以车站场景的测量结果为例，采用上述游程检验方法，分析高铁信道是否为WSS信道。图5-24给出了$N_i=60$(对应于12 m的距离)情况下RMS时延扩展相对中值的变化结果。根据统计得到，RMS时延扩展的中值为131.7 ns，游程数为22。通过查表得到，当$N_i=60$且最低和最高置信度为0.05和0.95时，可接受的游程数范围是24～38。由于所统计的游程数超出了这个范围，因此可以认为信道是非平稳的。

在上述分析中，考虑了$N_i=60$或距离间隔为12 m的情况，如果选取更小的$N_i$或更短的距离间隔，那么游程检验有可能通过。图5-25给出了不同距离间隔下的游程检验通过率的结果。游程检验通过率是指游程检验通过的样本序列个数与总的样本序列个数之比。当游程检验的输出结果为0时，表示游程检验通过。从图中可以看到，当距离间隔为4 m时，游程检验通过率为80%，也就是说绝大部分的RMS时延扩展的样本序列通过了游程检验。

如果以80%的游程检验通过率为作为判定信道是否为WSS信道的依据，那么可以认为4 m是信道保持平稳的距离间隔。

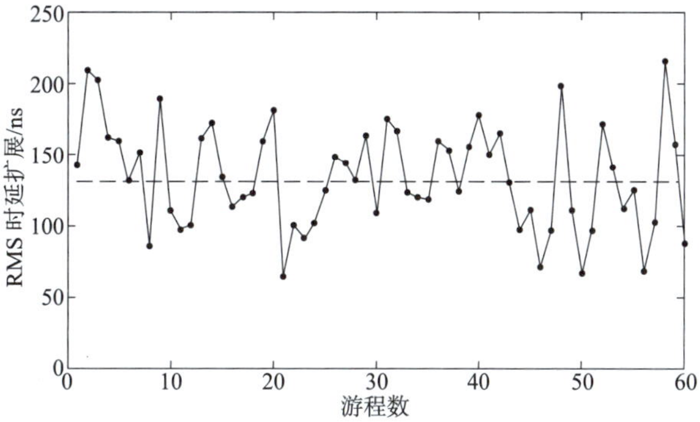


图5-24 车站场景下RMS时延扩展相对中值的变化结果

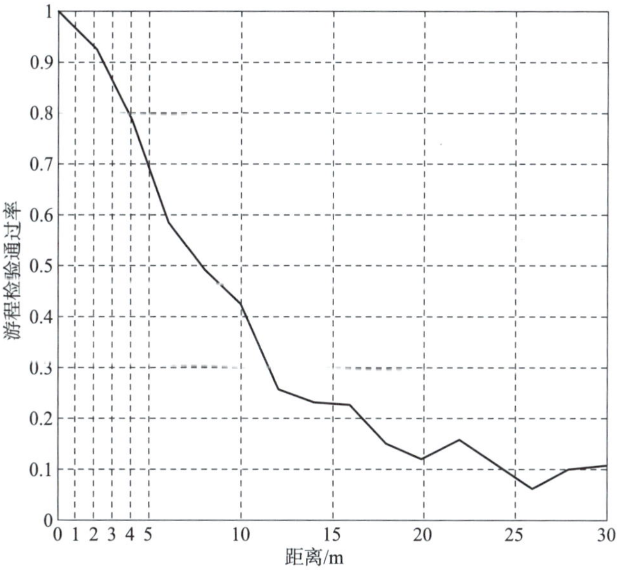


图5-25 不同距离间隔下的游程检验通过率的结果

## 5.3.2 平稳间隔

平稳间隔是描述信道的非平稳特征的重要参数，被定义为信道满足WSS条件的最大持续时间或距离。确定信道的平稳间隔的方法主要分为两类，统计检验和指标度量。本节采用一种本地平稳区间(Local Region of Stationarity，LRS)方法，即通过LRS来度量信道的平稳间隔。LRS方法的基本原理是找到一个能够使两个连续PDP的相关系数超过某一预设门限$c_{th}$的最大间隔。这里考虑三种典型的相关系数门限值：$c_{th}=0.7$，$c_{th}=0.8$和$c_{th}=0.9$。

图 5-26 给出了不同场景不同门限下的平稳间隔的互补累计概率分布函数（Complementary Cumulative Distribution Function，CCDF）结果。从图中可以看到，随着 $c_{th}$ 的增大，平稳间隔逐渐减小。当 $c_{th}=0.9$ 时，三种场景的平稳间隔结果差异较小，而当 $c_{th}=0.7$ 和 $c_{th}=0.8$ 时，具有明显的差异。因此，主要关注 $c_{th}=0.7$ 和 $c_{th}=0.8$ 的情况。可以发现，乡村场景的平稳间隔大于车站和城郊场景的结果。这是因为乡村场景是以 LoS 为主导的场景，多径分量在时间或距离上具有较小的动态变化，导致信道的平稳间隔较长。对于车站和城郊场景来说，由于存在丰富的反射体和散射体，多径分量的动态变化更剧烈，信道的非平稳性更强，因此平稳间隔变短。从上述分析可知，信道非平稳的根本原因是多径分量的动态变化。实际上，多径分量的动态变化可以通过多径分量的“生”和“灭”的过程来描述。这种生灭过程在下一节详细介绍。

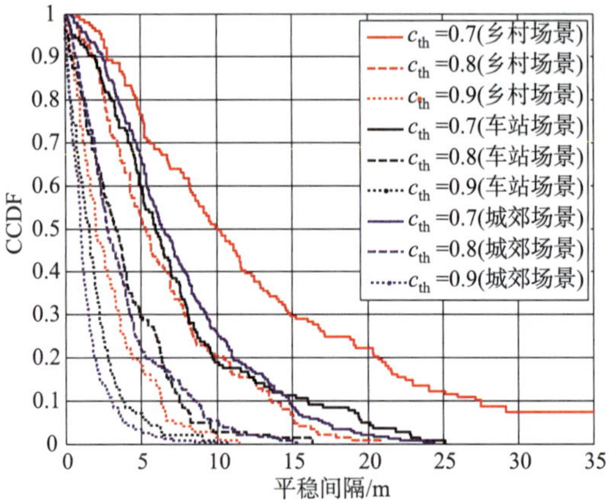


图 5-26　不同高铁场景下平稳间隔 CCDF

表 5-10 列出了不同场景不同门限下平稳间隔的统计量结果，包括均值、60%和 80%的 CCDF 结果。这里主要关注 $c_{th}=0.8$ 的相关结果。从表中可以看到，乡村场景的平稳间隔的均值为 6.46 m，而车站和城郊场景的结果分别为 3.84 m 和 3.74 m。在 60%和 80%的 CCDF 情况下，实测场景的信道平稳间隔分别为 2.33～4.29 m 和 1.25～2.64 m。

**表 5-10　不同高铁场景下平稳间隔的统计量**

| 场景 | 统计量 | 平稳间隔/m | | |
|---|---|---|---|---|
| | | $c_{th}=0.7$ | $c_{th}=0.8$ | $c_{th}=0.9$ |
| 乡村 | 均值 | 14.3 | 6.46 | 2.84 |
| | 60%的 CCDF | 8.22 | 4.29 | 1.65 |
| | 80%的 CCDF | 4.74 | 2.64 | 0.99 |
| 车站 | 均值 | 7.27 | 3.84 | 1.87 |
| | 60%的 CCDF | 5.02 | 2.55 | 1.17 |
| | 80%的 CCDF | 3.07 | 1.25 | 0.37 |
| 城郊 | 均值 | 7.62 | 3.74 | 1.37 |
| | 60%的 CCDF | 5.43 | 2.33 | 0.86 |
| | 80%的 CCDF | 3.54 | 1.25 | 0.35 |

### 5.3.3　生灭过程

高铁信道的非平稳性本质上是由于列车移动过程中多径分量的动态演化导致。多径分量的动态演化主要体现为多径分量的生灭过程。为了描述这种生灭过程，一般采用马尔科夫链。这里，考虑一个具有四种状态的马尔科夫链模型。设马尔科夫链的状态空间为 E，则 $E=\{S_0,S_1,S_2,S_3\}$，其中：$S_0$ 表示在下一时刻，既没有出现新的多径，也没有已存在的消失，即多径分量在数量上没有产生变化，这里不考虑同一时延处的多径强度变化；$S_1$ 表示下一时刻只出现了新的多径分量；$S_2$ 表示下一时刻只有多径分量的消失；$S_3$ 表示下一时刻既产生新的多径，也有某些多径消失。这里所指的状态描述的是下一时刻相对于当前时刻的多径变化情况。显然，在列车移动过程中，各个状态可以相互转化，而且满足当前时刻的状态只与以前时刻的状态有关。设从 $S_i$ 状态转化为 $S_j$ 的可能性为 $p_{ij}$，其中 $i\geqslant 0, j\leqslant 3$，对应的状态转移情况如图 5-27 所示。

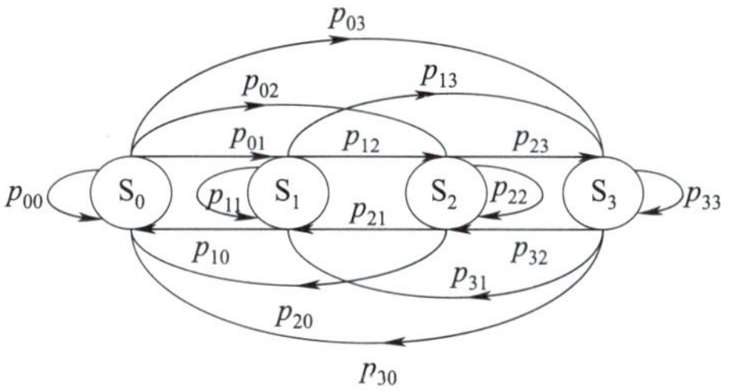


图 5-27　不同高铁场景下平稳间隔 CCDF

对应的状态转移矩阵 $\boldsymbol{P}$ 为

$$\boldsymbol{P}=\{p_{ij}\}=\begin{bmatrix} p_{00} & p_{01} & p_{02} & p_{03} \\ p_{10} & p_{11} & p_{12} & p_{13} \\ p_{20} & p_{21} & p_{22} & p_{23} \\ p_{30} & p_{31} & p_{32} & p_{33} \end{bmatrix} \tag{5-21}$$

其中

$$0\leqslant p_{ij}\leqslant 1,\ i,j=0,1,\cdots,N-1 \tag{5-22}$$

$$\sum_{j=0}^{N-1} p_{ij}=1,\ i=0,1,\cdots,N-1 \tag{5-23}$$

式中，$N$ 为状态的总可能数，此处 $N=4$，相应的稳态概率矩阵为

$$\boldsymbol{P}_{\mathrm{S}}=[p_{\mathrm{S}_0}\quad p_{\mathrm{S}_1}\quad p_{\mathrm{S}_2}\quad p_{\mathrm{S}_3}] \tag{5-24}$$

稳态概率满足以下条件：

$$p_{\mathrm{S}_0}+p_{\mathrm{S}_1}+p_{\mathrm{S}_2}+p_{\mathrm{S}_3}=1 \tag{5-25}$$

基于信道冲激响应数据，可以获得状态转移矩阵。这里，考虑乡村、车站和城郊三种场景的信道冲激响应数据。由于信道采样率为 2 kHz，且列车移动速度为 285 km/h，则状态转移矩阵的参考值为 0.04 m。乡村、车站和城郊场景的状态转移矩阵如下

$$\boldsymbol{P}_{\text{rural}}=\begin{bmatrix}0.4111 & 0.3716 & 0.1131 & 0.1041\\0.0722 & 0.0378 & 0.5349 & 0.3551\\0.2394 & 0.6518 & 0.0321 & 0.0767\\0.0469 & 0.0536 & 0.2628 & 0.6368\end{bmatrix}$$

$$\boldsymbol{P}_{\text{station}}=\begin{bmatrix}0.0500 & 0.0100 & 0.0000 & 0.8500\\0.0261 & 0.0131 & 0.2484 & 0.7124\\0.0189 & 0.4780 & 0.0252 & 0.4780\\0.0077 & 0.0466 & 0.0753 & 0.8705\end{bmatrix}$$

$$\boldsymbol{P}_{\text{suburban}}=\begin{bmatrix}0.1827 & 0.3077 & 0.1490 & 0.3606\\0.0482 & 0.0579 & 0.2603 & 0.6336\\0.0882 & 0.4749 & 0.0746 & 0.3623\\0.0148 & 0.0571 & 0.0977 & 0.8303\end{bmatrix}$$

分析状态转移矩阵，在乡村场景下，若当前状态是 $S_0$，则下一个时刻的状态最有可能也是 $S_0$，即多径分量数目没有变化，说明当前时刻附近，周围环境变化不大。若当前状态是 $S_1$，则下一个时刻最有可能向 $S_2$ 状态转化，即当前产生了新的多径，则下一时刻最有可能会有多径会消失，而且由于乡村场景下的散射体很少，很有可能消失的多径就是上一时刻产生的多径。若当前状态是 $S_2$，则下一时刻最有可能是 $S_1$ 状态，即当前某些多径消失，则下一时刻会产生新的。若当前状态是 $S_3$，则下一时刻最有可能也是 $S_3$，这种情况下是由于当前部分区域散射体相对丰富导致的。对于车站和城郊场景，无论当前时刻处于哪一状态，下一时刻都基本上最有可能向 $S_3$ 状态转化。这是因为周围环境中存在大量的散射体，使得对于任意时刻，同时出现某些多径的消失和新的多径产生的情况都有很大的概率发生。

根据状态转移矩阵，可以得到该随机过程的平稳分布。三个场景下的稳态概率矩阵，即平稳分布如下

$$\boldsymbol{P}_{\text{S\_rural}}=[0.1592 \quad 0.2494 \quad 0.2493 \quad 0.3421]$$

$$\boldsymbol{P}_{\text{S\_station}}=[0.0106 \quad 0.0808 \quad 0.0842 \quad 0.8244]$$

$$\boldsymbol{P}_{\text{S\_suburban}}=[0.0325 \quad 0.1135 \quad 0.1152 \quad 0.7388]$$

从稳态概率矩阵可以发现，无论在哪种环境下，保持在 $S_3$ 状态的可能性都是最大的。在多径较少的乡村场景中，处于 $S_3$ 状态的概率和处于 $S_1$、$S_2$ 状态的概率相差不大，但是在车站、城郊等存在大量散射体的环境中，处于 $S_3$ 的概率远大于其他三种状态。除此之外，无论在哪种场景下，处于 $S_1$ 和 $S_2$ 状态的稳态概率都大致相等，说明接收信号中多径的出现和消失是对等的。

# 5.4　高铁多天线信道特征

## 5.4.1　空间相关性

空间相关性是指不同天线阵元之间的信道相关性，是多天线信道的一个重要特征。表征空间相关性的参数是空间相关系数，相关系数越接近 1，表示空间相关性越高；相关系数越接近 0，表示空间相关性越低。

将第四章获取的虚拟多天线数据转化为多天线窄带小尺度数据 $\boldsymbol{h}(t)=[h_1(t)\quad h_2(t)\quad h_3(t)]$，可计算得到空间相关系数 $\rho_{12}$ 和 $\rho_{13}$，其中 $\rho_{12}$ 表示子信道 $h_1(t)$ 和 $h_2(t)$ 的相关系数，$\rho_{13}$ 表示子信道 $h_1(t)$ 和 $h_3(t)$ 的相关系数。图 5-28 给出了高架桥、路堑和车站场景的 $\rho_{12}$ 和 $\rho_{13}$ 的 CDF 结果。高架桥和路堑场景中 $\rho_{12}$ 和 $\rho_{13}$ 对应的阵元间距分别为 0.22$\lambda$ 和 0.44$\lambda$，而车站场景中 $\rho_{12}$ 和 $\rho_{13}$ 对应的阵元间距分别为 0.25$\lambda$ 和 0.5$\lambda$。从图中可以看到，车站场景的空间相关系数明显要小于高架桥和路堑场景的结果。这是因为车站场景具有更丰富的多径分量，导致了信道在空间上的随机性变强，因此空间相关性更弱。三种场景中 $\rho_{13}$ 基本都比 $\rho_{12}$ 小，说明阵元间距越大，则空间相关性变弱。从图中还可以看到，车站场景中 35%～45% 的相关系数的结果低于 0.8，而高架桥和路堑场景中高达 95% 的相关系数的结果高于 0.8。因此，在多天线的阵元间距小于 0.5$\lambda$ 的情况下，多天线技术能够在车站场景中发挥一定的作用，但在高架桥和路堑场景中不建议使用。

当阵元间距大于 0.5$\lambda$ 时，空间相关性会进一步减弱。基于京津高铁信道测试获得的实际多天线数据(天线间距为 7.6$\lambda$)，得到乡村场景下两个子信道的空间相关系数，如图 5-29 所示。从图中可以看到，乡村场景中 65% 的空间相关系数的结果小于 0.8，这个比例不仅远超上述阵元间距为 0.5$\lambda$ 时的高架桥和路堑场景的结果，而且也大幅度超过了车站场景的结

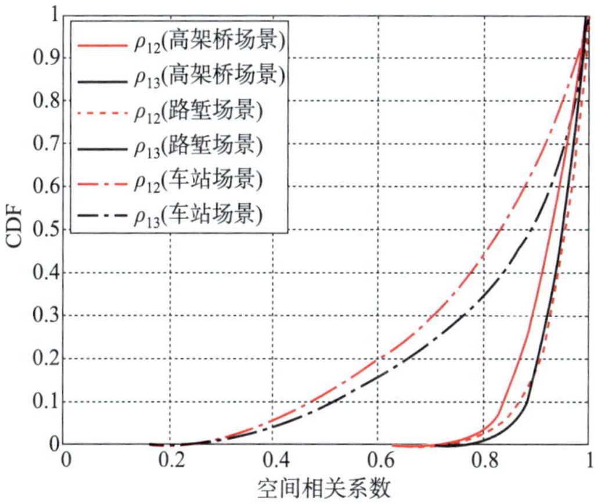


图 5-28　三种高铁场景的空间相关系数 CDF

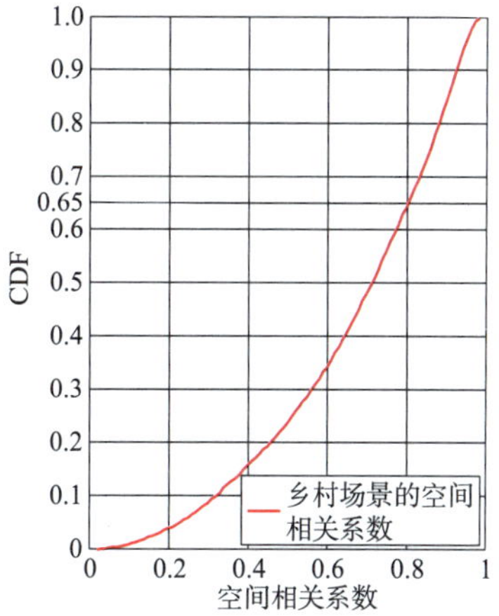


图 5-29　乡村场景的空间相关系数 CDF

果。这说明在多径分量较稀疏的场景，采用较大的天线间距仍能够有效地降低空间相关性。

前面已经分析了信道的空间色散特征，而信道的空间相关性特征与空间色散特征存在一定的关联性。图 5-30 给出了高架桥、路堑和车站场景下依赖于 RMS 角度扩展的空间相关系数结果。从图中可以看到，三种场景的空间相关系数均随 RMS 角度扩展增大而减小，表明空间相关系数与 RMS 角度扩展成反相关。这种现象是合理的，因为 RMS 角度扩展越大，信道的空间自由越大，则空间相关性越弱。为了量化这两个参数的关系，建立基于 RMS 角度扩展的空间相关系数模型，如下

$$\rho(\Delta\theta)=\begin{cases} a\Delta\theta^2+b\Delta\theta+c+y\sigma_\rho & \text{高架桥/路堑} \\ b\Delta\theta+c+y\sigma_\rho & \text{车站} \end{cases} \tag{5-26}$$

式中，$a$、$b$、$c$ 为模型参数；$\sigma_\rho$ 为模型的标准差；$y$ 为服从标准正态分布的变量。模型参数见表 5-11。基于上述模型，可以方便地根据 RMS 角度扩展确定空间相关系数，进而评估多天线的性能。

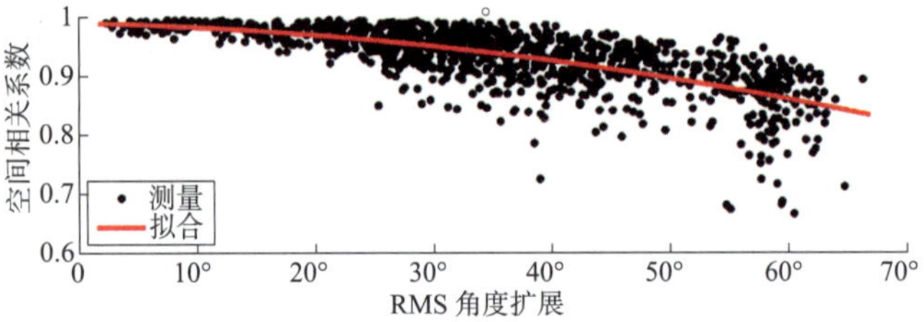


(a)高架桥场景

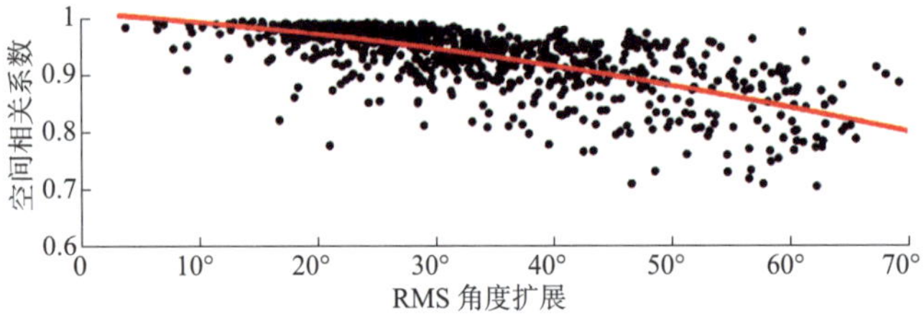


(b)路堑场景

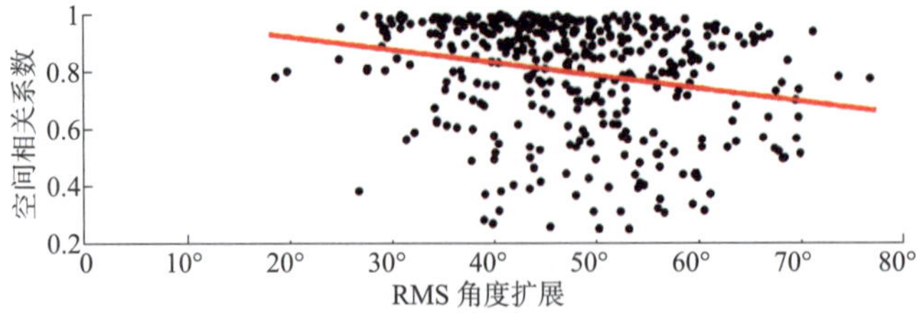


(c)车站场景

图 5-30 空间相关系数随 RMS 角度扩展变化的结果

表 5-11　空间相关系数模型参数

| 场　　景 | 高架桥 | 路　　堑 | 车　　站 |
|---|---|---|---|
| $a$ | $-2.73e^{-5}$ | $-2.01e^{-5}$ | — |
| $b$ | −0.000 53 | −0.001 6 | −0.004 5 |
| $c$ | 0.99 | 1.01 | 1.01 |
| $\sigma_p$ | 0.036 | 0.039 | 0.189 |

### 5.4.2　信道容量

信道容量可以直接反映在某一种传播环境下 MIMO 系统的性能。信道空间相关性是影响信道容量的主要因素，通常空间相关性越低，则信道容量越大，反之亦然。

基于京津高铁信道测试获得的 2×2 多天线信道数据，得到乡村场景下的遍历容量，如图 5-31 所示。为了对比，2×2 瑞利信道（不相关信道）的遍历容量也在图中给出。不相关的瑞利信道的容量作为可达到的容量上限。从图中可以看到，随着 SNR 的增大，乡村场景和瑞利信道的遍历容量的差距逐渐增大。当 SNR 为 20 dB 时，乡村场景的容量为 9.9(bit/s)/Hz，而瑞利信道的容量为 11.2(bit/s)/Hz。从上述结果可知，天线间距为 7.6λ 的实测高铁乡村场景下遍历容量在低 SNR 时接近容量上限，而在高 SNR 时与容量上限相差约 1(bit/s)/Hz。

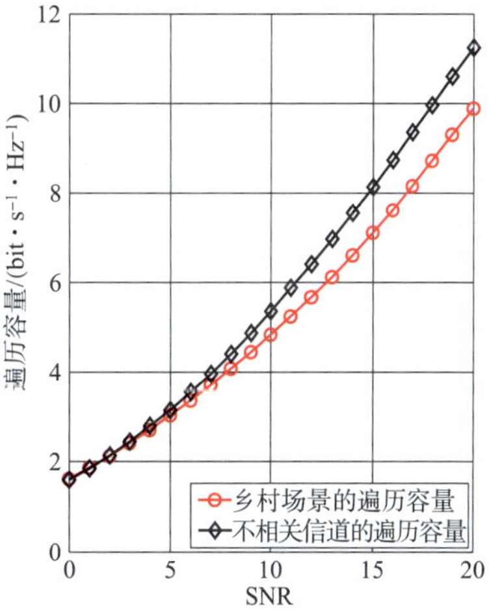


图 5-31　乡村场景的遍历容量

## 5.5　高铁多链路信道特征

### 5.5.1　相关矩阵共线性

相关矩阵共线性（Correlation Matrix Collinearity，CMC）可以用于衡量不同链路的 MIMO 信道矩阵的相关性，是多链路多天线信道的重要特征。CMC 的取值范围在 0 到 1 之间，当 CMC 的值越接近 1，不同链路的相关性越高；当 CMC 的值越接近 0，则不同链路的相关性越低。

假设存在两条链路，这两条链路的 CMC 定义为

$$\mathrm{CMC}=\frac{\left|\mathrm{tr}\{\boldsymbol{R}_1\boldsymbol{R}_2^{\mathrm{H}}\}\right|}{\|\boldsymbol{R}_1\|_{\mathrm{F}}\ \|\boldsymbol{R}_2\|_{\mathrm{F}}} \tag{5-27}$$

式中，$\|\cdot\|_{\mathrm{F}}$ 为矩阵的 Frobenius 范数；$\mathrm{tr}\{\cdot\}$ 为矩阵的迹；$\boldsymbol{R}_i$ 为第 $i$ 条链路的相关矩阵，

$i\in\{1,2\}$。$\boldsymbol{R}_i$ 可以表示为

$$\boldsymbol{R}_i = \sum_{s=1}^{N_s} (\boldsymbol{H}_i(s))^{\mathrm{H}} \boldsymbol{H}_i(s) \tag{5-28}$$

式中，$N_s$ 为用于计算的信道冲激响应的快照数；$(\cdot)^{\mathrm{H}}$ 为矩阵的共轭转置，$\boldsymbol{H}_i(s)$为第 $i$ 条链路的 MIMO 信道冲激响应矩阵。这里应采用窄带小尺度数据。

基于第四章获取的多链路数据，计算得到高铁多链路场景下 CMC 的均值为 0.59。为了对比，还计算了不同链路 SISO 信道的相关性，其相关系数的均值为 0.41。可以发现，多链路 MIMO 信道的相关性高于多链路 SISO 信道的结果，这是因为天线阵列对多链路的相关性产生了影响。值得注意的是，无论是 CMC 还是多链路 SISO 相关性的结果，均低于上一节中的天线间距为 7.6λ 时的空间相关系数。这说明如果采用 CoMP 技术，可以有效地提升信道容量。

## 5.5.2 和速率容量

CoMP 系统的性能可以通过和速率容量(Sum Rate Capacity，SRC)来评估。SRC 是由 CMC 决定，CMC 的值越大，则 SRC 越大，反之亦然。SRC 是计算不同链路之间存在相关性且互为干扰时的信道容量，下面给出计算步骤。

首先，计算第 $i$ 条链路的接收功率：

$$P_i = \frac{1}{N_s \cdot N_r \cdot N_t} \sum_{s=1}^{N_s} \| \boldsymbol{H}_i(s) \|_{\mathrm{F}}^2 \tag{5-29}$$

式中，$N_r$ 和 $N_t$ 分别为收发天线的个数。

然后，将信道冲激响应矩阵进行归一化，得到

$$\hat{\boldsymbol{H}}_i = \frac{\boldsymbol{H}_i(s)}{\sqrt{P_i}} \tag{5-30}$$

在多链路场景下，多链路 MIMO 信道的遍历容量由下式计算

$$C(\hat{\boldsymbol{H}}_1, \hat{\boldsymbol{H}}_2) = E\left\{\log_2\left[\det\left(\boldsymbol{I}_{N_r} + \frac{\rho}{N_t}\right)\hat{\boldsymbol{H}}_1 (\hat{\boldsymbol{H}}_1)^{\mathrm{H}} \boldsymbol{R}_2^{-1}\right]\right\} \tag{5-31}$$

式中，下标“1”和“2”分别为期望链路和干扰链路；$\boldsymbol{I}_{N_r}$ 大小为 $N_r$ 的单位矩阵；det(·)为矩阵的行列式；$E\{\cdot\}$为平均运算，$\rho$ 为期望链路的 SNR。下面对两种情况进行讨论。

对于单链路的情况，计算期望链路的遍历容量 $C(\hat{\boldsymbol{H}}_1)$，可令

$$\boldsymbol{R}_2 = \boldsymbol{I}_{N_r} \tag{5-32}$$

对于双链路的情况，计算存在干扰链路情况下期望链路的遍历容量，可令

$$\boldsymbol{R}_{\mathrm{int}} = \eta \hat{\boldsymbol{H}}_2 (\hat{\boldsymbol{H}}_2)^{\mathrm{H}} + \boldsymbol{I}_{N_r} \tag{5-33}$$

式中，$\eta$ 为干扰链路的 SNR。对于期望链路来说，干扰链路的信噪比也是期望链路的干噪比(Interference to Noise Ratio，INR)。这里将 INR 等价于干扰链路的 SNR。

由此可得，双链路 SRC 为

$$\mathrm{SRC}=C(\hat{\boldsymbol{H}}_1,\hat{\boldsymbol{H}}_2)+C(\hat{\boldsymbol{H}}_2,\hat{\boldsymbol{H}}_1) \tag{5-34}$$

且相对 SRC 为

$$\mathrm{SRC}_n=\frac{C(\hat{\boldsymbol{H}}_1,\hat{\boldsymbol{H}}_2)+C(\hat{\boldsymbol{H}}_2,\hat{\boldsymbol{H}}_1)}{C(\hat{\boldsymbol{H}}_1)+C(\hat{\boldsymbol{H}}_2)} \tag{5-35}$$

相对 SRC 表示两条链路互为干扰时和速率容量与两条链路为独立时和速率容量的比值。当 CMC 为 0 时，两条链路无干扰，则相对 SRC 为 1。

针对第 4 章获取的多链路数据，包括链路 1 和链路 2 的信道冲激响应，根据上述计算流程可以提取高铁多链路场景下的信道容量。在分析和速率容量之前，首先研究高铁场景下干扰链路对期望链路信道容量的影响。图 5-32 给出了以链路 2 为干扰链路时链路 1 的信道容量。从图中可以看到，信道容量几乎随 INR 的升高而线性下降。当 SNR 为 35 dB 且 INR 为15 dB 时，容量从无干扰条件下的 20.4(bit/s)/Hz 减小至 11.1(bit/s)/Hz，这说明干扰链路导致了系统性能的恶化。为了全面反映干扰链路对期望链路的影响，图 5-33 给出了信道容量随 SNR 和 INR 变化的三维图。从图中可以看到，当存在干扰链路时，期望链路的 SNR 越高，则容量越大，但是随着 INR 的增大，容量会降低。

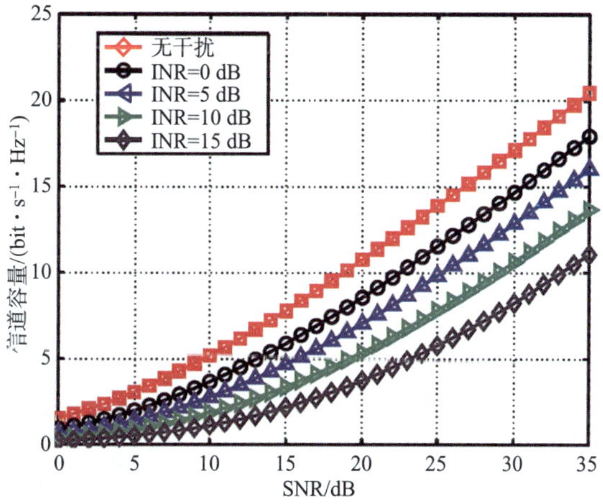


图 5-32　典型 INR 下信道容量随 SNR 变化的结果

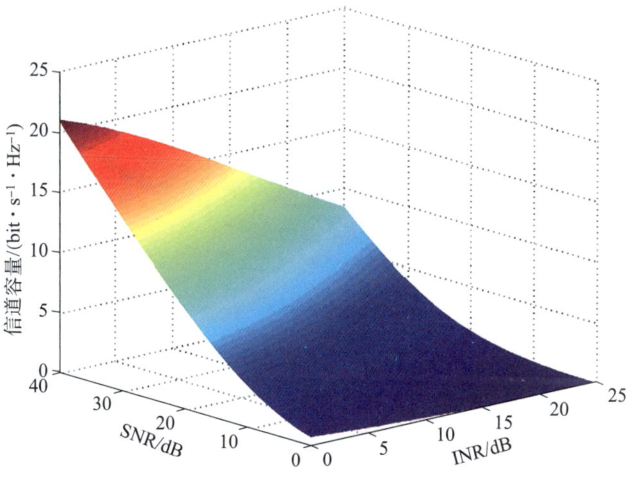


图 5-33　信道容量随 SNR 和 INR 变化的结果

下面对高铁多链路场景下的 SRC 和相对 SRC 进行分析。图 5-34 和 5-35 分别给出了 SRC 和相对 SRC 随链路 1 和链路 2 的 SNR 变化的结果。这里需要注意的是，在链路 1 的 SNR 高于链路 2 的 SNR 的情况下，链路 2 是干扰链路，其 SNR 成为 INR；在相反的情况下，链路 1 是干扰链路，其 SNR 成为 INR。从图中可以看到，SRC 和相对 SRC 的结果呈现对称性，这是因为链路 1 和链路 2 互为干扰链路。从图中还可以看到，相对 SRC 的值始终小于 1，即 SRC 小于两个独立链路的信道容量的总和，说明不同链路间存在相关性会使得 CoMP 系统性能下降。另一方面，SRC 明显大于任意单链路的容量，因此采用 CoMP 能够有效地提高系统容量。根据两条链路的实际 SNR 估算值，得到高铁多链路场景下的相对 SRC 为 0.34，与前面得到的 CMC 为 0.59 的结果是匹配的。

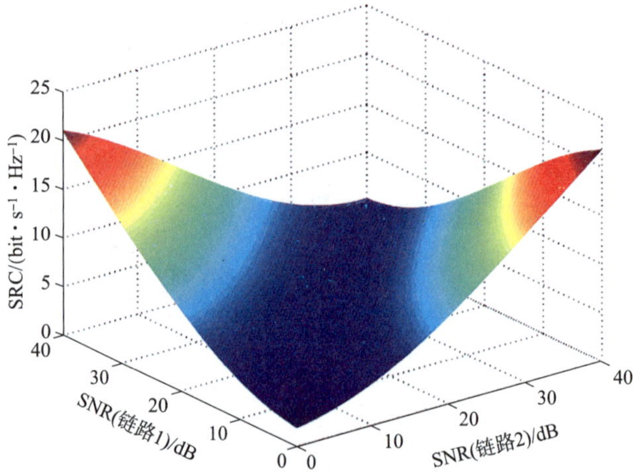


图 5-34　SRC 的结果

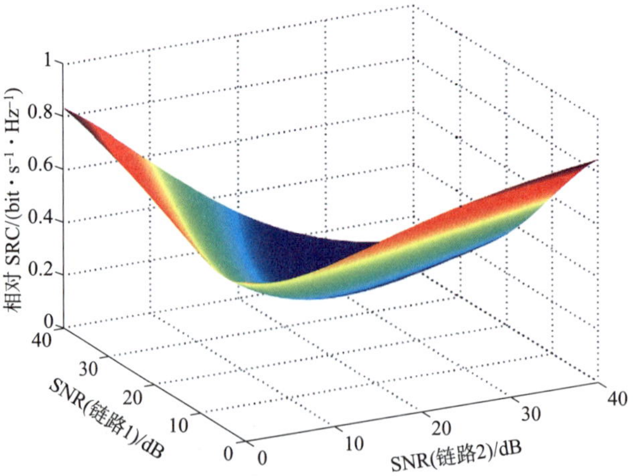


图 5-35　相对 SRC 的结果

# 第 6 章　高铁宽带无线信道模型

高铁宽带无线信道模型大体上可分为两类，一类是基于测量的宽带信道模型，另一类是基于理论方法的宽带信道模型。基于测量的宽带信道模型，作为一种典型的统计模型，是由大量的实测信道数据统计得到，旨在模拟信道的统计分布，包括功率延迟分布、功率角度分布和多普勒频谱。该类模型具有较高的准确度和较低的复杂度，但通常仅适用于特定的场景，因而其通用性和灵活性较差。由于真实高铁场景下的宽带信道数据较为匮乏，一些理论建模方法在高铁宽带无线信道建模中发挥了重要作用。基于理论方法的宽带信道模型主要有基于射线跟踪的确定性信道模型、基于几何的随机信道模型和基于传播图的随机信道模型。这些模型完全不需要实测数据，或者仅需要少量的实测数据来完成模型的校准与验证，十分适合于高铁宽带移动通信传输新技术的初期评估。

相比高铁电波传播模型和窄带信道模型，基于测量的高铁宽带信道模型的研究并不多见。已有的高铁宽带信道统计模型主要是基于 TDL 结构，但是随着信号带宽的增大，多径信号将以簇的形式存在，因此需要研究基于 CDL 的高铁宽带信道统计模型。射线跟踪法已广泛应用于轨道交通隧道场景下的宽带信道仿真建模，然而现有大部分基于射线跟踪的隧道场景宽带信道建模的研究都忽略了列车车体对信道衰落特性的影响。基于传播图的随机信道模型具有复杂度低的优势，已被初步证明能够适用于高铁场景，但模型的准确度仍需通过实测数据进行评估。在通用性和灵活性方面，基于几何的随机信道模型表现更好，通过设定不同的模型参数，即可适用于不同的高铁典型场景。除此之外，为了支持 mMIMO 和 CoMP 技术的性能评估，有必要研究基于几何的高铁动态多链路 mMIMO 信道建模。

## 6.1　基于 CDL 的高架桥场景信道建模

本节针对高架桥场景，研究了基于 CDL 的信道建模。首先，基于经典的多径聚簇算法，对实测多径数据进行了多径簇提取；其次，结合 CDL 结构，构建了高架桥场景下多径簇模型；最后，验证了所构建的模型的有效性。

### 6.1.1　多径簇提取

为了提取多径簇，采用广泛使用的 KPowerMeans 算法。KPowerMeans 算法是一种在

K-means 聚类算法基础上改进的多径聚簇算法，该算法采用多径分量距离（Multipath Component Distance，MCD）指标来衡量多径分量（MPC）之间的距离，并在距离计算中将多径分量的功率作为权重项。相比原始的 K-means 算法，KPowerMeans 算法更适合于多径聚簇。

将 KPowerMeans 算法应用于高架桥场景下的实测多径数据（包含时延和功率信息），得到的多径聚簇结果如图 6-1 所示。图 6-1（a）给出了高架桥场景下多径数目随时间变化的结果。从图中可以看到，在列车靠近发射机的过程中，多径数目随着列车靠近发射机而逐渐增大，然后迅速减少到最小值（10.75 s 处），此时列车与发射机距离最近。列车远离发射机的过程中多径数目变化与上述过程相反。根据此变化趋势，将测试数据段分为远端（Remote Area，RA）、接近（Toward Area，TA）、靠近（Close Area，CA）和到达（Arrival Area，AA）四个区域。列车在 RA 区域，受发射功率及接收设备灵敏度的影响，仅能识别功率较强的多径分量，随着列车靠近发射机，接收功率增强，接收机能识别的多径分量相应增多，在列车进入 AA 区域，接收机与发射机之间几乎可视，范围内存在强烈的直射径，反射径较少或被直射径淹没，所以在 AA 区域，能检测到的多径分量最少。图 6-1（b）给出了高架桥场景下多径簇数目随时间变化的结果。从图中可以看到，多径簇数目的变化趋势与图 6-1（a）中的多径数目的变化趋势一致，说明多径分簇的结果是基本合理的。

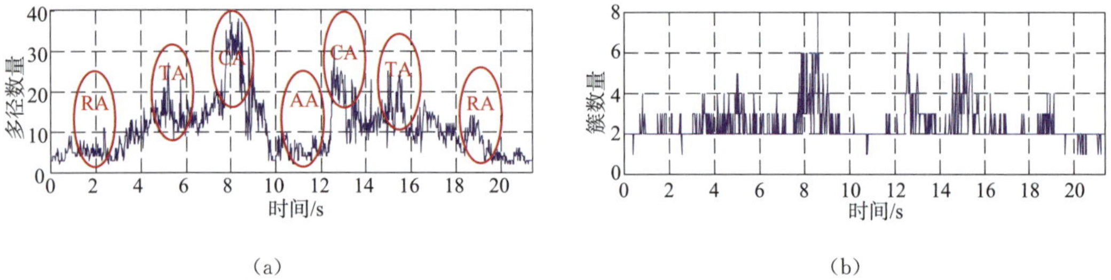


图 6-1 MPC 和簇数量变化

## 6.1.2 多径簇模型

基于 CDL 结构，根据所提取的多径簇的统计结果，构建高铁高架桥场景下的多径簇模型，见表 6-1。多径簇模型的参数包括簇数量、相对簇时延、平均簇增益、每一簇中的平均的多径数量和平均 MPC 衰落率。簇增益以第一簇为参考进行归一化，单位为 dB。每一簇中的多径功率服从指数衰落，而不同区域内衰落系数各不相同。假设列车从时刻 0 开始运动，RA、TA、CA 和 AA 四个区域按时刻段进行划分。

**表 6-1 高铁高架桥场景下的 CDL 模型**

| 区域 | 簇序号 | 相对簇时延/ns | 平均簇增益/dB | 平均 MPC 数量 | 平均 MPC 衰落率 $\gamma$/ns |
|---|---|---|---|---|---|
| RA<br>$t\in(0,3.27)$ s | 1 | 0 | 0 | 3 | 8.89 |
| | 2 | 140 | −12.3 | 2 | |
| | 3 | 280 | −38.8 | 2 | |

续上表

| 区域 | 簇序号 | 相对簇时延/ns | 平均簇增益/dB | 平均 MPC 数量 | 平均 MPC 衰落率 $\gamma$/ns |
|---|---|---|---|---|---|
| TA $t\in(3.27,6.97)$ s | 1 | 0 | 0 | 6 | 28.12 |
| | 2 | 140 | −16.2 | 5 | |
| | 3 | 280 | −26.1 | 5 | |
| | 4 | 420 | −30.6 | 4 | |
| | 5 | 560 | −35.2 | 3 | |
| CA $t\in(6.97,9.72)$ s | 1 | 0 | 0 | 8 | 34.92 |
| | 2 | 200 | −7.2 | 7 | |
| | 3 | 400 | −10.4 | 10 | |
| | 4 | 600 | −14.7 | 5 | |
| | 5 | 800 | −17.8 | 3 | |
| | 6 | 1 000 | −25.5 | 2 | |
| | 7 | 1 200 | −37.8 | 2 | |
| AA $t\in(9.72,12.26)$ s | 1 | 0 | 0 | 4 | 8.75 |
| | 2 | 80 | −22.6 | 4 | |

通过对不同区域簇的到达率进行分析，得到簇到达率的互补累计分布函数(Complementary Cumulative Distribution Function，CCDF)，如图 6-2 所示。与 S-V 模型类似，对簇的到达率进行对数拟合。从图中可以看到，在 AA 区域的簇到达率最小，为 $1/\Lambda=53.5$ ns，而在 CA 区域，簇到达率最大为 $1/\Lambda=188.4$ ns。

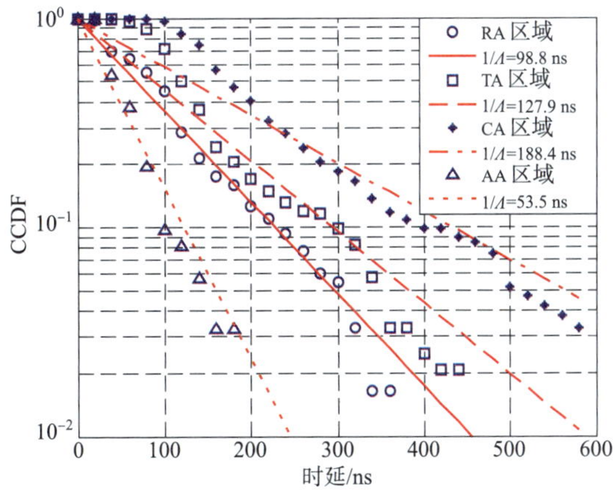


图 6-2　不同区域的簇到达率的 CCDF 及其对数拟合

对于簇内 MPC 的到达率，MPC 的到达时间即为系统采样时间。图 6-3 给出了不同区域第一簇的 MPC 衰落及其指数拟合。从图中可以看到，不同区域内的 MPC 衰落也各不相同，RA、TA、CA 和 AA 内的 MPC 衰落率分别为 8.89 ns、28.12 ns、34.92 ns 和 8.75 ns。

RA和AA区域内的MPC数量较少，所以衰落严重，而TA和CA区域内的MPC数量较大，所以衰落较轻。

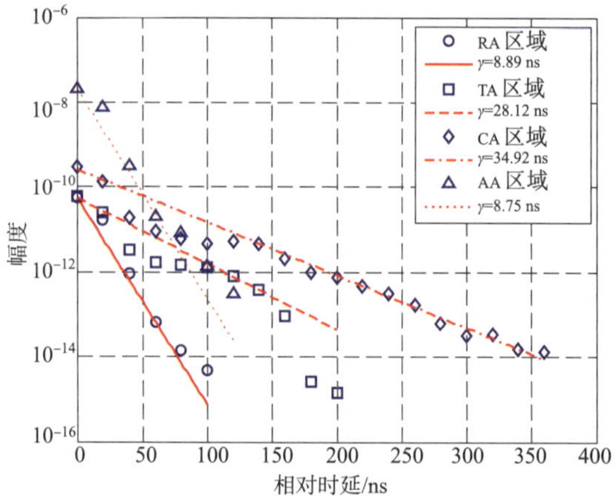


图6-3 不同区域内第一簇MPC衰落及其指数拟合

### 6.1.3 模型验证

为了验证上述多径簇模型，将实测的RMS时延扩展结果与模型仿真的RMS时延扩展结果进行对比。图6-4比较了不同区域内实测与仿真的RMS时延扩展的PDF结果及其拟合曲线。左边一组是RA与CA的实测结果，右边的一组为仿真结果。为了更清楚地对比，表6-2列出了RA、TA、CA和AA四个区域中，实测与仿真的RMS时延扩展进行拟合后的参数比较。可以看到，在四个区域中，实测与仿真的拟合曲线的统计参数结果基本一致，因此验证了模型的有效性。

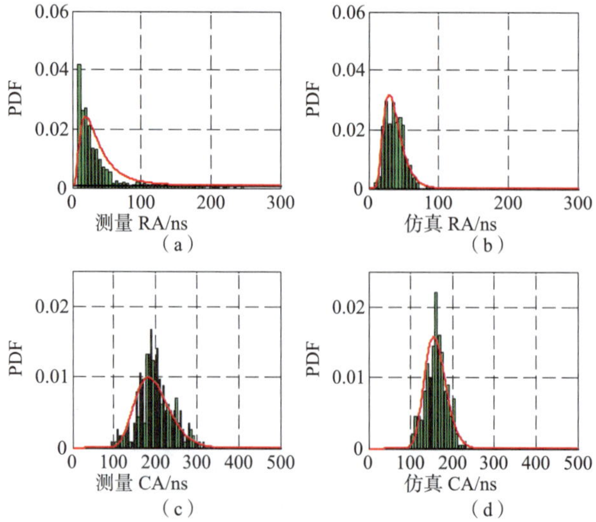


图6-4 测量数据与仿真数据RMS时延扩展的对数正态分布拟合对比

表 6-2　测量数据与仿真数据的拟合参数对比

| 区域 | RA/ns | TA/ns | CA/ns | AA/ns |
|---|---|---|---|---|
| 测量 $\mu$ | 3.45 | 4.69 | 5.26 | 2.69 |
| 仿真 $\mu$ | 3.54 | 4.23 | 5.06 | 2.86 |
| 测量 $\sigma$ | 0.69 | 0.46 | 0.21 | 0.38 |
| 仿真 $\sigma$ | 0.39 | 0.28 | 0.18 | 0.37 |

# 6.2　基于射线跟踪的隧道场景信道建模

本节针对隧道场景，构建了信道仿真模型，研究了列车车体对无线电波传播特性的影响。首先，基于射线跟踪法，仿真了隧道场景无线传播环境，并通过实测数据对仿真结果进行了验证；其次，分析了在有车体存在的情况下，1.4 GHz 频段直接覆盖与中继覆盖方式的大尺度传播与时间色散特性；最后，探索了毫米波频段 38.0 GHz 的隧道场景的大、小尺度衰落特性。

## 6.2.1　仿真与验证

在南通中天隧道实验室，采用自研信道测量设备完成了长直隧道场景无线电波传播的实际测量，隧道结构如图 6-5 所示。该隧道实验室全部采用钢筋混凝土结构，模拟真实隧道环境，分为圆形和矩形截面两段，每段 50 m，全长 100 m，如图 6-5 所示。测量过程如下：接收天线位置选在隧道的入口，发射天线从接收天线位置向隧道另一端移动，每移动 1 m 的距离数据采集设备采集 1 次数据，发射天线与接收天线高度分别为 2.5 m 和 2.2 m，均采用全向天线，发送信号频率设置为 1.4 GHz，发射功率 20 dBm，带宽 150 MHz。

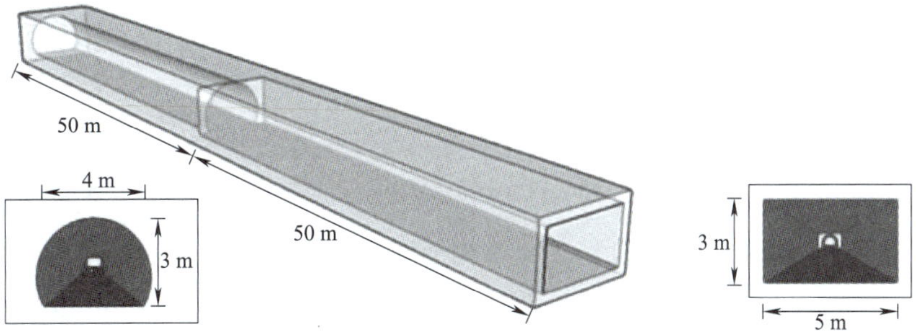


(a)截面圆形部分横截面　　(b)隧道整体结构　　(c)截面矩形部分横截面

图 6-5　南通中天集团隧道结构图

针对实际测量活动，应用射线跟踪仿真工具，构建还原完整的南通中天隧道测量环境，仿真参数设置见表 6-3 和表 6-4,分析测量和仿真结果,路径损耗对比如图 6-6 所示。由对比结果可以看出,实际测量与仿真结果在整体趋势上能够比较好的吻合,虽然细节还有些差距,但还是能够在一定程度上预测隧道环境下电磁波的传播,尤其是考虑到实际测量的协调难度、时间和人力成本,采用该仿真方式更加经济有效。

**表 6-3　模型材料参数取值**

| 名　称 | 材　质 | 相对介电常数 | 电导率/(S·m$^{-1}$) | 厚度/m | 粗糙度 |
|---|---|---|---|---|---|
| 隧道壁 | 混凝土 | 5.31 | 0.042 80 | 0.30 | 0.002 |
| 车窗 | 玻璃 | 6.27 | 0.007 00 | 0.01 | 0 |

**表 6-4　天线参数取值**

| 载频/GHz | 天线类型 | E 面半波宽度 | 带宽/MHz | 极化方式 | 增益/dBi | 信号功率/dBm |
|---|---|---|---|---|---|---|
| 1.4 | 全向天线 | 90° | 150 | 垂直极化 | 24 | 20 |

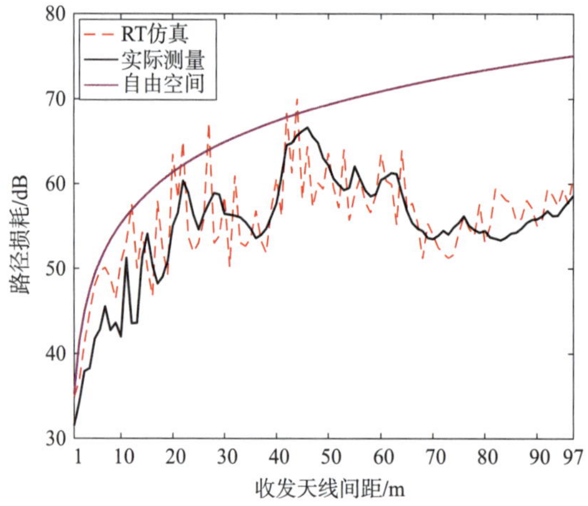


图 6-6　仿真与实测路径损耗对比

## 6.2.2　扩展仿真

由于南通中天隧道实验室与实际隧道环境在尺寸上存在着一定的差异,为保证在仿真隧道场景中引入列车仿真模型的可行性,得到丰富且可靠的仿真结果,需要重新构建更加完整、更加贴近实际隧道环境的仿真场景。重构的隧道三维有限元模型如图 6-7 所示。隧道为钢筋混凝土结构,横截面为马蹄形。列车采用 5 辆编组,每节车厢长 22.5 m,宽 3 m,高 3.8 m,4 对车门,3 对窗户。

为了给毫米波技术在隧道场景中应用提供更多的参考,在频率选择上除了选择与上节实测载频一致的 1.4 GHz 外,增加载频 38.0 GHz 作对比。载频选择 1.4 GHz 时,模型材料参数及天线参数沿用表 6-3 和表 6-4 设置;载频选择 38.0 GHz 时,发送天线选择定向天

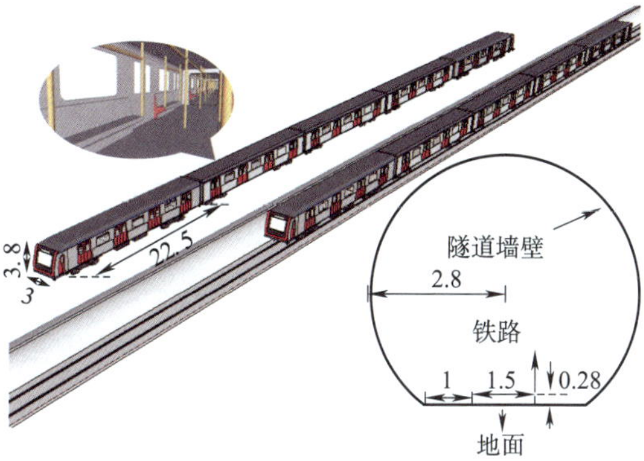


图 6-7　隧道三维有限元模型(单位:m)

线,接收天线设置为全向天线,模型材料参数及天线参数需调整部分见表 6-5,其余参数沿用表 6-3 和表 6-4 设置。所有材料的电磁参数皆依据 ITU-R P.2040 提供的参考标准值设置。

**表 6-5　天线参数取值**

| 载频/GHz | 带宽/MHz | 电导率/(S·m$^{-1}$) | | E 面半波宽度 | |
|---|---|---|---|---|---|
| | | 隧道壁 | 车窗 | 定向天线(发) | 全向天线(收) |
| 38.0 | 1 000 | 0.619 52 | 0.329 12 | 10° | 90° |

无线通信信号覆盖方式选择两种:直接覆盖方式和中继覆盖方式。

在直接覆盖方式下,理论上无线电波需要透过玻璃才能抵达位于车体内部的接收端,而毫米波在透射过程中将受到极大衰减,基本可以认为无透射现象产生,所以此状态下仅考虑仿真载频选择 1.4 GHz 时的情况,不考虑 38.0 GHz 载频。发射天线和接收天线位置选择如图 6-8 所示,发射天线 $T_x$ 位于轨道中间位置,高度为 2.7 m,接收天线 $R_x$ 从距发射天线 $T_x$ 位置 1 m 开始,每间隔 1 m 设置 1 个,共计 100 个仿真点,高度设置为 2.2 m。当有列车存在时,列车车体位置设置在距发射天线 $T_x$ 60 m 处。

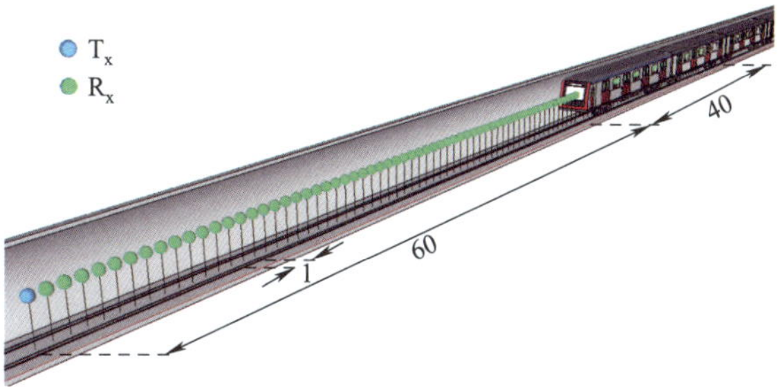


图 6-8　直接覆盖方式天线位置设置示意图(单位:m)

选择中继覆盖方式时，收发天线位置设置如图 6-9 所示。为了丰富对比结果，全面反映不同收发天线位置组合的信道特性，接收天线位置设置 2 个，位于车头中部 $R_{x1}$ 和车头顶部 $R_{x2}$，发射天线位置设置 3 个，位于隧道中间 $T_{x1}$、隧道顶部 $T_{x2}$ 和隧道壁 $T_{x3}$。当发送天线选择定向天线时，由于收发天线的高度差，使得定向天线不能完全对准位于车顶头部的接收天线 $R_{x2}$，所以会造成在一定距离内接收天线 $R_{x2}$ 接收不到直射径信号。列车由距离发射天线 $T_{x1}$ 位置 250 m 处开始逐渐向发射天线运行。考虑到设备的计算能力和存储能力，每 5 m 记录 1 次仿真结果。为了对比分析，对同样条件下的空隧道、自由空间进行仿真。

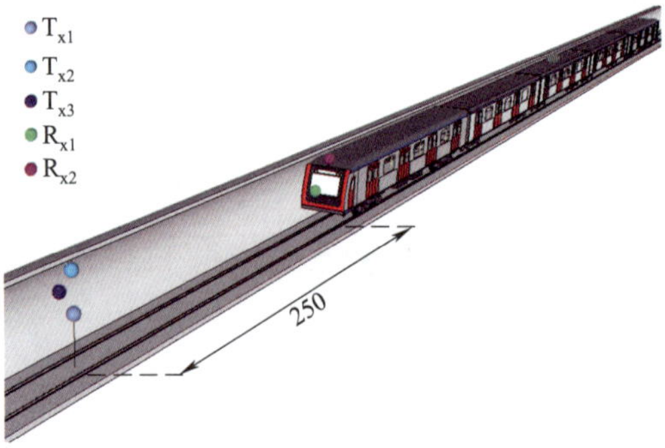


图 6-9　中继覆盖方式天线位置设置示意图(单位：m)

### 6.2.3　大尺度衰落分析

直接覆盖方式下，载频 1.4 GHz，隧道内有列车、空隧道和自由空间时 3 种场景下路径损耗，仿真结果对比如图 6-10 所示。由图可知：在该设置条件下，当收发天线间距小于 60 m 时，空隧道与有车隧道内电磁波传播的路径损耗比较接近，变化趋势一致，并没有受到车体明显的影响；当收发天线距离增加到 60 m，即列车车体所在位置时，有车隧道路径损耗急剧增加，较空隧道路径损耗平均高出 30 dB，且波动变化剧烈，同时也超过自由空间路径损耗。空隧道路径损耗继续保持原有变化趋势，且变化趋缓。可见，当接收天线位于车厢内部时，对应图中 60～100 m 部分，无线电波透过列车车体会带来比较大的穿透损耗，造成信道传播环境迅速恶化。

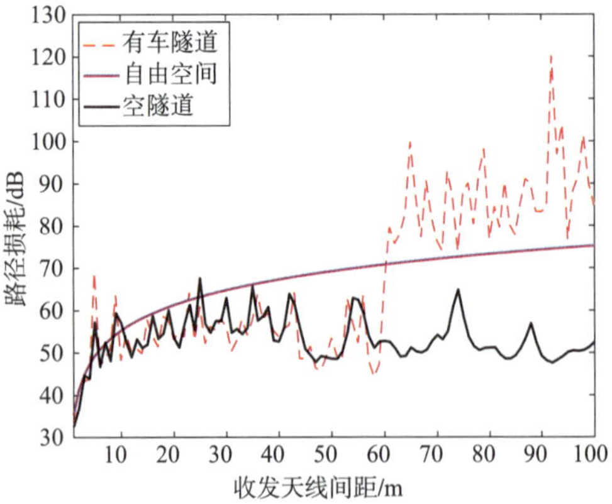


图 6-10　3 种场景下路径损耗与收发天线间距的关系曲线

中继覆盖方式下，1.4 GHz 和 38.0 GHz 两种载频，不同收发天线位置组合，5 种场景下路径损耗仿真结果对比如图 6-11 所示。

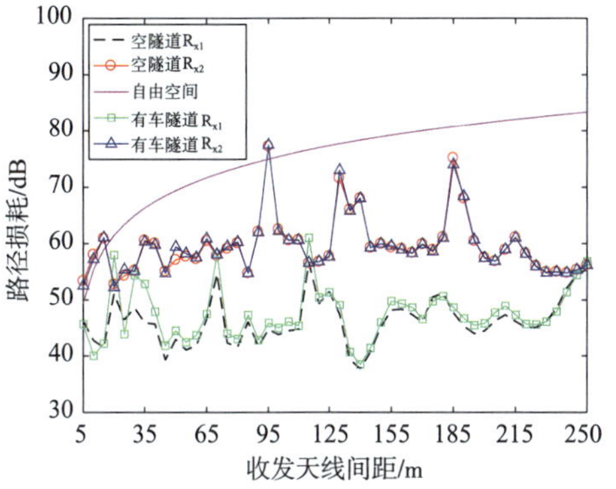


(a)$T_{x1}$与$R_{x1}$及$R_{x2}$(1.4 GHz)

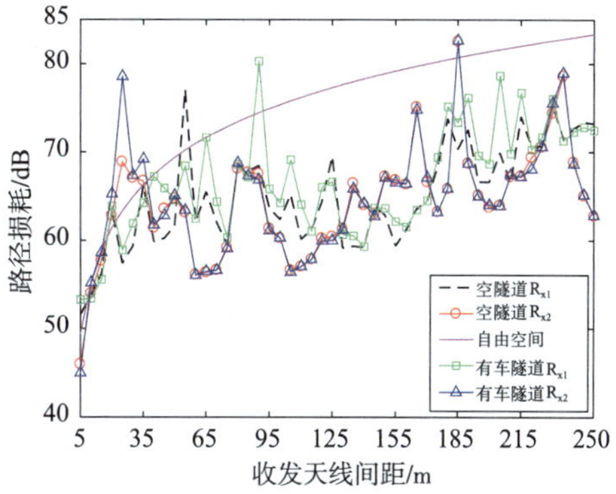


(b)$T_{x2}$与$R_{x1}$及$R_{x2}$(1.4 GHz)

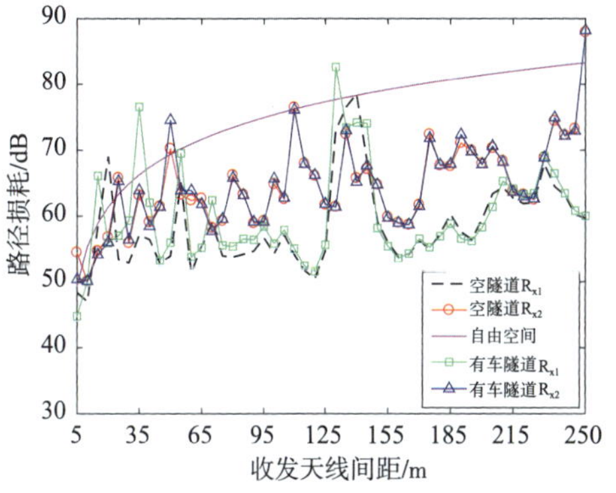


(c)$T_{x3}$与$R_{x1}$及$R_{x2}$(1.4 GHz)

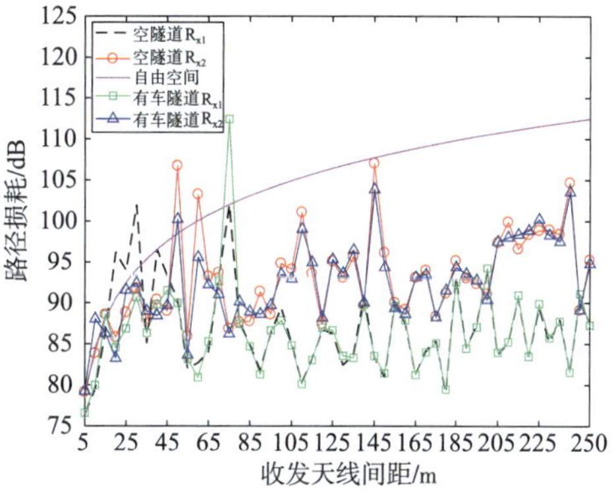


(d)$T_{x1}$与$R_{x1}$及$R_{x2}$(38.0 GHz)

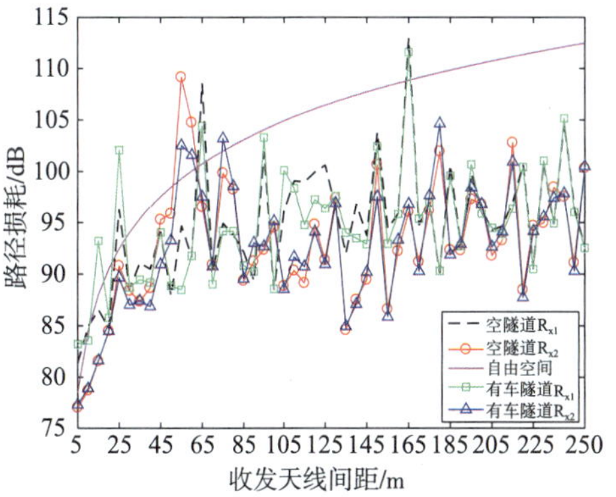


(e)$T_{x2}$与$R_{x1}$及$R_{x2}$(38.0 GHz)

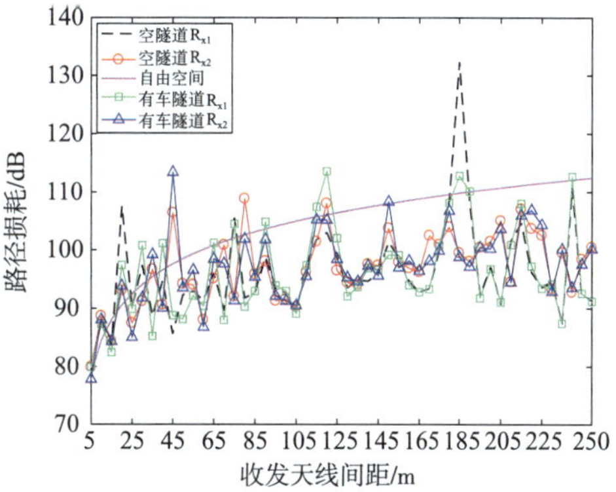


(f)$T_{x3}$与$R_{x1}$及$R_{x2}$(38.0 GHz)

图 6-11　不同载频不同收发天线组合时 5 种场景下路径损耗与收发天线间距的关系

图 6-11(a)至图 6-11(c)为载频 1.4 GHz 时的仿真结果，对该设置条件下的仿真结果应用对数距离路径损耗模型拟合。图 6-11(d)至图 6-11(f)为载频 38.0 GHz 时的仿真结果，对于毫米波通信，路径损耗与传统的窄带无线通信系统不同，其不再仅仅是收发机之间距离

的函数，还是发射频率的函数。考虑到模型的简化问题，通常情况下会忽略频率的影响，而仅仅考虑路径损耗与收发机之间距离的关系，因此，大尺度衰落损耗模型仍采用传统的对数距离路径损耗模型，对该设置条件下的仿真结果应用传统路径损耗模型拟合。得到的对比结果见表 6-6。

**表 6-6　路径损耗对比**

| 载频/GHz | 发送天线 | 隧道情况 | $R_{x1}$ | | $R_{x2}$ | |
|---|---|---|---|---|---|---|
| | | | 路径损耗/dB | 路损指数 | 路径损耗/dB | 路损指数 |
| 1.4 | $T_{x1}$ | 空 | 38.99 | 0.358 5 | 51.14 | 0.416 9 |
| | | 有车 | 40.73 | 0.327 9 | 50.46 | 0.450 9 |
| | $T_{x2}$ | 空 | 49.38 | 0.799 9 | 44.60 | 0.987 5 |
| | | 有车 | 48.73 | 0.903 8 | 45.29 | 0.962 7 |
| | $T_{x3}$ | 空 | 44.88 | 0.688 2 | 41.57 | 1.160 0 |
| | | 有车 | 47.20 | 0.629 6 | 41.85 | 1.150 0 |
| 38 | $T_{x1}$ | 空 | 75.01 | 0.493 0 | 66.54 | 1.260 0 |
| | | 有车 | 72.83 | 0.588 0 | 64.96 | 1.320 0 |
| | $T_{x2}$ | 空 | 80.16 | 0.728 0 | 75.03 | 0.896 2 |
| | | 有车 | 82.22 | 0.656 0 | 74.30 | 0.922 5 |
| | $T_{x3}$ | 空 | 81.31 | 0.750 1 | 78.54 | 0.924 6 |
| | | 有车 | 79.84 | 0.820 4 | 79.22 | 0.894 8 |

对比不同情况的仿真和拟合结果，可得到如下结论：

(1)在空隧道的情况下，图 6-11(a)中，当发射天线选择 $T_{x1}$ 时，接收天线 $R_{x1}$ 接收到的无线电信号经历的路径损耗明显小于 $R_{x2}$；图 6-11(b)中，当发射天线选择 $T_{x2}$ 时，接收天线选择 $R_{x1}$ 和 $R_{x2}$ 的路径损耗则非常接近，而且此时的路径损耗无论是值还是波动也要更大一些；图 6-11(c)中，当发射天线选择 $T_{x3}$ 时，两个接收天线 $R_{x1}$ 和 $R_{x2}$ 位置的路径损耗差距介于前两种情况之间；从表 6-6 中路损指数对比结果来看，发射天线选择 $T_{x1}$ 和 $T_{x2}$ 时，$R_{x1}$ 和 $R_{x2}$ 两个接收天线位置的路损指数是比较接近的，差值明显小于发射天线选择 $T_{x3}$ 位置。上述的结果说明，载频 1.4 GHz 时，发射天线的位置对路径损耗的影响要强于接收天线位置，发射天线越接近隧道中心位置，路径损耗对接收天线位置才会越敏感。

(2)在空隧道情况下，载频选择 38.0 GHz 时，发射天线选定之后，接收天线位置的改变对路径损耗的影响并不大，虽然收发天线同时选择隧道中间位置，即 $T_{x1}$ 和 $R_{x1}$ 的天线组合时，路径损耗依然最小，但与其他天线组合之间的差距变小；收发天线不同时选择隧道中间位置时，路径损耗的变化范围都在 95 dB 左右，要比 1.4 GHz 载频时多衰减 30 dB 左右，路损指数在 0.4～1.3 之间，差距不大。

(3)当隧道中有车体、载频为 1.4 GHz 时，接收天线 $R_{x1}$ 和 $R_{x2}$ 路径损耗与空隧道相当，路径损耗指数比较接近，产生这种现象主要是因为接收天线 $R_{x1}$ 与 $R_{x2}$ 的位置在车体之前，且距离车体较近，经过车体反射到接收天线的反射径并不多，对接收功率影响不明显。

(4)当隧道中有车体、载频为 38.0 GHz 时，虽然接收天线 $R_{x1}$ 和 $R_{x2}$ 路径损耗与空隧道重合度依然比较高，路径损耗指数也比较接近，但与载频 1.4 GHz 结果相比，差异稍有增加。

### 6.2.4　小尺度衰落分析

直接覆盖方式下，载频为 1.4 GHz 时，隧道内有列车和空隧道两种场景下 RMS 时延扩展，仿真结果对比如图 6-12 所示。对于空隧道环境，在收发天线距离比较近的时候，RMS 时延扩展达到 5～10 ns，随着距离的增加，RMS 时延扩展逐渐减小，距离与 RMS 时延扩展呈现反比关系。这种现象符合隧道传播环境特点，随着距离的增加，主要反射径与直射径之间的距离差变小，由此带来的多径时延差和相位差减小，多径效应减弱。从波模理论也可对这种现象作出解释，当收发天线距离较近时，存在多种模式的电波，随着收发天线距离的增加，波导效应显现，大量高阶模式迅速衰减，最后将只有基础模式存在，因此 RMS 时延扩展会变得越来越小。对于隧道有列车存在的场景，结果出现明显不同。在收发天线间距小于 50 m 时，有车隧道 RMS 时延扩展接近空隧道结果。当距离达到 50 m 之后，即接收天线处在车前 10 m 左右及列车内部时，由于车体的存在，导致反射径和散射径的增加，RMS 时延扩展出现剧烈变化，最大时接近达到 30 ns。

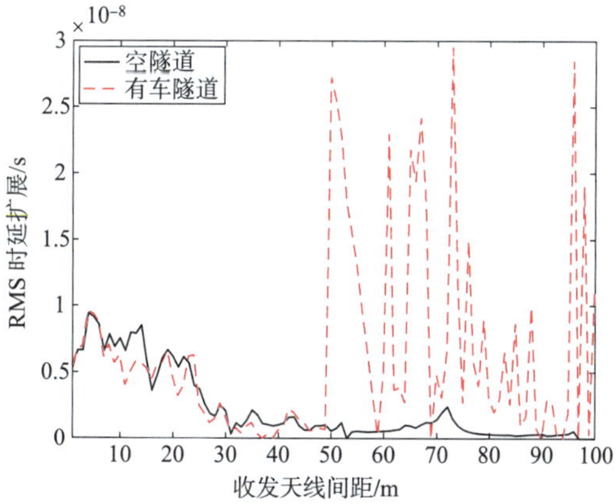


图 6-12　两种场景下 RMS 时延扩展与收发天线间距的关系

中继覆盖方式下，1.4 GHz 和 38.0 GHz 两种载频，不同收发天线组合，隧道有列车与空隧道的 RMS 时延扩展变化对比如图 6-13 所示。图 6-13(a)至图 6-13(c)为载频 1.4 GHz 时的仿真结果，图 6-13(d)至图 6-13(f)为载频 38.0 GHz 时的仿真结果，对不同情况下得到的 RMS 时延扩展的平均值计算对比见表 6-7。

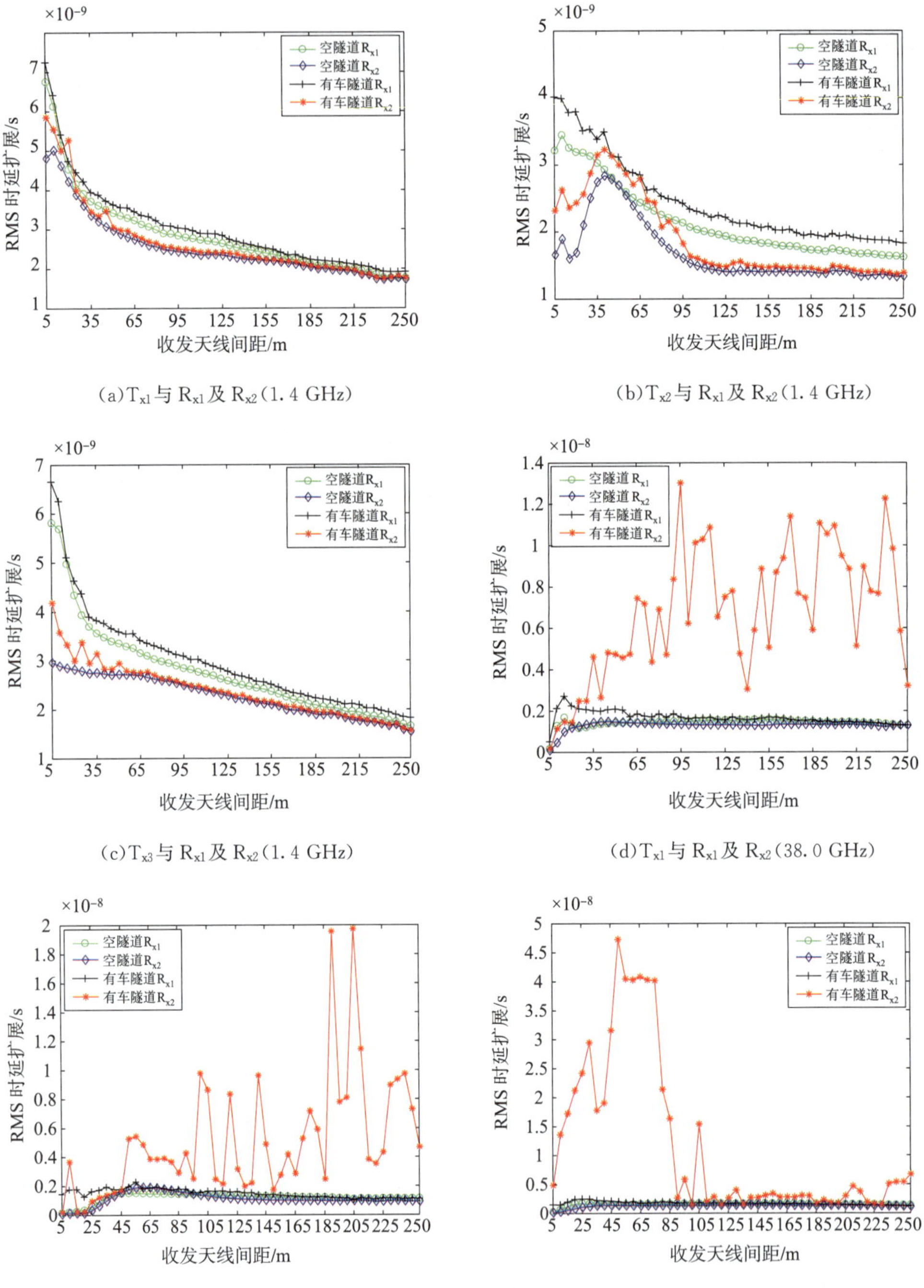


(a) $T_{x1}$与 $R_{x1}$及 $R_{x2}$(1.4 GHz)

(b) $T_{x2}$与 $R_{x1}$及 $R_{x2}$(1.4 GHz)

(c) $T_{x3}$与 $R_{x1}$及 $R_{x2}$(1.4 GHz)

(d) $T_{x1}$与 $R_{x1}$及 $R_{x2}$(38.0 GHz)

(e) $T_{x2}$与 $R_{x1}$及 $R_{x2}$(38.0 GHz)

(f) $T_{x3}$与 $R_{x1}$及 $R_{x2}$(38.0 GHz)

图 6-13　不同载频不同收发天线组合 RMS 时延扩展与收发天线间距的关系曲线

表 6-7　RMS 时延扩展平均值对比

| 载频 | 发送天线 | 隧道情况 | $R_{x1}$ | $R_{x2}$ |
|---|---|---|---|---|
| 1.4 GHz | $T_{x1}$ | 空/ns | 2.823 3 | 2.535 9 |
| | | 有车/ns | 3.032 3 | 2.664 2 |
| | $T_{x2}$ | 空/ns | 2.135 6 | 1.674 8 |
| | | 有车/ns | 2.448 0 | 1.887 6 |
| | $T_{x3}$ | 空/ns | 2.747 3 | 2.262 3 |
| | | 有车/ns | 2.982 0 | 2.386 1 |
| 38.0 GHz | $T_{x1}$ | 空/ns | 1.393 6 | 1.290 5 |
| | | 有车/ns | 1.679 5 | 6.728 1 |
| | $T_{x2}$ | 空/ns | 1.113 7 | 1.070 8 |
| | | 有车/ns | 1.482 4 | 5.106 2 |
| | $T_{x3}$ | 空/ns | 1.382 4 | 1.214 2 |
| | | 有车/ns | 1.741 7 | 11.565 0 |

对比图 6-13 仿真结果和表 6-7 不同组合情况的平均值，可以得到以下结论。

（1）在空隧道场景，载频为 1.4 GHz 时，如图 6-13(a)至图 6-13(c)所示，随着距离的增加，RMS 时延扩展均呈现逐渐减小的趋势，距离与 RMS 时延扩展呈现反比关系，这与直接覆盖方式得到的结果一致，发射天线 $T_{x2}$ 与接收天线 $R_{x2}$ 的天线组合结果略显例外，RMS 时延扩展出现了先增后减的趋势，主要是因为此时的收发天线都相对比较接近隧道墙壁，接收端能够接收到的高阶模式的反射波先增加后减少，随着距离继续不断增加，高阶模式迅速衰减，逐渐只剩下基础模式，所以会出现先增后减的趋势。另外，当发射天线位于隧道中心和隧道墙边时，不同位置接收天线接收信号的 RMS 时延扩展呈现逐渐接近的趋势，但发射天线选择隧道顶部位置时，趋势明显要更加缓慢。由此可见，发射天线越接近隧道中心位置，RMS 时延扩展受接收天线位置影响越小。

（2）当隧道中存在车体，载频为 1.4 GHz 时，接收天线 $R_{x1}$ 和 $R_{x2}$ 位置的 RMS 时延扩展结果对比空隧道会有所增加。这主要归因于列车车体的存在，增加了反射体和散射体数量，带来更多的多径，导致了时延扩展的增加。随着距离的增加，高阶模式衰减，模式数目减小，加上距离增加之后射线路径差更小，多径时延彼此更加接近，多径效应开始减弱，RMS 时延扩展逐渐减小。

（3）在空隧道场景，载频为 38.0 GHz 时，如图 6-13(d)至图 6-13(f)所示，RMS 时延扩展与载频选择 1.4 GHz 时整体变化趋势一致，但值要略小。

（4）当隧道中存在车体，载频为 38.0 GHz 时，接收天线选择在列车车头顶部位置的 $R_{x2}$ 位置的时延扩展要比 $R_{x1}$ 位置要小，归因于其比较接近隧道壁。接收天线 $R_{x2}$ 位置的 RMS 时延扩展出现明显不同，车体的存在造成 RMS 时延扩展剧烈变化，平均值也要远大于空隧道情况结果。出现这种现象主要是因为接收天线 $R_{x2}$ 位于列车车头顶部位置，介于车体与隧道壁之间，且接近车体棱边，发射天线选择定向天线，接收天线 $R_{x2}$ 不存在直射路径，载频为 38.0 GHz 时，电磁波衰减比较快，随着距离的增加，高阶反射径、散射径逐渐对时延扩展起主要作用，车体的加入，会带来更丰富的多径，RMS 时延扩展值也会变更大。接收天线 $R_{x1}$ 虽然也近车厢，但位于隧道中间，车头中部位置，而车体与玻璃设置的粗糙度是 0，所以散射径不会像 $R_{x2}$ 位置丰富，RMS 时延扩展变化自然会存在差距。

综合考虑大尺度与小尺度衰落的结果，载频为 1.4 GHz 时，发射天线越接近隧道中心位置，路径损耗对接收天线位置会越敏感，RMS 时延扩展受接收天线位置影响越小。当隧道中存在列车时，车头位置附近接收天线接收到的无线电波的路径损耗和 RMS 时延扩展受到的影响不大。与载频为 1.4 GHz 时相比，载频为 38.0 GHz 时，发射天线位置选定后，在空隧道情况下，接收天线位置的选择对路径损耗和 RMS 时延扩展影响变小；在隧道有列车存在的情况下，接收天线位置的选择对 RMS 时延扩展影响变大。车体的存在，对车头附近接收天线接收信号的路径损耗稍有改变，对车头顶部 RMS 时延扩展有深刻影响，并且对两个参数的影响要比载频为 1.4 GHz 时明显。接收天线更适合选在 $R_{x1}$ 位置，发射天线更适合选在 $T_{x1}$，但是在实际应用中无法实现，发射天线选在 $T_{x2}$ 和 $T_{x3}$ 位置差异不大，即发射天线设置在隧道顶部或者墙边均可，接收天线位于车头中部，此时列车的车体对接收到信号的路径损耗与 RMS 时延扩展影响最小。

## 6.3 基于传播图的路堑场景信道建模

本节基于传播图模型，开展高铁路堑场景信道建模。首先，利用传播图描述路堑场景，建立传播图模型，给出信道传递函数表达式；其次，基于传播图模型生成虚拟的信道冲激响应数据；再次，根据虚拟的信道冲激响应数据，提取信道特性参数，与郑西高铁测量结果对比，进而验证构建的传播图模型；最后，将传播图模型扩展至 MIMO 模型，分析路堑场景的 MIMO 性能。

### 6.3.1 传播图模型

利用传播图描述路堑场景的传播环境，如图 6-14 所示。发射机和接收机在传播图中由黑色星型标志表示。接收机沿 $x$ 轴方向以速度 $v$ 运动。假设散射体均匀分布在路堑的两侧斜坡面上，由蓝色圆点表示。散射点的数量由路堑的尺寸决定，路堑斜坡的面积越大，散射点越多。这里仅考虑路堑斜坡上的散射体，其他散射体（如跨桥、接触网电杆、铁路沿线的树木等）并未包含在模型中。这些散射体很难被随机建模，并且不会对路堑场景的建模结果造成太大影响。因此，所提出的传播图模型暂不考虑这些散射体。

根据传播图建模理论，考虑直射路径、单跳路径和两跳路径，路堑场景的时变信道传递

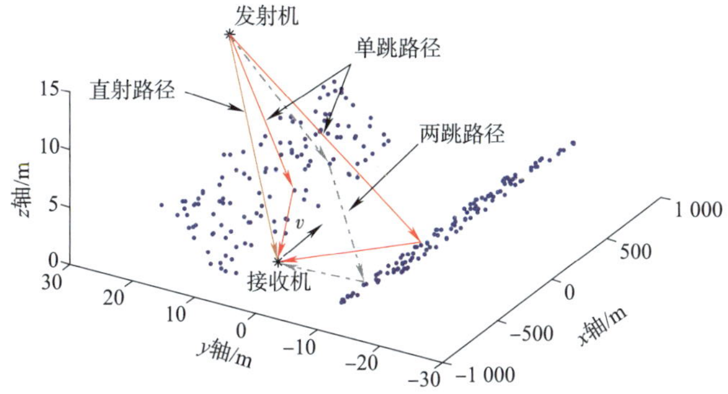


图 6-14　路堑场景的传播图

函数表示为

$$\boldsymbol{H}(k,f)=\underbrace{\boldsymbol{D}(k,f)}_{\text{LoS}}+\underbrace{\boldsymbol{R}(k,f)\boldsymbol{T}(f)}_{\text{单跳分量}}+\underbrace{\boldsymbol{R}(k,f)\boldsymbol{B}(f)\boldsymbol{T}(f)}_{\text{两跳分量}} \tag{6-1}$$

式中，$\boldsymbol{D}(k,f)$为直射路径的时变传递函数矩阵；$\boldsymbol{R}(k,f)$为散射体到发射机的时变传递函数矩阵；$\boldsymbol{T}(f)$为发射机到散射体的时不变传递函数矩阵；$\boldsymbol{B}(f)$为散射体间的时不变传递函数矩阵。值得注意的是，这里仅考虑了从路堑的一边斜坡到另一边斜坡的单次反射情况。基于这种考虑的原因是，与室内传播场景不同，在室外环境中，并不存在递归反射现象。因此，所提出的传播图模型并未涉及两次以上的反射分量。

信号沿着边 $e=(\psi_1,\psi_2)$传播的时延 $\tau_e(k)$可由坐标 $\boldsymbol{r}_{\psi_1}(k)$和$\boldsymbol{r}_{\psi_2}(k)$计算得到

$$\tau_e(k)=\|\boldsymbol{r}_{\psi_1}(k)-\boldsymbol{r}_{\psi_2}(k)\|\cdot c^{-1} \tag{6-2}$$

式中，$\|\cdot\|$为欧几里得范数。

边 $e$ 的信道传递函数可以表示为

$$A_e(k,f)=g_e(k,f)\exp[-\mathrm{j}2\pi\tau_e(k)f+\mathrm{j}\varphi_e] \tag{6-3}$$

式中，$A_e$ 为矩阵$\boldsymbol{D}$、$\boldsymbol{R}$、$\boldsymbol{T}$ 和$\boldsymbol{B}$ 中的一个元素；$\varphi_e$ 为随机相位，在区间$[0,2\pi)$内满足均匀分布；传播系数 $g_e(k,f)$定义为

$$g_e^2(k,f)=\begin{cases}\dfrac{1}{[4\pi f\tau_e(k)]^2}, e\in\Phi_{\mathrm{D}}\\[2ex] \dfrac{1}{4\pi f\mu(\Phi_{\mathrm{T}})}\cdot\dfrac{\tau_e(k)^{-2}}{S(\Phi_{\mathrm{T}})}, e\in\Phi_{\mathrm{T}}\\[2ex] \dfrac{1}{4\pi f\mu(\Phi_{\mathrm{R}})}\cdot\dfrac{\tau_e(k)^{-2}}{S(\Phi_{\mathrm{R}})}, e\in\Phi_{\mathrm{R}}\\[2ex] \dfrac{g^2}{\mathrm{odi}(e)^2}, e\in\Phi_{\mathrm{S}}\end{cases} \tag{6-4}$$

对于 $e\in\Phi_{\mathrm{D}}$，$g_e^2(k,f)$描述的是直射路径的大尺度损耗，即

$$\frac{P_{\mathrm{R}}}{P_{\mathrm{T}}}=\frac{\lambda^2}{(4\pi)^2d^2L}=\frac{(c/d)^2}{(4\pi f)^2}=\frac{1}{[4\pi f\tau_e(k)]^2} \tag{6-5}$$

对于 $e\in\Phi_{\mathrm{T}}$ 和 $e\in\Phi_{\mathrm{R}}$，满足

$$\mu(\Phi')=\frac{1}{|\Phi'|}\sum_{e\in\Phi'}\tau_e(k),S(\Phi')=\sum_{e\in\Phi'}[\tau_e(k)]^{-2} \tag{6-6}$$

式中，$|\cdot|$为集合的势，即集合中元素的个数；$\mu(\Phi')$为发射顶点到散射体的平均传播时延；$\tau_e(k)^{-2}/S(\Phi)$分量是距离修正因子，描述传播边长对 $1/[4\pi f\mu(\Phi)]$的影响，即距离越近，增益越大，所占增益比重也越大，同时和传播时间成平方反比关系。

对于 $e\in\Phi_{\mathrm{S}}$，$g^2/\mathrm{odi}(e)^2$ 是散射体顶点到散射体顶点的功率增益，odi($e$)是从一个散射体到另外一些散射体的边数。这里考虑的是能量守恒定理的简化，同时认为散射体内部能量增益与传播无关，仅与反射边数有关。

## 6.3.2 信道冲激响应生成

根据传播图模型可生成虚拟的信道冲激响应数据。在$[f_{\min},f_{\max}]$频率范围内的信道传递函数为

$$\mathrm{H}[k,l]=\mathrm{H}(k,f_{\min}+l\Delta f)\quad l=0,1,\cdots,L-1 \tag{6-7}$$

式中，$\Delta f=(f_{\max}-f_{\min})/(L-1)=B/(L-1)$；$B$ 为带宽；$L$ 为多径抽头数目。

由上式生成的信道传递函数通过离散傅里叶逆变换（Inverse Discrete Fourier Transform，IDFT）可以得到信道冲激响应。这里用于生成虚拟信道冲激响应数据的仿真参数与郑西高速铁路路堑场景测量参数一致，见表 6-8。

**表 6-8 传播图模型仿真参数**

| 参　数 | 指　标 | 参　数 | 指　标 |
|---|---|---|---|
| 带宽 | 50 MHz | 接收天线高度 | 3 m |
| 载波频率 | 2.35 GHz | 多径抽头数目 | 254 |
| 路堑长度 | 1 600 m | 信道采样率 | 1 968.5 Hz |
| 发射天线高度 | 13.8 m | 列车速率 | 55 m/s |

## 6.3.3 模型验证

通过对比虚拟信道冲激响应数据与实测信道冲激响应数据提取的小尺度衰落特性，验证构建的传播图模型。这里并未考虑传播图模型与实测大尺度衰落特性的对比，因为实测大尺度路径损耗结果受车顶金属板的严重影响，在传播图模型中很难模拟。下面从 $K$ 因子、时间色散和频率色散三个方面展开验证。

### 6.3.3.1 *K* 因子

图 6-15 对比了实测数据与虚拟数据提取的窄带 $K$ 因子结果。从图中可以看到，由于传播图模型没有考虑跨桥的影响，其 $K$ 因子结果在初始的几十米内与实测结果相差较大，变化趋势相反。然而，在几十米之后的几百米范围内，传播图模型与实测的 $K$ 因子均随收

发距离呈现下降趋势,并且下降幅度较为接近。图 6-16 给出了实测与传播图模型的 $K$ 因子 CDF 曲线及对数正态分布拟合结果。从图中可以看出,实测与传播图模型的 $K$ 因子结果具有较好的一致性。表 6-9 列出了相应的拟合参数。传播图模型的 $K$ 因子的均值和标准差分别为 4.0 dB 和 4.9 dB,而实测结果为 4.2 dB 和 5.2 dB。上述对比结果可以证明传播图信道模型与实测信道具有相同的衰落程度。因此,本节提出的传播图模型能够真实地反映路堑场景的窄带衰落特性。

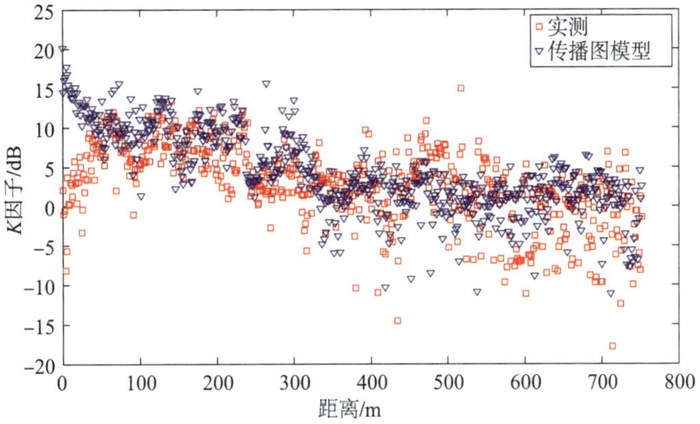


图 6-15 路堑场景测量与传播图模型的窄带 $K$ 因子

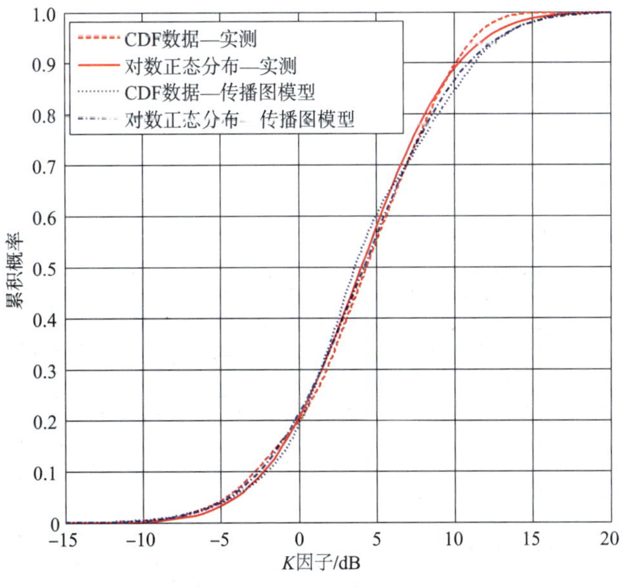


图 6-16 路堑场景测量与传播图模型的窄带 $K$ 因子 CDF

表 6-9　路堑场景测量与传播图模型的 *K* 因子统计结果

| 参　　数 | 测　　量 | 模　　型 |
|---|---|---|
| *K* 因子 | | |
| $\mu$/dB | 4.0 | 4.2 |
| $\sigma$/dB | 4.9 | 5.2 |
| RMS 时延扩展 | | |
| $\alpha_\tau$ | 0.9 | 1.4 |
| $\beta_\tau$/ns | 60.5 | 35.5 |
| RMS 多普勒扩展 | | |
| $\alpha_f$ | 1.1 | 1.1 |
| $\beta_f$/Hz | 108.9 | 103.8 |

#### 6.3.3.2　时间色散

图 6-17 给出了传播图模型的瞬时功率延迟分布，与路堑场景实测结果[图 5-13(b)]具有类似的变化趋势，最强的直射路径出现在 15 s 位置处，并且随着收发机逐渐远离，出现了更多的多径分量。为了进一步对比时间色散特性，图 6-18 给出了传播图模型和实测结果的 RMS 时延扩展的 CDF 曲线及伽马分布拟合结果。从图中可以看到，当 RMS 时延扩展大于 50 ns 时，传播图模型的 CDF 值与实测值有一定偏离，这是因为传播图模型忽略了跨桥、接触网电杆等散射体的影响。然而，对于 RMS 时延扩展的整体结果，传播图模型与实测结果可以近似认为是一致的。此外，伽马分布同样适用于传播图模型的 RMS 时延扩展的拟合，拟合参数见表 6-9。传播图模型的 RMS 时延扩展的形状参数和尺度参数分别为 0.9 和 60.5 ns，而实测结果分别为 1.4 和 35.5 ns。从上述对比结果可以认为本文提出的传播图模型能够反映路堑场景的频率选择性衰落特性。

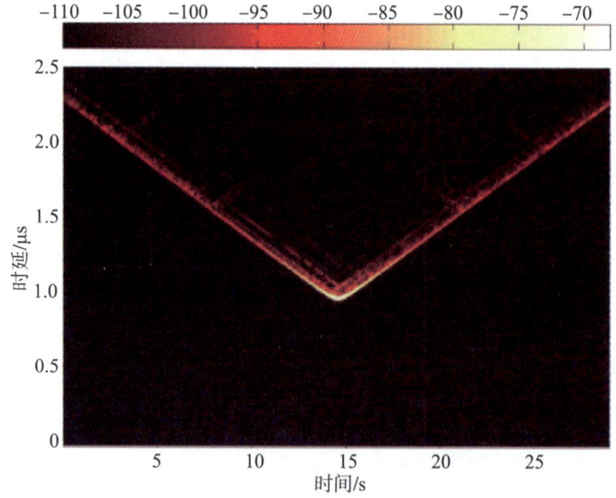


图 6-17　路堑场景传播图模型的瞬时功率延迟分布

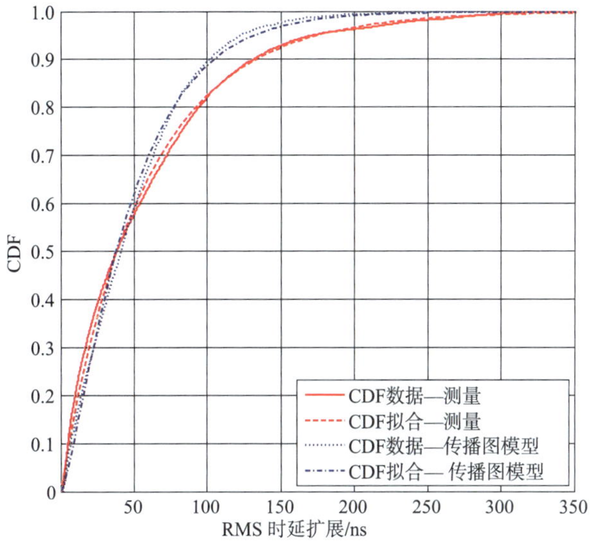


图 6-18　路堑场景测量与传播图模型的 RMS 时延扩展 CDF

### 6.3.3.3　频率色散

如图 6-19 所示，传播图模型的瞬时多普勒功率谱与实测结果具有一致的变化趋势：当收发机靠近时，多普勒功率谱出现快变现象；当收发机远离时，多普勒功率谱保持最大的正频偏或最小的负频偏，并出现一定程度的多普勒扩展。图 6-20 进一步对比了传播图模型和实测结果的 RMS 多普勒扩展。采用伽马分布对 RMS 多普勒扩展的 CDF 曲线拟合，拟合结果见表 6-9。传播图模型的 RMS 多普勒扩展的形状参数和尺度参数分别为 1.1 和 108.9 Hz，而实测结果分别为 1.1 和 103.8 Hz。从上述结果可知，传播图模型与实测信道具有一致的时间选择性衰落特性，传播图模型能够反映真实信道的时变性。

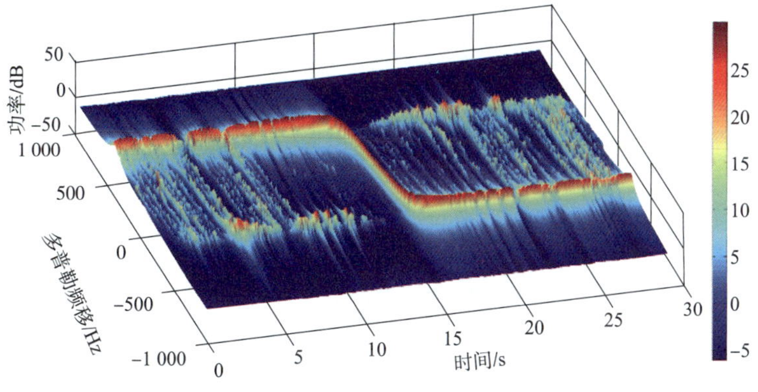


图 6-19　路堑场景传播图模型的瞬时多普勒功率谱

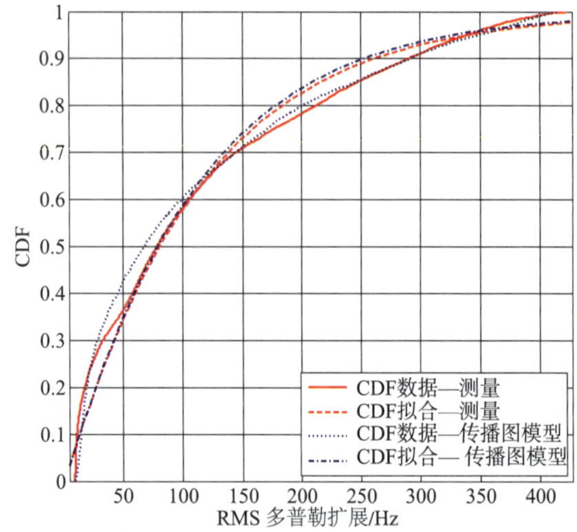


图 6-20　路堑场景测量与传播图模型的 RMS 多普勒扩展 CDF

### 6.3.4　仿真结果与分析

上文中基于 SISO 测量结果对传播图模型进行了验证，意味着由传播图构建的信道模型能够与真实的传播环境相匹配。保持相同的参数配置，可由传播图模型生成 MIMO 信道冲激响应数据，进而分析路堑场景的 MIMO 性能。假设在发射机和接收机分别配置两根天线，构建 2×2 MIMO 信道模型。收发天线阵列与铁轨平行放置。本节考虑四种典型的天线间距($\delta_T$，$\delta_R$)：(4λ，2λ)、(4λ，λ)、(2λ，λ)和(λ，0.5λ)。

图 6-21 对比了四种天线间距配置下子信道 $h_{11}$ 和 $h_{22}$ 的空间相关性 CDF 曲线。从图中

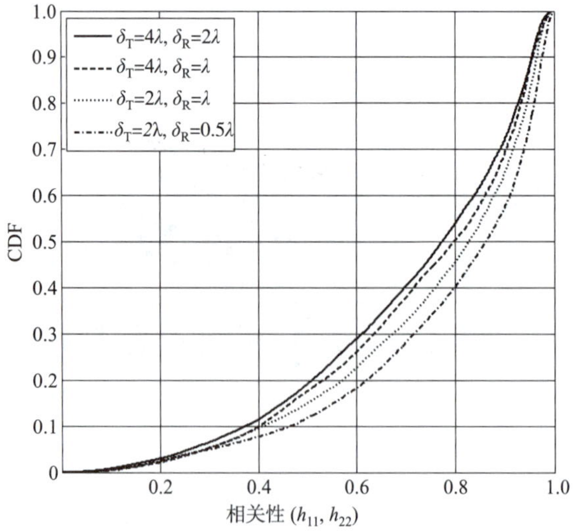


图 6-21　路堑场景不同天线间距配置的空间相关性 CDF

可以看出，随着天线间距的增大，空间相关性略微下降。由于路堑场景以直射为主导，四种天线配置均存在高相关性，大约 50%的相关系数高达 0.8。

图 6-22 给出了四种天线间距配置下的遍历容量以及由瑞利 SISO 模型和非相关 MIMO 模型得到的遍历容量上下界。值得注意的是，这里考虑的遍历容量并非依赖于收发距离的遍历容量，即用于计算遍历容量的 SNR 并非由实测数据提取得到。尽管收发距离决定大尺度传播损耗，进而影响 SNR，但是仿真中仅考虑了在接收端可能的 SNR，设定为 0～20 dB。从图中可以看到，遍历容量随天线间距的增大而略有上升。当 SNR 为 20 dB 时，遍历容量为 8～9 bit/s/Hz。对比高架桥场景的仿真结果可以发现，路堑场景(4λ，2λ)条件下的遍历容量接近于高架桥非遮挡区域在(3λ，3λ)条件下的遍历容量，而低于遮挡区域的遍历容量。

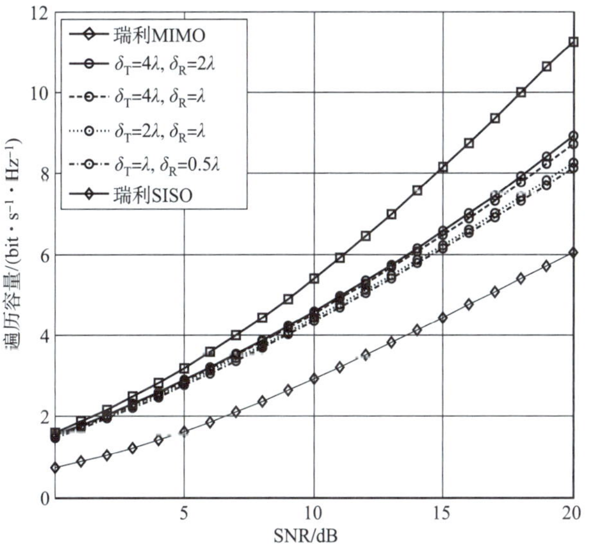


图 6-22　路堑场景不同天线间距配置的遍历容量

## 6.4　基于几何的高铁 MIMO 信道建模

本节基于 GBSM，开展高铁 MIMO 信道建模。首先，提出几何参考模型，并给出相关函数与多普勒功率谱的数学表达式；其次，根据高架桥场景下的实测结果，确定模型中的环境参数，建立半经验 MIMO 信道模型；再次，通过参数计算方法，确定仿真模型的 AoA 参数；最后，基于构建的 MIMO 信道模型，仿真分析高架桥场景下的 MIMO 信道特征。

## 6.4.1 参考模型

考虑一个 2×2 MIMO 通信系统，图 6-23 给出了该系统应用于高铁高架桥场景的几何模型，由一个单环模型和一个椭圆模型组成。单环模型用于描述当列车位于遮挡区域时本地散射体 $S_{n_1}(n_1=1,2,\cdots,N_1)$的分布。当列车处于非遮挡区域时，利用椭圆模型描述有效散射体 $S_{n_2}(n_2=1,2,\cdots,N_2)$的分布。收发天线的间距分别表示为 $\delta_T$ 和 $\delta_R$；收发端的距离为 $D=2c$，其中 $c$ 表示椭圆两焦点之间距离的一半；天线阵列的倾斜角分别为 $\beta_T$ 和 $\beta_R$；$\alpha_v$ 表示列车运动方向与 $x$ 轴的夹角；第 $n_i$ 条发射波的到达角和离开角分别为 $\alpha_{n_i}^T$ 和 $\alpha_{n_i}^R$，其中 $i=1,2$；$\alpha_{LoS}^R$表示直射路径的到达角。

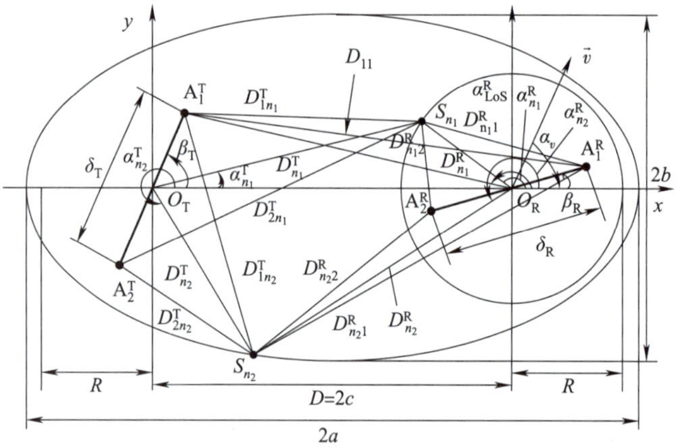


图 6-23 高铁高架桥场景的几何模型

GBSM 分为参考模型与仿真模型，参考模型是假设分布在几何形状上的散射体的个数为无穷，而仿真模型则是考虑有限个散射体。本节首先推导高架桥场景的参考模型。考虑直射和单跳漫反射情况，$A_1^T-A_1^R$ 链路的信道复包络表示为

$$h_{11}(t)=h_{11}^{LoS}(t)+h_{11}^{DIF_i}(t) \tag{6-8}$$

其中

$$h_{11}^{LoS}(t)=\sqrt{\frac{\Omega_{11}K_{11}}{K_{11}+1}}\,e^{-\frac{j2\pi}{\lambda}D_{11}+j2\pi f_D\left[\cos\left(\alpha_{LoS}^{R_q}-\alpha_v\right)\right]t} \tag{6-9}$$

$$h_{11}^{DIF_i}(t)=\sqrt{\frac{\Omega_{11}}{K_{11}+1}}\lim_{N_i\to\infty}\frac{1}{\sqrt{N_i}}\sum_{n_i=1}^{N_i}e^{j\theta_{n_i}-\frac{j2\pi}{\lambda}\left(D_{1n_i}^T+D_{n_i1}^R\right)+j2\pi f_{D,\max}\left[\cos\left(\alpha_{n_i}^R-\alpha_v\right)\right]t} \tag{6-10}$$

式(6-9)和式(6-10)中，$\Omega_{11}$为 $A_1^T-A_1^R$ 链路的总能量；$K_{11}$为 $A_1^T-A_1^R$ 链路的 $K$ 因子；$\lambda$ 为波长；$f_{D,\max}$为最大多普勒频移；$\theta_{n_i}$ 为相位偏移，在[$-\pi,\pi$]区间内服从均匀分布。

根据图 6-23 所示几何关系，利用余弦定理，传播路径的长度可以近似为

$$D_{11}\approx D-\frac{\delta_T}{2}\cos\beta_T-\frac{\delta_R}{2}\cos\left(\alpha_{LoS}^{R_q}-\beta_R\right) \tag{6-11}$$

$$D_{1n_i}^{\mathrm{T}} \approx D_{n_i}^{\mathrm{T}} - \frac{\delta_{\mathrm{T}}}{2}\cos\left(\alpha_{n_i}^{\mathrm{T}} - \beta_{\mathrm{T}}\right) \tag{6-12}$$

$$D_{n_i1}^{\mathrm{R}} \approx D_{n_i}^{\mathrm{R}} - \frac{\delta_{\mathrm{R}}}{2}\cos\left(\alpha_{n_i}^{\mathrm{R}} - \beta_{\mathrm{R}}\right) \tag{6-13}$$

式中，$D_{n_1}^{\mathrm{T}} = \left(D^2 + R^2 + 2DR\cos\alpha_{n_1}^{\mathrm{R}}\right)^{1/2}$；$D_{n_2}^{\mathrm{T}} = \left(a^2 + c^2 + 2ac\cos\alpha_{n_2}^{\mathrm{R}}\right) / \left(a + c\cos\alpha_{n_2}^{\mathrm{R}}\right)$；$D_{n_1}^{\mathrm{R}} = R$；$D_{n_2}^{\mathrm{R}} = b^2 / \left(a + c\cos\alpha_{n_2}^{\mathrm{R}}\right)$。

为确定到达角和离开角的几何关系，$\alpha_{n_i}^{\mathrm{T}}$ 由 $\alpha_{n_i}^{\mathrm{R}}$ 表示为

$$\sin\alpha_{n_1}^{\mathrm{T}} = \frac{R\sin\alpha_{n_1}^{\mathrm{R}}}{\sqrt{D^2 + R^2 + 2DR\cos\alpha_{n_1}^{\mathrm{R}}}} \tag{6-14}$$

$$\sin\alpha_{n_1}^{\mathrm{T}} = \frac{R\sin\alpha_{n_1}^{\mathrm{R}}}{\sqrt{D^2 + R^2 + 2DR\cos\alpha_{n_1}^{\mathrm{R}}}} \tag{6-15}$$

$$\sin\alpha_{n_2}^{\mathrm{T}} = \frac{b^2\sin\alpha_{n_2}^{\mathrm{R}}}{a^2 + c^2 + 2ac\cos\alpha_{n_2}^{\mathrm{R}}} \tag{6-16}$$

$$\cos\alpha_{n_2}^{\mathrm{T}} = \frac{2ac + (a^2 + c^2)\cos\alpha_{n_2}^{\mathrm{R}}}{a^2 + c^2 + 2ac\cos\alpha_{n_2}^{\mathrm{R}}} \tag{6-17}$$

### 6.4.2　相关函数与多普勒功率谱

根据上述参考模型，可以推导相关函数和多普勒功率谱的理论表达式。$h_{11}(t)$ 与 $h_{22}(t)$ 链路间的空-时相关函数定义为

$$\begin{aligned}\rho_{11,22}(\delta_{\mathrm{T}}, \delta_{\mathrm{R}}, \tau) &= \frac{E\left[h_{11}(t)h_{22}^{*}(t+\tau)\right]}{\sqrt{\Omega_{11}\Omega_{22}}} \\ &= \rho_{11,22}^{\mathrm{LoS}}(\delta_{\mathrm{T}}, \delta_{\mathrm{R}}, \tau) + \rho_{11,22}^{\mathrm{DIF}_i}(\delta_{\mathrm{T}}, \delta_{\mathrm{R}}, \tau)\end{aligned} \tag{6-18}$$

式中，$(\cdot)^{*}$ 为复共轭运算；$E[\cdot]$为统计平均。

假设 $\alpha_{\mathrm{LoS}}^{\mathrm{R}} = \pi$ 和 $K_{11} = K_i$，将式(6-9)和式(6-11)代入式(6-18)，得到直射分量的空-时相关函数

$$\rho_{11,22}^{\mathrm{LoS}}(\delta_{\mathrm{T}}, \delta_{\mathrm{R}}, \tau) = \frac{K_i}{K_i + 1}\mathrm{e}^{\frac{\mathrm{j}2\pi}{\lambda}(\delta_{\mathrm{T}}\cos\beta_{\mathrm{T}} - \delta_{\mathrm{R}}\cos\beta_{\mathrm{R}}) + \mathrm{j}2\pi f_{\mathrm{D,max}}(\cos\alpha_v)\tau} \tag{6-19}$$

类似地，将式(6-10)、式(6-12)和式(6-13)代入式(6-18)，得到漫反射分量的空-时相关函数

$$\begin{aligned}\rho_{11,22}^{\mathrm{DIF}_i}(\delta_{\mathrm{T}}, \delta_{\mathrm{R}}, \tau) = {} & \frac{1}{K_i + 1}\int_{-\pi}^{\pi}\mathrm{e}^{\frac{\mathrm{j}2\pi}{\lambda}\left(\delta_{\mathrm{T}}\cos\left(\alpha_{n_i}^{\mathrm{T}} - \beta_{\mathrm{T}}\right) + \delta_{\mathrm{R}}\cos\left(\alpha_{n_i}^{\mathrm{R}} - \beta_{\mathrm{R}}\right)\right)} \\ & \times \mathrm{e}^{-\mathrm{j}2\pi f_{D,\max}\left[\cos\left(\alpha_{n_i}^{\mathrm{R}} - \alpha_v\right)\right]\tau}p\left(\alpha_{n_i}^{\mathrm{R}}\right)\mathrm{d}\alpha_{n_i}^{\mathrm{R}}\end{aligned} \tag{6-20}$$

式中，$p(\alpha_{n_i}^{\mathrm{R}})$为 AoA 的概率密度函数。

冯米塞斯分布较为适合描述非各向同性散射环境下的本地散射体的 AoA 分布。因此，

假设漫反射分量的 AoA 服从冯米塞斯分布

$$p(\alpha_{n_i}^{\mathrm{R}})=\frac{\mathrm{e}^{\kappa_i\cos(\alpha_{n_i}^{\mathrm{R}}-\mu_i)}}{2\pi I_0(\kappa_i)} \tag{6-21}$$

式中，$\alpha_{n_i}^{\mathrm{R}}\in[-\pi,\pi)$；$I_0(\cdot)$为第一类零阶修正贝塞尔函数；$\mu_i$ 为 $\alpha_{n_i}^{\mathrm{R}}$ 的均值，即平均 AoA；$\kappa_i$ 为控制角度扩展 $\Delta\phi$ 大小的参数，对于非全向散射的场景，可以认为 $\Delta\phi=2/\sqrt{\kappa_i}$。

此外，空-时多普勒功率谱可由式(6-18)的傅里叶变换得到

$$\begin{aligned}S_{11,22}(\delta_{\mathrm{T}},\delta_{\mathrm{R}},f)&=\int_{-\infty}^{\infty}\rho_{11,22}(\delta_{\mathrm{T}},\delta_{\mathrm{R}},\tau)\mathrm{e}^{-2\pi f_{\mathrm{d}}\tau}\mathrm{d}\tau\\&=S_{11,22}^{\mathrm{LoS}}(\delta_{\mathrm{T}},\delta_{\mathrm{R}},f)+S_{11,22}^{\mathrm{DIF}_i}(\delta_{\mathrm{T}},\delta_{\mathrm{R}},f)\end{aligned} \tag{6-22}$$

## 6.4.3 半经验 MIMO 信道模型

根据构建的 GBSM，结合高架桥场景实测结果，本节提出一种半经验的 MIMO 信道模型。半经验 MIMO 信道模型的构建方法如图 6-24 所示。

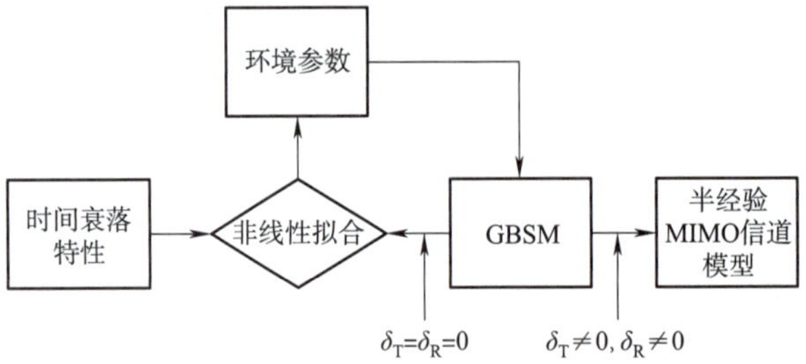


图 6-24 半经验 MIMO 信道模型构建方法

(1)基于实测数据，提取时间衰落特性，确定 $K$ 因子和多普勒功率谱。

(2)利用 GBSM 描述传播环境，建立参考模型，确定理论的空-时相关函数和空-时多普勒功率谱。

(3)通过非线性 LS 拟合法，拟合 $\delta_{\mathrm{T}}=\delta_{\mathrm{R}}=0$ 条件下实测多普勒功率谱与理论多普勒功率谱，确定参考模型中的环境参数，包括 $\mu_i$ 和 $\kappa_i$。

(4)将拟合得到的环境参数代入 GBSM，设定 $\delta_{\mathrm{T}}\neq\delta_{\mathrm{R}}\neq0$，建立半经验 MIMO 信道模型。

### 6.4.3.1 时间衰落特性

$K$ 因子和多普勒功率谱是两种典型的时间衰落特性参数。第五章已经给出了高架桥场景测量的窄带 $K$ 因子结果，这里将测量结果划分为五个区域(A～E)，如图 6-25 所示。表 6-10 中给出五个区域的覆盖范围、$K$ 因子均值和标准差。从表中可以看出，非遮挡区域 A、C 和 E 的 $K$ 因子强度明显高于遮挡区域 B 和 D 的结果。区域 A 和 E 的 $K$ 因子结果将作为单环模型的参数输入，而区域 B 和 D 的 $K$ 因子结果则用于椭圆模型。注意，区域 C 的情况暂时未在半经验 MIMO 信道模型中考虑。

表 6-10 郑西高架桥场景测量的不同区域的窄带 *K* 因子统计结果

| 区 域 | 非 遮 挡 | | | 遮 挡 | |
|---|---|---|---|---|---|
| | A | C | E | B | D |
| 覆盖范围/m | −662～−433 | −433～−95 | −95～95 | 95～416 | 416～644 |
| 均值/dB | 9.08 | 4.71 | 7.52 | −1.02 | 0.75 |
| 标准差/dB | 4.98 | 5.53 | 5.24 | 5.18 | 4.65 |

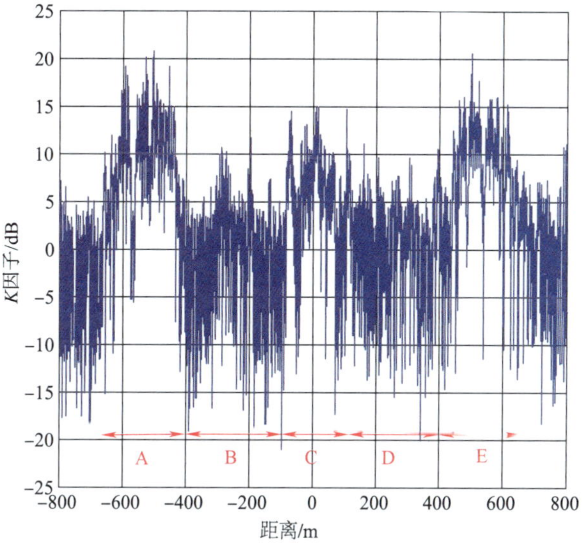


图 6-25 郑西高架桥场景测量的窄带 *K* 因子及区域划分

同样将第 5 章提取的瞬时多普勒功率谱划分为 A～E 五个区域，如图 6-26 所示。从图中可以看到，非遮挡区域 A 和 E 的多普勒功率谱明显不同于遮挡区域 B 和 D 的结果。散射体的角度分布决定了多普勒功率谱的形状，因此根据已知的多普勒功率谱，可以确定散射体的角度分布，进而确定无线传播的环境参数。

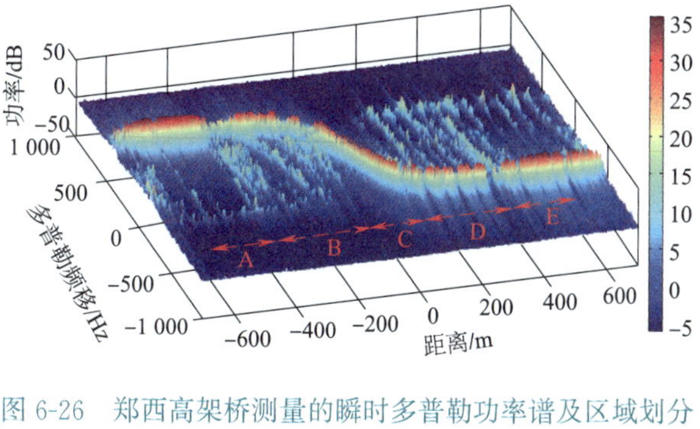


图 6-26 郑西高架桥测量的瞬时多普勒功率谱及区域划分

#### 6.4.3.2 环境参数

设定 $\delta_T=\delta_R=0$，由式(6-22)得到 SISO 情况下的理论多普勒功率谱。利用非线性 LS

拟合法拟合理论的多普勒功率谱与实测的多普勒功率谱，得到环境参数为

$$(\kappa_i,\mu_i)=\arg\min_{(\kappa_i,\mu_i)}\left\{\frac{1}{L}\sum_{l=1}^{L}\left[\widetilde{S}(f_l)-S_{11,22}(0,0,f_l)\right]^2\right\} \tag{6-23}$$

式中，对于区域 B 和 D，考虑其为 NLoS 场景，设定 $K_1=0$；对于区域 A 和 E，根据表 6-10 的结果，选择 $K_2=8.3$ dB。

由式(6-23)可得环境参数的拟合结果为 $\kappa_1=1.1$、$\mu_1=137.6°$、$\kappa_2=7.2$ 和 $\mu_2=22.9°$。$\kappa_1$ 小于 $\kappa_2$ 是因为遮挡区域存在更为丰富的多径分量，导致更大的角度扩展。$\mu_1$ 和 $\mu_2$ 与散射体的位置相关。

图 6-27 对比了遮挡与非遮挡区域中实测与模型拟合的多普勒功率谱结果。针对区域 A 和 B，模型设定 $\alpha_v=0$，而区域 D 和 E，$\alpha_v=\pi$。从对比结果可以看出，模型结果能够很好地匹配实测结果。因此，将拟合的环境参数代入模型中，设定 $\delta_T\neq\delta_R\neq0$，经验证的 SISO 信道模型扩展为半经验 MIMO 信道模型。

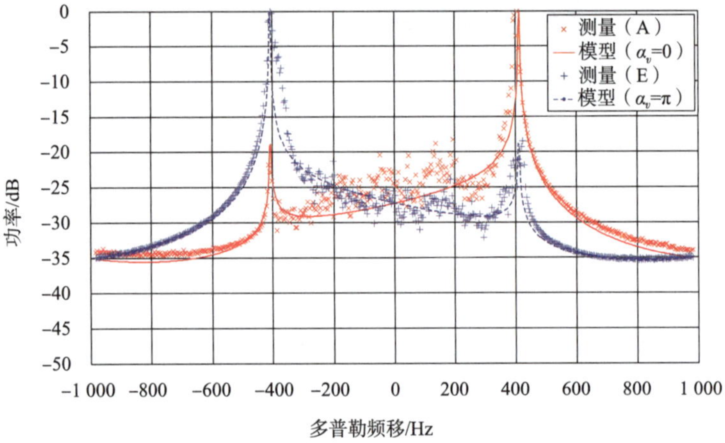


(a) 遮挡区域

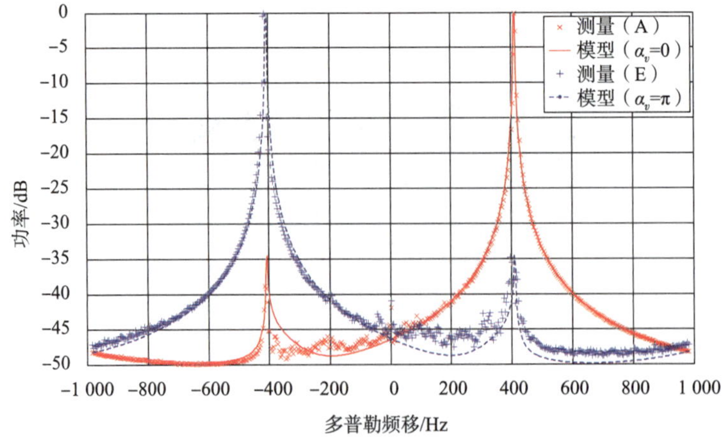


(b)非遮挡区域

图 6-27　郑西高架桥测量与 GBSM 理论拟合的多普勒功率谱

### 6.4.4　仿真模型

通过参考模型可以得到空-时相关函数和多普勒功率谱的表达式，进而实现理论分析。然而，参考模型假设散射体个数为无穷，由式(6-10)无法生成信道冲激响应数据，因此无法用于仿真。为使本文提出的半经验 MIMO 信道模型可进行仿真实现，需将参考模型转化为仿真模型，即设定散射体的个数 $N_i$ 为有限。仿真模型的构建思路是通过相关算法计算模型的参数，使得仿真模型的统计量如时间自相关函数(Autocorrelation Function，ACF)和空间相关函数接近于参考模型。在仿真模型中，散射体的到达角为离散的常数，可通过参数计算方法得到。经典的参数计算方法包括扩展的精确多普勒扩展计算法(Extended Method of Exact Doppler Spread，EMEDS)、修正的等区域计算法(Modified Method of Equal Areas，MMEA)和 $L_p$ 范数计算法($L_p$-Norm Method，LPNM)。EMEDS 方法只能用于各向同性的理想环境中，即 AoA 均匀地分布在单环上。MMEA 和 LPNM 方法均可用于非各向同性的环境，但是 LPNM 方法具有较高的数值计算复杂度。

MMEA 方法是一种低复杂度且高精度的参数计算方法，因此本文采用 MMEA 方法来估计仿真模型中的 AoA 参数。

$$\alpha_{n_i}^{\mathrm{R}} = F_{\alpha}^{-1}\left[\frac{1}{N_i}\left(n_i - \frac{1}{4}\right)\right] \tag{6-24}$$

式中，$F_{\alpha}^{-1}(\cdot)$为 $F_{\alpha}(\cdot)$的反函数；$F_{\alpha}(\cdot)$为 AoA 的 CDF。

$$F_{\alpha}(x) = \int_{-\infty}^{x} p(\alpha_{n_i}^{\mathrm{R}})\mathrm{d}x \tag{6-25}$$

### 6.4.5　仿真结果与分析

基于半经验 MIMO 信道模型，本节分析高架桥场景的空-时相关函数、空-时多普勒功率谱以及信道容量。模型参数设定为 $f_c = 2.35$ GHz，$v = 198$ km/h，$\beta_T = \beta_R = \pi/2$，$R = 30$ m，$a = 300$ m，$\alpha_v = \pi$，$N_i = 64$。此外，对于遮挡区域，$D = 300$ m；对于非遮挡区域，$D = 500$ m。

图 6-28 描述了高架桥遮挡环境和非遮挡环境空间相关性随收发天线间隔的变化。从图中可以观察到，遮挡环境的整体空间相关系数远低于非遮挡环境的结果。这是因为遮挡环境中存在大量的多径成分，这些反射和散射分量在接收机叠加，使得接收信号的随机性更强，导致不同天线的接收信号相关性变弱。对于非遮挡环境，以直射分量为主导，不同天线的接收信号相关性很强。此外，在遮挡环境中，当接收天线间隔从 0 增加至 $\lambda$ 过程中，相关系数从 1 急剧降低至 0.2；当接收天线间隔从 $\lambda$ 增加至 $5\lambda$ 过程中，相关系数在 0.2 附近剧烈波动；当发射天线间隔从 0 增加至 $4\lambda$ 过程中，相关系数从 1 逐渐降低至 0.2；当发射天线间隔进一步增大，相关系数始终稳定在 0.2。然而，在非遮挡环境中，收发天线间距对空间相关性影响不大，相关系数保持在 0.9 左右。

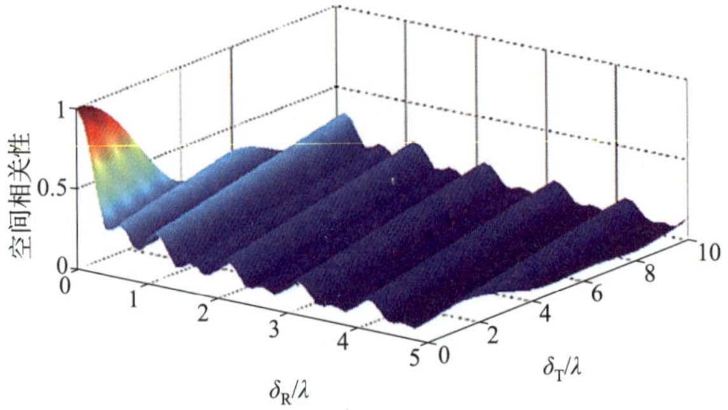


(a)遮挡环境

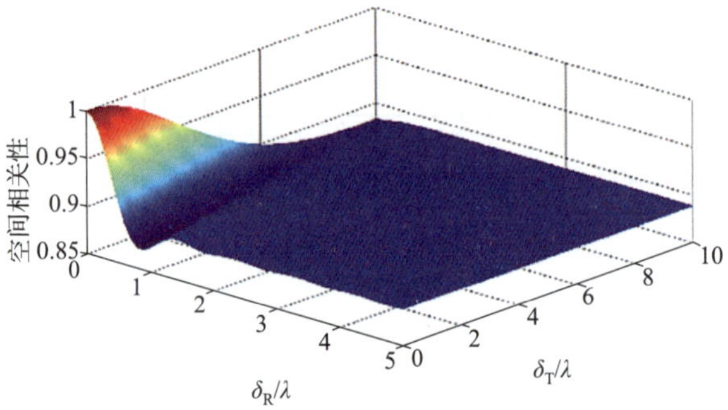


(b)非遮挡环境

图 6-28 高架桥场景空间相关性随收发天线间隔的变化

图 6-29 分析了高架桥遮挡环境和非遮挡环境 SISO($\delta_T=\delta_R=0$)和 MIMO($\delta_T=\delta_R=3\lambda$)情况下的时间相关性。从图中可以看出，非遮挡环境的时间相关系数远大于遮挡环境的结果。在非遮挡环境中，时间相关性在 SISO 和 MIMO 情况下相差不大，相关系数在 0.9 附近波动。然而，在遮挡环境中，时间相关性在 SISO 和 MIMO 情况下差异明显：SISO 情况的相关系数随时间从 1 开始逐渐降低；MIMO 情况的相关系数初始在 0.1 附近波动，之后随时间逐渐降低。因此，可以推断天线间距对遮挡环境的时间相关性有较大影响，而对非遮挡环境的时间相关性影响不大。图 6-30 给出了对应的空-多普勒功率谱结果。可

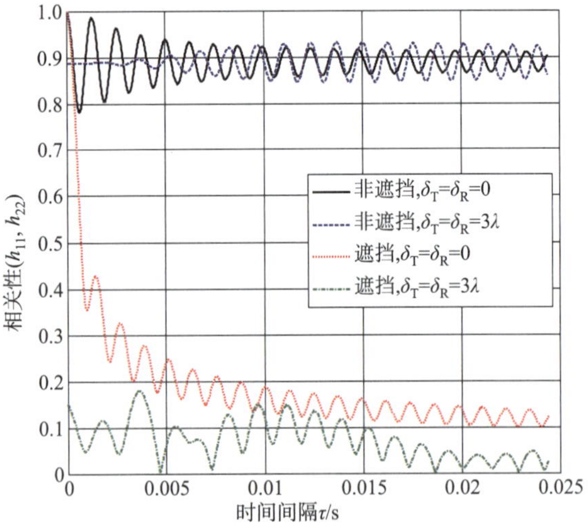


图 6-29 高架桥遮挡环境和非遮挡环境 SISO 和 MIMO 情况下的时间相关性

以明显看到，空间间隔使得多普勒功率谱出现波动。遮挡环境的多普勒功率谱相比非遮挡环境波动更为剧烈。

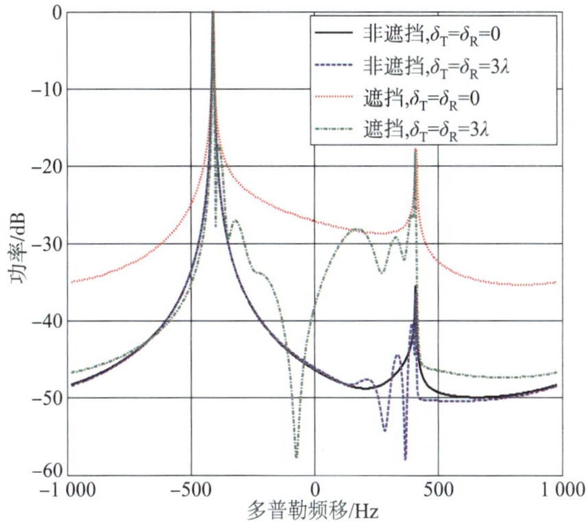


图 6-30　高架桥遮挡环境和非遮挡环境 SISO 和 MIMO 情况下的空-时多普勒功率谱

根据仿真模型生成的信道冲激响应，可分析信道容量。图 6-31 给出了遮挡环境和非遮挡环境的遍历容量与信噪比(Signal Noise Ratio，SNR)的关系，并对比了瑞利 SISO 模型和非相关 MIMO 模型的结果。瑞利 SISO 模型和非相关 MIMO 模型的遍历容量分别决定了遍历容量的上下界。从图中可以看到，在遮挡环境中，当 $\delta_T=\delta_R=3\lambda$ 时，其遍历容量接近于上界。当 SNR 为 20 dB 时，遮挡环境的遍历容量比非遮挡环境高 2(bit/s)/Hz。然而，当 $\delta_T=\delta_R=0$ 时，遍历容量的变化具有相反的趋势，即直射分量越强，遍历容量越大，遮挡环境的遍历容量接近于下界，而略低于非遮挡环境的结果。

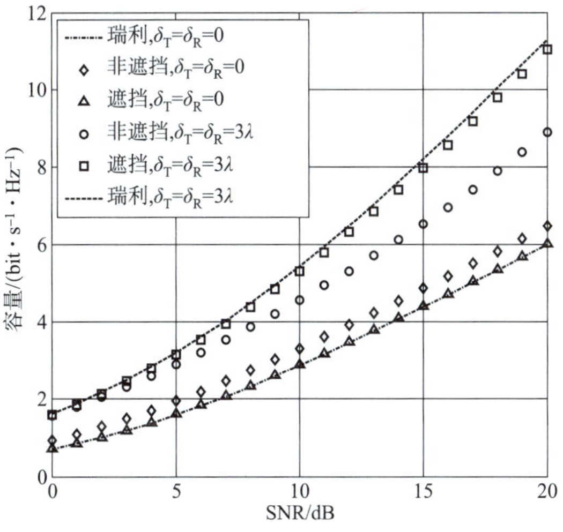


图 6-31　高架桥遮挡环境和非遮挡环境 SISO 和 MIMO 情况下的遍历容量

# 6.5 基于几何的高铁多链路 MIMO 信道建模

本节基于 GBSM 开展高铁多链路 MIMO 信道建模。首先,提出几何参考模型,并推导信道冲激响应;其次,结合到达角和离开角的分布,得出多链路互相关函数(Cross-Correlation Function,CCF)的数学表达式,建立理论模型;最后,根据高铁多链路场景,设置模型中的环境参数,得出数值结果并分析各参数对互相关系数的影响,探索高铁多链路 MIMO 信道特征。

## 6.5.1 几何模型

在 6.4 节中,高铁 MIMO 信道考虑的是单链路场景,本节则在其基础上拓展为多链路场景。由多链路信道测量的结果可知,链路异质性的程度主要由本地散射环境决定。因此,多链路信道模型应体现不同的本地散射环境对链路异质性的影响。考虑一个同时应用 CoMP 和 MIMO 技术的高铁通信系统,该系统的主 BS(BS1)采用 $M_{\mathrm{T}}$ 个全向发射天线,相邻 BS(BS2)采用 $M'_{\mathrm{T}}$ 个全向发射天线,列车采用 $M_{\mathrm{R}}$ 个全向接收天线。针对上述高铁通信系统,本节提出一个适用于多链路 MIMO 信道的几何模型,如图 6-32 所示。该模型包括 LoS 分量、单跳的单环模型和两跳的椭圆-单环模型。单跳的椭圆模型在这里并未考虑,这是因为来自椭圆模型的单跳分量对多链路互相关性没有影响。在 BS1、BS2 以及列车端,均采用 ULA 阵列,阵元间距分别表示为 $\delta_{\mathrm{T}}$、$\delta'_{\mathrm{T}}$ 和 $\delta_{\mathrm{R}}$,这里考虑 $M_{\mathrm{T}}=M'_{\mathrm{T}}=M_{\mathrm{R}}=2$。假设列车附近有 $N_1$ 个有效散射体,分布在半径为 $R$ 的单环上,将第 $n_1$ 个($n_1=1,\cdots,N_1$)有效散射体定义为 $S^{(n_1)}$。对于第一个椭圆模型,存在 $N_2$ 个散射体,分布在以 BS1 和列车为焦点的椭圆上,将椭圆的半长轴和第 $n_2$ 个($n_2=1,\cdots,N_2$)散射体分别表示为 $a$ 和 $S^{(n_2)}$。BS1 和列车的距离为 $D_3=2f$,其中,$f$ 表示第一个椭圆中两个焦点的距离的一半。类似的,对于第二个椭圆模型,存在 $N_3$ 个散射体,分布在以 BS2 和列车为焦点的椭圆上,将椭圆的半长轴和第 $n_3$ 个($n_3=1,\cdots,N_3$)散射体分别表示为 $a'$ 和 $S^{(n_3)}$。BS2 和列车的距离为 $D_4=2f'$,其中,$f'$ 表示第二个椭圆中两个焦点的距离的一半。列车以速度 $n$ 向 $\gamma_{\mathrm{R}}$ 方向行驶,将从散射体 $S^{(n_i)}$ ($i\hat{\mathrm{I}}\{1,2,3\}$)到列车传播的 AoA 定义为 $\phi_{\mathrm{R}}^{(n_i)}$,将从 BS 到散射体 $S^{(n_i)}$ 传播的 AoD 定义为 $\phi_{\mathrm{T}}^{(n_i)}$。$\phi_{\mathrm{R_M}}^{\mathrm{LoS}}$ 表示 LoS 分量的 AoA。另外,BS1 与列车的水平距离为 $d$,BS1 和 BS2 的间距为 $D$,BS1 或 BS2 与铁轨的垂直距离为 $D_1$ 或 $D_2$。铁轨与第一个椭圆和第二个椭圆的长轴的夹角分别表示为 $\theta$ 和 $\theta'$,且 $\theta=\operatorname{arccot}\{d/D_1\}$ 和 $\theta'=\operatorname{arccot}\{(D-d)/D_1\}$。

在上述几何模型中,存在四条通信链路,包括从发射天线 $\mathrm{T}_P$ 到接收天线 $\mathrm{R}_M$ 的 $\mathrm{T}_P$—$\mathrm{R}_M$ 链路、从发射天线 $\mathrm{T}_{P'}$ 到接收天线 $\mathrm{R}_{M'}$ 的 $\mathrm{T}_{P'}$—$\mathrm{R}_{M'}$ 链路、从发射天线 $\mathrm{T}_Q$ 到接收天线 $\mathrm{R}_M$ 的 $\mathrm{T}_Q$—$\mathrm{R}_M$ 链路以及从发射天线 $\mathrm{T}_{Q'}$ 到接收天线 $\mathrm{R}_{M'}$ 的 $\mathrm{T}_{Q'}$—$\mathrm{R}_{M'}$ 链路。这里,以 $\mathrm{T}_P$—$\mathrm{R}_M$ 链

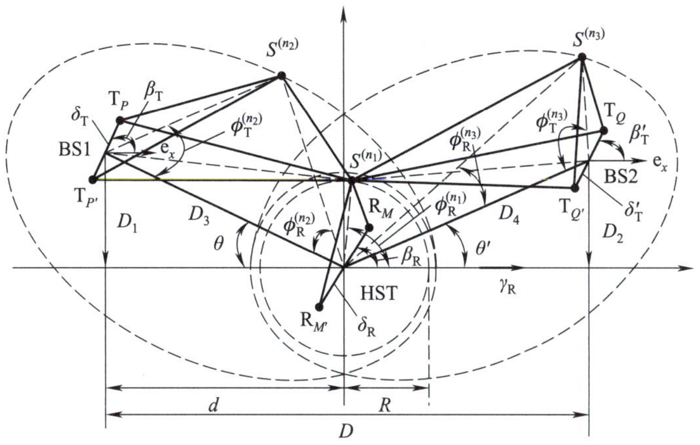


图 6-32　适用于多链路 MIMO 信道的几何模型

路和 $\mathrm{T}_Q$—$\mathrm{R}_M$ 链路之间的互相关性为例进行详细分析。因此，下面给出上述多链路信道模型的 $\mathrm{T}_P$—$\mathrm{R}_M$ 链路和 $\mathrm{T}_Q$—$\mathrm{R}_M$ 链路的信道增益。

## 6.5.2　信道冲激响应

在所提出的模型中，$\mathrm{T}_P$—$\mathrm{R}_M$ 链路（$\mathrm{T}_Q$—$\mathrm{R}_M$ 链路）的信道冲激响应表示为 LoS 分量、单跳分量和两跳分量的叠加：

$$h_{P(Q)M}=h_{P(Q)M}^{\mathrm{LoS}}+h_{P(Q)M}^{\mathrm{SB}}+h_{P(Q)M}^{\mathrm{DB}} \tag{6-26}$$

其中，

$$h_{P(Q)M}^{\mathrm{LoS}}=\sqrt{\frac{\Omega_{P(Q)M}K_{P(Q)M}}{K_{P(Q)M}+1}}\mathrm{e}^{-\mathrm{j}2\pi\lambda^{-1}\chi_{P(Q)M}+\mathrm{j}2\pi f_\mathrm{D}\left[\cos\left(\alpha_{\mathrm{LoS}\text{-}P(Q)}^{\mathrm{R}}-\gamma_\mathrm{R}\right)\right]t} \tag{6-27}$$

$$h_{P(Q)M}^{\mathrm{SB}}=\sqrt{\frac{\eta'_{\mathrm{SB}}(\eta_{\mathrm{SB}})\Omega_{P(Q)M}}{K_{P(Q)M}+1}}\lim_{N_1\to\infty}\sum_{n_1=1}^{N_1}\frac{1}{\sqrt{N_1}}\mathrm{e}^{-\mathrm{j}2\pi\lambda^{-1}(\chi_{P(Q)M,S^{(n_1)}})+\mathrm{j}2\pi f_\mathrm{D}[\cos(\phi_\mathrm{R}^{(n_1)}-\gamma_\mathrm{R})]t+\mathrm{j}\psi_{n_1}} \tag{6-28}$$

$$h_{P(Q)M}^{\mathrm{DB}}=\sqrt{\frac{\eta_{\mathrm{DB}}(\eta'_{\mathrm{DB}})\Omega_{P(Q)M}}{K_{P(Q)M}+1}}\cdot$$
$$\lim_{N_1,N_2(N_3)\to\infty}\sum_{n_1,n_2(n_3)=1}^{N_1,N_2(N_3)}\frac{1}{\sqrt{N_1N_2(N_3)}}\mathrm{e}^{-\mathrm{j}2\pi\lambda^{-1}(\chi_{P(Q)M,S^{(n_2)}(S^{(n_3)}),S^{(n_1)}})+\mathrm{j}2\pi f_\mathrm{D}\left[\cos\left(\phi_\mathrm{R}^{(n_1)}-\gamma_\mathrm{R}\right)\right]t+\mathrm{j}\psi_{n_2(n_3),n_1}} \tag{6-29}$$

在式(6-27)、式(6-28)和式(6-29)中，$\chi_{P(Q)M}=\varepsilon_{P(Q)M}$、$\chi_{P(Q)M,S^{n_1}}=\varepsilon_{P(Q)S^{(n_1)}}+\varepsilon_{S^{(n_1)}M}$ 和 $\chi_{P(Q)M,S^{(n_2)}(S^{(n_3)}),S^{(n_1)}}=\varepsilon_{PS^{(n_2)}(QS^{(n_3)})}+\varepsilon_{S^{(n_2)}(S^{(n_3)})S^{(n_1)}}+\varepsilon_{S^{(n_1)}M}$ 分别表示 $\mathrm{T}_P$—$\mathrm{R}_M$ 链路、$\mathrm{T}_P$—$\mathrm{S}^{(n_1)}$—$\mathrm{R}_M$ 和 $\mathrm{T}_P$—$\mathrm{S}^{(n_2)}$($\mathrm{S}^{(n_3)}$)—$\mathrm{S}^{(n_1)}$—$\mathrm{R}_M$ 链路的传播路径。

另外，$K_{P(Q)M}$和$\Omega_{P(Q)M}$分别表示 $\mathrm{T}_P$—$\mathrm{R}_M$ 链路（$\mathrm{T}_Q$—$\mathrm{R}_M$ 链路）的 $K$ 因子和总功率，$\eta_{\mathrm{SB}}$($\eta'_{\mathrm{SB}}$)和 $\eta_{\mathrm{DB}}$($\eta'_{\mathrm{DB}}$)分别表示单跳分量和两跳分量的功率相对散射分量的总功率 $\Omega_{P(Q)M}/$

$(K_{P(Q)M}+1)$的比例。这些能量相关的参数满足 $\eta_{SB}+\eta_{DB}=1$ 和 $\eta'_{SB}+\eta'_{DB}=1$。相位 $\psi_{n_i}$ 和 $\psi_{n_2(n_3),n_1}$ 为在$[-\pi,\pi)$范围内服从均匀分布的独立同分布随机变量。$f_D$ 为最大多普勒频移。

根据图 6-32 的几何关系，式(6-27)、式(6-28)和式(6-29)中的传播距离 $\varepsilon_{P(Q)M}$，$\varepsilon_{P(Q)S^{(n_1)}}$，$\varepsilon_{PS^{(n_2)}(QS^{(n_3)})}$，$\varepsilon_{S^{(n_1)}M}$，$\varepsilon_{S^{(n_2)}(S^{(n_3)})M}$和 $\varepsilon_{S^{(n_2)}(S^{(n_3)})S^{(n_1)}}$ 可以由下面公式计算得到

$$\varepsilon_{PM}\approx D_3-\frac{\delta_T\delta_R}{4D_3}\sin(\beta_R+\theta)\sin(\beta_T+\theta)-\frac{\delta_T}{2}\cos(\beta_T+\theta)+\frac{\delta_R}{2}\cos(\beta_R+\theta) \tag{6-30}$$

$$\varepsilon_{QM}\approx D_4-\frac{\delta'_T\delta_R}{4D_4}\sin(\beta_R-\theta')\sin(\beta'_T-\theta')+\frac{\delta'_T}{2}\cos(\beta'_T-\theta')-\frac{\delta_R}{2}\cos(\beta_R-\theta') \tag{6-31}$$

$$\varepsilon_{PS^{(n_1)}}\approx D_3-\frac{\delta_T R}{2D_3}\sin(\phi_R^{(n_1)}+\theta)\sin(\beta_T+\theta)-\frac{\delta_T}{2}\cos(\beta_T+\theta)+R\cos(\phi_R^{(n_1)}+\theta) \tag{6-32}$$

$$\varepsilon_{QS^{(n_1)}}\approx D_4-\frac{\delta'_T R}{2D_4}\sin(\phi_R^{(n_1)}-\theta')\sin(\beta'_T-\theta')+\frac{\delta'_T}{2}\cos(\beta'_T-\theta')-R\cos(\phi_R^{(n_1)}-\theta') \tag{6-33}$$

$$\varepsilon_{S^{(n_1)}M}\approx R-\frac{\delta_R}{2}\sin(\phi_R^{(n_1)}-\beta_R) \tag{6-34}$$

$$\varepsilon_{PS^{(n_2)}}\approx\frac{b^2}{a-f\cos(\phi_T^{(n_2)})}-\frac{\delta_T}{2}\cos(\beta_T+\theta-\phi_T^{(n_2)}) \tag{6-35}$$

$$\varepsilon_{QS^{(n_3)}}\approx\frac{b'^2}{a'-f'\cos(\phi_T^{(n_3)})}+\frac{\delta'_T}{2}\cos(\phi_T^{(n_3)}+\beta'_T-\theta') \tag{6-36}$$

$$\varepsilon_{S^{(n_2)}S^{(n_1)}}\approx 2a-\frac{b^2}{a-f\cos(\phi_T^{(n_2)})}+R\cos(\phi_R^{(n_1)}+\theta)\cos(\phi_R^{(n_2)})-R\sin(\phi_R^{(n_1)}+\theta)\sin(\phi_R^{(n_2)}) \tag{6-37}$$

$$\varepsilon_{S^{(n_3)}S^{(n_1)}}\approx 2a'-\frac{b'^2}{a'-f'\cos(\phi_T^{(n_3)})}-R\cos(\phi_R^{(n_1)}-\theta')\cos(\phi_R^{(n_3)})-R\sin(\phi_R^{(n_1)}-\theta')\sin(\phi_R^{(n_3)}) \tag{6-38}$$

式中，$b$ 和 $b'$分别为第一个椭圆和第二个椭圆的半短轴，满足 $a^2=b^2+f^2$ 和 $a'^2=b'^2+f'^2$。

根据提出的方法，可以确定 AoA 和 AoD 的关系，如下

$$\cos(\phi_R^{(n_2)})=\frac{2af-(a^2+f^2)\cos(\phi_T^{(n_2)})}{a^2+f^2-2af\cos(\phi_T^{(n_2)})} \tag{6-39}$$

$$\sin(\phi_R^{(n_2)})=\frac{b^2\sin(\phi_T^{(n_2)})}{a^2+f^2-2af\cos(\phi_T^{(n_2)})} \tag{6-40}$$

$$\cos(\phi_R^{(n_3)})=\frac{2a'f'-(a'^2+f'^2)\cos(\phi_T^{(n_3)})}{a'^2+f'^2-2a'f'\cos(\phi_T^{(n_3)})} \tag{6-41}$$

$$\sin(\phi_R^{(n_3)})=\frac{b'^2\sin(\phi_T^{(n_3)})}{a'^2+f'^2-2a'f'\cos(\phi_T^{(n_3)})} \tag{6-42}$$

这里，假设 $\phi_R^{(n_1)}$、$\phi_T^{(n_2)}$ 和 $\phi_T^{(n_3)}$ 服从冯米塞斯分布。在 BS1、BS2 和列车端，角度均值分别为 $\mu_T$、$\mu'_T$和 $\mu_R$，角度扩展分别为 $\Delta\phi_T$、$\Delta\phi'_T$和 $\Delta\phi_R$。

### 6.5.3 多链路互相关函数

基于所提出的多链路信道模型，可以进一步推导多链路互相关函数。这里以 $T_P$—$R_M$

链路和 $T_Q$—$R_M$ 链路间的互相关函数为例进行推导，其归一化的互相关函数定义为

$$\rho_{PM,QM}=\frac{E[h_{PM}h_{QM}^{*}]}{\sqrt{\Omega_{PM}\Omega_{QM}}} \tag{6-43}$$

将式(6-26)代入式(6-43)，$T_P$—$R_M$ 链路和 $T_Q$—$R_M$ 链路间的互相关函数可以进一步表示为

$$\rho_{PM,QM}=\rho_{PM,QM}^{\mathrm{LoS}}+\rho_{PM,QM}^{\mathrm{SB}}+\rho_{PM,QM}^{\mathrm{DB}} \tag{6-44}$$

其中，

$$\rho_{PM,QM}^{\mathrm{LoS}}=\sqrt{\frac{K_{PM}K_{QM}}{(K_{PM}+1)(K_{QM}+1)}}\mathrm{e}^{-\mathrm{j}2\pi\lambda^{-1}(\chi_{PM}-\chi_{QM})} \tag{6-45}$$

$$\rho_{PM,QM}^{\mathrm{SB}}=\sqrt{\frac{\eta_{\mathrm{SB}}\eta'_{\mathrm{SB}}}{(K_{PM}+1)(K_{QM}+1)}}\int_{-\pi}^{\pi}\mathrm{e}^{-\mathrm{j}2\pi\lambda^{-1}(\chi_{PM,S^{(n_1)}}-\chi_{QM,S^{(n_1)}})}f(\phi_{\mathrm{R}}^{(n_1)})\mathrm{d}(\phi_{\mathrm{R}}^{(n_1)}) \tag{6-46}$$

$$\rho_{PM,QM}^{\mathrm{DB}}=\sqrt{\frac{\eta_{\mathrm{DB}}\eta'_{\mathrm{DB}}}{(K_{PM}+1)(K_{QM}+1)}}\times$$
$$\int_{-\pi}^{\pi}\int_{-\pi}^{\pi}\int_{-\pi}^{\pi}\mathrm{e}^{-\mathrm{j}2\pi\lambda^{-1}(\chi_{PM,S^{(n_2)},S^{(n_1)}}-\chi_{QM,S^{(n_3)},S^{(n_1)}})}f(\phi_{\mathrm{R}}^{(n_1)})f(\phi_{\mathrm{T}}^{(n_2)})f(\phi_{\mathrm{T}}^{(n_3)})\mathrm{d}(\phi_{\mathrm{R}}^{(n_1)})\mathrm{d}(\phi_{\mathrm{T}}^{(n_2)})\mathrm{d}(\phi_{\mathrm{T}}^{(n_3)}) \tag{6-47}$$

式中，$f(\cdot)$表示冯米塞斯分布的 PDF。

### 6.5.4 数值结果与分析

本节针对所推导的多链路互相关函数进行详细的数值分析。相关的参数设置如下：$f_c=5$ GHz，$D=1\ 000$ m，$R=30$ m，$a=D_3/2+50$，$D_3=\sqrt{D_1^2+d^2}$，$a'=D_4/2+50$，$D_4=\sqrt{D_2^2+(D-d)^2}$，$\delta_{\mathrm{T}}=\delta_{\mathrm{R}}=\delta'_{\mathrm{T}}=3\lambda$，$\alpha_{\mathrm{T}}=\alpha_{\mathrm{R}}=\alpha'_{\mathrm{T}}=\pi/2$。其他的参数设置会在给出数值结果时列出。

设置 $K_{PM}=K_{QM}=0$、$\mu_{\mathrm{R}}=\pi/2$、$\eta_{\mathrm{SB}}=\eta'_{\mathrm{SB}}=1$ 和 $\eta_{\mathrm{DB}}=\eta'_{\mathrm{DB}}=0$，单跳分量的多链路互相关系数随 $\Delta\phi$、$d$ 和 $D_1(D_1=D_2)$变化的结果如图 6-33 所示。从图中可以看到，互相关系数随着角度扩展增大而减小。这是因为角度扩展越大，多径分量将来自更多不同的方向，导致了更高的链路异质性和更低的多链路互相关性。从图 6-33(a)可以看到，在设置 $D_1$ 为固定值($D_1=30$ m)的情况下，随着列车远离 BS，互相关系数逐渐增大，当列车位于两个基站的中间位置，即 $d=500$ m 时，互相关系数达到最大值。从图 6-33(b)可以看到，在设置 $d$ 为固定值($d=500$ m)的情况下，互相关系数先增大后减小，最大值出现在 $D_1=30$ m 的位置，也就是说最强多链路互相关性出现在 $D_1=R$ 的情况。

为了分析角度均值对多链路互相关性的影响，设置 $K_{PM}=K_{QM}=0$，$\Delta\phi_{\mathrm{R}}=36°$ ($\kappa=10$)，$\eta_{\mathrm{SB}}=\eta'_{\mathrm{SB}}=1$ 和 $\eta_{\mathrm{DB}}=\eta'_{\mathrm{DB}}=0$。图 6-34 给出了单跳分量的多链路互相关系数随 $\mu$、$d$ 和 $D_1$ $(D_1=D_2)$变化的结果。从图中可以看到，随着 $\mu_{\mathrm{R}}$ 的增大，互相关系数先增大后减小，当

$\mu_R = \pi/2$ 时，互相关性最强。

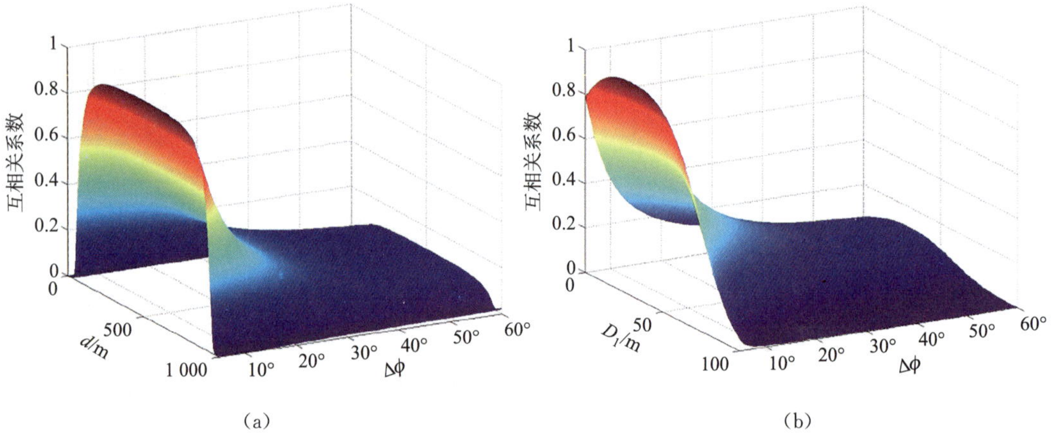


图 6-33　单跳分量的多链路互相关系数随 $\Delta\phi$、$d$ 和 $D_1$ 变化的结果

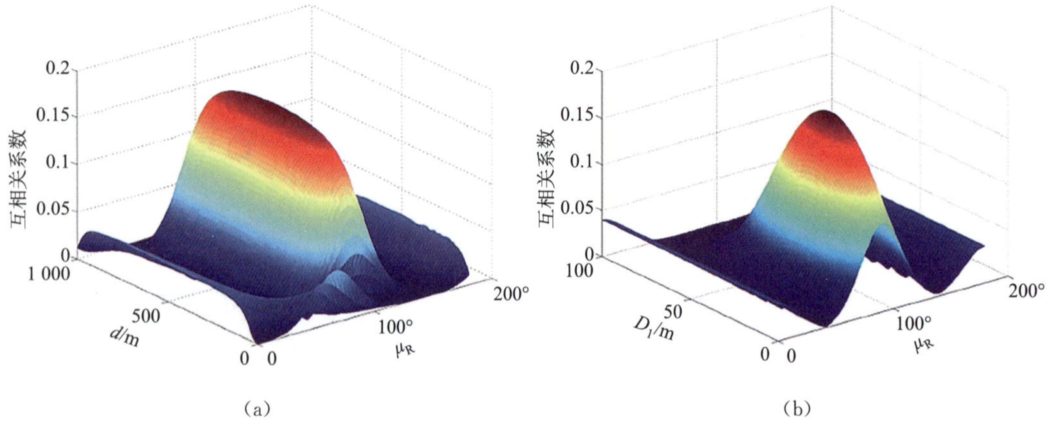


图 6-34　单跳分量的多链路互相关系数随 $\mu$、$d$ 和 $D_1$ 变化的结果

设置 $K_{PM}=K_{QM}=0$、$\mu_T=\mu'_T=\pi/2$、$\Delta\phi_T=\Delta\phi'_T$、$\eta_{SB}=\eta'_{SB}=0$、$\eta_{DB}=\eta'_{DB}=1$、$D_1=D_2=30$ m和 $d=500$ m，两跳分量的多链路互相关系数的结果如图 6-35 所示。为了对比，单跳分量的结果也在图中给出。从图中可以看到，两种分量的多链路互相关系数均随着角度扩展增大而减小，并且两跳分量的互相关系数低于单跳分量的结果。这是因为反射次数越多，多径分量与更多的本地散射区域有关，则更容易经历更高的链路异质性，导致了该多径分量具有更低的链路相似度。两跳分量包含了一部分的非共同散射簇，这些非共同散射簇对于多链路互相关性来说是没有贡献的。

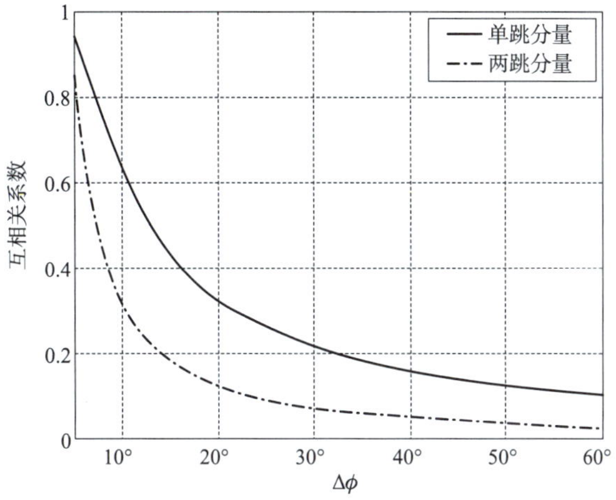


图 6-35　两跳分量的多链路互相关系数结果

# 6.6　基于几何的高铁动态多链路 mMIMO 信道建模

本节基于 GBSM，开展高铁动态多链路 mMIMO 信道建模。首先建立 3D 几何模型，推导宽带信道冲激响应，并引入簇在时域与阵列域的演化；其次，推导多链路空间互相关函数，并构建仿真模型；然后，针对多链路空间互相关性以及和速率容量，进行仿真分析；最后，通过对测量和仿真模型的数值结果的比较，对该模型的有效性进行验证。

## 6.6.1　3D 几何模型

6.5 节中提出的 2D GBSM 忽略了散射体垂直高度的信息，不能准确反映散射体的几何位置。本节针对应用 CoMP 和 mMIMO 技术的高铁通信系统，提出一种 3D 宽带 GBSM，如图 6-36 所示。与 6.5 节相似，本节考虑了列车与两个相邻的 BS(BS1 和 BS2)的双链路通信模型。该模型使用球面模型来描述列车周围共同散射体的分布，并采用以基站和列车为焦点的两个椭圆柱来描述非共同散射体的分布。在这种情况下，该模型能展示不同的本地散射环境对链路异质性的影响。本节模型还考虑了阵列域和时域上的球面波前假设和动态的簇的演化，这是 mMIMO 信道的两个重要特征。对于球面波前假设，天线阵列的大小不能忽略，需要根据天线的实际位置来确定模型中的几何关系。簇在阵列域和时域的会有动态演化，这意味着相同的簇不一定对同一阵列的所有阵元可见，在不同时间，相同的簇对于同一阵元并不总是可见的。

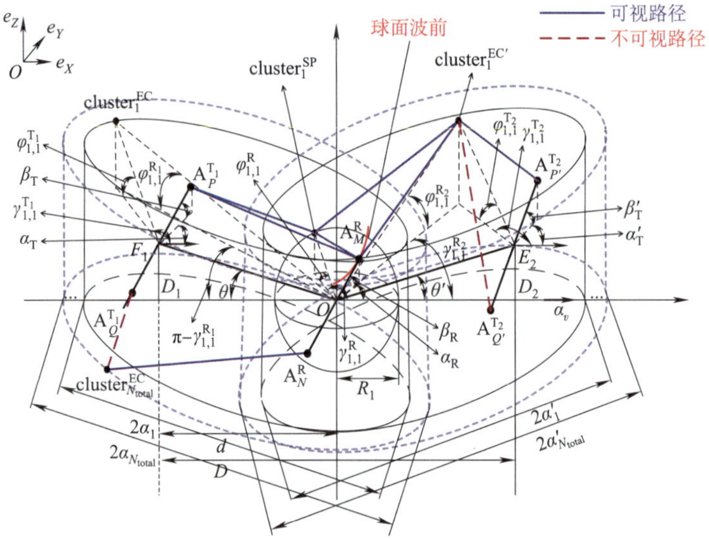


图 6-36　基于几何的高铁动态多链路 mMIMO 信道模型示意图

模型中的 BS 和列车配备了具有 $M_{\mathrm{T}}$ 和 $M_{\mathrm{R}}$ 个全向天线的 ULA。两个 BS 与列车的距离向量分别为 $\boldsymbol{D}_3(t)=(-d(t),D_1,0)$，$\boldsymbol{D}_4(t)=(D-d(t),D_2,0)$。BS1 天线阵列中的第 $P$ 个和第 $Q$ 个天线分别表示为 $\mathrm{A}_P^{\mathrm{T}_1}$ 和 $\mathrm{A}_Q^{\mathrm{T}_1}$，同样的，BS2 天线阵列中的第 $P'$个和第 $Q'$个天线可分别表示为 $\mathrm{A}_{P'}^{\mathrm{T}_2}$ 和 $\mathrm{A}_{Q'}^{\mathrm{T}_2}$。此外，列车天线阵列中的第 $M$ 个和第 $N$ 个天线表示为 $\mathrm{A}_M^{\mathrm{R}}$ 和 $\mathrm{A}_N^{\mathrm{R}}$。半球的半径为 $R_1$，光速表示为 $c$，$\tau_n$ 是第 $n$ 簇的时延。两个椭圆柱的长轴长度、短轴长度和焦距分别为 $2a_n$，$2a_n'$，$2b_n$，$2b_n'$，$2c_n=\|\boldsymbol{D}_3(t)\|$ 和 $2c_n'=\|\boldsymbol{D}_4(t)\|$。同时，通过几何关系得到的距离向量也跟散射多径的水平到达角（Azimuth Angle of Arrival，AAoA）、俯仰到达角（Elevation Angle of Arrival，EAoA）、水平离开角（Azimuth Angle of Departure，AAoD）和俯仰离开角（Elevation Angle of Departure，EAoD）有关，如图 6-36 所示。位于球面模型上的散射体簇表示为$\mathrm{cluster}_1^{\mathrm{SP}}$，位于以 $F_1(F_2)$ 和 $O$ 为焦点的椭圆柱模型上的散射体簇表示为$\mathrm{cluster}_n^{\mathrm{EC(EC')}}$，$n=1,2,\cdots,N_{\mathrm{total}}$。在单球和两个椭圆柱模型中有 $S_1$、$S_2$ 和 $S_3$ 条路径。一些模型中的关键参数见表 6-11，其中 $i=1,2,\cdots,S_1$；$j=1,2,\cdots,S_2$；$k=1,2,\cdots,S_3$。

**表 6-11　理论模型中关键参数定义**

| 关键参数 | 物理意义 |
|---|---|
| $\alpha_{\mathrm{R}},\alpha_{\mathrm{T}},\alpha_{\mathrm{T}}'$ | 接收、发射天线阵列的方位角 |
| $\beta_{\mathrm{R}},\beta_{\mathrm{T}},\beta_{\mathrm{T}}'$ | 接收、发射天线阵列的俯仰角 |
| $\phi_{n,i}^{\mathrm{T}}(t),\varphi_{n,i}^{\mathrm{T}}(t)$ | 列车端经过单球上第 $n$ 簇散射体第 $i$ 条路径的 AAoD、EAoD |
| $\phi_{n,i}^{\mathrm{R}}(t),\varphi_{n,i}^{\mathrm{R}}(t)$ | 列车端经过单球上第 $n$ 簇散射体第 $i$ 条路径的 AAoA、EAoA |
| $\phi_{n,j}^{\mathrm{T}_1}(t),\varphi_{n,j}^{\mathrm{T}_1}(t)$ | BS1 经过椭圆柱 $\mathrm{F_1O}$ 上第 $n$ 簇散射体第 $j$ 条路径的 AAoD、EAoD |
| $\phi_{n,j}^{\mathrm{R}_1}(t),\varphi_{n,j}^{\mathrm{R}_1}(t)$ | 列车端经过椭圆柱 $\mathrm{F_1O}$ 上第 $n$ 簇散射体第 $j$ 条路径的 AAoA、EAoA |

续上表

| 关键参数 | 物理意义 |
|---|---|
| $\phi_{n,k}^{T_2}(t), \varphi_{n,k}^{T_2}(t)$ | BS2 经过椭圆柱 $F_2O$ 上第 $n$ 簇散射体第 $j$ 条路径的 AAoD、EAoD |
| $\phi_{n,k}^{R_2}(t), \phi_{n,k}^{R_2}(t)$ | 列车端经过椭圆柱 $F_2O$ 上第 $n$ 簇散射体第 $j$ 条路径的 AAoA、EAoA |
| $\phi_{P(Q')}^{\mathrm{LoS}}(t), \varphi_{P(Q')}^{\mathrm{LoS}}(t)$ | 天线 $P(Q')$ 直射径的 AAoA、EAoA |
| $\delta_{\mathrm{R}}, \delta_{\mathrm{T}}, \delta_{\mathrm{T}}'$ | 列车端、BS1、BS2 的天线阵元距离 |

## 6.6.2 宽带信道冲激响应

假设簇的集合 $C_P^{\mathrm{T}}(C_M^{\mathrm{R}})$ 中的簇对于发射天线 $P$(接收天线 $M$)是可见的。同时簇的集合会经历在空-时两个维度的演化。$N_{\mathrm{total}}$ 代表至少对一对发射、接收天线阵元可见簇的总数。可见簇总数可以表示为

$$N_{\mathrm{total}} = \mathrm{card}\left(\bigcup_{P=1}^{M_{\mathrm{T}}}\bigcup_{M=1}^{M_{\mathrm{R}}}\left(C_P^{\mathrm{T}}(t) \cap C_M^{\mathrm{R}}(t)\right)\right) \tag{6-48}$$

式中,card( • )为此集合的基数;$C_P^{\mathrm{T}}(t) \cap C_M^{\mathrm{R}}(t)$ 为这些簇对于发射天线 $P$ 和接收天线 $M$ 都可见。

根据上述的理论模型分析和相关参数定义,宽带多链路 3D mMIMO 信道可以用 $M_{\mathrm{R}} \times M_{\mathrm{T}}$ 复矩阵表示:$\boldsymbol{H}(t,\tau) = [h_{PM(Q'N)}(t,\tau)]_{M_{\mathrm{R}} \times M_{\mathrm{T}}}$,其中 $P=1,2,\cdots,M_{\mathrm{T}}$;$M=1,2,\cdots,M_{\mathrm{R}}$。在时间 $t$、时延 $\tau$ 下,从 $\mathrm{A}_{P(Q')}^{\mathrm{T}_{1(2)}}$ 到 $\mathrm{A}_{M(N)}^{\mathrm{R}}$ 的信道冲激响应可以有如下表示:

$$h_{PM(Q'N)}(t,\tau) = \sum_{n=1}^{N_{\mathrm{total}}} h_{PM(Q'N),n}(t) \cdot \delta(\tau - \tau_n) \tag{6-49}$$

其中,在时间 $t$ 下的第 $n$ 簇的信道冲激响应可以被细化为

如果cluster$_n \notin \{C_P^{\mathrm{T}}(t) \cap C_M^{\mathrm{R}}(t)\}$,则

$$h_{PM(Q'N),n}(t) = 0 \tag{6-50}$$

如果cluster$_n \in \{C_P^{\mathrm{T}}(t) \cap C_M^{\mathrm{R}}(t)\}$,信道冲激响应由 LoS 和 NLoS 分量叠加而成。其中的非直视分量包含了单球的一次散射分量(SP),椭圆柱的一次散射分量(EC)以及经过单球和椭圆柱散射体的两次散射分量(DB),则时变信道冲激响应可表示如下

$$\begin{aligned} h_{PM(Q'N),n}(t) &= h_{PM(Q'N),n}^{\mathrm{LoS}}(t) + h_{PM(Q'N),n}^{\mathrm{NLoS}}(t) \\ &= h_{PM(Q'N),n}^{\mathrm{LoS}}(t) + h_{PM(Q'N),n}^{\mathrm{SP}}(t) + h_{PM(Q'N),n}^{\mathrm{EC}}(t) + h_{PM(Q'N),n}^{\mathrm{DB}}(t) \end{aligned} \tag{6-51}$$

其中,

$$\begin{aligned} h_{PM(Q'N),n}^{\mathrm{LoS}}(t) &= \delta(n-1)\sqrt{\frac{K_{PM(Q'N)}}{K_{PM(Q'N)}+1}} \cdot \mathrm{e}^{\mathrm{j}\left[2\pi f_{PM(Q'N)}^{\mathrm{LoS}} t + \varphi_{PM(Q'N)}^{\mathrm{LoS}}\right]} \\ &= \delta(n-1)\sqrt{\frac{K_{PM(Q'N)}}{K_{PM(Q'N)}+1}} \cdot \mathrm{e}^{-\mathrm{j}2\pi\lambda^{-1}\left\|\boldsymbol{D}_{PM(Q'N)}^{\mathrm{LoS}}(t)\right\|} \times \\ &\quad \mathrm{e}^{\mathrm{j}2\pi f_{\mathrm{D}}\cos\left(\phi_{P(Q')}^{\mathrm{LoS}}(t) - \alpha_v\right)\cos\left(\varphi_{P(Q')}^{\mathrm{LoS}}(t)\right)t} \end{aligned} \tag{6-52}$$

$$h_{PM(Q'N),n}^{SP}(t)=\delta(n-1)\sqrt{\frac{\eta_1(\eta'_1)P_n}{K_{PM(Q'N)}+1}}\lim_{S_1\to\infty}\sum_{i=1}^{S_1}\frac{1}{\sqrt{S_1}}e^{j\left(2\pi f_{PM(Q'N),n_i}t+\varphi_{PM(Q'N),n_i}\right)}$$
$$=\delta(n-1)\sqrt{\frac{\eta_1(\eta'_1)P_n}{K_{PM(Q'N)}+1}}\lim_{S_1\to\infty}\sum_{i=1}^{S_1}\frac{1}{\sqrt{S_1}}e^{j\varphi_1(\varphi'_1)-j2\pi\lambda^{-1}\left\|\boldsymbol{D}_{PM(Q'N),n_i}^{SP}(t)\right\|}\times$$
$$e^{j2\pi f_D\cos(\phi_{n,i}^{R}(t)-\alpha_v)\cos(\varphi_{n,i}^{R}(t))t} \tag{6-53}$$

$$h_{PM(Q'N),n}^{EC}(t)=\sqrt{\frac{\eta_2(\eta'_2)P_n}{K_{PM(Q'N)}+1}}\lim_{S_2(S_3)\to\infty}\sum_{j(k)=1}^{S_2(S_3)}\frac{1}{\sqrt{S_2(S_3)}}e^{j\left(2\pi f_{PM(Q'N),n_{j(k)}}t+\varphi_{PM(Q'N),n_{j(k)}}\right)}$$
$$=\sqrt{\frac{\eta_2(\eta'_2)P_n}{K_{PM(Q'N)}+1}}\lim_{S_2(S_3)\to\infty}\sum_{j(k)=1}^{S_2(S_3)}\frac{1}{\sqrt{S_2(S_3)}}e^{j\varphi_2(\varphi'_2)-j2\pi\lambda^{-1}\left\|\boldsymbol{D}_{PM(Q'N),n_{j(k)}}^{EC}(t)\right\|}\times$$
$$e^{j2\pi f_D\cos\left(\phi_{n,j(k)}^{R_{1(2)}}(t)-\alpha_v\right)\cos\left(\varphi_{n,j(k)}^{R_{1(2)}}(t)\right)t} \tag{6-54}$$

$$h_{PM(Q'N),n}^{DB}(t)=\sqrt{\frac{\eta_3(\eta'_3)P_n}{K_{PM(Q'N)}+1}}\lim_{S_1,S_2(S_3)\to\infty}\sum_{i,j(k)=1}^{S_1,S_2(S_3)}\frac{1}{\sqrt{S_1S_2(S_3)}}e^{j\left(2\pi f_{PM(Q'N),n_{ij(k)}}+\varphi_{PM(Q'N),n_{ij(k)}}\right)}$$
$$=\sqrt{\frac{\eta_3(\eta'_3)P_n}{K_{PM(Q'N)}+1}}\lim_{S_1,S_2(S_3)\to\infty}\sum_{i,j(k)=1}^{S_1,S_2(S_3)}\frac{1}{\sqrt{S_1S_2(S_3)}}e^{j\varphi_3(\varphi'_3)-j2\pi\lambda^{-1}\|\boldsymbol{D}_{PM(Q'N),n_{ij(k)}}^{DB}(t)\|}\times$$
$$e^{j2\pi f_D\cos\left(\phi_{n,i}^{R}(t)-\alpha_v\right)\cos\left(\varphi_{n,i}^{R}(t)\right)t} \tag{6-55}$$

在上述公式中，$P_n$、$K_{PM(Q'N)}$分别表示链路$PM(Q'N)$的第$n$簇的功率和莱斯$K$因子。$f_{PM(Q'N)}^{LoS}$、$f_{PM(Q'N),n_i}$、$f_{PM(Q'N),n_{j(k)}}$、$f_{PM(Q'N),n_{ij(k)}}$分别表示 LoS、SP、EC 和 DB 分量的多普勒频率。$\varphi_{PM(Q'N)}^{LoS}$、$\varphi_{PM(Q'N),n_i}$、$\varphi_{PM(Q'N),n_{j(k)}}$、$\varphi_{PM(Q'N),n_{ij(k)}}$分别表示这些分量的相位。最大多普勒频移和电波波长分别表示为$f_D$、$\lambda$。链路$PM(Q'N)$的单球一次散射分量、椭圆柱一次散射分量以及二次散射分量的能量占比分别表示为$\eta_1(\eta'_1)$、$\eta_2(\eta'_2)$以及$\eta_3(\eta'_3)$，能量占比累加和为1，即$\sum_{m=1}^{3}\eta_m=1$。三种散射分量的初始相位$\varphi_1(\varphi'_1)$、$\varphi_2(\varphi'_2)$、$\varphi_3(\varphi'_3)$是在$[-\pi,\pi)$均匀分布的独立同分布的随机变量。

$\boldsymbol{D}_{PM(Q'N)}^{LoS}(t)$表示链路$PM(Q'N)$的视距传播距离矢量。$\boldsymbol{D}_{PM(Q'N),n_i}^{SP}(t)$表示由发射天线$P$经过单球上第$n$个散射体簇的第$i$条路径后到达接收天线$M$的距离矢量，$\boldsymbol{D}_{PM(Q'N),n_{j(k)}}^{EC}(t)$表示由发射天线$P$经过椭圆柱上第$n$个散射体簇的第$j(k)$条路径后到达接收天线$M$的距离矢量，$\boldsymbol{D}_{PM(Q'N),n_{ij(k)}}^{DB}(t)$表示由发射天线$P$经过单球上第$n$个散射体簇的第$i$条路径后再经过椭圆柱上第$n$个散射体簇的第$j(k)$条射线后到达接收天线$M$的距离矢量，分别表示为

$$\|\boldsymbol{D}_{PM(Q'N)}^{LoS}(t)\|=\|\boldsymbol{D}_{PM(Q'N)}(t)\| \tag{6-56}$$

$$\|\boldsymbol{D}_{PM(Q'N),n_i}^{SP}(t)\|=\|\boldsymbol{D}_{P(Q')S_{1,n_i}}(t)\|+\|\boldsymbol{D}_{S_{1,n_i}M(N)}(t)\| \tag{6-57}$$

$$\|\boldsymbol{D}_{PM(Q'N),n_{j(k)}}^{EC}(t)\|=\|\boldsymbol{D}_{PS_{2,n_j}(Q'S_{3,n_k})}(t)\|+\|\boldsymbol{D}_{S_{2,n_j}M(S_{3,n_k}N)}(t)\| \tag{6-58}$$

$$\| \boldsymbol{D}_{PM(Q'N),n_{ij(k)}}^{\mathrm{DB}}(t) \| = \| \boldsymbol{D}_{PS_{2,n_j}(Q'S_{3,n_k})}(t) \| + \| \boldsymbol{D}_{S_{2,n_j}(S_{3,n_k})S_{1,n_i}}(t) \| + \| \boldsymbol{D}_{S_{1,n_i}M(N)}(t) \| \tag{6-59}$$

根据图 6-36 所示的几何关系，链路 $PM$ 和 $Q'N$ 的信号传播距离矢量推导情况相同，为了简化阅读，接下来仅以链路 PM 为例进行距离矢量的推导和展开。

直射分量中的距离矢量 $\boldsymbol{D}_{PM}(t)$ 表示为

$$\boldsymbol{D}_{PM}(t) = \boldsymbol{A}_P^{\mathrm{T1}}(t) - \boldsymbol{A}_M^{\mathrm{R}}(t) \tag{6-60}$$

散射分量中的距离矢量表示为

$$\boldsymbol{D}_{PS_{1,n_i}}(t) = \boldsymbol{A}_P^{\mathrm{T1}}(t) - \boldsymbol{D}_{S_{1,n_i}}(t) \tag{6-61}$$

$$\boldsymbol{D}_{PS_{2,n_j}}(t) = \boldsymbol{A}_P^{\mathrm{T1}}(t) - \boldsymbol{D}_{S_{2,n_j}}(t) \tag{6-62}$$

$$\boldsymbol{D}_{S_{1,n_i}M}(t) = \boldsymbol{D}_{S_{1,n_i}}(t) - \boldsymbol{A}_M^{\mathrm{R}}(t) \tag{6-63}$$

$$\boldsymbol{D}_{S_{2,n_j}M}(t) = \boldsymbol{D}_{S_{2,n_j}}(t) - \boldsymbol{A}_M^{\mathrm{R}}(t) \tag{6-64}$$

$$\boldsymbol{D}_{S_{1,n_i}S_{2,n_j}}(t) = \boldsymbol{D}_{S_{1,n_i}}(t) - \boldsymbol{D}_{S_{2,n_j}}(t) \tag{6-65}$$

其中，BS1 的发射天线 P 的位置矢量 $\boldsymbol{A}_P^{\mathrm{T1}}(t)$ 和列车的接收天线 $M$ 的位置矢量 $\boldsymbol{A}_M^{\mathrm{R}}(t)$ 表示为

$$\boldsymbol{A}_P^{\mathrm{T1}}(t) = \frac{M_{\mathrm{T}} - 2P + 1}{2} \begin{pmatrix} \cos(\beta_{\mathrm{T}})\cos(\alpha_{\mathrm{T}}) \\ \cos(\beta_{\mathrm{T}})\sin(\alpha_{\mathrm{T}}) \\ \sin(\beta_{\mathrm{T}}) \end{pmatrix}^{\mathrm{T}} + \boldsymbol{D}_3(t) \tag{6-66}$$

$$\boldsymbol{A}_M^{\mathrm{R}}(t) = \frac{M_{\mathrm{R}} - 2M + 1}{2} \begin{pmatrix} \cos(\beta_{\mathrm{R}})\cos(\alpha_{\mathrm{R}}) \\ \cos(\beta_{\mathrm{R}})\sin(\alpha_{\mathrm{R}}) \\ \sin(\beta_{\mathrm{R}}) \end{pmatrix}^{\mathrm{T}} \tag{6-67}$$

经过单球上第 $n$ 个散射体簇的第 $i$ 条路径的距离矢量表示为

$$\boldsymbol{D}_{S_{1,n_i}}(t) = R_n \begin{pmatrix} \cos(\varphi_{n,i}^{\mathrm{R}})\cos(\phi_{n,i}^{\mathrm{R}}) \\ \cos(\varphi_{n,i}^{\mathrm{R}})\sin(\phi_{n,i}^{\mathrm{R}}) \\ \sin(\varphi_{n,i}^{\mathrm{R}}) \end{pmatrix}^{\mathrm{T}} \tag{6-68}$$

经过椭圆柱 $\mathrm{F_1O}$ 上第 $n$ 个散射体簇的第 $j$ 条路径的距离矢量表示为

$$\boldsymbol{D}_{S_{2,n_j}}(t) = \frac{b_n^2(t)}{a_n(t) - c_n(t) \cdot \cos(\phi_{n,j}^{\mathrm{R_1}}(t) + \theta(t))} \begin{pmatrix} \cos(\phi_{n,j}^{\mathrm{R_1}}(t)) \\ -\sin(\phi_{n,j}^{\mathrm{R_1}}(t)) \\ \tan(\phi_{n,j}^{\mathrm{R_1}}(t)) \end{pmatrix}^{\mathrm{T}} \tag{6-69}$$

采用方位角和俯仰角的联合冯米塞斯分布，利用相同的参数来控制方位角和俯仰角的角度扩展。但在高铁场景中，方位角和俯仰角的角度扩展可能完全不同，因此应该分别考虑这两种角度。在本节模型中假设水平角和俯仰角是互相独立的，来吻合实际的高铁环境。

首先，利用冯米塞斯分布来表征 AAoA 的分布。列车和 BS1、BS2 的角度相关参数（包

括平均角度、控制角度扩展的参数和角度扩展)表示为 $\phi_0^1$、$\phi_0^2$、$\phi_0^3$、$\kappa_1$、$\kappa_2$、$\kappa_3$、$\delta_{AS1}$、$\delta_{AS2}$ 和 $\delta_{AS3}$。

然后,利用余弦分布来表征 EAoA 的分布。与 AAoA 相比,EAoA 的角度扩展一般较小,因此采用余弦分布更适合。余弦分布的 PDF 定义为

$$f(\varphi)=\begin{cases}\dfrac{\pi}{4|\varphi_m|}\cos\left(\dfrac{\pi}{2}\cdot\dfrac{\varphi}{\varphi_m}\right) & |\varphi|\leqslant|\varphi_m|\leqslant\dfrac{\pi}{2}\\ 0 & \text{其他}\end{cases}\tag{6-70}$$

式中,$\varphi_m$ 为 $\varphi$ 的最大角度,$\varphi_m$ 取决于本地环境;$\varphi$ 位于 $\pm\pi/2$ 之间。列车和 BS1、BS2 的角度相关参数表示为 $\varphi_m^1$、$\varphi_m^2$ 和 $\varphi_m^3$。

### 6.6.3 簇时空演化

在 mMIMO 信道模型中,同一时间下,不同天线阵元的可见簇会不同,同一阵元在不同时间下的可见簇也会不同。因此,应该考虑簇在时间轴和阵列轴的演化。生灭过程被用来建模簇在空域和时域的动态演化。

由于簇的演化在列车和 BS 端是相似的,为避免重复,本节只考虑一种情况。簇的初始数量定义为 $N_c$。$t$ 时第一个天线阵元的初始簇集合表示为 $C_1=\{c_x:x=1,2,\cdots,N_c\}$,其中 $c_x$ 表示为出现在集合中的散射体簇,下标 $x$ 是簇的索引。在时刻 $t$,$C_1$ 中的簇通过生灭过程不断生成其他天线阵元的散射体簇。从天线阵元 $l$ 到天线阵元 $l-1$ 的簇的演化可以表示为

$$C_l(t)\xrightarrow{E}C_{l-1}(t)\quad l=2,3,\cdots,M_{R(T)}\tag{6-71}$$

式中,符号 $\xrightarrow{E}$ 为簇在阵列轴和时间轴的演化。两个相邻天线阵元的簇集合中簇的存活概率可以建模为指数函数,即

$$P_{\text{survival}}(\Delta\delta)=e^{-\lambda_R\frac{\Delta\delta}{D_c^a}}\tag{6-72}$$

式中,$\Delta\delta$ 为阵列域中的信道采样间隔;$\lambda_R$(个/m)为簇的重组速率;$D_c^a$ 为阵列轴上依赖于场景的相关因子。

从时刻 $t$ 到时刻 $t+\Delta t$,簇在时间轴上的演化可以表示为

$$C_l(t)\xrightarrow{E}C_l(t+\Delta t)\tag{6-73}$$

为了体现时间轴上簇的演化,定义在时刻 $t+\Delta t$ 的信道波动为 $q(t+\Delta t)$,表示散射环境的变化。信道波动与列车的运动有关,表示为 $q(t+\Delta t)=\|v\|\cdot\Delta t$,在时间轴上簇的存活概率被定义为

$$P_{\text{survival}}(\Delta t)=e^{-\lambda_R\frac{\|v\|\cdot\Delta t}{D_c^s}}\tag{6-74}$$

式中,$D_c^s$ 为依赖于场景的空间相关因子。

为了更准确地描述簇的演化,时间轴和阵列轴上的联合存活概率可以表示为

$$P_{\text{survival}}(\Delta\delta,\Delta t)=P_{\text{survival}}(\Delta\delta)\cdot P_{\text{survival}}(\Delta t)\tag{6-75}$$

然后,在时间轴和阵列轴上新生成的簇的数目为

$$E[N_{\text{new}}(\delta+\Delta\delta,t+\Delta t)]=\frac{\lambda_{\text{G}}}{\lambda_{\text{R}}}[1-P_{\text{survival}}(\Delta\delta,\Delta t)] \tag{6-76}$$

式中，$\lambda_{\text{G}}$(个/m)为簇的生成速率。

当簇在阵列轴、时间轴开始演化之前，应该设置初始簇的参数，如时延参数 $\tau_n$ 和第 $n$ 簇的功率 $P_n$ 等。时延 $\tau_n$ 决定了椭圆柱的半长轴 $a_n$，并假设 AAoAs 和 EAoAs 分别遵循冯米塞斯分布和余弦分布。当簇在阵列轴和时间轴演化时，一部分初始簇可能存活，一部分初始簇可能会消亡，并有新的簇出生。对于新生成的簇，参数需要进行初始化。由于列车的移动，模型中的几何关系更新，存活下来簇的参数(如时延、功率和角度等)需要重新计算。

### 6.6.4 多链路空间互相关函数

基于上述的理论模型，可以推导出链路 $PM$ 与链路 $Q'N$ 之间的多链路空间互相关函数。$h_{PM}(t)$与 $h_{Q'N}(t)$之间的归一化空间互相关函数定义式为

$$\rho_{PM,Q'N}(\delta_{\text{T}},\delta'_{\text{T}},\delta_{\text{R}};t)=E\left[\frac{h_{PM}(t)h^*_{Q'N}(t)}{|h_{PM}(t)|\,|h^*_{Q'N}(t)|}\right] \tag{6-77}$$

根据非相关散射(Uncorrelated Scattering，US)，假设宽带模型中的不同簇之间不存在相关性，所以簇之间是相互独立的，即

$$E[h_{PM,n}(t)\cdot h^*_{Q'N,m}(t)]=0\quad m\neq n \tag{6-78}$$

因此，不同链路间的空间互相关函数依赖于相同簇的互相关性。同时 LoS、NLoS 分量间相互独立，即可单独进行推导。因此 CCF 可以有如下表示

$$\begin{aligned}\rho_{PM,Q'N,n}(\delta_{\text{T}},\delta'_{\text{T}},\delta_{\text{R}};t)=&\rho^{\text{LoS}}_{PM,Q'N,n}(\delta_{\text{T}},\delta'_{\text{T}},\delta_{\text{R}};t)+\rho^{\text{SP}}_{PM,Q'N,n}(\delta_{\text{T}},\delta'_{\text{T}},\delta_{\text{R}};t)\\&+\rho^{\text{EC}}_{PM,Q'N,n}(\delta_{\text{T}},\delta'_{\text{T}},\delta_{\text{R}};t)+\rho^{\text{DB}}_{PM,Q'N,n}(\delta_{\text{T}},\delta'_{\text{T}},\delta_{\text{R}};t)\end{aligned} \tag{6-79}$$

多链路 LoS 分量的 CCF 可以表示为

$$\begin{aligned}\rho^{\text{LoS}}_{PM,Q'N,n}(\delta_{\text{T}},\delta'_{\text{T}},\delta_{\text{R}};t)=&\sqrt{\frac{K_{PM}K_{Q'N}}{(K_{PM}+1)(K_{Q'N}+1)}}\delta(n-1)\times\\&\text{e}^{\text{j}(2\pi f^{\text{LoS}}_{PM}t+\varphi^{\text{LoS}}_{PM}-2\pi f^{\text{LoS}}_{Q'N}t-\varphi^{\text{LoS}}_{Q'N})}\end{aligned} \tag{6-80}$$

在多链路模型中，建模为椭圆柱的散射体为非相关散射体，所以在两个 BS 之间此部分散射体不存在演化，即簇的演化只针对共同散射体进行，共同散射体围绕列车并建模为单球模型，所以簇的演化只与列车端的天线阵元有关。当簇在链路 $PM$ 与 $Q'N$ 之间进行演化时，对应的存活概率可以表示为 $\text{e}^{-\lambda_{\text{R}}|M-N|\delta_{\text{R}}/D^a_c}$。因此，在此模型中多链路 NLoS 分量的 CCF 可以分别有如下表示

$$\begin{aligned}\rho^{\text{SP}}_{PM,Q'N,n}(\delta_{\text{T}},\delta'_{\text{T}},\delta_{\text{R}};t)=&\sqrt{\frac{\eta_1\eta'_1}{[K_{PM}\delta(n-1)+1][K_{Q'N}\delta(n-1)+1]}}\delta(n-1)\times\\&\text{e}^{-\lambda_{\text{R}}\frac{|M-N|\delta_{\text{R}}}{D^a_c}}\times\\&\int_{-\pi}^{\pi}\int_{-\pi/2}^{\pi/2}\text{e}^{\text{j}(2\pi f^{\text{SP}}_{PM}t+\varphi^{\text{SP}}_{PM}-2\pi f^{\text{SP}}_{Q'N}t-\varphi^{\text{SP}}_{Q'N})}f(\phi^{\text{R}}_{n,i},\varphi^{R}_{n,i})\,\text{d}\phi^{\text{R}}_{n,i}\text{d}\varphi^{\text{R}}_{n,i}\end{aligned} \tag{6-81}$$

$$\rho_{PM,Q'N,n}^{EC}(\delta_T,\delta_T',\delta_R;t)=\sqrt{\frac{\eta_2\eta_2'}{[K_{PM}\delta(n-1)+1][K_{Q'N}\delta(n-1)+1]}}\mathrm{e}^{-\lambda_R\frac{|M-N|\delta_R}{D_c^a}}\times$$
$$\int_{-\pi}^{\pi}\int_{-\pi}^{\pi}\int_{-\pi/2}^{\pi/2}\int_{-\pi/2}^{\pi/2}\mathrm{e}^{\mathrm{j}(2\pi f_{PM}^{EC}t+\varphi_{PM}^{EC}-2\pi f_{Q'N}^{EC}t-\varphi_{Q'N}^{EC})}\times$$
$$f(\phi_{n,j}^{R_1},\varphi_{n,j}^{R_1})f(\phi_{n,k}^{R_2},\varphi_{n,k}^{R_2})\mathrm{d}\phi_{n,j}^{R_1}\mathrm{d}\varphi_{n,j}^{R_1}\mathrm{d}\phi_{n,k}^{R_2}\mathrm{d}\varphi_{n,k}^{R_2} \tag{6-82}$$

$$\rho_{PM,Q'N,n}^{DB}(\delta_T,\delta_T',\delta_R;t)=\sqrt{\frac{\eta_3\eta_3'}{[K_{PM}\delta(n-1)+1][K_{Q'N}\delta(n-1)+1]}}\mathrm{e}^{-\lambda_R\frac{|M-N|\delta_R}{D_c^a}}\times$$
$$\int_{-\pi}^{\pi}\int_{-\pi}^{\pi}\int_{-\pi}^{\pi}\int_{-\pi/2}^{\pi/2}\int_{-\pi/2}^{\pi/2}\int_{-\pi/2}^{\pi/2}\mathrm{e}^{\mathrm{j}(2\pi f_{PM}^{DB}t+\varphi_{PM}^{DB}-2\pi f_{Q'N}^{DB}t-\varphi_{Q'N}^{DB})}\times$$
$$f(\phi_{n,i}^{R},\varphi_{n,i}^{R})f(\phi_{n,j}^{R_1},\varphi_{n,j}^{R_1})f(\phi_{n,k}^{R_2},\varphi_{n,k}^{R_2})\times$$
$$\mathrm{d}\phi_{n,i}^{R}\mathrm{d}\varphi_{n,i}^{R}\mathrm{d}\phi_{n,j}^{R_1}\mathrm{d}\varphi_{n,j}^{R_1}\mathrm{d}\phi_{n,k}^{R_2}\mathrm{d}\varphi_{n,k}^{R_2} \tag{6-83}$$

在上述公式中，散射体的 AAoA、EAoA 之间相互独立，由此可将概率密度函数公式拆分：$f(\phi_{n,i}^{R},\varphi_{n,i}^{R})=f(\phi_{n,i}^{R})\cdot f(\varphi_{n,i}^{R})$，$f(\phi_{n,j}^{R_1},\varphi_{n,j}^{R_1})=f(\phi_{n,j}^{R_1})\cdot f(\varphi_{n,j}^{R_1})$，$f(\phi_{n,k}^{R_2},\varphi_{n,k}^{R_2})=f(\phi_{n,k}^{R_2})\cdot f(\varphi_{n,k}^{R_2})$。其中，$f(\phi_{n,i}^{R})$、$f(\phi_{n,j}^{R_1})$、$f(\phi_{n,k}^{R_2})$表示冯·米塞斯 PDF，$f(\varphi_{n,i}^{R})$、$f(\varphi_{n,j}^{R_1})$、$f(\varphi_{n,k}^{R_2})$ 表示余弦 PDF。

建模为椭圆柱体的散射体在多链路中为非共同散射体，所以椭圆柱的一次散射成分对链路间的空间互相关性没有任何贡献，即 $\rho_{PM,Q'N,n}^{EC}(\delta_T,\delta_T',\delta_R;t)=0$。但是需要关注的是，当椭圆柱一次散射分量能量占比提高时，其他分量的能量占比就会对应下降，从而间接影响到多链路的 CCF。另外，多链路 CCF 不仅与 $|M-N|$ 相关，同时 CCF 的大小依赖于 $M$ 和 $N$ 的绝对值，这一结论在后续的仿真中将进行详细的分析，这意味着阵列轴上的 WSS 假设在此多链路 mMIMO 信道模型中将不再适用。

### 6.6.5 仿真模型

在上述的理论模型中，可以推导出 CCF 的表达式，进行理论分析。但是理论模型中假设散射体的数量是无穷的（$S_1,S_2,S_3\to\infty$），故而无法生成信道冲激响应数据，这意味着该理论模型无法用于仿真。为了实现所提理论模型的仿真，需要将散射体数量进行限制。

对应的多链路 mMIMO 信道模型的仿真信道冲激响应如下

$$\hat{h}_{PM(Q'N),n}(t)=\hat{h}_{PM(Q'N),n}^{LoS}(t)+\hat{h}_{PM(Q'N),n}^{SP}(t)+$$
$$\hat{h}_{PM(Q'N),n}^{EC}(t)+\hat{h}_{PM(Q'N),n}^{DB}(t) \tag{6-84}$$

直视径和非直视径的信道冲激响应分别如下所示，其中非直视径由三种有效分量组成：

$$\hat{h}_{PM(Q'N),n}^{LoS}(t)=\delta(n-1)\sqrt{\frac{K_{PM(Q'N)}}{K_{PM(Q'N)}+1}}\times\mathrm{e}^{\mathrm{j}(2\pi f_{PM(Q'N)}^{LoS}t+\varphi_{P(Q')}^{LoS})} \tag{6-85}$$

$$\hat{h}_{PM(Q'N),n}^{SP}(t)=\delta(n-1)\sqrt{\frac{\eta_1(\eta_1')P_n}{K_{PM(Q'N)}+1}}\sum_{i=1}^{S_1}\frac{1}{\sqrt{S_1}}\mathrm{e}^{\mathrm{j}(2\pi f_{PM(Q'N),n_i}t+\varphi_{PM(Q'N),n_i})} \tag{6-86}$$

$$\hat{h}^{\mathrm{EC}}_{PM(Q'N),n}(t)=\sqrt{\frac{\eta_2(\eta_2')P_n}{K_{PM(Q'N)}+1}}\sum_{j(k)=1}^{S_2(S_3)}\frac{1}{\sqrt{S_2(S_3)}}\mathrm{e}^{\mathrm{j}\left(2\pi f_{PM(Q'N),n_{j(k)}}t+\varphi_{PM(Q'N),n_{j(k)}}\right)} \tag{6-87}$$

$$\hat{h}^{\mathrm{DB}}_{PM(Q'N),n}(t)=\sqrt{\frac{\eta_3(\eta_3')P_n}{K_{PM(Q'N)}+1}}\sum_{i,j(k)=1}^{S_1,S_2(S_3)}\frac{1}{\sqrt{S_1S_2(S_3)}}\times$$
$$\mathrm{e}^{\mathrm{j}\left(2\pi f_{PM(Q'N),n_{ij(k)}}t+\varphi_{PM(Q'N),n_{ij(k)}}\right)} \tag{6-88}$$

在考虑有限散射体的仿真模型中，$\rho_{PM,Q'N,n}(\delta_{\mathrm{T}},\delta_{\mathrm{T}}',\delta_{\mathrm{R}};t)$的近似值可以定义为

$$\hat{\rho}_{PM,Q'N,n}(\delta_{\mathrm{T}},\delta_{\mathrm{T}}',\delta_{\mathrm{R}};t)=\hat{\rho}^{\mathrm{LoS}}_{PM,Q'N,n}(\delta_{\mathrm{T}},\delta_{\mathrm{T}}',\delta_{\mathrm{R}};t)$$
$$+\hat{\rho}^{\mathrm{SP}}_{PM,Q'N,n}(\delta_{\mathrm{T}},\delta_{\mathrm{T}}',\delta_{\mathrm{R}};t)$$
$$+\hat{\rho}^{\mathrm{DB}}_{PM,Q'N,n}(\delta_{\mathrm{T}},\delta_{\mathrm{T}}',\delta_{\mathrm{R}};t) \tag{6-89}$$

其中，

$$\hat{\rho}^{\mathrm{LoS}}_{PM,Q'N,n}(\delta_{\mathrm{T}},\delta_{\mathrm{T}}',\delta_{\mathrm{R}};t)=\sqrt{\frac{K_{PM}\cdot K_{Q'N}}{(K_{PM}+1)(K_{Q'N}+1)}}\delta(n-1)\times$$
$$\mathrm{e}^{\mathrm{j}\left(2\pi f^{\mathrm{LoS}}_{PM}t+\varphi^{\mathrm{LoS}}_{PM}-2\pi f^{\mathrm{LoS}}_{Q'N}t-\varphi^{\mathrm{LoS}}_{Q'N}\right)} \tag{6-90}$$

$$\hat{\rho}^{\mathrm{SP}}_{PM,Q'N,n}(\delta_{\mathrm{T}},\delta_{\mathrm{T}}',\delta_{\mathrm{R}};t)=\sqrt{\frac{\eta_1\eta_1'}{[K_{PM}\delta(n-1)+1][K_{Q'N}\delta(n-1)+1]}}\delta(n-1)$$
$$\mathrm{e}^{-\lambda_{\mathrm{R}}\frac{|M-N|\delta_{\mathrm{R}}}{D_c^a}}\cdot\sum_{i=1}^{S_1}\frac{1}{\sqrt{S_1}}\mathrm{e}^{\mathrm{j}\left(2\pi f^{\mathrm{SP}}_{PM}t+\varphi^{\mathrm{SP}}_{PM}-2\pi f^{\mathrm{SP}}_{Q'N}t-\varphi^{\mathrm{SP}}_{Q'N}\right)} \tag{6-91}$$

$$\hat{\rho}^{\mathrm{DB}}_{PM,Q'N,n}(\delta_{\mathrm{T}},\delta_{\mathrm{T}}',\delta_{\mathrm{R}};t)=\sqrt{\frac{\eta_3\eta_3'}{[K_{PM}\delta(n-1)+1][K_{Q'N}\delta(n-1)+1]}}$$
$$\mathrm{e}^{-\lambda_{\mathrm{R}}\frac{|M-N|\delta_{\mathrm{R}}}{D_c^a}}\cdot\sum_{i,j,k=1}^{S_1S_2S_3}\frac{1}{\sqrt{S_1S_2S_3}}\mathrm{e}^{\mathrm{j}\left(2\pi f^{\mathrm{DB}}_{PM}t+\varphi^{\mathrm{DB}}_{PM}-2\pi f^{\mathrm{DB}}_{Q'N}t-\varphi^{\mathrm{DB}}_{Q'N}\right)} \tag{6-92}$$

为了在仿真模型中联合考虑 AAoA 和 EAoA 对 3D 仿真模型多链路空间 CCF 的影响，本次仿真中使用等体积法(Method of Equal Volume，MEV)来对散射体的 AAoA 和 EAoA 进行估计。等体积法可以表示为

$$\phi^{\mathrm{R}}_{n_i},\varphi^{\mathrm{R}}_{n_i}=F^{-1}_{\phi,\varphi}\left[\frac{1}{N_i}\left(n_i-\frac{1}{4}\right)\right] \tag{6-93}$$

式中，$F^{-1}_{\phi,\varphi}(\cdot)$为$F_{\phi,\varphi}(\cdot)$的反函数，而$F_{\phi,\varphi}(\cdot)$用于表示散射体 AAoA 和 EAoA 的累积分布函数(Cumulative Distribution Function，CDF)，该函数可以表示为

$$F_{\phi,\varphi}(x)=\int_{-\infty}^{x}\int_{-\infty}^{x}f(\phi,\varphi)\mathrm{d}\phi\mathrm{d}\varphi \tag{6-94}$$

式中，$f(\phi,\varphi)$为 AAoA 和 EAoA 的联合概率密度函数，表示为

$$f(\phi,\varphi)=f(\phi)\cdot f(\varphi)$$
$$=\begin{cases}\dfrac{\exp[\kappa\cos(\phi-\phi_0)]}{2\pi I_0(\kappa)}\cdot\dfrac{\pi}{4|\varphi_{\mathrm{m}}|}\cos\left(\dfrac{\pi}{2}\cdot\dfrac{\varphi}{\varphi_{\mathrm{m}}}\right) & |\varphi|\leqslant|\varphi_{\mathrm{m}}|\leqslant\dfrac{\pi}{2}\\ 0 & \text{其他}\end{cases} \tag{6-95}$$

### 6.6.6 仿真结果与分析

本节对多链路 CCF 以及和速率容量(Sum Rate Capacity,SRC)进行仿真分析。仿真参数如下:$f_c=5$ GHz,$D=1\ 200$ m,$R_1=30$ m,$a_1=D_3/2+D_0$,$D_0=50$ m,$D_3=\sqrt{D_1^2+d^2}$,$a_1'=D_4/2+D_0$,$D_4=\sqrt{D_2^2+(D-d)^2}$,$\delta_T=\delta_T'=\delta_R=\lambda/2$,$\alpha_T=\alpha_T'=\alpha_R=\pi/2$,$\beta_T=\beta_T'=\beta_R=\pi/2$。除此之外,与散射体簇的分布相关的参数设置如下:$\phi_0^1$、$\phi_0^2$、$\phi_0^3\in[-\pi,\pi)$,$\kappa_1$、$\kappa_2$、$\kappa_3\geqslant 0$,$|\varphi_m^1|$、$|\varphi_m^2|$、$|\varphi_m^3|\leqslant\pi/2$。

单跳分量下的多链路空间 CCF 与基站距离铁轨水平距离 $D_1(D_1=D_2)$、BS1 与列车的距离 $d$ 的关系如图 6-37 所示,参数设置为 $M_T=M_R=32$,$K_{PM}=K_{Q'N}=0$,$\kappa_1=10$,$\delta_{AS1}=36°$,$\phi_0^1=\pi/2$,$\varphi_m^1=10°$,$\lambda_G=80/\text{m}$,$\lambda_R=4/\text{m}$,$D_c^a=30$ m,$D_c^s=50$ m。可以观察到,随着 $D_1$ 的逐渐增大,CCF 先是呈现增大趋势,之后逐渐减小。当 $D_1=40$ m 时,CCF 数值达到最大。在实际的高铁场景下,适当大的 $D_1$ 可以使链路间互相关性减小,降低多链路之间的干扰,因此建议基站设置时应该距离铁轨较远。但是,在现实部署中也应该考虑基站信号的覆盖问题。同时可以看出,当列车在 BS1 和 BS2 之间运行时,结果是近似对称的。CCF 在 $d=D/2=600$ m 之前逐渐增高,然后降低。这表明当列车在两个 BS 的中心时,两个链路的互相关性最强。

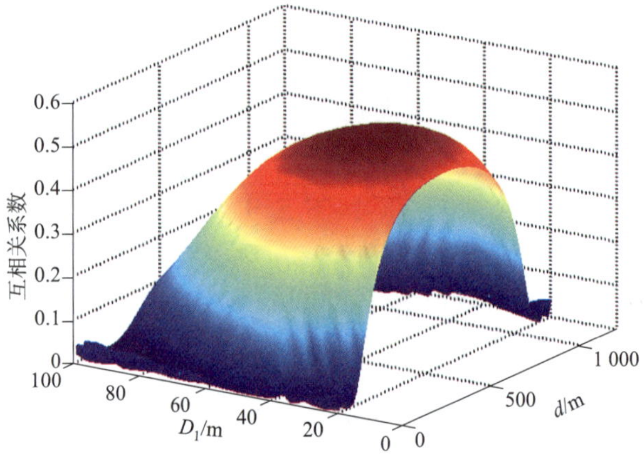


图 6-37 单跳分量下的多链路空间互相关系数与基站距离铁轨水平距离的关系

图 6-38 展示了多链路空间互相关系数与散射体 AAoA 、EAoA 的角度扩展 $\delta_{AS}$和 $\phi_m$ 的关系。参数设置为 $M_T=M_R=32$,$D_1=D_2=30$ m,$d=600$ m,$t=7.5$ s,$K_{PM}=K_{Q'N}=0$,$\phi_0^1=\pi/2$,$\lambda_G=80/\text{m}$,$\lambda_R=4/\text{m}$,$D_c^a=30$ m,$D_c^s=50$ m。很明显,系数随着 $\delta_{AS}$和 $\phi_m$ 的降低而降低。因为较强的角度色散会导致更高程度的链路异质性和较低的互相关性。还可以发现,相较于 $\delta_{AS}$,$\phi_m$ 的增大使得系数减小的效果更显著。这说明,EAoA 的角度扩展对互相关性的影响更大。

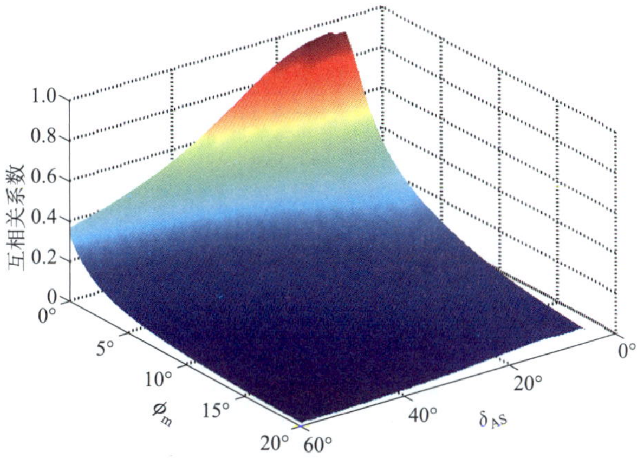


图 6-38　单跳分量下的多链路空间互相关系数与基站距离铁轨水平距离的关系

图 6-39 比较了 2D 和 3D 模型中单跳和双跳分量的多链路空间互相关性，参数设置为 $M_T=M_R=32$，$D_1=D_2=30$ m，$d=600$ m，$t=7.5$ s，$\phi_0^1=\phi_0^2=\phi_0^3=\pi/2$，$\varphi_m^1=\varphi_m^2=\varphi_m^3=10°$，$\lambda_G=80/\text{m}$，$\lambda_R=4/\text{m}$，$D_c^a=30$ m，$D_c^s=50$ m。重点研究了 $\delta_{AS}$的影响。值得注意的是，将 3D 模型中的俯仰角设为零可以得到 2D 模型。由图中可以发现，对于 2D 和 3D 模型的单跳和双跳分量，CCF 都随着 $\delta_{AS}$的降低而降低。但双跳分量比单跳分量的互相关性更低，这是因为双跳分量中部分路径是由非共同散射体产生的，它们对多链路的空间互相关性没有贡献。此外，可以发现，对于单跳或双跳分量，3D 模型的 CCF 都低于 2D 模型，这意味着 2D 模型低估了链路的异质性程度。因此，3D 模型是必要的，其准确性在下一节中进行验证。

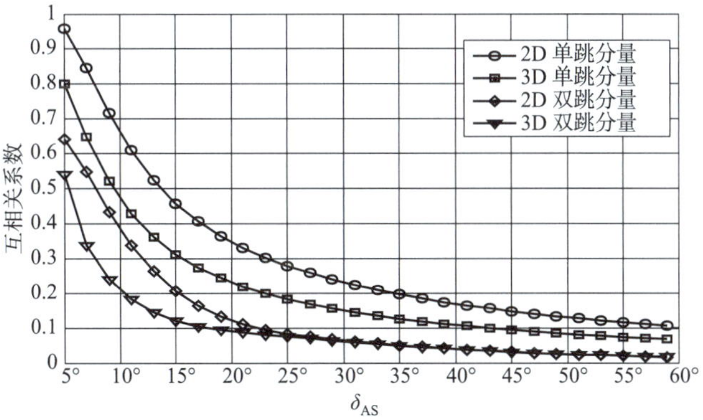


图 6-39　单跳分量和双跳分量的多链路空间互相关系数结果

图 6-40 描述了多链路空间互相关函数与单跳分量的 $\delta_T$ 和 $\delta_R$ 的关系。参数设置为 $M_T=M_R=32$，$D_1=D_2=30$ m，$d=600$ m，$t=7.5$ s，$K_{PM}=K_{Q'N}=0$，$\kappa_1=10$，$\delta_{AS1}=36°$，$\phi_0^1=\pi/2$，$\varphi_m^1=10°$，$\lambda_G=80/\text{m}$，$\lambda_R=4/\text{m}$，$D_c^a=30$ m，$D_c^s=50$ m。可以看出，随着 $\delta_R$ 的增加，CCF

迅速减小，而 CCF 随 $\delta_T$ 增加而下降的趋势相对较慢。原因是该模型中的共同散射体分布在列车周围，且与两个 BS 相对较远，从而导致接收天线阵元距离对 CCF 的影响更大。

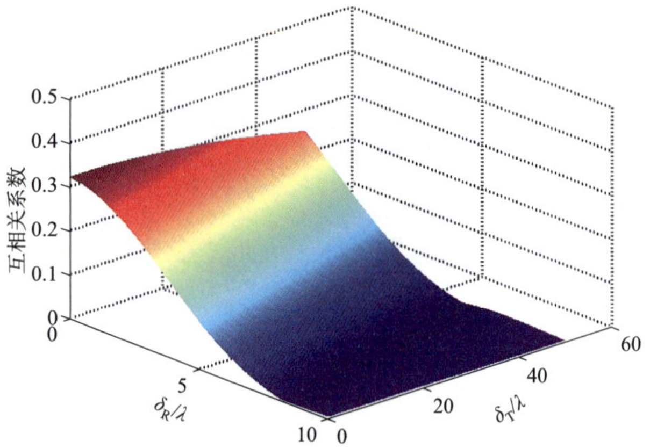


图 6-40　单跳分量下的多链路空间互相关系数与 $\delta_T$、$\delta_R$ 的关系

图 6-41 展示了单跳分量的空间互相关函数与接收端天线阵元绝对位置的关系。两个阵元分别用 $M$、$N$ 进行表示，天线阵元相邻，即 $|M-N|=1$。随着 $M$ 和 $N$ 的增大，CCF 发生变化并逐渐增大。这表明了空间互相关性不仅仅与天线阵元间距大小有关，同时与天线阵元的几何位置有关。这是因为，与传统的 MIMO 理论模型不同，mMIMO 信道模型中因为考虑了球面波前，所以模型在阵列域存在非平稳特性，使得阵元几何位置对 CCF 有影响。除了球面波前的影响外，簇在阵列域上的演化也对 CCF 有影响，如图 6-42 可以发现，当 $\delta_R$ 增加时，具有簇演化的 CCF 总是小于没有簇演化的 CCF。这是因为簇的演化会导致较低的链路相似性。

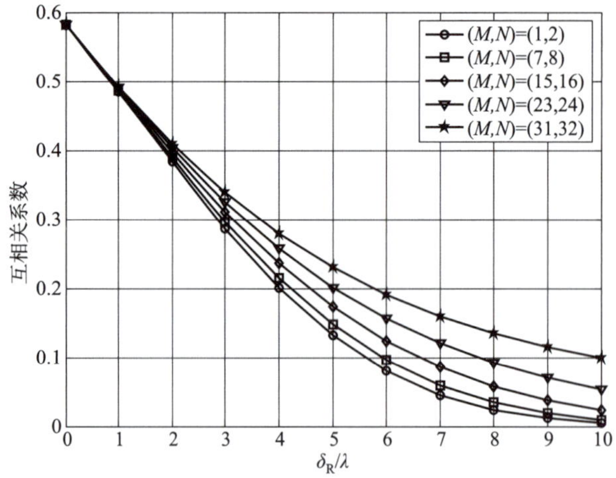


图 6-41　单跳分量下，相邻天线阵元的多链路空间互相关系数与天线阵元位置、$\delta_R$ 的关系

图 6-41 和图 6-42 的参数设置为 $M_T=M_R=32$，$D_1=D_2=30$ m，$d=600$ m，$t=7.5$ s，$K_{PM}=K_{Q'N}=0$，$\kappa_1=10$，$\delta_{AS1}=36°$，$\phi_0^1=\pi/2$，$\varphi_m^1=10°$，$\lambda_G=80/\mathrm{m}$，$\lambda_R=4/\mathrm{m}$，$D_c^a=30$ m，$D_c^s=50$ m。

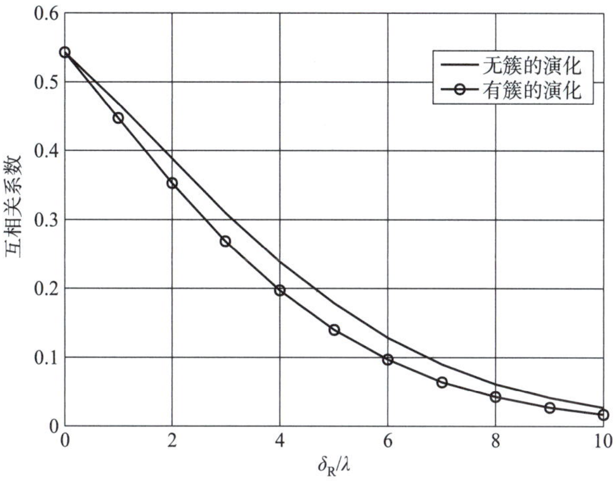


图 6-42 簇的演化对多链路空间互相关系数的影响

上述仿真结果与多链路空间 CCF 相关，接下来重点研究双链路 SRC 和相对双链路 SRC，如图 6-43 和图 6-44 所示。参数设置为 $M_T=M_R=2$，$D_1=D_2=30$ m，$d=600$ m，$t=7.5$ s，$K_{PM}=K_{Q'N}=0$，$\kappa_1=10$，$\delta_{AS1}=36°$，$\phi_0^1=\pi/2$，$\alpha_v=0°$，$v=285$ km/h。如果链路 1 的信噪比大于链路 2 的信噪比，则认为链路 1 是期望链路，链路 2 是干扰链路，反之亦然。在这种情况下，SRC 与链路 1 和链路 2 的信噪比成对称变化。还可以看出，SRC 随着干扰链路的信噪比增大而减小，当期望链路和干扰链路信噪比相等即列车位于两个 BS 的中心时，SRC 达到最小值，这说明了多链路空间互相关系数的增大会降低 CoMP 系统的 SRC。

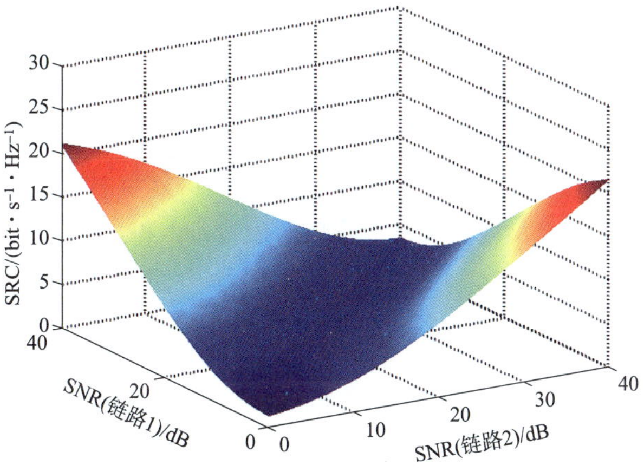


图 6-43 双链路和速率容量

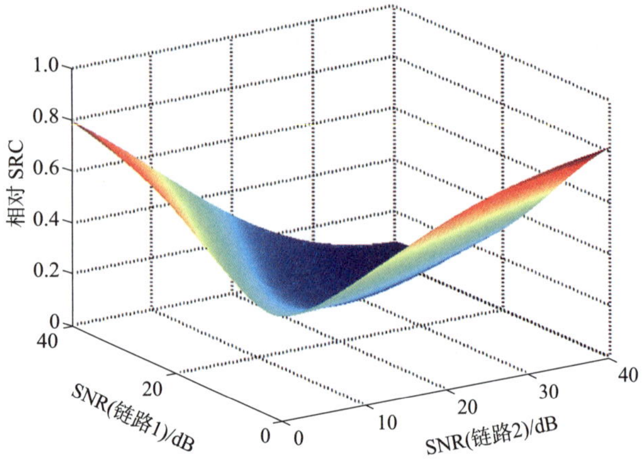


图 6-44 双链路相对和速率容量

## 6.6.7 模型验证

### 6.6.7.1 双链路空间互相关性验证

为比较实测和仿真的双链路空间互相关性结果，设定以下参数：$f_c=1.89$ GHz，$M_T=M_R=2$，$\delta_T=\delta'_T=\delta_R=\lambda/2$，$\alpha_T=\alpha'_T=\alpha_R=\pi/2$，$\beta_T=\beta'_T=\beta_R=\pi/2$，$v=285$ km/h，$D=1\ 200$ m，$R_1=30$ m，$D_1=D_2=30$ m，$\lambda_G=80/\text{m}$，$\lambda_R=4/\text{m}$，$D_c^a=30$ m，$D_c^s=50$ m，$t\in[2.5,5]$。假设 $\delta_{AS1}=\delta_{AS2}=\delta_{AS3}$，服从均值为 30°，标准差为 5°的正态分布；假设 $\varphi_m^1=\varphi_m^2=\varphi_m^3$，服从均值为 5°，标准差为 1°的正态分布。在评估模型的有效性时，模型参数的设置应与实测结果相一致。实测的方位角的角度扩展的均值为 30°左右，因此这里也设置为 30°。此外，由于俯仰角的相关参数无法通过当前的信道测量数据进行估计，需要为参数 $\varphi_m$ 选择合适的设置。这里假定 $\varphi_m$ 的平均值为 5°。这是由于在多数高铁场景下，垂直高度的角度扩展会较小。本节考虑了 3D 模型的三种能量比例方案，方案 1（$\eta_1=\eta'_1=0.5$，$\eta_2=\eta'_2=0$，$\eta_3=\eta'_3=0.5$），方案 2（$\eta_1=\eta'_1=0.7$，$\eta_2=\eta'_2=0$，$\eta_3=\eta'_3=0.3$），方案 3（$\eta_1=\eta'_1=0.9$，$\eta_2=\eta'_2=0$，$\eta_3=\eta'_3=0.1$），2D 模型则使用方案 2。

2D 理论模型、3D 理论模型、实测数据的 CCF 的累积分布函数如图 6-45 所示。采用正态分布得到的拟合结果见表 6-12。从拟合结果的比较可以得出，方案 2 的 2D 和 3D 模型比方案 1 和方案 3 的 3D 模型更好。为了更进一步评价 2D 和 3D 模型的性能，使用 JS 散度（Jensen-Shannon Divergent，JSD）来测量模型结果的 CDF 的分布距离。JSD 在 0 到 1 的范围之内，JSD 的值越接近 0，两个分布的一致性就越好。不同方案的 JSD 结果见表 6-12。结果表明，3D 模型的 JSD 值低于 2D 模型，从而证明 3D 模型拥有更高的精确度。

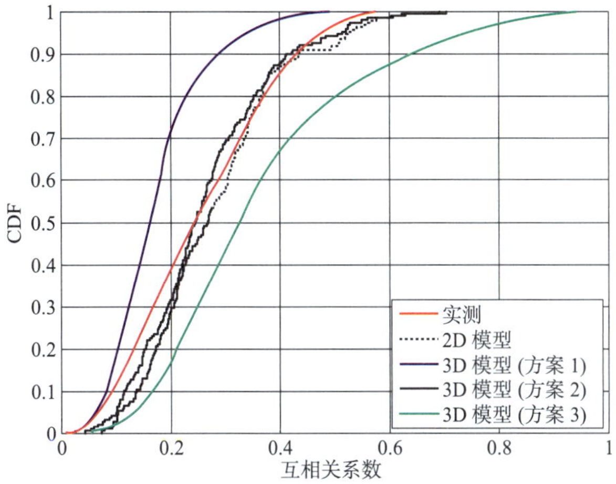


图 6-45　理论模型与实测数据多链路相关性的累积分布函数及正态拟合结果

**表 6-12　理论模型与实测数据 CCF 的正态拟合结果及 JS 散度数值**

| — | 均　值 | 标准差 | JSD |
|---|---|---|---|
| 实测结果 | 0.26 | 0.13 | — |
| 3D 模型（方案 1） | 0.17 | 0.08 | 0.35 |
| 3D 模型（方案 2） | 0.26 | 0.12 | 0.15 |
| 3D 模型（方案 3） | 0.36 | 0.18 | 0.33 |
| 2D 模型（方案 2） | 0.28 | 0.12 | 0.22 |

### 6.6.7.2　双链路信道容量验证

当 INR 设置为 10 dB 时，进一步比较了来自测量与仿真模型的三种方案的双链路信道容量 $E\{C(\hat{\boldsymbol{H}}_1,\hat{\boldsymbol{H}}_2)\}$，如图 6-46 所示。

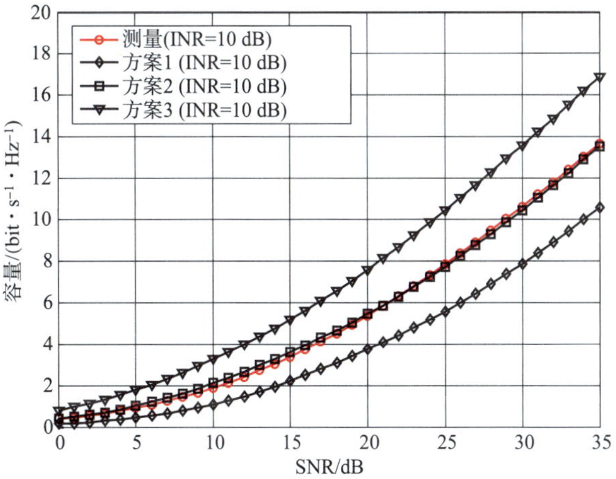


图 6-46　mMIMO 期望链路信道容量

显然，方案 2 的仿真模型得出的双链路信道容量与测量结果有很好的一致性。三种方案的均方根误差(Root Mean Square Error，RMSE)在表 6-13 中给出。方案 2 的 RMSE 仅为 0.13，说明该模型具有较高的准确性。

**表 6-13　三种方案 RMSE 结果**

| — | 方案 1 | 方案 2 | 方案 3 |
|---|---|---|---|
| RMSE | 1.68 | 0.13 | 1.76 |

# 第7章　机器学习在高铁无线信道研究中的应用

随着人工智能(Artificial Intelligence,AI)技术在自然语言处理、计算机视觉、机器翻译、语音识别等领域的迅速发展,AI与无线通信的结合成为了通信界的研究热点。作为AI的一个重要分支,机器学习具有强大的学习能力,可以从数据中挖掘隐含的有用信息。相关研究表明,机器学习方法能够在物理层、数据链路层、网络层、传输层等功能层取得比传统技术更好的效果。目前,机器学习在无线信道研究中的应用主要包括三类:信道场景识别、信道多径分簇和信道特性预测。通过机器学习算法,可以自动准确地识别信道的传播场景,科学高效地实现信道的多径分簇,以及精准地预测信道的特性。然而,机器学习在高铁无线信道研究中的应用仍十分匮乏,因此亟需开展相关研究。

## 7.1　高铁信道场景识别

### 7.1.1　概　　述

在高铁被动式信道测量中,场景识别在实现测量场景和测量数据的准确映射中起着至关重要的作用。因为通常是沿着整条线路收集测量数据,所以测量的场景是未知且在不断变化的。现有的场景识别方式主要是实地观察或者依赖于GPS。然而,这种人工观测的方式十分低效且不可避免地会出现一些错误,显然不适合拥有丰富场景和海量数据的高铁无线信道测量。通过学习和提取不同场景下的信道特征差异,可以将测量数据自动分类到不同场景中,建立相应的信道模型。因此,传播场景识别对于高铁无线信道测量和建模具有重要意义。

由于机器学习在分类、回归和预测任务方面的优势,它被视为是一种很有前景的研究无线信道的工具。多种传统机器学习算法已应用于不同无线信道下的场景识别。当前的研究主要是针对室内或室外环境,采用加权 $K$ 近邻算法、决策树、支持向量机(Support Vector Machine,SVM)等,以接收信号功率和频率自相关函数等信道特性作为特征,识别不同场景。

随着深度学习在语音、图像和视频分类方面取得的巨大成就,它也逐渐被应用到无线信道场景识别中。较为常见的是基于深度神经网络(Deep Neural Network,DNN)的场景识别模型，一般以莱斯 $K$ 因子和功率角度谱等典型信道特征作为训练数据，识别 LoS 和 NLoS 场景。现有的室外场景识别主要是针对 LoS 和 NLoS 场景。然而，深度学习尚未应用于场景更加丰富多变的高铁无线信道场景识别中。此外，大多数的研究是将多种信道特征在输入端无差别结合送入模型进行训练，但是不同特征对识别性能的贡献是不相等的。为了提高识别性能，需要对每个特征赋予权重。多特征融合尚未应用于无线信道场景的识别。

本节研究了基于深度学习和多特征融合的高铁传播场景识别模型，并利用一些具有代表性的指标来评价模型的性能。首先，基于多种信道特征，生成相关数据集；其次，提出了一种基于加权分数融合和 DNN 的高铁传播场景识别模型；再次，通过一些具有代表性的指标评估模型性能；最后，从宏观与微观两个角度对场景相关性进行详细分析。

### 7.1.2 数据集生成

根据第五章介绍的信道特征，如莱斯 $K$ 因子（$K$-factor，KF）、RMS 时延扩展、RMS 多普勒扩展和 RMS 角度扩展，生成四种场景所对应的信道特征数据集。数据集中的每个数据包含了上述四种信道特征，且对应一个 LTE 基站的覆盖区域，并进行了场景标记。四种场景的数据集的数量与分割情况见表 7-1。从表中可以看到，一共有 1 528 组数据，它们被分为 1 028 个训练数据与 500 个测试数据。

**表 7-1 训练集与测试集数据**

| 场景类型 | 训练集数据量/个 | 测试集数据量/个 |
|---|---|---|
| 乡村场景 | 263 | 150 |
| 车站场景 | 73 | 50 |
| 城郊场景 | 348 | 150 |
| 多链路场景 | 344 | 150 |
| 总体 | 1 028 | 500 |

### 7.1.3 特征融合方式

一般来说，仅仅考虑某一个特征，如 KF、RMS 时延扩展、RMS 多普勒扩展或 RMS 角度扩展来进行信道场景识别是无法得到较为理想的效果的。因此需要采用多特征融合的方式，在充分利用信道衰落特征的条件下进行识别。传统的特征融合方式包括前融合、前馈式融合和后融合三种。

#### 7.1.3.1 前融合

前融合是最常见的一种特征融合方式，它将所有特征向量直接在输入端进行“粘贴”，进行了这种简单的前融合后，在输入端后使用三层全连接层，在输出端使用常规的 softmax

层，这样就完成了最常见的前融合，实质上是将所有特征无差别地拼合，再进行识别。

#### 7.1.3.2　前馈式融合

相较于前融合无差别地在输入端连接特征向量，前馈式融合将粘贴的操作放在倒数第二层之前。首先，每一组特征向量在输入端独立输入，在每组特征通道后面接三个全连接层，这种设计考虑了对不同特征进行单独特征转换并获得其抽象特征表征的过程。在输出层之前，将四个通道独立进行特征转换后获得的表征向量相连接，再输入到最后的 Softmax 层并进行输出。这种融合方式实质上是将特征在输入时独立化地进行处理，然后在输出端融合其转换后的表征。

#### 7.1.3.3　后 融 合

后融合，也称为得分融合，这种融合方式使用四个独立通道进行特征向量的输入，在输出端，四个通道的全连接层分别通过一个 Softmax 层形成针对每一个特征的输出结果，随后将输出的四个置信度得分向量进行平均，这种将置信度得分进行平均化的融合方式称为后融合。然而，不同特征对识别性能的贡献程度是不同的，这种基于置信度得分向量平均化的融合方式仍然无法取得最优的性能，因此需要考虑一种加权得分融合的方式。

### 7.1.4　深度神经网络

DNN 又称为多层前馈神经网络，由多层带有连续非线性单元的神经元组成，多层式的组成架构为网络提供了提取抽象特征表达的能力，这种特征表示是网络通过学习所得，并通过输出层的非线性映射进行对输入数据的分类或回归。网络中每层隐藏层的神经元与前一层神经元呈现全连接的形式，每两个神经元相连接的权重和偏置会在每一次训练中进行更新，这种“训练”的方式可以被认为是神经网络“学习”数据的途径。连接相邻两层神经元的权重与神经元上的偏置常常是通过梯度下降算法来进行更新，其中最常用的是反向传播算法。

### 7.1.5　新型场景识别模型

结合加权得分融合与 DNN，本节提出一种新型场景识别模型，并将其应用于高铁信道场景识别。图 7-1 给出了场景识别模型的结构。

将第 $k$ 个特征流输入并经过全连接层、Softmax 层后输出的置信度得分向量为 $\boldsymbol{s}^k \in \mathbb{R}^C$ ($k=1,\cdots,K$)，其中 $C$ 是数据中的场景类型的总数，这里为四种典型场景（乡村、车站、城郊和多链路场景）。$K$ 是输入特征流的数量，这里为四种信道特征（KF、RMS 时延扩展、RMS 多普勒扩展和 RMS 角度扩展）。$\hat{\boldsymbol{y}}$ 是将四种信道特征独立输入，在输出端经过加权后的最终置信度得分向量，它的计算过程如下

$$\hat{\boldsymbol{y}}=f(\boldsymbol{s}^1,\cdots,\boldsymbol{s}^K) \tag{7-1}$$

式中，$f(\cdot)$为一个转换函数，可以是线性的（如线性加权函数），也可以是一个非线性函数，如径向基函数、sigmoid 函数等。

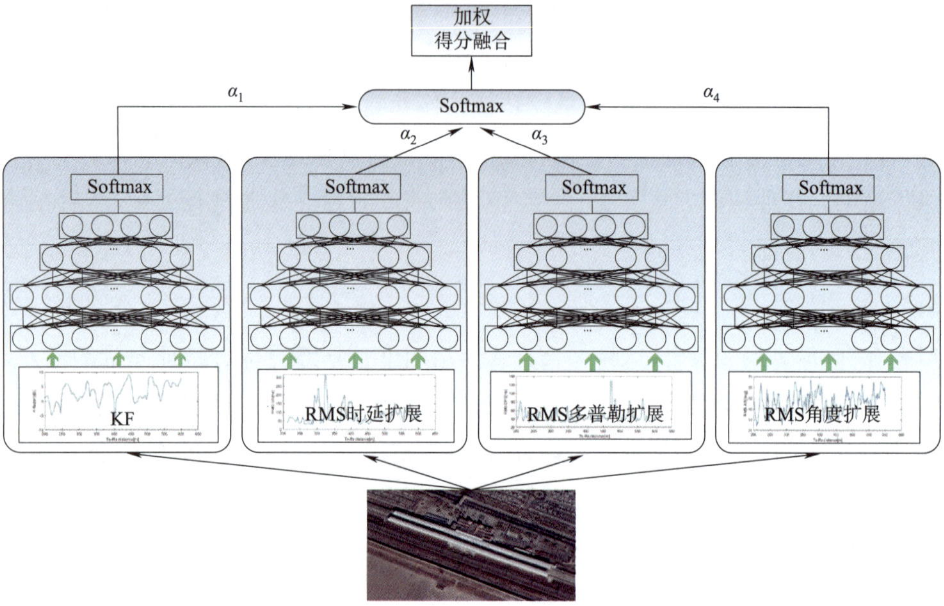


图 7-1　用于场景识别的加权得分融合神经网络

为了达到模型中加权得分融合的效果，首先按前面所述的加权得分融合的方式对模型进行训练，获得 $K$ 个与不同信道特征对应的置信度得分向量，将其整合为一个矩阵，假设第 $n$ 个训练数据输入后所得的置信度得分矩阵为 $\boldsymbol{s}_n$，那么

$$\boldsymbol{s}_n=[\boldsymbol{s}_n^1,\cdots,\boldsymbol{s}_n^K]\in\mathbb{R}^{C\times K} \tag{7-2}$$

接下来定义在每一个特征流输入后的输出端所被赋予的权重为 $\alpha$，那么权重 $\alpha=[\alpha_1,\cdots,\alpha_K]\in\mathbb{R}^K$ 将会在输出端额外增加的一个 Softmax 层中得到学习并优化，用以获得不同特征流输出向量的最优组合方式。因此网络的损失函数将通过两个步骤来最小化其交叉熵。交叉熵函数的具体定义如下

$$H(\boldsymbol{p},\boldsymbol{q})=-\sum_x \boldsymbol{p}(x)\lg\boldsymbol{q}(x) \tag{7-3}$$

式中，$\boldsymbol{p}$ 为理想结果即正确标签向量；$\boldsymbol{q}$ 为识别模型的输出结果向量，即经过 Softmax 层转换后的置信度得分向量。

训练的第一步是通过类似后融合的方式获得每一个特征流输入后的置信度得分向量，此时损失函数的最优化目标为

$$\boldsymbol{W}=\arg\min_{w_1,\cdots,w_K}\frac{1}{N}\sum_{n=1}^{N}H(\hat{\boldsymbol{y}}_n,\tilde{\boldsymbol{s}}_n) \tag{7-4}$$

式中，$\tilde{\boldsymbol{s}}_n$ 为第 $n$ 个训练数据的第 $i$ 个类别的平均置信分数；$\hat{\boldsymbol{y}}_n$ 为第 $n$ 个训练数据的实际标

签向量；$N$ 为训练数据的总数；$w_1,\cdots,w_K$ 为神经网络的权重。

第二步是在得到每个特征相应的置信得分向量基础上，优化之前所提到的权重向量 $\alpha$，在获得加权后的向量之后，让其再次通过一个 Softmax 层，这是因为需要将得分进行一次归一化以获得合理的置信度得分结果。最终得到的第 $n$ 个在 Softmax 输入端的加权置信得分向量 $\boldsymbol{v}_n$ 为

$$\boldsymbol{v}_n = \sum_{k=1}^{K} \alpha_k \boldsymbol{s}_n^k = \boldsymbol{s}_n \alpha^{\mathrm{T}} \in \mathbb{R}^C \tag{7-5}$$

此时损失函数的最优化目标为

$$\alpha = \arg\min_{\alpha_1,\cdots,\alpha_K} \frac{1}{N} \sum_{n=1}^{N} H(\hat{\boldsymbol{y}}_n, \boldsymbol{v}_n) \tag{7-6}$$

在第一阶段所得到的权重与偏置在第二阶段的训练中都处于被“冻结”的状态，它们的值将不会在第二阶段的训练中改变，这种二阶段且冻结权重的训练模式，是一种减轻过拟合现象的方式。

### 7.1.6　模型设置

模型中的层数与神经元数量的具体设置参数见表 7-2。

**表 7-2　不同融合方式的模型每层神经元数量**

| 层数 | 单特征/个 | 多特征/个 | | | |
|---|---|---|---|---|---|
| | | 前融合 | 前馈融合 | 后融合 | 加权得分融合 |
| 第一层 | 64 | 128 | 32 | 32 | 32 |
| 第二层 | 64 | 256 | 64 | 64 | 64 |
| 第三层 | 32 | 64 | 16 | 16 | 16 |
| 全连接层 | — | — | 64 | — | — |

本节采用参数式线性整流函数（Parametric Rectified Linear Unit，PReLU）作为上述模型的激活函数而不是常用的普通线性整流函数（ReLU）。ReLU 函数的缺点是可能会导致隐藏层中过多的神经元被“关闭”而失去活性，这样当使用梯度相关的训练方法时，梯度就会变为 0 而无法在层与层之间传递。而且当神经元在训练时被“关闭”，将无法重新获得活性并传递梯度。使用 PReLU 作为激活函数则可以避免这一点，它可以以非常小的计算复杂度代价来避免神经元被大量“关闭”。

本节选择 He 初始化作为模型中权重参数的初始化方式。He 初始化是针对 ReLU 系激活函数网络的权重初始化方式，它的思想是，在 ReLU 网络中，假定每一层仅有一半的神经元被激活，于是其输出分布的方差也会变小。

初始化之后，网络中的所有权重与偏置在训练过程中都要通过梯度相关的算法进行更新，这里使用了适应性矩估计（Adaptive Moment Estimation，Adam）算法来进行更新。与

传统的梯度下降算法不同，Adam 通过计算梯度的一阶矩估计和二阶矩估计为不同参数设计自适应学习率，它的超参数具有较强的可解释性，只需要极少量的调参即可应用。

训练完毕后，通常需要设置验证集以观察模型性能并决定是否选择其他模型，或是调整一些超参数，如神经元个数、网络层数等。这里采用分层 $K$ 折交叉验证的验证算法。假设 $K=5$，这种情况下，训练集中的 20% 的数据将被划分为验证集。通过交叉验证，可以发现当网络中隐藏层的数量超过三层时，性能与三层相仿，并没有明显提高，而模型中每多一层隐藏层，就会引入额外的计算复杂度；反之当层数降低，则性能出现比较明显的下滑，预测准确率下降 4%～5%。因此采用每个特征流后接三个隐藏层的方式，以权衡模型性能与复杂度之间的矛盾。

### 7.1.7 性能评估

为了全面评估模型的性能，本节采用四种评估指标，包括准确率、混淆矩阵、F 得分与 ROC 曲线。

#### 7.1.7.1 准确率

准确率是一种最常用的识别性能评估指标。首先比较仅考虑单个特征的深度神经网络的准确率，见表 7-3。从表中可以看出，每一个特征针对不同的场景识别率各有高低且差异明显。由于不同的特征针对不同场景的性能各有优劣，它们的总体性能也各有高低，因此在不同特征融合时，需要赋予不同贡献度的特征不同权重，进而获得最优的性能。

**表 7-3 仅考虑单特征下的准确率**

| 场景 | KF | RMS 时延扩展 | RMS 多普勒扩展 | RMS 角度扩展 |
|---|---|---|---|---|
| 乡村 | 67% | 75% | 73% | 67% |
| 车站 | 90% | 68% | 67% | 84% |
| 城郊 | 62% | 84% | 81% | 75% |
| 多链路 | 75% | 83% | 74% | 87% |
| 总体 | 70% | 79% | 73% | 77% |

表 7-4 比较了不同模型和融合方式的准确率结果。其中，对于传统的机器学习模型，如随机森林（Random Forest，RF）、$K$ 近邻（$K$- Nearest Neighbor，KNN）、SVM 和加权 $K$ 近邻（Weighted KNN，WKNN），仅采用了前融合。从表中可以看出，在只考虑了前融合的模型中，深度神经网络的性能优于机器学习模型。还可以看出，前馈式融合的性能优于后融合与前融合，这是因为前馈式融合模型中，不同的特征流最终汇合到一个全连接层后，再经过 softmax 层，这样可以认为在一定程度上对不同特征进行了自适应的学习，增强了区分度较强的特征的作用，削弱了区分度较差的特征的作用。然而，前馈式融合中的一个额外的全连接层会引入较多的参数量，导致过拟合。还可以看处，所提出的加权得分融合的性能优于其

他所有融合方式，因为该融合方法在每个特征流后增加一个额外的权重训练过程。在权重训练过程中，先前网络的权重与偏置均被冻结。

**表 7-4　多特征融合机器学习模型的综合性能**

| 模 型 名 称 | 融 合 方 式 | 准 确 率 | F1 得分 | AUC |
|---|---|---|---|---|
| RF | 前融合 | 80.2% | 0.80 | 0.90 |
| KNN | 前融合 | 80.8% | 0.81 | 0.87 |
| SVM | 前融合 | 81.6% | 0.81 | 0.90 |
| WKNN | 前融合 | 81.7% | 0.82 | 0.90 |
| DNN | 前融合 | 83.4% | 0.82 | 0.94 |
| DNN | 后融合 | 85.4% | 0.85 | 0.98 |
| DNN | 前馈式融合 | 86.6% | 0.87 | 0.97 |
| DNN | 加权得分融合 | 90.8% | 0.91 | 0.99 |

为了研究不同特征在识别中的贡献，探讨了不同特征组合进行特征融合后模型的性能表现，见表 7-5。从表中可以看出，当采用两个特征进行融合时，RMS 时延扩展与 RMS 角度扩展的组合可达到最佳的准确率；当采用三个特征进行融合时，RMS 时延扩展、RMS 多普勒扩展与 RMS 角度扩展的组合，其识别准确率达到了 89.2%，非常接近全部特征融合的结果。还可以发现，两特征组合中，RMS 时延扩展与 RMS 角度扩展的组合以及 RMS 时延扩展与 RMS 多普勒扩展的组合准确率高于三特征组合中 KF、RMS 多普勒扩展和 RMS 角度扩展的组合，因此可以认为 KF 在信道场景识别中的作用是四个信道特征中最小的，这一点也与单特征识别结果中 KF 准确率最低仅为 70%相符合；反之，当两特征与三特征的组合中包含了 RMS 时延扩展与 RMS 角度扩展特征时，其准确率都相对更高，因此可以认为这两种信道特征在信道场景识别中贡献度较大，这一点与单特征的情况也相吻合。

**表 7-5　不同特征组合的准确率**

| 特 征 组 合 | 准 确 率 |
|---|---|
| KF+RMS 时延扩展 | 74.3% |
| RMS 多普勒扩展+RMS 角度扩展 | 77.7% |
| KF +RMS 角度扩展 | 78.2% |
| KF+RMS 时延扩展 | 79.8% |
| RMS 时延扩展+RMS 多普勒扩展 | 80.9% |
| RMS 时延扩展+RMS 角度扩展 | 80.3% |
| KF+RMS 多普勒扩展+RMS 角度扩展 | 79.0% |
| KF+RMS 时延扩展+RMS 多普勒扩展 | 81.3% |
| KF+RMS 时延扩展+RMS 角度扩展 | 83.6% |

续上表

| 特 征 组 合 | 准 确 率 |
|---|---|
| RMS 时延扩展+RMS 多普勒扩展+RMS 角度扩展 | 89.2% |
| KF+RMS 时延扩展+RMS 多普勒扩展+RMS 角度扩展 | 90.8% |

#### 7.1.7.2 混淆矩阵

混淆矩阵又称为误差矩阵，是一种以表格形式可视化不同算法、模型性能的矩阵。矩阵中每一列表示模型最终预测的类别，每一行表示测试集数据实际的标签。

图 7-2 给出了所提出模型的混淆矩阵。从图中可以看出，该模型在所有场景下均取得了较高的准确率，但是误识别是无法避免的。在测试集中，11%的城郊场景被误识别为多链路场景；8%的多链路场景被误识别为城郊场景，且这两者之间的相互误识别率是最高的，因此猜测这两个场景之间存在一定的相似性，这种不同场景之间的相关性将在下节中讨论。

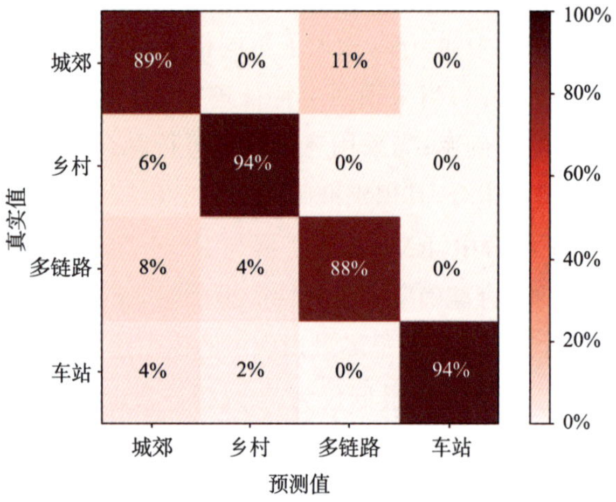


图 7-2 混淆矩阵

#### 7.1.7.3 F 得分

F 得分作为一种评估指标，可以被看作是查全率 $R$ 与查准率 $P$ 的加权调和平均。F 得分可以被扩展并用于评估多分类模型，常见的有宏平均 F1 得分(Macro-F1 score)与微平均 F1 得分(Micro-F1 score)，本节采用了微平均 F1 得分。

表 7-4 中给出了微平均 F1 得分结果，可以看出所提出模型在测试集上的结果是最优的，达到了 0.92(F 得分的范围为 0～1，得分越高说明性能越好)，因此可以认为所提出模型拥有最佳的查准率与查全率。

#### 7.1.7.4 ROC 曲线

受试者特性曲线(Receiver Operating Characteristic，ROC)曲线是一种更加高阶的分类

模型性能评估指标，通常通过曲线图来直观展示。

ROC 曲线坐标轴的横轴为假正率，纵轴为真正率。ROC 曲线与横坐标以及纵坐标正半轴所围成的封闭区间面积称为 AUC（Area Under ROC Curve）。AUC 越接近于 1 说明分类性能越好，AUC 为 0.5 时说明分类器是将所有测试数据进行了随机分类，是性能最差的状况。AUC 在一定程度上也可以认为是模型鲁棒性的度量，AUC 越高，模型鲁棒性越好。AUC 还可以用于衡量模型在样本不平衡下的性能，这点是其他度量指标无法做到的。

图 7-3 对比了不同融合方式下 DNN 的 ROC 曲线及其 AUC 结果。从图中可以看出，所提出模型的 AUC 达到了 0.99，这说明了该模型具有很好的鲁棒性。

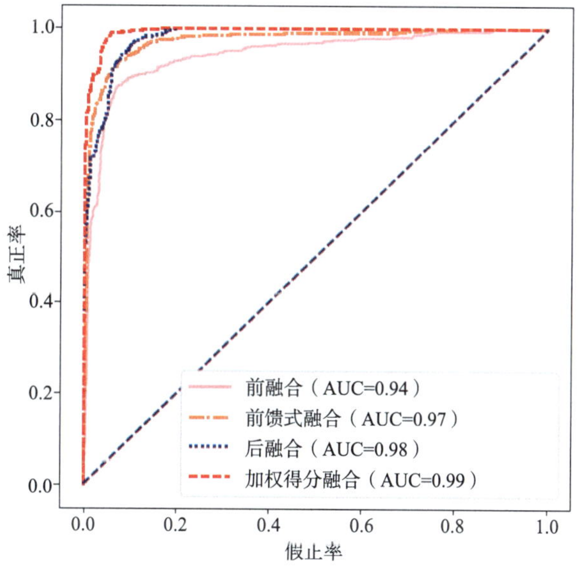


图 7-3　ROC 曲线

## 7.1.8　场景相关性分析

根据前面分析，不同场景之间可能存在一定的相关性，因此导致了场景的误识别。本节从宏观与微观两个角度对场景相关性进行详细分析。宏观角度是指分析不同场景中多特征的高维分布距离，而微观角度是指分析不同场景中多特征的联合相关性。

### 7.1.8.1　高维分布距离

最常用于衡量两个高维分布的分布距离的指标为散度。不同的生成函数对应了不同散度，散度族中最常用的是 Kullback-Leibler（KL）散度。KL 散度是一种非对称的散度度量，并且它的值可能为无穷大。针对 KL 散度的上述两个缺陷，相关学者提出了 Jenson-Shannon（JS）散度。JS 散度在 KL 散度的基础上进行了改进，是一种对称的散度度量且为有限值。但是，当两个分布完全不重合时，无论分布差异多大，JS 散度都为一个常数，因此无法进行有效的度量。为了克服上述散度度量方式的局限性，这里采用高维 Wasserstein 距离（Wasserstein Distance，WD），WD 又称为推土机距离（Earth Mover's Distance）。

将每一组不同场景的特征向量两两之间计算 WD，那么场景 A 与 B 之间的 WD 共有 $l_A \times l_B$ 组，把其平均值作为场景 A 与 B 的宏观距离。图 7-4 给出了四种场景两两之间平均 WD 的统计结果，即宏观相关性。可以发现，多链路场景与乡村场景之间的平均 WD 最大，意味着从分布距离的角度来看，这两个场景的相关性最小，表示多链路场景与城郊场景有一定的相似性。这两种场景都具有相对丰富的多径分量，因此呈现出类似的信道衰落特征。

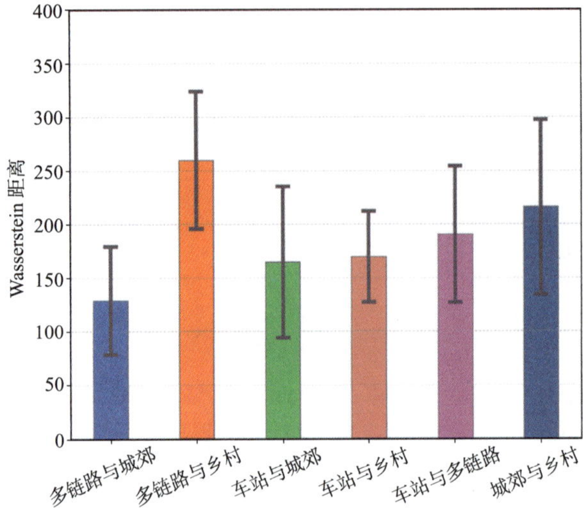


图 7-4　不同场景之间 Wasserstein 距离的统计结果

### 7.1.8.2　高维参数相关性

为了分析两个场景之间的相关性，仅仅关注某一个特征的相关性是不合适的，需要考虑多个特征的联合相关性。皮尔逊相关系数常用于衡量两个一维向量之间的相关性，但无法适用于高维向量。因此，这里采用可衡量两个矩阵之间相关性的指标，即相关矩阵共线性。在第五章中，CMC 已被用于评估不同链路的信道矩阵之间的空间相关性。

与计算 WD 一样，将每一组不同场景的四个特征向量两两之间进行 CMC 计算，再获取 CMC 平均值，把 CMC 平均值作为这两个场景的统计微观相似性。图 7-5 给出了带有误差棒的 CMC 柱状图结果。从图中可以看出，多链路场景与城郊场景之间的统计平均 CMC 是最高的，这表示多链路场景与城郊场景具有最高的微观相似性，而其他场景之间的 CMC 都较低。

从图 7-4 与图 7-5 中可以看出，多链路场景与城郊场景具有最小的分布距离与最大的线性相关系数。因此无论从宏观角度，还是从微观角度，都表明这两种场景之间具有较高的相似性。

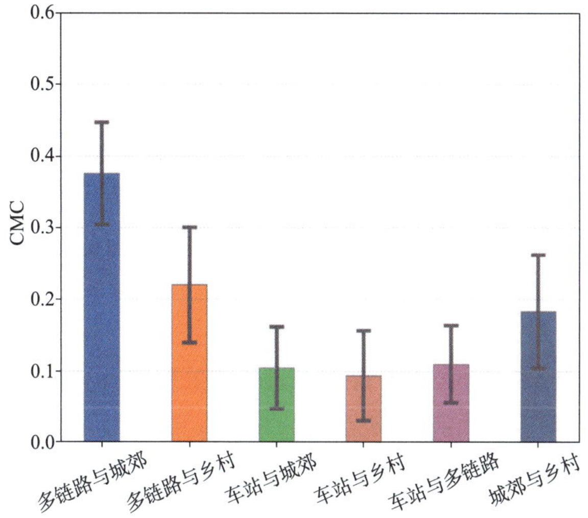


图 7-5　不同场景之间 CMC 的统计结果

## 7.2　高铁信道多径分簇

### 7.2.1　概　　述

信道多径分簇是机器学习在信道建模领域的典型应用之一。根据机器学习的聚类算法，具有相似特性的多径分量可以被自动地识别并分成一簇。相比传统的肉眼观察的多径分簇方法，基于机器学习的多径分簇方法具有更高的效率和准确度。目前，大部分的 MIMO 和 mMIMO 信道模型都是基于簇的信道模型。多径簇不仅能够反映主导多径分量与物理环境中的散射体之间的对应关系，而且在保证信道模型的精确度的同时有效降低了其复杂度。随着基于多径簇的信道建模的流行，基于机器学习的多径分簇研究，包括多径分簇算法和评价指标，受到了越来越多的关注。

多种机器学习的聚类算法已应用于不同场景下无线信道的多径分簇。第六章所采用的 KPowerMeans 算法是由 K-means 聚类算法改进得到，该算法已成功应用于多种室内和室外场景。相关研究结果表明，由于考虑了更多的多径分量的统计特性，基于高斯混合模型(Gaussian Mixture Model，GMM)的聚类算法更适合于多径分簇。然而，GMM 聚类算法还未应用于高铁信道的多径分簇。

聚类算法的性能需要通过聚类评价指标进行衡量。对于一些需要设置簇数目的聚类算法，如 K-means 算法，聚类评价指标也被用于确定最优的簇数目。目前，常用的一些聚类评价指标包括 Calinski-Harabasz(CH)指数、Davies-Bouldin(DB)指数、轮廓系数(Silhouette Index，SI)、S_Dbw 指数等。部分聚类评价指标已用于多径分簇的性能评价。常见的聚类评价指标的评价效果对比研究结果表明，只有 S_Dbw 指数在各个方面均表现优异。然而，S_Dbw 指数尚未应用于多径分簇的性能评价。

本节研究了高铁信道多径分簇算法和评价指标，首先将 GMM 聚类算法应用于多径分簇，提出一种基于变分贝叶斯（Variational Bayes，VB）GMM 的多径分簇算法；其次，对 S_Dbw 指数进行改进，提出一种新型的基于密度的多径分簇评价指标；最后，通过合成数据和高铁实测数据，验证所研究的多径分簇算法和评价指标。

### 7.2.2 GMM 聚类算法

与 K-means 分簇结构不同，基于 GMM 的分簇采用概率模型来表示分簇原型。GMM 由多个高斯分布的线性组合构成，每个高斯分布都有其均值、协方差和概率系数。GMM 能够逼近任何连续的密度函数。事实上，基于 GMM 的分簇使用高斯分布来描述分簇结构，分簇的划分相应地由原型的后验概率来确定。

为了定义具有 $M$ 个分量的混合模型，首先需要指定每个分量 $j$ 的概率密度 $p_j(x)$，同时还有概率向量$(\pi_1,\pi_2,\cdots,\pi_M)$，其中包含了每个分量的混合权重 $\pi_j$，$\pi_j$ 满足 $\pi_j \geqslant 0$ 和 $\sum_{j=1}^{M}\pi_j = 1$。图 7-6 为 GMM 的图形模型，其中用圆圈表示的节点对应于随机变量，而用正方形表示的节点对应于模型的参数。双圆圈节点代表观察到的随机变量，而单圆圈节点代表隐藏的随机变量。

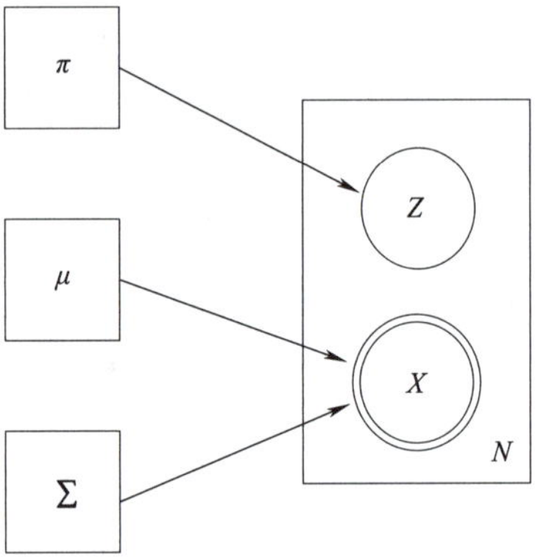


图 7-6　GMM 图形模型

离散隐藏随机变量 $Z$ 表示被选择用来生成观察样本 $x$ 的分量，即将值 $X=x$ 分配给观察随机变量 $X$。$P(X=x)$可以表示为

$$P(X=x)=\sum_{j=1}^{M}p(X=x \mid Z=j)p(Z=j)=\sum_{j=1}^{M}\pi_j p_j(x) \tag{7-7}$$

式中，$p_j(x)=N(x;\mu_j,\sum_j)$，其中 $\mu_j \in \Re^d$ 表示均值；$\sum_j$ 表示 $d \times d$ 维的协方差矩阵。因此，上式又可被改写为

$$p(\boldsymbol{x}) = \sum_{j=1}^{M} \pi_j N(x;\mu_j, \sum\nolimits_j) \tag{7-8}$$

利用上述公式,使用贝叶斯定理,后验概率可以表示为

$$P(j \mid x) = \frac{p(x \mid Z=j)p(Z=j)}{p(x)} = \frac{\pi_j N(x \mid \mu_j, \sum_j)}{\sum\limits_{l=1}^{M} \pi_l N(x \mid \mu_l, \sum_l)} \tag{7-9}$$

后验概率可视为高斯分量 $j$ 生成观测值 $x$ 的可能性,所以寻找到最大的 $P(j|x)$后验概率时,就可以判定数据点 $x$ 由高斯分量 $j$ 生成。此外,将数据点 $x$ 分配给具有最大后验概率的类时,数据集 $X$ 可以被分为 $M$ 个分簇。下面将寻找所有数据点 $x$ 由各高斯分量 $j$ 生成的最大后验概率,这将用到最大似然函数。

如式(7-8)表述,当高斯混合分布各参数已知时,高斯混合分簇把数据集 $X$ 划分为 $M$ 个簇 $C=\{C_1, C_2, \cdots, C_M\}$,每个样本的 $x_n$ 的簇标记可以写作 $\lambda_n = \underset{j\in\{1,2,\cdots,M\}}{\arg} \max \gamma_{nj}$。

设 $X=\{x_n | x_n \in \Re^d, n=1,\cdots,N\}$ 表示式(7-8)中的数据点,它将由一个具有 $M$ 个高斯分量的高斯混合模型来建模。其中 GMM 参数估计可以通过对数似然最大化计算得到,如下

$$\mathrm{LL}(\boldsymbol{X}) = \ln(\prod_{n=1}^{N} P(\boldsymbol{x}_n)) = \sum_{n=1}^{N} \ln(\sum_{j=1}^{M} \pi_j N(x;\mu_j, \sum\nolimits_j)) \tag{7-10}$$

期望最大化(Expectation-Maximum,EM)算法通常通过迭代优化求解最大对数似然函数。通过式(7-10)的最大化,可以更新参数混合系数 $\pi_j$、均值 $\mu_i$ 和协方差 $\sum_i$。

与 K-means 算法相比,基于 GMM 的算法更适用于 MPCs 的聚类,因为它可以利用更多 MPCs 的统计参数特性。基于均值和协方差信息,它可以有效地捕捉 MPCs 隐藏在数据集中的相似度,并拟合任意分布的 MPCs。将 EM-GMM 与基于距离直接分配簇的 K-means 算法相比,可以发现它们在计算步骤上具有同一类特点。其中 K-means 算法对数据点 $x$ 的聚类进行了直接分配,没有采用概率的知识。换句话说,每个样本数据点被直接指定了某个具体的簇。但是对于 EM-GMM 而言,后验概率分布模式被有效地利用,即进行了一个软分配,计算了每个数据点 $x$ 属于每个高斯分量的后验概率,再选择最大的后验概率进行数据点 $x$ 到高斯分量 $j$ 的分配。因此,实际上,可以将 K-means 算法看成 EM-GMM 算法的一个特殊极限情况。

### 7.2.3　基于 VB-GMM 的多径分簇算法

将 GMM 应用于信道多径分簇存在几个需要注意的问题。第一,GMM 算法倾向于处理二维或更高维数据集。因此,它不适用于仅具有时延信息的多径分簇。第二,对于 EM-GMM 算法,最后得到的协方差矩阵可能会变得奇异,即高斯分布对单个 MPCs 数据点做出响应,其沿某个主轴的方差趋于零。第三,EM-GMM 算法必须使用交叉验证的方法来确定

高斯分布最佳分量数量。然而，在进行多径分簇时，通常期望可以实现最优分簇数目的自动确定。

基于以上考虑，本节提出一种基于 VB-GMM 的空-时多径分簇算法，“空”指的是 MPCs 的角度域，“时”指的是 MPCs 的时延域。该算法在时延域和角度域都实现了 MPCs 的聚类，充分利用了 GMM 的优势。此外，为了进一步提高 EM-GMM 算法性能，在不进行交叉验证的情况下确定最佳分簇数，引入了 VB-GMM 算法。下面对该算法进行具体描述。

将式改写为

$$p(\boldsymbol{x}) = \sum_{j=1}^{M} \pi_j N(x;\mu_j,\boldsymbol{T}_j) \tag{7-11}$$

式中，$\boldsymbol{T}_j$ 为精度（逆协方差）矩阵，与协方差矩阵 $\sum_j$ 不同。通过对模型参数 $\pi$、$\mu$ 和 $T$ 施加先验，可以获得贝叶斯高斯混合聚类模型。通常使用共轭先验，即 $\pi$ 的狄利克雷和$(\mu,T)$的高斯-Wishart。

当具有参数$\{a_j\}$时，$\pi$ 的狄利克雷先验可以表示为

$$\mathrm{Dir}(\pi \mid \alpha_1,\cdots,\alpha_M) = C(\alpha)\prod_{j=1}^{M} \pi_j^{\alpha_j-1} \tag{7-12}$$

式中，$C(\alpha)$为狄利克雷的归一化常数，定义为

$$C(\alpha) = \frac{\Gamma(\hat{\alpha})}{\prod_{j=1}^{M}\Gamma(\alpha_j)} \tag{7-13}$$

式中，$\Gamma(\cdot)$为 Gamma 函数，$\hat{\alpha} = \sum_{j=1}^{M}\alpha_j$。值得注意的是，通常假设所有的 $\alpha_j$ 是相等的。

控制每个高斯分量的均值 $\mu$ 和高斯混合成分的精度 $T$ 的高斯-Wishart 先验分布可以表示为

$$p(\mu,T) = \prod_{j=1}^{M} p(\mu_j,\boldsymbol{T}_j) = \prod_{j=1}^{M} N(\mu_j;\mu_0,\beta_0\boldsymbol{T}_j)p(\boldsymbol{T}_j) \tag{7-14}$$

式中，$p(\boldsymbol{T}_j)$为 Wishart 分布。Wishart 分布是 Gamma 分布的多维泛化。由于数据集之间可能存在较强的相关性，因此采用 Wishart 先验来捕捉这些相关性。

贝叶斯 GMM 的图形模型如图 7-7 所示。从图中可以看出，贝叶斯 GMM 不包含任何要估计的参数，而只包含隐藏的随机变量 $h=(Z,\pi,\mu,T)$。在这种情况下，后验 $p(h|x)$并不能解析计算。这里，通过将变分算法应用于贝叶斯 GMM 来计算近似 $q(h)$。假设 $q(h)$采用乘积的形式，表示为

$$q(h)=q(Z)q(\pi)q(\mu,T) \tag{7-15}$$

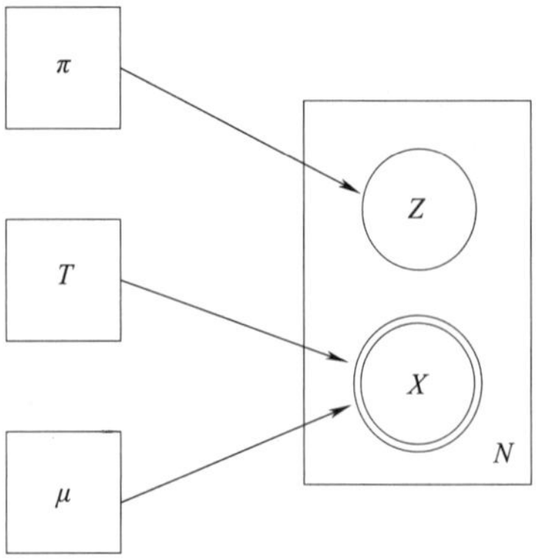

图 7-7　贝叶斯 GMM 图形模型

通过迭代更新计算，可以获得真实后验概率 $p(h|x)$ 的最佳近似值 $q(h)$。基于这种近似，可以通过最大化似然函数的下界，获得贝叶斯推理。这种变分方法可以在复杂参数模型中进行推理，这与 EM-GMM 算法相比有了显著的改进。此外，在高斯混合分量求解单个数据点的最大似然方法中，VB-GMM 算法不会出现奇异解，并且可以直接确定最佳的分簇数。VB-GMM 算法的这些改进使之更适用于多径分簇。

### 7.2.4　S_Dbw 指数

传统的分簇评价指标基本上都是基于距离设计的指标。与基于距离的分簇评估指标不同，S_Dbw 指数以聚类之间的密度变化来考虑整体分簇结果的优劣性。S_Dbw 指数的定义是基于一个广泛接受的聚类准则，即簇内数据点的紧凑度和簇间数据点的分离度。S_Dbw 指数采用簇间密度和簇内方差分别评估簇间分离度和簇内紧凑度。下面具体介绍 S_Dbw 指数的定义。

假设 $\boldsymbol{D}=\{v_i|i=1,\cdots,c\}$ 表示将分簇算法应用于数据集 $S$ 的结果，其中 $v_i$ 是该聚类数据集第 $i$ 个簇的簇心，$c$ 为簇的数目。簇间密度定义为

$$\mathrm{Dens\_bw}(c)=\frac{1}{c(c-1)}\sum_{i=1}^{c}\left\{\sum_{j=1,i\neq j}^{c}\frac{\mathrm{den}(u_{ij})}{\max\{\mathrm{den}(v_i),\mathrm{den}(v_j)\}}\right\} \tag{7-16}$$

式中，$u_{ij}$ 为连接第 $i$ 个簇和第 $j$ 个簇的簇心的中点；$den(u)$ 为一个中心为 $u$、半径为 $stedv$（簇的平均标准差）的球体内包含的点数。

簇内方差表示簇的平均散射，定义为

$$\mathrm{Scat}(c)=\frac{1}{c}\sum_{i=1}^{c}\|\sigma(v_i)\|/\|\sigma(S)\| \tag{7-17}$$

式中，$\sigma(v_i)$ 为第 $i$ 簇的方差；$\sigma(S)$ 为数据集的方差。

将簇内方差和簇间密度相加，得到 S_Dbw 指数，表示为

$$\mathrm{S\_Dbw}(c)=\mathrm{Scat}(c)+\mathrm{Dens\_bw}(c) \tag{7-18}$$

式中，$\mathrm{Scat}(c)$ 的值越小，表示簇内越紧密；$\mathrm{Dens\_bw}(c)$ 值越小，表示簇的分离度越好。当 $\mathrm{S\_Dbw}(c)$ 的值最小时，簇的数目 $c$ 可被视为数据集的最佳聚类数。簇内方差可以用来评估具有某种分布（如圆形和球形分布）的簇的紧凑性。但是，它不适用于其他的分布，如椭圆和椭球分布。这是因为，簇内方差只单独考虑了数据集各个维度的方差，不能从整体上准确反映簇的紧凑度。

### 7.2.5　基于密度的多径分簇评价指标

为了改进 S_Dbw 指数采用簇内方差评估簇内紧凑度的不足，本节引入了簇内密度的概念，提出了一种新型的基于密度的多径分簇评价指标，即 S_Dbw　指数。

簇内密度用于衡量簇内的平均密度，定义为

$$\mathrm{Den\_in}(c)=\frac{1}{c}\left(\sum_{i=1}^{c}\frac{n(v_i)}{S(v_i)}\right) \tag{7-19}$$

式中，$n(v_i)$为第 $l$ 簇中样本点的数量；$S(v_i)$为由第 $l$ 簇的外围数据点形成的多边形区域的面积。由上式可知，簇中存在的数据样本点越多，同时形成的多边形区域覆盖的面积越小，则簇内密度越大，换句话说，则分簇内紧凑度越好。

通过 Graham 扫描法和格林公式可以计算上式中的 $S(v_i)$。首先，使用 Graham 扫描法计算第 $l$ 个簇的外围点坐标，其对应的外围点数目表示为 $a(v_i)$。

图 7-8 给出了将 Graham 扫描法应用于一组数据点的示例结果。从图中可以看出，$P_0$、$P_1$、$P_5$、$P_{14}$、$P_{13}$和 $P_7$ 是由 Graham 扫描法确定的多边形的外围点。

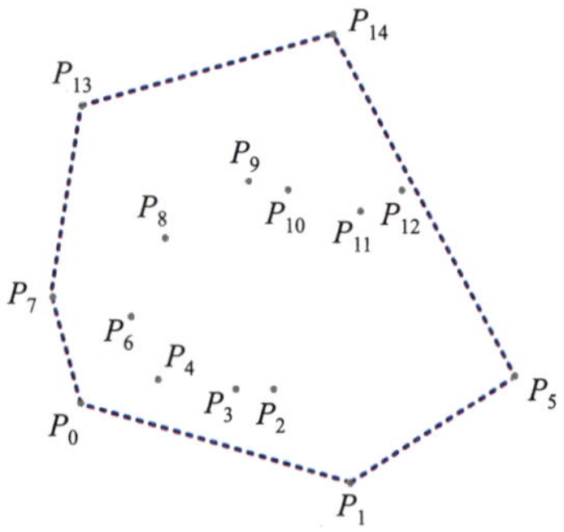


图 7-8　Graham 扫描法示意图

基于计算的外围点坐标，$S(v_i)$可以通过格林公式计算得到。假设第 $i$ 点 $P_i$ 的坐标是$(x_i,y_i)$，第 $i+1$ 点 $P_{i+1}$的坐标是$(x_{i+1},y_{i+1})$，由第 $i$ 簇的外围点形成的多边形区域面积计算如下

$$S(v_i)=\frac{1}{2}\left|\sum_{i=1}^{a(v_i)}(x_i+x_{i+1})(y_{i+1}-y_i)\right| \tag{7-20}$$

最后，通过加入衡量簇内紧凑度的影响因子，簇内密度将具有簇内方差和簇间密度的 S_Dbw 指数重新定义为

$$\mathrm{S\_Dbw}^*(c)=\frac{\mathrm{S\_Dbw}(c)}{\mathrm{Den\_in}(c)}=\frac{\mathrm{Scat}(c)+\mathrm{Dens\_bw}(c)}{\mathrm{Den\_in}(c)} \tag{7-21}$$

由上式可知，簇内密度越大，S_Dbw* 指数越小，聚类性能越好。由于引入的簇内密度能够准确反映任意分布的簇的紧凑度，因此与传统的 S_Dbw 指数相比，S_Dbw* 指数可以更有效地评估非圆形簇的聚类性能。

### 7.2.6　合成数据验证

为了验证上述分簇算法及评价指标，首先采用合成数据，因为合成数据是已知的，能够直观地反映出分簇和评价的结果是否合理。在二维空间$(x,y)^{\mathrm{T}}$ 中，生成用于验证的数据集，该数据集由三个高斯分布生成，其平均值为$(0.8,0.8)^{\mathrm{T}}$、$(-2.7,2.7)^{\mathrm{T}}$ 和$(-3.5,1)^{\mathrm{T}}$，2×2 协方差矩阵分别为$\begin{bmatrix}0.48 & -0.64\\-0.64 & 0.94\end{bmatrix}$、$\begin{bmatrix}0.5 & -0.64\\-0.64 & 0.92\end{bmatrix}$和$\begin{bmatrix}0.52 & -0.67\\-0.67 & 0.98\end{bmatrix}$。在合成数据集中，设置了三个数据簇，每个数据簇包含 200 个独立的样本点。基于合成数据集，首先验证分簇算法的性能，然后验证分簇评价指标的性能。这里，假设簇的数量是已知的。

图 7-9 比较了 K-means 算法和 GMM 算法的聚类结果。其中，属于同一簇的样本点用相同的颜色标记。从图 7-9(a)可以看出，K-means 算法的聚类结果是混乱的，未能实现正确的聚类，这说明 K-means 算法并不适用于非圆形分布的样本点的聚类。实际上，这种情况对于基于距离的聚类算法来说是普遍存在的。GMM 算法可以避免这个问题，因为它同时考虑了样本点的均值和协方差，可以有效地挖掘隐藏在数据集中的相似度，并适合于任意分布的样本点的聚类。如图 7-9(b)所示，GMM 算法准确地识别了合成数据集中的三个簇。

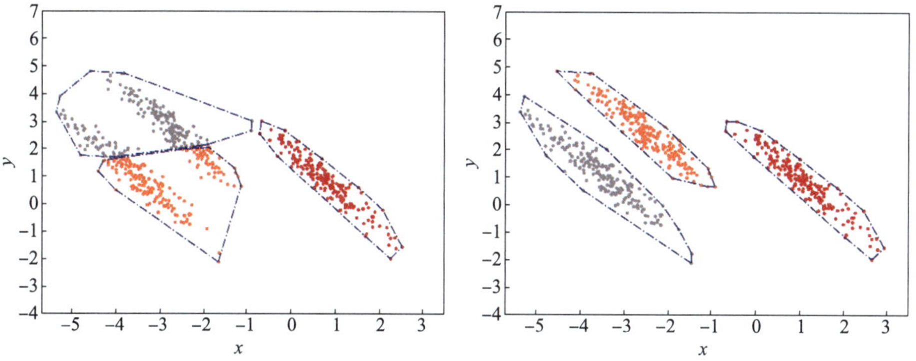


(a)K-means 算法　　　　(b)GMM 算法

图 7-9　合成数据集的聚类结果

采用相关分簇评价指标包括 CH、DB、SI、S_Dbw、S_Dbw*，对上述 K-means 算法和 GMM 算法的分簇效果进行评价，见表 7-6。CH 和 SI 的结果越大，DB、S_Dbw、S_Dbw* 的结果越小，表明分簇效果越好。从表中可以看到，CH、DB、SI、S_Dbw 的评价结果显示 K-means 算法比 GMM 算法的效果好，但实际上 K-means 算法得到的分簇结果是不正确的。只有 S_Dbw* 的评价结果显示 GMM 算法的分簇结果更优，因此验证了 S_Dbw* 的有效性。

**表 7-6　基于 K-means 和 GMM 算法的不同有效性评估指标结果**

| 分簇算法 | 评价指标 | | | | |
|---|---|---|---|---|---|
| | CH | DB | SI | S_Dbw | S_Dbw* |
| K-means | 1 045 | 0.760 3 | 0.492 7 | 0.468 0 | 0.019 0 |
| GMM | 907 | 0.821 1 | 0.491 0 | 0.497 1 | 0.011 3 |

## 7.2.7　实测数据验证

为了进一步验证所提出的聚类算法和评价指标的有效性，本节采用高铁高架桥场景的实测 MPCs 数据。图 7-10 给出了某个快照时刻测量得到的 MPCs 数据。图 7-10(a)表示测量的归一化功率延迟分布。这里仅考虑功率大于噪声门限的有效 MPCs。根据 PDP，可以获得具有时延信息的 MPCs 数据集。然而，对于 GMM 算法来说，仅有时延这一维的信息是不够的。结合估计的 AoA，可以同时获得具有时延和角度信息的二维 MPCs 数据集，如图 7-10(b)所示。从图中可以明显看到，MPCs 存在分簇现象。但是，很难通过肉眼观察将这些 MPCs 合理地分成不同的簇。

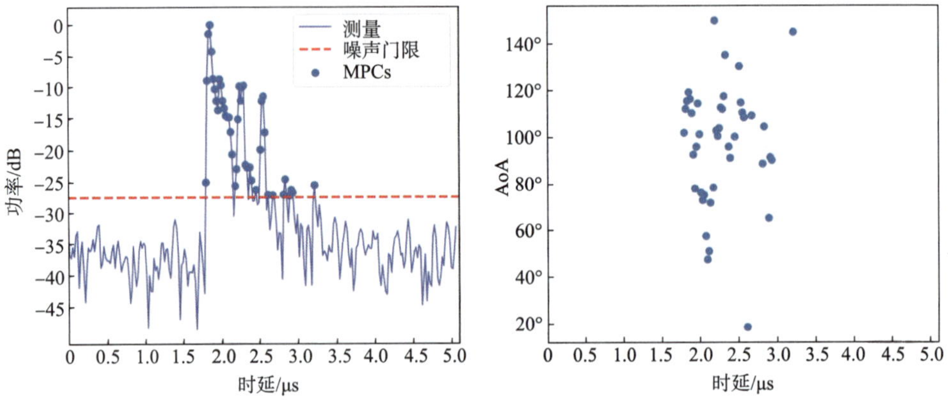


(a)　　(b)

图 7-10　实测 MPCs 数据集

将不同的分簇算法应用于实测的 MPCs 数据集，包括 K-means、EM-GMM 和 VB-GMM 三种算法，并且使用 S_Dbw* 指标来评估分簇性能。图 7-11 给出了三种算法的分簇结果。簇的数量首先由 VB-GMM 算法确定，而不依靠于交叉验证算法，然后输入到其他两个算法中作为先验数据。从图中可以看到，VB-GMM 算法获得了更好的分簇效果，具有更好的簇内紧凑度和簇间分离度，并且符合 MPCs 的分布规律。通过 S_Dbw* 对 K-means、EM-GMM 和 VB-GMM 算法的分簇结果进行评价，得到的值分别为 54.3、38.2 和 28.8。VB-GMM 算法的 S_Dbw* 值最小，说明 VB-GMM 算法的性能最好。

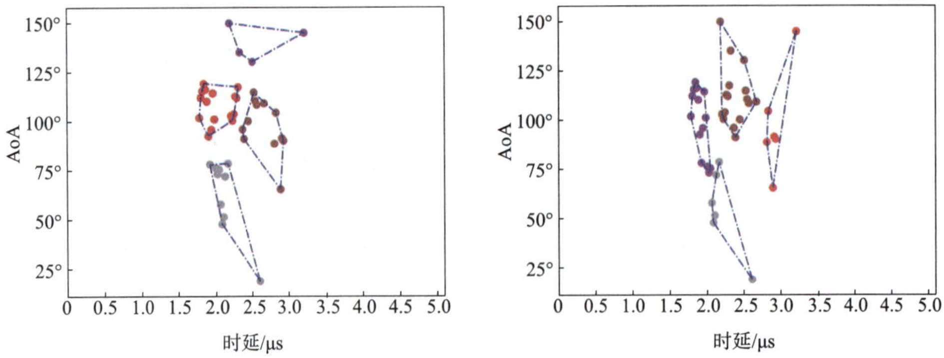


(a) S_Dbw*=54.3　　(b) S_Dbw*=38.2

图　7-11

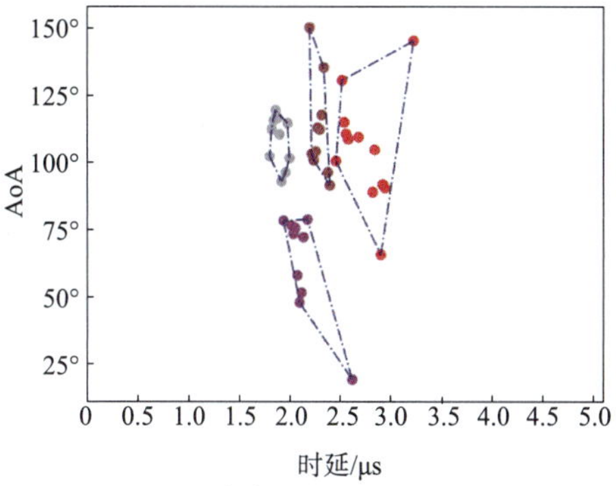


（c）S_Dbw*=28.8

图 7-11　实测数据的分簇结果

基于更多的实测 MPCs 数据集，获得了不同聚类算法的 S_Dbw* 的 CDF 结果，如图 7-12 所示。从图中可以看出，VB-GMM 算法的 S_Dbw* 的统计结果最小。这进一步说明了 VB-GMM 算法优于其他两种算法。

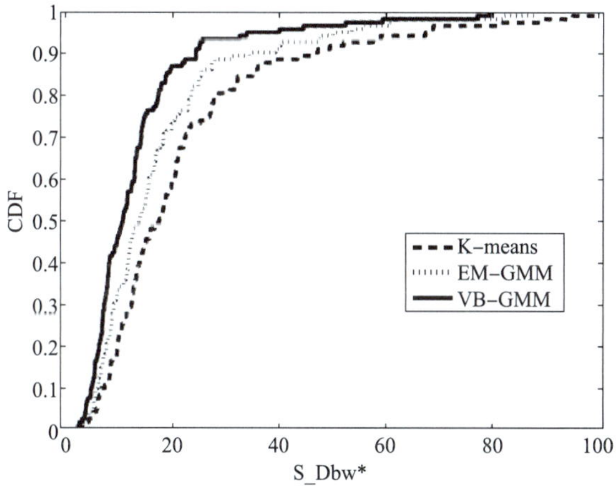


图 7-12　不同聚类算法结果 S_Dbw* 的 CDF

# 7.3　高铁信道特性预测

## 7.3.1　概　　述

信道特性预测的目的是在不额外消耗无线资源的情况下，提前预测未来信道状态信息（Channel State Information，CSI）和信道统计特征（Channel Statistical Characteristics，CSCs），进而有效地实现传输功率控制、预均衡、自适应调制编码和智能决策等技术，提高无线网络的性能。信道特性预测方法一般分为统计预测和基于 AI 的预测两大类。统计预测通常基于自回归模型和参数模型。基于 AI 的预测作为一种数据驱动的方法，具有更灵活、更准确的特点，受到了越来越多的关注。

传统的机器学习算法如 SVM、RF、KNN 等在信道特性预测领域已得到广泛的应用。基于这些算法建立的模型可以对 CSI、路径损耗等信道特性进行预测。与机器学习算法相比，卷积神经网络（Convolutional Neural Network，CNN）、递归神经网络（Recurrent Neural Network，RNN）、长短期记忆神经网络（Long Short-Term Memory，LSTM）等深度学习算法能够挖掘隐藏在数据中的空间或时间信息，更适合于空间或时间信道预测。对于高铁通信网络中的 mMIMO 信道特性预测，需要采用时空联合预测方法。

本节研究了基于深度学习的高铁 mMIMO 时空信道预测。首先，根据高铁路堑场景下 mMIMO 信道仿真模型，生成 CSI 和 CSCs 数据集；其次，将 CNN 和 CLSTM（Convolutional LSTM，CLSTM）相结合，提出一种新型时空信道预测模型 Conv-CLSTM；最后，评估 Conv-CLSTM 模型性能。

## 7.3.2 数据集生成

本节将 6.3.1 中构建的传播图模型扩展至 mMIMO 模型，生成路堑场景下的 mMIMO 信道数据。路堑场景的 mMIMO 模型如图 7-13 所示。

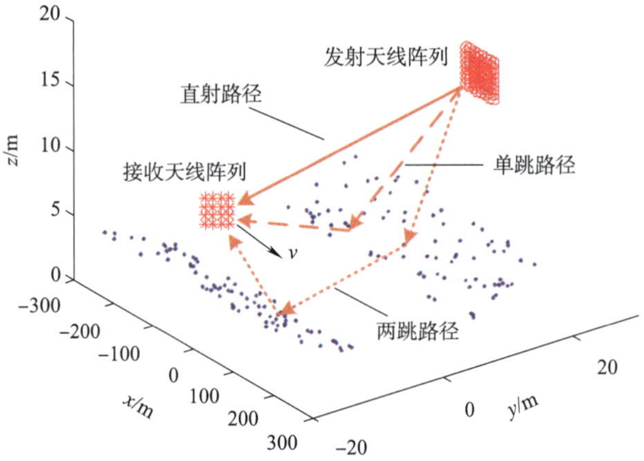


图 7-13 路堑场景的 mMIMO 模型描述

具体的仿真场景参数配置见表 7-7，仿真配置与实地测量情况完全一致。在三维空间 $(x,y,z)$ 中，发射天线固定在（0，22 m，14 m）位置，接收天线沿 $x$ 轴运动，初始位置为（−250 m，0，3 m）。蓝点标记的散射点均匀分布在路堑的两个斜坡上。接收天线的移动距离为 500 m，仿真中考虑了不同的移动速度，包括 200 km/h、250 km/h、300 km/h。基于 mMIMO 模型生成的信道冲激响应数据，提取 4 种典型的信道特征参数，包括信道幅值（Channel Magnitude，CM）、KF、RMS 时延扩展、RMS 角度扩展。

**表 7-7　仿真参数配置**

| 参　　数 | 指　　标 |
|---|---|
| 范围 | 500 m×40 m×20 m |
| 载频 | 2.35 GHz |
| 带宽 | 50 MHz |
| 发射功率 | 30 dBm |
| 信道采样率 | 2 000 Hz |
| 发射天线阵列规模 | 8×8 |
| 接收天线阵列规模 | 4×4 |
| 天线间隔 | 半波长 |
| 移动速度 | 200/250/300 km/h |

最终生成了包含 1 024 个子信道的数据集。其中，每个子信道生成 17 500 组数据，总数据集大小为 17 500×1 024。将总数据集的 70%划分为训练数据集，30%划分为测试数据集。图 7-14 给出了第一根发射天线到第一根接收天线形成的子信道的数据集。

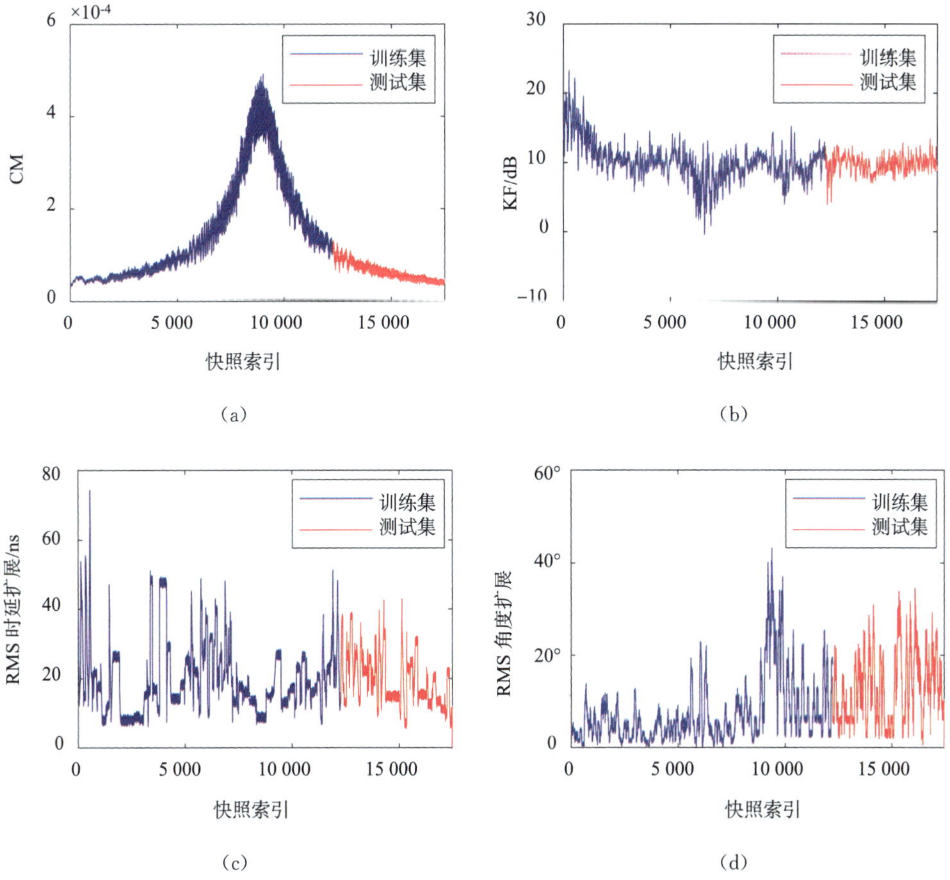


图 7-14　子信道数据集

## 7.3.3 空时信道预测模型

### 7.3.3.1 基于 CNN 的空间信道预测

不同天线或子信道之间可能存在空间相关性。空间相关性与天线间距和传播环境有关。天线间距越小，传播环境中散射体越少，空间相关性越高。在高铁场景中，由于是 LoS 主导，子信道之间存在较强的空间相关性，使得高铁 mMIMO 信道数据集中隐含着空间相关信息。如果信道预测模型能够有效地捕捉到这种信息，则模型预测性能将得到显著提高。

为了利用信道数据集的空间相关信息，本节采用 CNN 进行空间信道预测。CNN 在传统深度神经网络基础上进行改进，在全连接层之前插入卷积层和池化层，其结构如图 7-15 所示。卷积层中的每个输出都是由卷积核与输入矩阵进行卷积得到的。卷积层的输出称为特征图。通过卷积运算，模型可以学习到隐藏在数据集中的空间相关性。池化层可以在降低特征图维数的同时保留最重要的信息，压缩数据和参数，减小过拟合。为了保持预测精度，信道预测通常省略池化层。

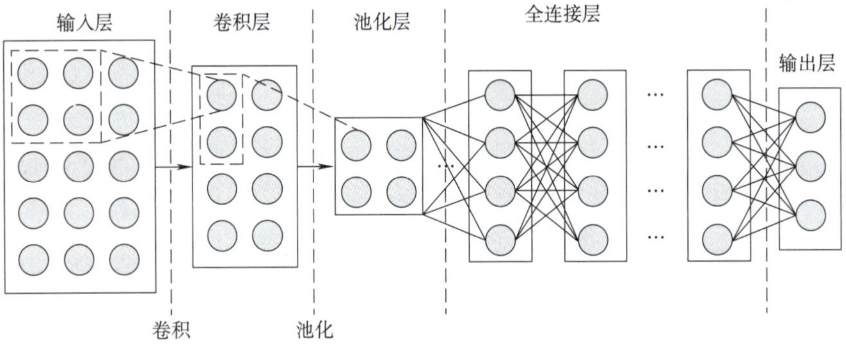


图 7-15 CNN 结构

卷积核大小、卷积步长和填充值是 CNN 最重要的参数。卷积核的大小决定了感受野的范围，直接影响特征提取的性能。在空间信道预测方面，卷积核大小取决于不同子信道之间的相关性。卷积核大小的选取在 7.3.4 节介绍。卷积步长影响特征提取的分辨率，通常将卷积步长设为最小值 1。通过设置合适的填充值，可以补偿卷积操作后输出特征图的尺寸变化。

### 7.3.3.2 基于 LSTM 的时间信道预测

除了空间相关性以外，由于接收端的高移动性，高铁 mMIMO 信道中还存在较强的时间相关性，所以挖掘信道数据集中隐藏的时间相关信息，有助于进一步提高预测模型的预测精度。

与 DNN、CNN 等前馈神经网络不同，RNN 是一种具有自连接的神经网络，它在前馈神经网络中增加了一条反馈路径，用于提供历史输入的信息。网络的输出不仅依赖于当前输入，还依赖于从历史输入中学习到的隐藏状态信息，这使得 RNN 能够学习到数据集中的时间相关信息。RNN 结构如图 7-16 所示。图中，$h$ 表示隐藏状态信息；$T$ 表示输入数据集的时间窗口长度。

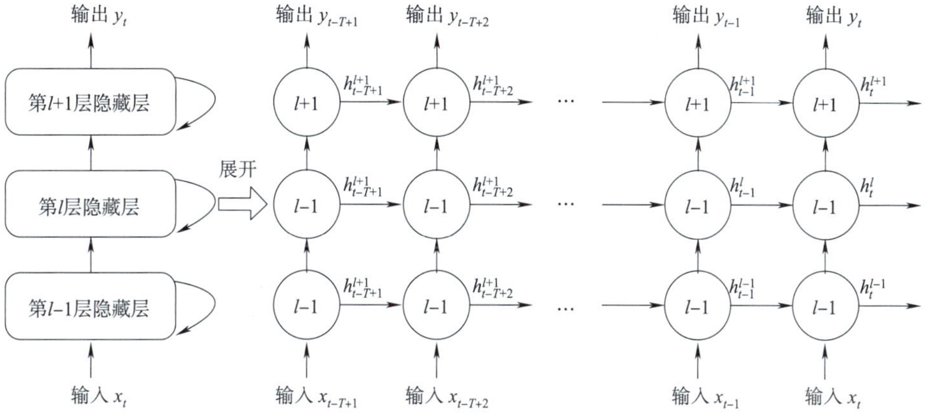


图 7-16　RNN 结构

由于训练过程中存在梯度爆炸和消失问题，传统的 RNN 难以学习到远距离的信息。作为一种特殊的 RNN 网络，LSTM 可以解决上述问题。通过增加三个门，即遗忘门、输入门和输出门，LSTM 能够在每个细胞单元内保持长时记忆。

#### 7.3.3.3　基于 Conv-CLSTM 的空时信道预测

本节结合 CNN 和 LSTM 的优势，提出了 Conv-CLSTM 模型，其结构如图 7-17 所示。

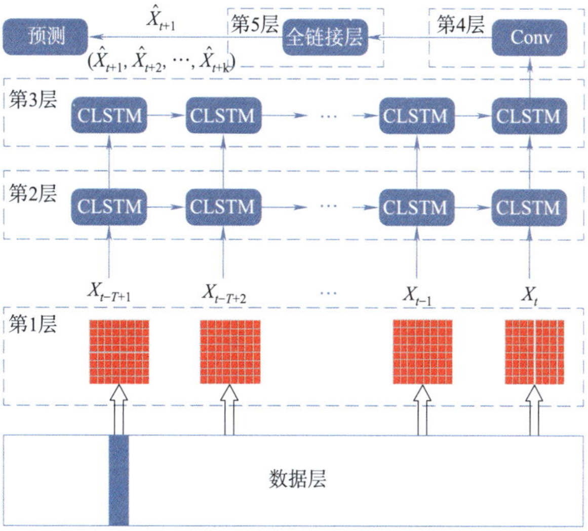


图 7-17　Conv-CLSTM 模型结构

图中，$X_t$ 表示 $t$ 时刻的输入数据；$\hat{X}_{t+1}$ 表示模型预测的 $t+1$ 时刻的输出。Conv-CLSTM 模型设计为五层，包括输入层、两个 CLSTM 层、卷积层和输出层。输入层根据发射天线阵列结构和时间窗口长度调整时空信道数据的结构，并对输入数据进行归一化。CLSTM 层是结合卷积神经网络特性对 LSTM 网络的改进，它的细胞单元可以通过将 LSTM 层中状态与状态转换时使用的全连接计算替换为卷积计算实现。CLSTM 层中某个神经元的未来状态取决于细胞单元周边邻居的输入和历史信息。因此，CLSTM 不仅可以学习数据的时间相关性，还可以学习到空间相关性。卷积层对 CLSTM 层提取到的特征图进行处理。输出层使用全连接层调整数据输出形式。由于结合了 CLSTM 和 CNN，Conv-CLSTM 模型可以同时学习到高铁 mMIMO 信道数据中隐藏的空间相关信息和时间相关信息。

采用基于时间的反向传播算法更新 Conv-CLSTM 模型的权重和偏置。Conv-CLSTM 模型的超参数如时间窗口长度、卷积核大小、隐藏层神经元数量、隐藏层数量等将直接影响预测性能。

## 7.3.4 超参数确定

### 7.3.4.1 自相关分析

本节将单个收发天线间的无线信道特性参数视为时间序列，并对其进行时间相关性分析，以确定时间窗口长度。

自相关函数（Autocorrelation Function，ACF）及其偏导数（Partial Autocorrelation Function，PACF）是进行自相关分析的两种方式。ACF 是一个完整的自相关函数，可以计算一个序列在不同滞后值下的自相关性，描述了一个序列随时间变化的相关程度，包括滞后点处的直接信息和其间各个点的间接信息。PACF 计算了时间序列在不同滞后值下的部分相关性，消除了其他滞后项的影响，从而解决了 ACF 产生的多重共线性问题。

举例来说，KF 的 ACF 和 PACF 结果如图 7-18 所示。从图中可以看出，随着时间滞后值的增加，PACF 曲线迅速降低到一个很小的值，而 ACF 曲线则缓慢减小。这证明 PACF 比 ACF 更适合捕捉有效的时间相关信息。

四种信道参数的 PACF 结果如图 7-19 所示。可以发现，当时间滞后值为 10 时，各个特征数据的相关性已经降低到 0.1 以下，可以视作不再具有相关性。因此循环神经网络的时间窗口可以设置为 10。

### 7.3.4.2 相似度分析

皮尔逊相关系数（Pearson Correlation Coefficient，PCC）用于度量两个变量之间的相关性，其值介于 −1 与 1 之间，1 表示变量完全正相关，0 表示无关，−1 表示完全负相关。本节利用皮尔逊系数分析不同天线链路的信道特征之间的相似性，以确定合适的卷积核大小。

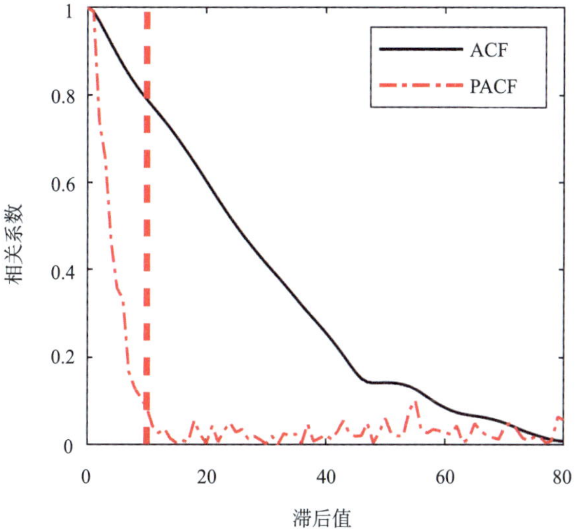


图 7-18　KF 的 ACF 和 PACF 结果

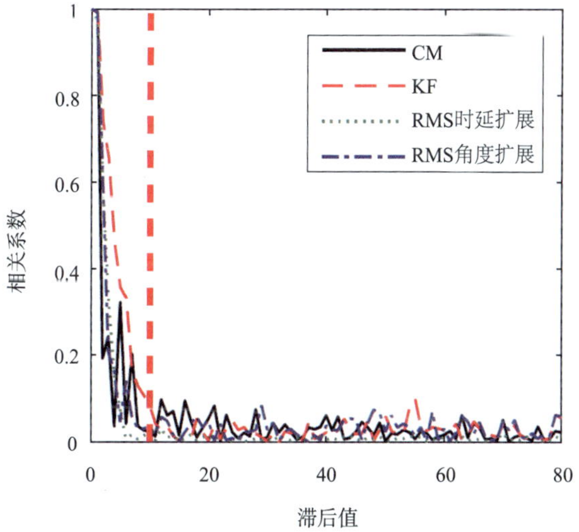


图 7-19　四种信道参数的 PACF 结果

以 3×3 卷积核为例，对 3×3 范围内的天线对应的无线信道数据进行 PCC 计算，遍历整个天线阵列，然后计算平均值进行对比分析。各个参数的 PCC 结果如图 7-20 所示。从图中可以看出，各个信道特征数据均在选取 3×3 的卷积核时获得最大的 PCC，因此选择 3×3 的卷积核进行神经网络的训练。

#### 7.3.4.3　交叉验证

本节选择 $K$ 折交叉验证方式验证时间窗口和卷积核大小的理论分析结果，并进一步确定其他超参数的大小。将 $K$ 设置为 5，并将测试数据集作为验证数据集。

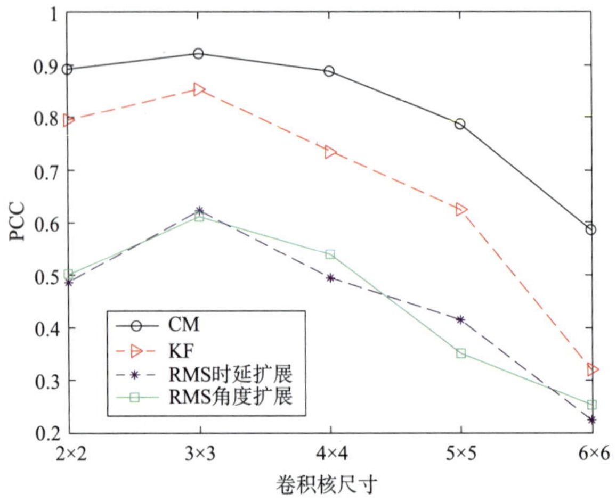


图 7-20 相似度分析

使用均方根误差(RMS error,RMSE)作为评估预测性能的参数。以 KF 为例,时间窗长度、卷积核大小、隐藏层神经元数量和隐藏层数的交叉验证结果见表 7-8。从表中可以看出,当时间窗长为 10,卷积核大小为 3×3 时,RMSE 达到最低,证实了理论分析的结果。

**表 7-8 KF 的交叉验证结果**

| 超参数 | 数 值 | RMSE |
|---|---|---|
| 窗口长度 | 5 | 0.395 1 |
| | 10 | 0.313 1 |
| | 15 | 0.390 2 |
| | 20 | 0.390 5 |
| 卷积核尺寸 | 2×2 | 0.360 9 |
| | 3×3 | 0.313 1 |
| | 4×4 | 0.538 4 |
| | 5×5 | 1.163 6 |
| | 6×6 | 1.365 1 |
| 神经元数量 | 32 | 0.607 4 |
| | 64 | 0.490 8 |
| | 128 | 0.313 1 |
| | 256 | 0.337 2 |
| 隐藏层数量 | 1 | 0.344 8 |
| | 2 | 0.313 1 |
| | 3 | 0.459 4 |
| | 4 | 0.537 5 |

表 7-9 给出了四个信道特征的最优超参数结果。从表中可以看到，除了隐藏层神经元数量之外，四个特征的最优超参数结果是一样的。

**表 7-9　四个信道特征的最优超参数结果**

| 超参数 | CM | KF | RMS 时延扩展 | RMS 角度扩展 |
|---|---|---|---|---|
| 窗口长度 | 10 | 10 | 10 | 10 |
| 卷积核尺寸 | 3×3 | 3×3 | 3×3 | 3×3 |
| 神经元数量 | 32 | 128 | 256 | 256 |
| 隐藏层数量 | 2 | 2 | 2 | 2 |

## 7.3.5　预测精度评估

基于前面得到的最优超参数结果，将模型输出结果进行整理并计算预测值和真实值的 RMSE，以此来评估模型的预测精度。使用四种信道特征的数据集训练 Conv-CLSTM 模型，预测结果如图 7-21 所示。从图中可以看出，实际曲线与预测曲线的拟合程度较高，说明该模型具有较好的预测效果。

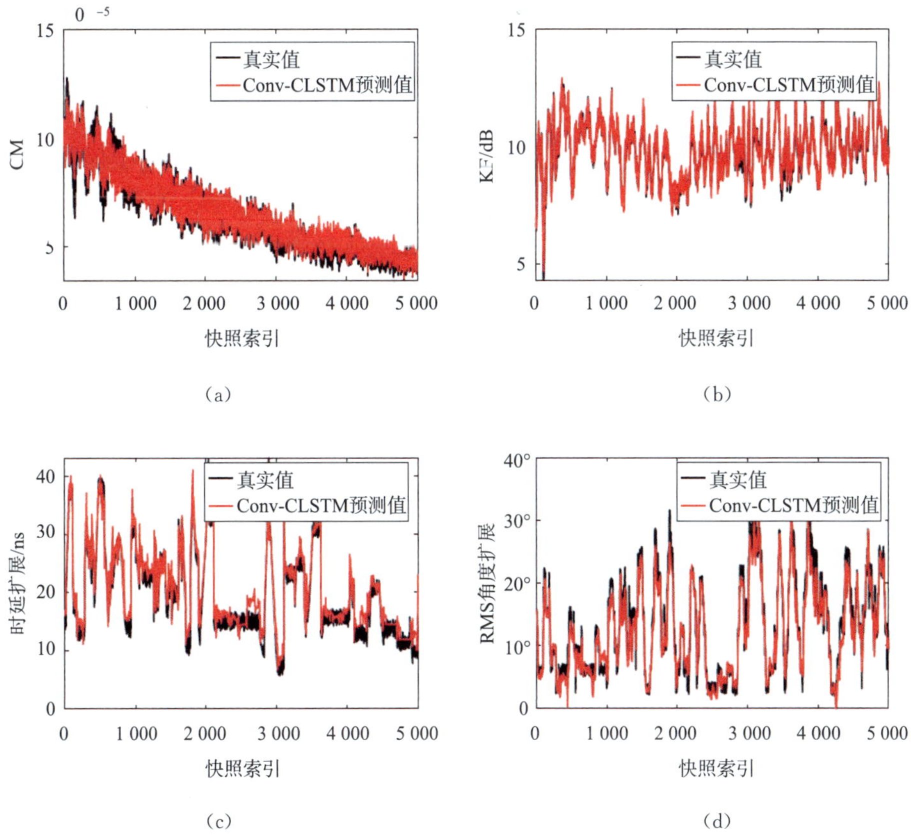


图 7-21　四种信道特征的实际结果与预测结果比较

为了进一步评估该模型的性能，将该模型的结果与传统的机器学习和深度学习模型（如递归最小二乘（Recursive Least Square，RLS）、SVM、DNN、CNN、RNN 和 LSTM）进行比较。表 7-10 给出了四种信道特征在不同模型中的 RMSE 结果。从表中可以看出，Conv-CLSTM 模型优于其他所有模型，它的 RMSE 值最低。此外，RLS、SVM 和 DNN 模型的性能远低于 CNN、RNN 和 LSTM 等空间或时间预测模型。这表明，利用隐藏在数据集中的时空相关信息可以提高预测性能。

**表 7-10 不同模型的 RMSE**

| 模型 | CM | KF | RMS 时延扩展 | RMS 角度扩展 |
|---|---|---|---|---|
| RLS | 3.320 2 | 3.296 6 | 6.505 6 | 5.756 5 |
| SVM | 2.726 9 | 3.415 1 | 5.049 2 | 4.872 4 |
| DNN | 3.324 9 | 5.665 7 | 5.377 1 | 3.078 7 |
| CNN | 0.225 1 | 0.502 4 | 2.213 5 | 2.286 3 |
| RNN | 0.096 1 | 0.635 7 | 0.996 7 | 0.883 2 |
| LSTM | 0.084 5 | 0.469 6 | 0.819 7 | 0.752 8 |
| Conv-CLSTM | 0.042 1 | 0.313 1 | 0.681 2 | 0.692 5 |

此外，本节还分析了列车速度对时间模型预测性能的影响。表 7-11 列出了 RNN、LSTM 和 Conv-CLSTM 模型在三种移动速度下的 RMSE 结果。以 KF 的 RMSE 结果为例，随着列车速度的增加，RMSE 逐渐减小。这是因为移动速度越高，相关时间越短，模型的预测性能随之变差。在不同的列车速度下，所提出的 Conv-CLSTM 模型仍然优于 RNN 和 LSTM 模型。

**表 7-11 不同移动速度下的预测性能**

| 列车速度/(km·$h^{-1}$) | RNN | LSTM | Conv-CLSTM |
|---|---|---|---|
| 200 | 0.523 1 | 0.361 8 | 0.274 3 |
| 250 | 0.635 7 | 0.469 6 | 0.313 1 |
| 300 | 0.819 3 | 0.649 2 | 0.527 3 |

## 7.3.6 计算复杂度评估

从空间和时间两个方面对模型的计算复杂度进行评估。模型参数的数量和浮点运算次数（Floating Point Operations，FLOPs）是常用的空间复杂度和时间复杂度衡量指标。模型参数是指模型的可训练参数，即权重和偏置。根据模型参数的数量，也可以评估计算机的内存使用情况。FLOPs 决定了模型的计算时间，通常将加、减、乘、除、幂和平方根作为一次 FLOP。

表 7-12 列出了 CNN、RNN、LSTM 和 Conv-CLSTM 模型计算复杂度的评估结果。从表中可以看出，在空间复杂度方面，Conv-CLSTM 模型的参数个数比 LSTM 模型少。这是

因为 Conv-CLSTM 模型中引入了卷积操作，实现了参数共享，从而减少了参数数量。由于 LSTM 中三个门的存在引入了大量的权重和偏置，所以 LSTM 和 Conv-CLSTM 模型的参数数量要比 CNN 多。在 32 位系统中，用于训练 Conv-CLSTM 的每个时间步占用的内存约为 4.498 MB。在时间复杂度方面，由于参数共享无法减少 FLOPs，因此 Conv-CLSTM 模型是 FLOPs 最多的模型。

**表 7-12　不同模型的计算复杂度评估结果**

| 模型 | 空间复杂度 | | 时间复杂度 | |
| --- | --- | --- | --- | --- |
| | 参数数量 | 使用内存/MB | FLOPs 数量 | 计算时间/μs |
| CNN | 65 856 | 0.251 | 168 897 | 0.001 |
| RNN | 1 053 696 | 4.020 | 2 098 113 | 0.014 |
| LSTM | 3 818 496 | 14.566 | 7 603 137 | 0.049 |
| Conv-CLSTM | 1 179 216 | 4.498 | 30 244 680 | 0.197 |

# 参考文献


[1] KYOSTI P. WINNER Ⅱ channel models part Ⅱ radio channel measurement and analysis results[R]. Technical report, 2007.

[2] PARVIAINEN R, KYOSTI P, HSIEH Y. Results of high speed train channel measurements[R]. Lille: European Cooperation in the Field of Scientific and Technical Research, 2008.

[3] DONG W, LIU G, YU L, et al. Channel Properties of indoor part for high-speed train based on wideband channel measurement [C]//Proceedings of IEEE CHINACOM, Beijing, China, August 25-27. USA: IEEE, 2010:1-4.

[4] LIU L, TAO C, QIU J, et al. Position-based modeling for wireless channel on high-speed railway under a viaduct at 2.35 GHz [J]. IEEE Journal on Selected Areas in Communications, 2012, 30(4): 834-845.

[5] AIKIO P, GRUBER R, VAINIKAINEN P. Wideband radio channel measurements for train tunnels [C]//Proceedings of IEEE VTC, Ottawa, Canada, May 18-21. USA: IEEE, 1998:460-464.

[6] YEH C, LAI C, TSEGN M, et al. An OFDM-based channel sounder system [C]//Proceedings of IEEE APSURSI, Charleston, USA, June 1-5. USA: IEEE, 2009:1-4.

[7] LUAN F, ZHANG Y, XIAO L, et al. Fading characteristics of wireless channel on high-speed railway in hilly terrain scenario [J]. International Journal of Antennas and Propagation, 2013.

[8] ZHANG Y, HE Z, ZHANG W, et al. Measurement-based delay and Doppler characterizations for high-speed railway hilly scenario [J], International Journal of Antennas and Propagation, 2014:1-8.

[9] WANG Q, XU C, WU M, et al. Propagation characteristics of high speed railway radio channel based on broadband measurements at 2.6 GHz [C]//Proceedings of IEEE WCNC, Istanbul, Turkey, April 6-9. USA: IEEE, 2014:166-170.

[10] BRISO C, CRUZ J M, ALONSO J I. Measurements and modeling of distributed antenna systems in railway tunnels [J]. IEEE Transactions on Vehicular Technology, 2007, 56(5): 2870-2879.

[11] HE R, ZHONG Z, AI B, et al. Short-term fading behavior in high-speed railway cutting scenario: Measurements, analysis, and statistical models [J]. IEEE Transactions on Antennas and Propagation, 2013, 61(4): 2209-2222.

[12] HE R, ZHONG Z, AI B, et al. Measurements and analysis of propagation channels in high-speed railway viaducts [J]. IEEE Transactions on Wireless Communications, 2013, 12(2): 794-805.

[13] YIN X, CAI X, CHENNG X, et al. Empirical geometry-basedrandom-cluster model for high-speed-train channels in UMTS networks[J]. IEEE Transactions on Intelligent Transportation Systems, 2015, 16(5):

2850-2861.

[14] 蔺伟,沈京川,李辉,等．高速铁路电波小尺度衰落特性分析 [J]. 中国铁道科学,2004,25(3):97-102.

[15] 李铁华．GSM-R 无线信道模型分析 [D]. 成都:西南交通大学,2007.

[16] CICHON D J,ZWICK T,WIESBECK W. Radio link simulations in high-speed railway tunnels [C]//Proceedings of International Conference on Antennas and Propagation, Eindhoven, Holland, April 4-7. UK: IET,1995:216-219.

[17] GUAN K, ZHONG Z, AI B, et al. Deterministic propagation modeling for the realistic high-speed railway environment [C]//Proceedings of IEEE VTC, Dresden, Germany, June 2-5. USA: IEEE, 2013:1-5.

[18] HE D P, AI B, GUAN K, et al. Channel measurement, simulation, and analysis for highspeed railway communications in 5G millimeter-wave band[J]. IEEE Transactions on Intelligent Transportation Systems, 2018:3144-3158.

[19] CHEN B, ZHONG Z. Geometry-based stochastic modeling for MIMO channel in high-speed mobile scenario [J]. International Journal of Antennas and Propagation, 2012:1-6.

[20] GHAZAL A, WANG C, Ai B, et al. A non-stationary wideband MIMO channel model for high-mobility intelligent transportation systems [J]. IEEE Transactions on Intelligent Transportation Systems, 2014,16(2): 885-897.

[21] TIAN L, YIN X, ZUO Q, et al. Channel modeling based on random propagation graphs for High speed railway scenarios [C]//Proceedings of IEEE PIMRC, Sydney, Australia, September 9-12. USA: IEEE, 2012:1746-1750.

# 高速铁路基础研究与技术创新丛书

## 第一期(16 册)

### (一)基础理论与基础技术系列

**高速铁路散体道床宏细观力学行为** 赵春发 翟婉明 张 徐 著

ISBN 978-7-113-28857-0

**高速铁路线路系统动力学** 龙许友 时 瑾 王英杰 编著

ISBN 978-7-113-28997-3

**高速铁路弓网关系研究** 韩通新 著

ISBN 978-7-113-28941-6

### (二)动车组系列

**高速列车轻量化设计** 李 明 伊召锋 米莉艳 等编著

ISBN 978-7-113-28972-0

### (三)供电系列

**高速铁路受电弓** 韩通新 编著

ISBN 978-7-113-28975-1

**高速铁路接触网检测技术** 韩通新 著

ISBN 978-7-113-28961-4

### (四)工程设计系列

**高速铁路桥梁抗震设计** 陈兴冲 张永亮 编著

ISBN 978-7-113-28964-5

**高速铁路轨道工程 BIM 正向设计软件开发与实践** 姚 力 刘大园 董凤翔 等编著

ISBN 978-7-113-28934-8

### (五)工程施工与组织系列

**高速铁路桥梁 BIM 技术研究与实践** 盛黎明 苏 伟 刘延宏 宋树峰 编著

ISBN 978-7-113-28938-6

**高速铁路岩溶路基边坡变形与稳定** 白明洲 师 海 田 岗 等编著

ISBN 978-7-113-28880-8

**高速铁路工程地质灾害超前预报图形判别和解译**　　李　忠　郝娜娜　等编著

ISBN 978-7-113-28935-5

(六)通信与列控系列

**高速铁路宽带无线信道测量与建模技术**　　周　涛　何睿斯　艾　渤　编著

ISBN 978-7-113-28930-0

(七)测量与检测系列

(八)高铁运营与经济系列

**高速铁路社会效益研究**——基于时空经济分析　　李红昌　夏璇璇　著

ISBN 978-7-113-28942-3

(九)现代信息技术系列

**高速铁路物联网技术**　　史天运　孙　鹏　张惟皎　陈瑞凤　编著

ISBN 978-7-113-29029-0

(十)安全·健康·维护系列

**高速铁路道砟飞溅机理及防治**　　高　亮　石顺伟　殷　浩　著

ISBN 978-7-113-28906-5

**高速列车多目标均衡综合节能技术**　　张　雷　李　明　司志强　等编著

ISBN 978-7-113-28976-8